10649152

Diplomatie européenne

Trois tomes de l'*Histoire des relations internationales contemporaines* sont publiés dans la « Petite Bibliothèque Payot ».

René GIRAULT,
  Diplomatie européenne. Nations et impérialisme, 1871-1914.

René GIRAULT, Robert FRANK,
  Turbulente Europe et nouveaux mondes, 1914-1941.

René GIRAULT, Robert FRANK, Jacques THOBIE,
  La Loi des géants, 1941-1964.

René Girault

Diplomatie européenne
Nations et impérialisme
1871-1914

Histoires des relations
internationales contemporaines

Tome I

Petite Bibliothèque Payot

INTRODUCTION

Que faut-il entendre par *histoire des relations interna-tionales*? Cette question d'apparence enfantine mérite d'être posée; en effet, ce domaine de la science historique s'est souvent trouvé enserré par des voisins plus puissants ou plus ambitieux. Ainsi les relations internationales, longtemps enseignées pour l'essentiel dans les facultés de droit, étudiaient les rapports entre les États dans leur forme présente afin d'en tirer des applications pratiques au niveau du droit international ou de la science politique, les rappels du passé étaient de simples contributions, ayant valeur d'exemples, pour éclairer l'actualité, objet de soins diligents de la part des praticiens des relations internationales. Dans cette optique, l'histoire diplomatique occupait une place essentielle sinon exclusive; puisque les relations interétatiques étaient au centre des analyses, cette histoire, faite des actions des responsables politiques des États, devait retenir l'attention. Dans une autre sphère (nous n'osons dire dans un autre monde), les économistes scrutaient les relations économiques inter-nationales, comme les échanges commerciaux, les mouve-ments des capitaux, les variations monétaires, etc.; comme les juristes, ils ne manquaient point, le cas échéant, de tirer parti des enseignements du passé, mais, là encore, dans une perspective exemplaire, non pour eux-mêmes. Il appartenait donc aux historiens de replacer ces divers exemples dans un ensemble large et, si possible, complet. Pour eux, le passé n'est pas complément utile à une démonstration, il est le centre de leurs démonstrations.

Il leur fallait, aussi et surtout, entreprendre leurs recherches avec deux objectifs différents ; d'une part, puisque l'histoire est une tentative de reconstitution et d'explication des actions humaines passées, il importait de retrouver les diverses activités, politiques, économiques, culturelles, sociales, idéologiques, ethniques dans la mesure où celles-ci concernaient les échanges entre États ; d'autre part, l'étude des relations internationales passées avait pour objectif principal non point l'établissement de lois valables aujourd'hui, mais la simple explication de ce qui fut. Pour l'un et l'autre objectif, la tâche était (et reste) difficile ; en effet, puisque l'historien des relations internationales ambitionnait de retrouver toutes les formes possibles de relations entre les hommes séparés par des frontières (évidemment mouvantes), il s'obligeait à se faire tour à tour diplomate, économiste, financier, attaché culturel ou scientifique, spécialiste des mentalités collectives, etc. ; à liste longue, prétentions excessives dira-t-on ; nous en sommes conscients. S'il est un domaine où l'histoire ne peut être que totale, pour reprendre un mot célèbre, tel est bien celui des relations internationales. L'histoire des relations internationales se situe nécessairement à la croisée de bon nombre de sciences humaines.

Cette obligation conduit alors vers un autre problème fondamental : lorsque divers facteurs interfèrent pour expliquer l'action des hommes, n'est-il pas séduisant pour l'esprit de classer ces divers facteurs afin d'obtenir une explication sinon moniste, du moins rationaliste, valorisant ou privilégiant tel ou tel facteur ? Les débats furent, et sont encore, ardents parmi les historiens concernés, d'autant plus que depuis plus de quarante ans, ceux-ci bénéficient des remarquables travaux de Pierre Renouvin dans ce domaine ; sans esquisser ici la moindre bibliographie du sujet, rappelons simplement l'œuvre pionnière de Renouvin, son *Histoire des relations internationales*, publiée de 1953 à 1958, et surtout ce livre de référence, fondamental pour toute réflexion méthodologique, écrit en collaboration avec J.-B. Duroselle, *Introduction à l'histoire des relations internationales*, publié en 1964. Grâce à ces travaux, une méthodologie était dégagée, un premier bilan était dressé. L'analyse célèbre des «forces profondes» ouvrait la voie à de fructueuses recherches, réponses partielles à cette suggestion de travaux nouveaux par laquelle Renouvin terminait l'introduction de ce maître livre. «Conditions géographiques, mouvements démographiques, intérêts économiques et financiers, traits de la mentalité collective, grands courants sentimentaux», ces forces des relations internationales déterminent le lieu où se situe l'action des hommes d'État dont les conceptions personnelles, les personnalités mêmes, sont d'autres composants du «jeu diplomatique».

Sous cette influence, partiellement ou complètement admise par les uns ou les autres, en réponse ou en prolongement à des perspectives marxistes ou à celles inspirées par Marc Bloch, Lucien Febvre, Fernand Braudel avec l'apport d'autres recherches venues d'historiens étrangers, l'école historique française trouve actuellement dans le domaine de l'histoire des relations internationales un fertile champ de recherches, spécialement pour la période entre 1870 et nos jours. Dans ce livre et dans ceux qui traitent les étapes postérieures à 1914, nous voudrions tenter de rendre compte de cette activité récente. Il ne s'agit pas ici d'un bilan, fût-il, comme tout bilan, provisoire ; le propos général est plutôt d'insérer dans un récit fatalement prisonnier du cadre chronologique, compte tenu du caractère général de ces livres destinés aux étudiants, les développements propres à faire comprendre les caractéristiques fondamentales de la nouvelle histoire des relations internationales. Face aux autres praticiens des relations internationales, en accord avec eux, les historiens considèrent qu'ils ont acquis aujourd'hui leur majorité. Puisse ce livre en être un modeste témoignage. Depuis la précédente édition (1979), l'historiographie s'est naturellement enrichie, les axes de recherches se

PREMIÈRE PARTIE

Les cadres généraux des relations internationales à la fin du XIXe siècle

CHAPITRE PREMIER

Les conditions politiques
des relations internationales

La prépondérance européenne

L'EUROPE ET LE RESTE

Quand il faut une bonne semaine pour se rendre de Londres à New York, plus de trois semaines pour joindre Bordeaux à Buenos Aires et plus d'un mois pour aller de Marseille à Shanghai ou à Tokyo, il n'est pas étonnant que les relations entre l'Europe et le reste du monde soient encore mesurées ; en 1870, les découvertes dues aux explorateurs et aux navigateurs depuis le XVIIIe siècle ont permis de restreindre à des espaces limités les territoires laissés encore en blanc sur la carte mondiale, comme l'Afrique centrale ; mais cette meilleure connaissance de la mappemonde n'entraîne pas *ipso facto* un développement accéléré des échanges commerciaux, des déplacements humains et, au-delà de ceux-ci, une apparition des États extra-européens sur l'échiquier diplomatique. Le continent européen, avec ses rivages méridionaux périphériques et sa lointaine copie déformée des États-Unis, demeure le lieu privilégié des relations internationales ; la prédominance européenne est alors indubitable.

Par exemple, le lieu privilégié des conférences et des congrès internationaux est nettement circonscrit : entre 1838 et 1913, 95 % de ces réunions se tiennent dans un quadrilatère compris entre Stockholm au nord, Berlin à l'est, Rome au sud et Londres à l'ouest ; même à la fin du XIXᵉ siècle, alors que les voyages se multiplient, que les pays neufs commencent à se faire connaître, Paris, Londres, Bruxelles, Vienne demeurent les villes où l'on tient congrès ; sur ce plan, on peut même parler d'une suprématie parisienne, qui s'affirme curieusement après la défaite de 1871 pour trouver son apogée à la Belle Époque entre 1900 et 1913 ; les deux expositions internationales les plus réussies sont celles de Paris, en 1889 et en 1900 (32 et 51 millions de visiteurs !). Bien plus, la civilisation européenne, symbole d'une marche vers le progrès et la raison, est tenue pour valable en tous lieux, imposant ses moyens et ses idéaux ; bien que les disparités à l'intérieur de l'Europe soient évidentes dans les relations politiques entre États, une sorte de tradition s'est établie avec ses règles, ses usages, sa langue même puisque le français conserve un prestige certain chez bon nombre de diplomates ; sans doute, sur ce plan, la défaite française de 1870 correspond à un choc dans les habitudes, mais la « société diplomatique » ne sera pas pour autant profondément transformée. S'il est un domaine où les usages demeurent contraignants, c'est bien dans la diplomatie ; s'il existe des hommes pénétrés de l'importance des convenances, ce sont bien les diplomates et les responsables politiques des relations internationales. Européocentrisme et traditions diplomatiques sont les deux conditions essentielles des relations politiques internationales.

LES « GRANDS » EN EUROPE

En vérité, l'Europe est loin de former un tout homogène. En 1870-1871, on y distingue nettement les États qui comptent de ceux qui, à des degrés différents, sont secondaires ; la liste des premiers est brève, à l'image des grandes ambassades qui valent le rang d'ambassadeur, ministre plénipotentiaire, à leur titulaire : Londres, Paris, Vienne, Berlin, Saint-Pétersbourg, Rome, Constantinople sont des postes enviés, ce qui ne signifie pas que les États dont ces villes sont les capitales correspondent tous à des puissances. Lors des congrès de Paris (1855) ou de Berlin (1877), on voit bien que les «Grands» sont les mêmes, c'est-à-dire la Grande-Bretagne, la France, l'Allemagne (ou la Prusse avant 1871), l'Autriche-Hongrie, la Russie ; déjà l'Empire ottoman, le royaume italien, même après avoir terminé son unité en 1870, sont à placer dans une position seconde. Quant aux autres États européens, ils n'interviennent guère, sauf s'ils sont directement concernés, soit parce qu'ils sont de faible superficie (Belgique, Pays-Bas, Confédération helvétique), soit encore parce qu'ils sont un peu marginaux (Suède-Norvège, Danemark) ; encore doivent-ils s'efforcer, dans ce cas, de trouver un «patronage» efficace auprès d'un des cinq «Grands» (*cf.* carte p. 120).

Dans ces conditions, la vie diplomatique est dominée par les relations entre ces puissants. Ces relations sont elles-mêmes définies par des objectifs et des stratégies traditionnelles (ou jugées telles). La Grande-Bretagne est tenue pour puissance maritime, dominatrice sur les océans, préoccupée d'équilibre entre les puissances continentales ; depuis les guerres napoléoniennes, on sait que Londres n'admettra jamais *une* hégémonie sur le continent, tout comme on sait sa volonté de garder libre la route des Indes par Le Cap ou plus encore par la Méditerranée et le canal de Suez (inauguré en 1869), car la politique extérieure de Londres dépend d'abord de l'empire colonial, où se mêlent colonies de peuplement «blanc», tels le Canada ou l'Australie, qui, l'un en 1867, l'autre en 1901, acquièrent le statut de dominion, et des territoires strictement dominés, comme l'empire des Indes, «joyau de la Couronne». La Grande-Bretagne est bien la seule puissance mondiale inscrivant l'Europe dans un système diplomatique beaucoup plus vaste ; elle se situe à la fois *en Europe et hors d'Europe*.

À un degré différent, l'Empire tsariste a de semblables préoccupations. Depuis 1815, l'expansion russe a cherché en Asie un exutoire à ses ambitions, tandis qu'en Europe les limites obtenues (Pologne partagée, Finlande, Bessarabie, États baltes englobés) semblent satisfaire les empereurs soucieux d'un accès facile à la mer ; gardienne de l'ordre établi, la Russie ne paraît plus désirer avancer vers l'Ouest ; cependant, ses vues sur la mer Noire et les Détroits n'ont pas varié, comme elle vient de le rappeler avec opportunisme, en profitant du conflit franco-prussien (une circulaire russe du 29 octobre 1870 a unilatéralement décidé de ne plus respecter la neutralisation de la mer Noire). Il reste à savoir si cet empire a les moyens de sa politique : vraie ou fausse grande puissance, malgré son énorme population (85 millions d'habitants en 1870) ?

En tout cas, l'une et l'autre puissances sont restées parfaitement neutres dans le conflit franco-prussien qui a marqué un tournant considérable dans la situation diplomatique européenne. L'unité allemande est achevée victorieusement par la Prusse, l'unité italienne, pratiquement acquise dès 1860, s'en trouve cependant consolidée par le transfert de la capitale italienne à Rome ; incapable d'intervenir à temps, ou soucieuse de son avenir, l'Autriche-Hongrie, rééquilibrée par le dualisme en 1867, doit désormais tenir compte d'une réalité évidente : l'unité allemande s'est faite contre elle, puis sans elle. Ainsi, au centre de l'Europe, le puissant mouvement des nationalités a donné naissance à deux États jeunes ; par la force de ses armes, par le prestige de sa victoire en 1871, par son étendue au milieu du continent, par son expansion économique, la toute récente Allemagne impériale s'impose à l'attention de tous ; l'unité achevée, quelle ligne politique le nouveau Reich adoptera-t-il ?

Puissance vaincue, amputée de deux provinces, la France sera-t-elle encore capable de poursuivre les objectifs qui étaient siens sous le Second Empire ? En outre, puisque la défaite de Sedan a détruit l'empire napoléonien, le nouveau régime, encore indécis (monarchie conservatrice ou république modérée), aura-t-il les moyens de se faire entendre parmi les Grands ? La politique extérieure de Napoléon III avait succombé sous une insurmontable contradiction : comment aider à la réalisation des vœux des nationalités européennes opprimées ou déchirées, donc comment aider au mouvement, tout en conservant l'appui ou l'amitié des États intéressés au maintien de l'ordre existant, sans oublier qu'à l'intérieur même du pays on souhaitait avant tout la paix extérieure ? Tantôt gardienne de l'ordre, tantôt collaboratrice des nations en formation, la France impériale devait à son empereur de moins en moins de succès (comme l'entrée de la Savoie et de Nice dans la communauté nationale en 1860) et de plus en plus de rebuffades (échec de la politique dite « des pourboires » en 1866-1869) ; la défaite de la guerre contre la Prusse, survenue après la dure semonce de l'expédition mexicaine (1862-1867), illustrait le décalage entre les buts politiques et les moyens militaires de Napoléon III. Désormais, le nouveau régime, à peine républicain jusqu'en 1877, mais cependant tenu pour inquiétant par les tenants de l'ordre en Europe, effrayés par la Commune de Paris, aurait-il la possibilité de maintenir en Europe la place signalée que la France avait occupée jusqu'en 1870 ? Toutefois, la France déjà bien installée hors d'Europe, en Afrique du Nord (colonie algérienne, création du canal de Suez en 1869), au Sénégal, en Indochine, ne cherchera-t-elle pas à jouer d'abord une politique impériale, à la manière des Britanniques ? Puissance européenne ou puissance mondiale ?

Ainsi en 1871, au lendemain du traité de Francfort (signé le 10 mai, après un accord préliminaire conclu entre Bismarck et Thiers le 26 février), les deux principales inconnues dans le domaine des relations européennes ont trait à l'attitude future de l'Allemagne et à celle de la France. Or un facteur pèse lourd dans les évaluations que les diplomaties devront faire sur ce futur : les clauses du traité de Francfort, imposant la cession sans plébiscite de l'Alsace et de la Lorraine, ont inévitablement donné un caractère de tension durable aux relations franco-allemandes ; une perspective de guerre de revanche est inscrite dans le nouvel ordre européen ; pourra-t-on maintenir longtemps le *statu quo* ? Une nouvelle guerre n'est-elle pas à craindre pour bientôt ? Même si les relations franco-allemandes sont susceptibles de moments détendus, il reste que l'antagonisme franco-allemand après 1871 apparaît comme le point de référence de tout le jeu diplomatique entre les grandes puissances européennes.

Le monde des diplomates

LE RÔLE DES MONARQUES ET DE L'ARISTOCRATIE

La diplomatie est un domaine réservé dans tous les États européens. En général, la stratégie diplomatique d'un État relève d'un groupe restreint de « décideurs ». Les monarques eux-mêmes occupent le premier rang. Dans toutes les monarchies, le monarque régnant attache une grande importance à ses prérogatives dans ce domaine ; sans doute est-ce là une vérité d'évidence lorsque le monarque dispose de pouvoirs exceptionnels, tel le tsar de toutes les Russies ou le sultan de l'Empire ottoman, mais le rôle du souverain reste notable, même dans des monarchies constitutionnelles ; ainsi l'empereur François-Joseph en Autriche-Hongrie, les empereurs allemands Guillaume Ier et Guillaume II (à des degrés différents), la reine et les rois d'Angleterre, de Victoria à Édouard VII et George VI, les rois d'Italie Victor-Emmanuel II et Victor-Emmanuel III, le roi des Belges Léopold II, etc., agissent en ce domaine. La situation est similaire dans les petits royaumes, d'autant plus que souvent la réalité d'un tel État dépend de la seule personne royale (ainsi pour les États balkaniques).

Deux caractéristiques essentielles des rapports internationaux renforcent les prérogatives royales. D'une part, tout acte diplomatique est fait *au nom* du monarque, dont la titulature est souvent symbolique de la puissance de l'État (en 1876, Victoria est « proclamée » impératrice des Indes lorsque Disraeli juge opportun de magnifier la place des Indes britanniques dans le contexte international) ; à cet égard, la fin du XIXe siècle reste marquée par les habitudes d'antan où la reconnaissance des titres portés par un souverain équivalait à un véritable accord international : exemple significatif lorsque le roi des Belges Léopold II, souverain personnel de l'État libre du Congo, lègue en 1908 «son» Congo à la Belgique. D'autre part, les alliances matrimoniales, génératrices de parentés et filiations complexes, rendent plus ou moins solidaires les «cousins» royaux ; sans doute convient-il de ne pas se laisser abuser par telle ressemblance (Nicolas II de Russie et George V d'Angleterre sont bien «cousins») ou par telle manifestation d'allégeance ou de prétendue piété filiale (Guillaume II manifeste sa déférente «admiration» pour sa parente Victoria), mais en certains cas l'analyse du Gotha européen est significative ; par exemple, le choix d'un prince de Saxe-Cobourg, Ferdinand, pour devenir monarque de Bulgarie en 1887 est bien tenu par tous les observateurs comme un succès pour l'Autriche-Hongrie face à sa rivale russe. Sur un autre plan, l'influence personnelle d'un prince sur un parent peut prendre une portée politique, comme lorsque Guillaume II réussit, dans une entrevue intime avec Nicolas II à Björkö, en 1905, à lui faire signer un traité d'alliance, véritable renversement des alliances existantes ; Nicolas II sera ensuite contraint de revenir en arrière, mais ce fait n'est pas sans effets sur les relations internationales.

En vérité, monde aristocratique et monde diplomatique se chevauchent encore largement en cette fin de siècle ; les représentants diplomatiques sont très souvent membres des familles titrées non seulement dans des États où la noblesse occupe encore les places essentielles dans la vie politique et administrative, ainsi en Europe méridionale ou orientale, mais même dans des pays où la bourgeoisie est dominante. La République française estime souvent utile de nommer dans ses ambassades des personnalités plus représentatives de l'ancienne France que de la France bourgeoise. Le corps diplomatique français se veut plus traditionnel que républicain, conservateur mais rallié, parfois épuré comme en 1878-1880 (les trois quarts des ambassadeurs sont touchés). L'institution en 1877 des deux concours d'entrée dans la carrière (diplomate-consulats[1]) ne modifie pas les usages, puisque la « discrète enquête » préliminaire aux épreuves consolide les traditions. Une raison complémentaire explique cette permanence du recrutement aristocratique : les salaires versés aux agents en poste à l'étranger sont relativement modérés malgré les « frais de représentation », ce qui entraîne souvent l'obligation de posséder au préalable quelque fortune personnelle pour « tenir son rang ».

De la même manière, les agents diplomatiques britanniques appartiennent à l'aristocratie dans une proportion supérieure à leur rôle dans le reste des activités administratives ou politiques ; seule la diplomatie échappe au recrutement par concours institué dans la fonction publique britannique à partir de 1870. Le Foreign Office est une petite administration centrale, assez archaïque (la première dactylo est recrutée en 1889, elles sont 8 en 1900 !) ; quelques responsables explicitent les choix ministériels auprès des diplomates en poste. Ceux-ci paraissent si peu adaptés au monde moderne qu'ils finiront par susciter une enquête administrative qui conclura sévèrement en 1914 : « Le Foreign Office occupe le second rang mondial pour les dépenses et le premier pour le snobisme. Il est clairement recruté sur une étroite base sociale. On y trouve trop de fils de Lords, trop d'anciens d'Eton, pas de non-conformistes, d'Écossais ou de Presbytériens de l'Ulster, personne de tradition radicale ou socialiste » (Commission MacDonnel). Les réformes viendront après la guerre.

Ce fait aboutit d'ailleurs à un curieux paradoxe : dans un pays où les activités commerciales sont à la base de la richesse nationale, et où, par conséquent, celles-ci devraient être l'objet de toutes les attentions, les postes diplomatiques à l'étranger sont étrangement ignorants des réalités commerciales ou économiques ; commerçants et hommes d'affaires britanniques s'en plaignent, mais en vain (il en va de même en France). Seuls les représentants

---

1. Réunis en un seul concours par un décret du 10 juillet 1880.

des États-Unis sont reconnus dans le milieu diplomatique comme «a-typiques» dans la mesure où souvent l'aristocratie de la fortune remplace celle de la généalogie. Cependant, cette exception ne fait que confirmer la règle : à la fin du XIXᵉ siècle, le milieu diplomatique européen constitue un monde particulier, avec ses usages, ses règles, voire ses rites ; dès lors, il importe à l'historien d'en connaître les coutumes et les limites, ce qui, compte tenu du faible nombre de gens concernés, conduit aussi à en reconnaître les personnalités dominantes.

LE RÔLE DES AMBASSADEURS

«Connaître un pays, c'est pénétrer son esprit. Pour y parvenir, l'ambassadeur ne se contentera pas de s'entretenir avec les ministres et les hommes politiques. Souvent des conversations, d'apparence frivole, lui en apprendront beaucoup plus que des discussions d'affaires. La sympathie des femmes distinguées qu'il rencontre dans le monde lui sera précieuse.»

En écrivant ces lignes dans *Le Diplomate* (1926), Jules Cambon pense aux salons célèbres qu'il a pu fréquenter dans les postes qu'il a occupés ; certains salons réputés ont pu jouer un rôle politique, tel celui de la princesse Radziwill à Berlin où les diplomates en poste se rencontrent presque quotidiennement ; mais, plus largement, il est certain que les rencontres dans ces lieux «neutres» que constituent les salons parisiens, londoniens, viennois, pétersbourgeois, ont souvent pesé sur l'élaboration des décisions. Or, à cet égard, la connaissance historique est souvent démunie ; sans doute l'analyse des «souvenirs» de tel ou tel agent diplomatique confirme l'impression d'une influence de la vie mondaine, mais comment mesurer le poids de la «bonne société» sur le jeu diplomatique ?

Deux considérations contradictoires doivent cependant être retenues à ce propos. D'un côté, dans des États où la presse est serve, où l'écart entre société aristocratique et société en général est important, le fait que les diplomates vivent dans un milieu particulier conduit souvent à une profonde méconnaissance des réalités quotidiennes (à cet égard la qualité de l'information sur la Russie des profondeurs est d'une rare médiocrité pour qui consulte les dépêches diplomatiques, sauf lorsqu'une révolution y éclate) ; certaines illusions peuvent coûter cher. D'un autre côté, grâce à ces rencontres dans des salons, les diplomates sont en mesure de s'informer plus largement de certains problèmes qui, autrement, échappent sinon à leur compétence, du moins à leur information normale ; on pense ici aux discussions que peuvent avoir politiques et diplomates d'une part, banquiers, hommes d'affaires d'autre part, sans que pour autant le danger de « coupables collusions » existe. L'historien serait donc mal avisé de considérer les praticiens des relations internationales comme excessivement coupés des réalités extérieures et occupés seulement du subtil jeu diplomatique ; toutefois, l'impression dominante pour cette période reste celle d'une diplomatie conditionnée surtout par des considérations de personne, de politique politicienne et de stratégie militaire.

Le rôle des personnalités est en effet considérable puisque la décision en matière de politique extérieure relève d'un petit nombre d'individus. À l'étranger, les représentations diplomatiques sont peu nombreuses ; ainsi, l'ambassade de France à Berlin compte huit diplomates (dont deux attachés militaires), chiffre égal à celui de la représentation diplomatique russe à Paris ; le personnel consulaire est plus nombreux, mais son rôle politique est faible sauf dans quelques cas. La liberté de manœuvre des ambassadeurs reste importante ; certes l'utilisation du télégraphe, voire même du téléphone dans les moments de tension permet à l'autorité centrale d'imposer ses vues, mais jusqu'à la fin du XIXe siècle le rôle personnel des ambassadeurs demeure réel.

La stabilité de leur fonction est assurée : un titulaire de haut rang conserve son emploi pour plusieurs années, les « records » français étant détenus par Camille Barrère, ambassadeur à Rome de 1897 à 1922, soit pendant un quart de siècle, par Paul Cambon, ambassadeur à Londres de 1898 à 1920, par Jean-Jacques Jusserand, ambassadeur à Washington de 1902 à 1924. Les ambassadeurs allemands à Paris, entre 1874 et 1910, furent seulement au nombre de trois : le prince Hohenlohe-Schillingsfürst (1874-1885), le comte von Münster (1885-1901) et le prince de Radolin (1901-1910). Cette permanence dans une fonction donne une certaine liberté de manœuvre à son titulaire, bien informé des coutumes et idées locales, et relativement indépendant vis-à-vis de l'autorité centrale ; lors de l'affaire d'Agadir, l'action de Jules Cambon, alors ambassadeur à Berlin, permet de mesurer le rôle laissé à un ambassadeur actif et imaginatif. Parfois, les effets d'une mission prolongée dans un pays sont inattendus : d'Aerenthal, avant d'être ministre des Affaires étrangères à Vienne, a fait presque toute sa carrière à Saint-Pétersbourg, ce qui lui vaut une réputation de « russophile » alors que son action ministérielle mènera à une rupture avec la Russie. Le baron de Mohrenheim, ambassadeur russe à Paris entre 1884 et 1897 (il doit sa carrière à ses bonnes relations avec l'impératrice Marie Alexandrovna, d'origine danoise, car il a été ambassadeur à Copenhague de 1857 à 1882), est à ce point « ami de la France » qu'il accepte de toucher des subsides français pour le mariage de sa fille avec un officier français ; il jouera un rôle actif lors du rapprochement franco-russe de 1891 en débordant les instructions reçues de Saint-Pétersbourg. Au total, dans chaque capitale, se constitue une sorte de mini-société cosmopolite où chacun a pris l'habitude de sonder les pensées des alliés, amis ou adversaires avec un sens des nuances et des convenances très réglementé ; les dépêches et rapports diplomatiques contiennent de nombreux exemples de ces analyses pointillistes où l'art de la feinte ou de l'esquive est dûment apprécié.

LE RÔLE DES PERSONNALITÉS

Les autorités centrales sont naturellement averties des mœurs diplomatiques jusque et y compris des travers de certains diplomates qui, soit consacrent trop de temps à polir leurs dépêches (ou à corriger les dépêches écrites par les subalternes du poste), soit se laissent prendre par les aspects mondains de leur représentation. Sans qu'il soit toujours possible de déterminer le poids respectif de l'information fournie par les agents à l'étranger et des réflexions faites au centre lorsqu'une décision est prise, il paraît évident que la personnalité de l'ambassadeur d'une part et celle du responsable ministériel d'autre part influencent la stratégie diplomatique. Parfois, il existe une véritable communauté de vues entre le centre et la périphérie ; par exemple, Delcassé, ministre au Quai d'Orsay entre 1898 et 1905, agit en confiance avec ses grands ambassadeurs, les frères Cambon, Barrère, Bompard. Lorsque le titulaire ministériel est talentueux ou autoritaire, le rôle des ambassadeurs est limité ; l'exemple de Bismarck est ici le plus célèbre. Dans l'autre sens, les initiatives d'un Ignatiev, ambassadeur à Constantinople avant la guerre russo-turque de 1877-1878, ont obligé le Pont-aux-Chantres (nom du lieu où siège le ministère des Affaires étrangères russe) à suivre une politique panslaviste. Cependant, les administrations centrales ont le plus souvent la responsabilité finale.

Le ministre des Affaires étrangères occupait souvent une place particulière dans le gouvernement ; ses collègues lui laissaient volontiers une grande latitude d'action dans les affaires courantes, se bornant à intervenir à propos d'événements jugés graves ; toutefois, à Londres, le Colonial Office ou l'Indian Office avaient aussi leur mot à dire, tout comme le ministre des Colonies à Paris, lorsque les territoires coloniaux entraient en jeu. La longévité des titulaires dans la fonction ministérielle renforçait leur poids. En France, malgré la brièveté proverbiale des ministères, de réels « techniciens » s'imposèrent : Théophile Delcassé resta huit ans au Quai d'Orsay (1898-1905), Stephen Pichon cinq ans (1906-1911), Gabriel Hanotaux quatre ans (1894-1898), le duc Louis Decazes quatre ans (1873-1877). En Grande-Bretagne, on pourrait parler du « règne » de lord Robert Cecil, vicomte Granborne, marquis de Salisbury, puisqu'il dirigea la politique extérieure britannique entre 1878-1880, 1885-1886, de 1887 à 1892, de 1895 à 1902 ; le marquis de Lansdowne eut la confiance du roi Édouard VII pendant cinq années (1900-1905) ;

Édouard Grey sera le patron du Foreign Office de 1906 à 1914. Dans les régimes monarchiques où l'accord entre le monarque et le ministre était plus impératif, la permanence dans la fonction était presque rituelle : en Russie, au « couple » Alexandre II-Gortchakov succéda le couple Alexandre III-Giers. En Allemagne, Bismarck sut garder (ou imposer) la confiance de l'empereur Guillaume Ier ; Guillaume II s'entendit avec ses chanceliers assez longuement, tel Bülow ou Bethmann-Hollweg.

Les bureaux des ministères, récemment étudiés, disposaient d'effectifs peu nombreux (*cf.* tableau 1) ; quelques hauts fonctionnaires restant longtemps en poste tenaient les fils de la diplomatie, car ils étaient souvent les seuls à connaître « les secrets d'État » et dans la mesure où la constitution des dossiers dépendait largement de leur seule mémoire.

Tableau 1. Les agents du ministère français
des Affaires étrangères entre 1873 et 1910

	1873	1893	1910
Administration centrale	115	161	179
dont cabinet du ministre	52	79	91
Direction Affaires politiques	35	38	46
Services extérieurs (Carrière diplomatique et Consuls)	236	266	291
dont ambassadeurs, ministres et conseillers	25	43	61
TOTAL	351	427	460

Les personnels de service, les interprètes, commis, chanceliers ne sont pas compris.
Source : J. C. ALLAIN, *Relations internationales* nº 32, 1982.

Sous Guillaume II, le baron Frédéric de Holstein, simple conseiller à la section politique de la Wilhelmstrasse (lieu du ministère allemand des Affaires étrangères), secret, retiré dans son cabinet, était en réalité l'homme qui inspira la politique extérieure allemande presque jusqu'à sa mort en 1909. À Londres, le Permanent Under Secretary, le plus haut fonctionnaire permanent à Whitehall, demeura jusqu'au début du siècle un simple exécutant à cause de la très forte personnalité de lord Salisbury habitué à trancher souverainement, sans même vraiment consulter le cabinet et fort dédaigneux des bureaux du Foreign Office, dans lesquels il se rend seulement pour rencontrer les ambassadeurs étrangers. Les changements électoraux de 1902 et 1906, qui mirent fin à la tradition conservatrice, donnèrent plus de poids aux bureaux. Lord Grey paraît avoir subi notablement l'influence de son entourage ; entre 1894 et 1905, un seul personnage, Thomas Sanderson, occupe le poste d'Under Secretary, puis Charles Hardinge lui succéda pour cinq ans (1905-1910). En Russie, pendant la première partie du règne de Nicolas II (1894-1905), l'homme en vue fut plutôt le ministre des Finances, Sergueï Witte, dont l'autorité dépassa les cadres de son ministère, mais les fils de la diplomatie tsariste étaient bien tenus en main par un fonctionnaire falot, mais travailleur et bien informé, le comte Lamsdorff, successivement chef de cabinet du ministre Giers, de 1880 à 1895, ministre adjoint de 1897 à 1900, avant d'être nommé ministre en 1900 après être resté vingt ans sans quitter le ministère. En France, le poste de secrétaire général du Quai d'Orsay sera créé seulement en 1915 (pour Jules Cambon), mais les titulaires du poste de directeur des affaires politiques étaient souvent plus que de simples conseillers, tel le baron Alphonse de Courcel à l'époque de Gambetta, Armand Nisard qui « règne » entre 1889 et 1898 ou Georges Louis entre 1904 et 1909.

L'influence de ces hauts fonctionnaires peut d'autant mieux se faire sentir que les affaires étrangères échappent pour une large part au contrôle parlementaire en raison du secret qui est souvent à la base des accords ou des alliances conclus ; seuls à connaître les clauses de ces ententes, ils sont seuls en mesure d'éclairer et d'informer les responsables politiques. Ainsi les conditions exactes de l'alliance franco-russe, base essentielle du système diplomatique français après 1891-1894, restent secrètes, connues seulement de certains ministres et de certains hauts fonctionnaires civils et militaires jusqu'à la guerre de 1914. Le Parlement britannique n'est pas mieux informé ; les responsabilités en la matière étant exercées par la Chambre des lords ; les Communes, dont le rôle s'accentue par ailleurs, sont ainsi exclues d'un réel contrôle au point que l'on a pu écrire que «plus le Parlement devenait démocratique, plus son contrôle sur la politique extérieure déclinait» (Temperley and Penson, *A century of Diplomatic Blue Books*). Ainsi, la stratégie extérieure des États relève, pour l'essentiel, de quelques individualités décidées.

LE RÔLE DES GROUPES

Toutefois, même ces personnalités puissantes peuvent être influencées par leur entourage ; *a fortiori*, des ministres au caractère moins affirmé sont soumis à cette pression. Dès lors, une question fondamentale se pose à l'historien : comment est constitué «le groupe» qui entoure le décideur, ce mot recouvrant la personne qui, par son titre ou sa fonction, possède en dernier ressort le pouvoir de trancher ? Les études faites depuis plusieurs années autour de la prise de décision (*decisionmaking*) ou encore autour des concepts de «groupes» ont éclairé la méthodologie concernant ces recherches. Comme J. C. Allain l'a montré par exemple dans le cas de la crise d'Agadir en 1911, on peut à propos d'un cas précis déterminer qui a entraîné tel changement d'attitude et le pourquoi de ce changement ; sans développer ici le processus d'une telle analyse, il convient de retenir que, dans la période 1871-1914, la prise de décision en politique extérieure se rapporte souvent à un petit groupe d'hommes ; ceux-ci, hauts fonctionnaires civils et militaires, représentants plus ou moins qualifiés de groupes d'intérêts (les fameux «groupes de pression»), familiers des décideurs (surtout en régime monarchique ou autoritaire), peuvent bénéficier du caractère secret des négociations diplomatiques. Même dans les régimes démocratiques où les Parlements ont, en théorie, un droit de regard et de ratification sur les options prises, il faut admettre que ce droit est, en pratique, tourné ; en effet, sauf en cas de menace directe de guerre, les élections se faisant pour ou contre des choix de politique intérieure, les députés ont peu l'habitude de se préoccuper de ces problèmes extérieurs. Le Sénat français n'a pas de commission des Affaires étrangères avant 1915, les traités ou accords étant étudiés par les commissions des Douanes ou des Colonies ; en 1907, une proposition pour créer cette commission est repoussée.

J.-B. Duroselle a pu démontrer qu'en 1881, lors de la décision française d'intervenir en Tunisie, le Parlement français avait joué un rôle mineur même s'il avait consacré certaines séances aux questions de politique extérieure (sur 180 jours de session, 13 ont été consacrés à la politique extérieure) ; il est vrai que dans leurs professions de foi les candidats ont évoqué celle-ci à concurrence de 8 % seulement ; en l'espèce, Jules Ferry a pu agir à peu près à sa guise, subissant l'influence de Gambetta, lui-même inspiré par deux petits groupes, « véritables lobbies tunisiens » ; connaître les raisons qui ont poussé à l'action ces deux petits groupes apparaît donc, en dernier ressort, comme fondamental à la recherche historique.

Mais ici il faut prendre garde à une déformation possible ; lorsque des intérêts matériels, financiers, commerciaux ou autres, sont sous-jacents à ces entreprises, on peut aisément faire le lien entre motivations économiques et décision politique, mais lorsque des raisons différentes interfèrent, il est beaucoup plus délicat de recenser des idéaux comme le désir de gloire, le goût de la puissance, voire même le simple besoin d'action ; or selon les individus, ceux-ci peuvent cohabiter avec l'intérêt bien compris. Dans bon nombre d'entreprises coloniales, on a pu déceler à l'origine aussi bien le prosélytisme religieux ou l'aventurisme de militaires subalternes que la cupidité d'entrepreneurs, capables de s'attacher les services « intéressés » de journalistes ou de fonctionnaires ; établir une hiérarchie dans ces facteurs devient alors pour l'historien un jeu dangereux. La microanalyse, absolument nécessaire pour comprendre le passé, ne paraît pas capable ici de répondre à de plus grandes questions, telles que les causes de l'expansion coloniale. De la même manière, lorsque l'on veut analyser une politique extérieure donnée, la connaissance des groupes qui entourent le «décideur» (lorsque celle-ci est possible, ce qui est loin d'être le cas général) répond au désir compréhensible de l'historien d'établir la causalité précise du fait étudié, mais elle peut difficilement apporter des solutions aux grandes interrogations qui, sur le long terme, s'intitulent politique pacifique ou guerrière, désir d'expansion ou maintien du *statu quo*, repli sur soi ou ouverture à d'autres, etc. L'étude des cas, absolument nécessaire, menée avec des techniques élaborées telles que l'analyse caractérielle des personnalités ou le comportement des groupes, doit se conjuguer avec la recherche, plus générale, des facteurs «profonds» des politiques étrangères.

Géopolitique, stratégie diplomatique et militaire

L'INFLUENCE DE LA GÉOPOLITIQUE

«Non, il n'y a pas mystère dans l'œuvre des chancelleries. Les destinées de l'État sont régies par des lois que les hommes ne peuvent pas modifier. C'est la géographie qui les leur impose. L'art des diplomates est de savoir les dégager» (discours de réception de Jules Cambon à l'Académie française le 20 novembre 1919).

Pour les diplomates de la fin du XIXᵉ siècle, il semble que certaines réflexions générales aient constitué le fil directeur de leur action; au premier rang de ces réflexions se profile la notion de sécurité militaire. Un État doit tendre à réaliser des frontières aisément défendables, axées sur des dispositions naturelles (mers, montagnes, fleuves) et en tenant compte des techniques militaires de l'époque. Le XIXᵉ siècle, qualifié en Europe de siècle des États-nations, car ceux-ci prennent peu à peu forme, a vu se simplifier considérablement la carte des États; après la naissance de l'Allemagne et de l'Italie en 1871, l'Europe connaît un certain équilibre entre les Grands, tandis que des petits sont tolérés par les Grands. En politique internationale, le danger peut venir d'une remise en question de cet équilibre; cette remise en question signifierait inévitablement la guerre en Europe; les diplomates doivent donc s'efforcer d'éviter cette guerre tout en se préparant à la soutenir dans les meilleures conditions. Pour répondre à ces deux objectifs d'apparence contradictoire, on s'emploiera d'abord à déterminer d'où les menaces militaires peuvent venir, puis, en raison de leur localisation, on tentera de susciter des alliances complémentaires en fonction de la géographie (alliances de revers, bastion renforcé).

Les théories à la mode, qui influencent les conceptions des responsables, évoquent donc ces problèmes de territoire national nécessaire, d'espace, de positions clés, d'accès à la mer. Sur ce plan, les idées de l'allemand Friedrich Ratzel (*Politische Geographie*, 1897) sont dominantes même si des géographes français en contestent certaines vues : la notion d'État est inséparable du territoire occupé par celui-ci; lorsqu'un peuple en a pris conscience, la quantité et la qualité des ressources naturelles déterminent la politique d'un État; les États forts sont naturellement disposés à s'étendre encore, assurés qu'ils sont de leur propre destin grâce à leur étendue. On conçoit que cette « géopolitique » (le terme est postérieur, créé en 1918 par Hausofer) ait été bien accueillie dans l'Allemagne impériale, mais compte tenu de l'incontestable influence de la science et de la pensée allemandes en cette fin de siècle, le retentissement des œuvres de Ratzel a été beaucoup plus large, même s'il fut critiqué par les géographes français de l'époque. Vidal de la Blache « père fondateur » de la géographie française n'est-il pas considéré comme un « géo-politiste » ?

En France, on peut noter que l'enseignement donné à l'École libre des sciences politiques, fondée en 1872, et qui rapidement va assurer la formation de presque tous les futurs diplomates français, suit des perspectives comparables : Boutmy, fondateur de cette École, très influencé par la pensée de Taine, a fait donner à la section diplomatique, section la plus réputée, un enseignement où l'histoire et la géographie occupent des places enviables ; les historiens Sorel, Vandal, le géographe Levasseur marqueront plusieurs générations de diplomates français ; or l'œuvre maîtresse d'Albert Sorel, *L'Europe et la Révolution française* (publiée entre 1895-1904), comporte deux idées essentielles : les révolutionnaires français ont dû, comme leurs prédécesseurs, mener une politique de recherche des frontières naturelles ; Napoléon Ier a réalisé des annexions pour se garantir contre des guerres menées par ses adversaires ; là encore les problèmes de frontières et d'espace sont fondamentaux. Quand on sait le lustre et l'autorité que les cours de Sorel ont eu dans cette école entre 1872 et 1906 (date de sa mort), on mesure le poids que ses conceptions revêtaient pour les diplomates français et étrangers. En effet, bon nombre de jeunes étrangers suivaient aussi les cours de cette école, tout comme ils s'inspiraient des articles du *Journal des débats*, où Francis Charmes, responsable de la chronique de politique extérieure, analysait l'actualité selon les mêmes principes dans les années 1880 ; ensuite la *Revue des Deux Mondes*, par sa « Chronique de la Quinzaine » rédigée par Charmes de 1896 à 1916, allait jouer le même rôle. Ainsi les responsables de la politique extérieure subissent-ils l'influence d'une pensée qui, avec des formes variables, accorde une place essentielle aux notions de frontières, d'espace national ; les considérations de stratégie militaire prennent logiquement le dessus. Les constructions diplomatiques portent donc la marque de ces conceptions stratégiques et militaires.

LE RÔLE DES MILITAIRES DANS LA DIPLOMATIE

Le rôle des militaires dans les relations internationales se trouve ainsi accru. Tout d'abord, il n'est point d'ambassade ayant quelque intérêt qui ne soit pourvue d'un attaché militaire, parfois même de deux représentants, l'un pour l'armée de terre, l'autre pour la marine. Ces officiers, choisis en fonction de leurs aptitudes intellectuelles (ils sont souvent brevetés d'État-Major) et de leurs relations mondaines ou politiques, sont en correspondance directe avec le ministère de la Guerre : leurs attributions s'étendent non seulement à la connaissance des armées du pays où ils sont en poste, mais encore aux ventes d'armes, à l'espionnage plus ou moins avéré ; bien qu'ils ne relèvent pas du ministère des Affaires étrangères, ils occupent dans la hiérarchie diplomatique une place remarquée (ce qui ne manque point d'agacer les diplomates de carrière, qui souvent les méprisent). La correspondance diplomatique prouve également l'importance de leur fonction ; en bien des cas les rapports des militaires sont communiqués aux ministres des Affaires étrangères. Peut-être certains aspects marginaux de leurs activités, le relent d'espionnage qui les entoure, conduisent à donner à leurs avis ce soupçon de mystère propre à fixer les imaginations, mais dans un certain nombre de cas l'importance des renseignements militaires obtenus par des voies obliques donne à réfléchir aux diplomates ; les révélations du « Vengeur » en 1904, communiquant aux Français les plans allemands d'invasion par la Belgique, dits plan Schlieffen, frappent Delcassé qui y trouve justification de sa politique. De toute manière, les accords internationaux importants comportent presque toujours des aspects militaires qui justifient le rôle signalé des attachés militaires.

On comprend également que des généraux aient pu jouer un rôle diplomatique notable ; dans un certain nombre de cas, ils peuvent même occuper le poste d'ambassadeur (l'ambassade de France en Russie a connu trois généraux titulaires du poste entre 1871 et 1886), mais surtout les missions exceptionnelles souvent liées aux grandes manœuvres permettent de nouer de fructueux contacts. Les négociations franco-russes de 1891-1892 menées par les généraux Obroutchev et de Boisdeffre en sont un excellent exemple ; les difficiles et tumultueux démêlés qui entourent la mission du général allemand Liman von Sanders en Turquie en 1913 en sont un autre. De manière plus générale, la stratégie diplomatique allemande menée sous Guillaume II, la fameuse *Weltpolitik*, se liait étroitement aux concepts stratégiques des responsables militaires. Même aux États-Unis, où le rôle politique des cadres militaires est fort réduit, on retiendra l'influence des idées de l'amiral Mahan, qui, dès 1885, souhaitait un développement rapide de la flotte de guerre américaine afin d'accroître la puissance de son pays, sur les présidents Théodore Roosevelt ou Woodrow Wilson. En fait, comme on l'a déjà noté, la perspective d'une guerre future domine la diplomatie de cette période ; certes, l'Europe, entre 1871 et 1914, ne connaît pas de forts conflits internes, à l'exception de la zone balkanique en 1877-1878 et en 1912-1913, mais les risques de guerre entre grandes puissances européennes sont nombreux ; les « alertes » ne cessent pratiquement pas, surtout si l'on admet que des péripéties coloniales lointaines peuvent trouver des résonances considérables dans les opinions publiques, comme l'affaire d'Agadir en 1911 permet de s'en rendre compte. Dans ces conditions, il est presque normal de constater l'interdépendance existant entre stratégie diplomatique et stratégie militaire, monde diplomatique et monde militaire.

LES RÉALITÉS MILITAIRES

La nature et l'étendue des forces militaires en Europe occupent l'esprit des diplomates. Celles-ci sont dominées par la puissance allemande ; grâce à sa forte population, l'Empire allemand peut disposer d'une armée de terre active de 400 000 hommes en 1874 et de 490 000 en 1890, à laquelle il faut joindre des réserves instruites, ce qui, en cas de conflit, permettrait à l'Allemagne, vers 1885, de mettre en ligne 1,8 million d'hommes. L'armée française, malgré le handicap démographique de la France, parvient à posséder des effectifs « actifs » comparables, grâce aux lois de 1872 et 1873 qui instituent un service militaire obligatoire pour tous, en principe de cinq ans (avec des dispenses) ; le système des réserves complète le dispositif de combat, qui jusque vers 1890 donne sur le papier des chances comparables aux deux armées. Charles de Freycinet, ministre de la Guerre entre 1888 et 1893, réorganise le recrutement, modernise l'équipement et surtout tente de mêler une armée de métier et une armée de réserve en suivant l'exemple allemand ; sur ce dernier point, il échoue alors que l'Allemagne garde le même système. L'armée russe, fort conséquente en nombre grâce à la présence d'un vaste « réservoir humain », est considérée avec grand intérêt par les autres États ; même si elle ne possède pas un système de réserves identique, elle peut mettre en ligne 800 000 à 1 million d'hommes, dressés « à la prussienne » par un service militaire actif qui dure cinq ans pour ceux qui sont appelés par tirage au sort (loi de 1874). Lorsque l'Allemagne se juge menacée par l'accord franco-russe, elle adopte une nouvelle loi militaire (1892) qui augmente de 84 000 hommes les recrues annuelles ; cet effort n'est pas suffisant pour combler le handicap vis-à-vis des adversaires potentiels, d'où l'obligation de resserrer les liens avec l'état-major austro-hongrois, même si l'hétérogénéité du recrutement dans l'empire allié fait émettre des doutes sur la qualité réelle de ces troupes. En fait, le général Schlieffen, qui reste chef d'état-major de 1891 à 1905, compte pour l'emporter sur la rapidité de son offensive, la technicité éprouvée des cadres et l'excellence de l'armement.

L'armement des troupes est évidemment un souci constant des responsables civils ou militaires. La technique de l'adversaire potentiel doit en effet rester inférieure à la sienne ; ainsi le renouvellement des armes essentielles, fusil, canon, poudres, est-il au cœur de la rivalité militaire franco-allemande : au nouveau fusil français Lebel (1886) répond le fusil allemand Mauser (1898), au canon allemand de 77 (1896) répond le « fameux » canon français de 75 (1897). En 1885, un ingénieur français, Vieille, révolutionne l'armement par l'invention de la poudre sans fumée et sans résidu, qui permet de tirer beaucoup plus loin sans être repéré. Évidemment, ces progrès techniques sont suivis avec beaucoup d'attention par les autres armées ; les Russes cherchent ainsi à bénéficier de la technique du Lebel en 1888, avant de fabriquer leur propre fusil, le Mosin, en 1891. Cela a-t-il joué un rôle dans le rapprochement franco-russe au même moment ? L'industrie des armements, fortement exportatrice, procure non seulement une importante source de revenus aux firmes privées spécialisées, mais également une certaine capacité d'influence politique aux États. Équiper des petites puissances équivaut à se constituer une clientèle pour les grandes puissances ; on en verra maints exemples dans le Sud-Est européen. Mais cette constante mise en cause de l'armement coûte cher, obère les budgets, notamment en France, même si on cache une partie des dépenses à travers des comptes particuliers afin de dérouter les observateurs étrangers toujours avides de s'emparer des secrets de fabrication. Les services secrets étaient actifs bien avant 1914 !

La course aux armements, qui s'accélère après 1906, témoigne à sa manière de l'importance accordée à ces considérations de technique militaire dans l'élaboration de la politique extérieure ; les systèmes de fortifications, auxquels des crédits importants sont accordés dans une première période, seront-ils meilleurs dans le combat de demain que les principes d'offensive à outrance qui prévalent un peu partout en Europe vers 1910 ? La pensée militaire est active, suivie avec attention par les hommes politiques, d'autant plus que l'interdépendance entre la situation intérieure et le rôle joué par l'armée s'accentue, en France comme en Allemagne, après 1890. D'un côté l'affaire Dreyfus, l'affaire des fiches du général André en 1904, les luttes sourdes pour le choix d'un chef d'État-Major général en 1911 après la démission du général Michel montrent que politique partisane et stratégie militaire sont fort liées en France. En Allemagne, après Bismarck qui savait contenir les militaires, Guillaume II subit de plus en plus l'influence des chefs militaires qui imposent des choix de politique étrangère au nom de la technicité ; le plan Schlieffen d'invasion de la Belgique est adopté sans consultation des diplomates, les propositions de l'amiral Tirpitz vont contre les désirs des partisans d'une politique de conciliation avec la Grande-Bretagne.

Le réarmement naval est en effet au centre des préoccupations au début du XXe siècle. Or il doit se faire en fonction de considérations techniques et de visées stratégiques : sur le premier plan, doit-on suivre les tenants de la «guerre de course» avec torpilleurs rapides et sous-marins, comme le suggère la «jeune école» française qui semble l'emporter en France vers 1886-1890 (amiral Aube), ou bien les laudateurs de la force de bataille colossale destinée à écraser l'ennemi dans une seule bataille comme le propose le capitaine Tirpitz dans un rapport à Guillaume II en 1891? Tirpitz l'emporte en Allemagne en 1897-1898, fait adopter son premier plan de réarmement qui rejoint les déclarations célèbres de Guillaume II sur la *Weltpolitik* allemande et à propos de «l'avenir de l'Allemagne sur l'eau» (discours de Stettin en 1899). En 1900, une seconde loi confirme cette orientation qui comporte aussi des conséquences stratégiques jugées inquiétantes par Londres. Dès 1889, la Grande-Bretagne avait retenu le principe du *Two Powers Standard*, selon lequel la flotte britannique doit être au moins équivalente aux forces réunies des deux marines étrangères les plus fortes après elle (à l'époque France et Russie); ce principe devint ensuite un dogme. Mais devant l'accélération du programme allemand, le chef de l'Amirauté britannique, l'amiral Fisher, obtient à son tour en 1905 une loi navale pour répondre au danger allemand. Désormais, le cycle de lois navales de «défense» est en place; tour à tour, la Grande-Bretagne, la France, l'Italie, la Russie, l'Autriche-Hongrie votent des programmes d'expansion de leur puissance navale, répondant ainsi à leur manière au livre prophétique de l'amiral Mahan publié en 1890, *The Influence of Sea Power upon History*. Assez curieusement, comme Tirpitz ne croit pas à la valeur du sous-marin, l'Allemagne reste très en retrait pour la construction de submersibles jusqu'à la guerre (en 1914, la France, où la «jeune école» a retrouvé audience après 1900, possède 77 sous-marins, la Grande-Bretagne 55, les États-Unis 38, l'Allemagne 28 seulement). En fait, derrière Tirpitz se retrouvent divers intérêts commerciaux, industriels, les uns attirés par la perspective de fortes commandes, les autres soucieux d'obtenir l'appui militaire jugé indispensable à leurs entreprises coloniales; il y aurait même, selon certains historiens allemands, le désir de mobiliser le nationalisme allemand derrière ces vastes perspectives afin de contrecarrer la poussée démocratique et bourgeoise qui se manifeste alors; il est certain que des groupes nationalistes, pangermanistes, subventionnèrent, aux côtés d'industriels et de banquiers, la Ligue navale (*Flottenverein*), association populaire destinée à soutenir cet effort coûteux de réarmement.

De la même manière, une autre Ligue militaire (*Wehrverein*), forte de 300 000 membres, soutient le programme d'intensification de l'armée de terre présenté par le gouvernement allemand en 1912-1913. Pour répondre au plan Schlieffen, il ne suffit plus d'avoir des réserves solides (l'armée allemande compte vers 1910 3,7 millions d'hommes instruits), il faut un corps de bataille d'active renforcé, celui qui envahira la Belgique; les lois de juin 1912 et de juillet 1913 portent l'armée active de 600 000 à 820 000 hommes. Bien entendu, en France, la réponse ne tarde pas (s'agit-il même d'une réponse?): en juin 1913, le service militaire actif est porté de deux à trois ans, ce qui permet d'avoir une armée active de 700 000 hommes en 1914; cette loi nouvelle suscite bien des débats houleux au Parlement, dans la presse; elle est l'une des occasions majeures pour le Parlement français et pour l'opinion publique de prendre position sur un problème directement lié à la politique extérieure; les débats au Reichstag en 1912-1913 avaient eu la même portée. Par le biais des problèmes de défense nationale, les Parlements trouvaient l'occasion d'aborder pleinement les relations diplomatiques.

Ainsi, des considérations militaires d'apparence purement technique conduisent à des options qui dépassent sensiblement le seul point de vue militaire. Aussi bien pour l'armée de terre que pour la flotte, il faut envisager des bases, des lignes de communication, des sources d'énergie: les alliances, les rencontres d'état-major vont ainsi plus loin que de simples visites de courtoisie; elles sont partie prenante de la vie diplomatique. Dans toute cette période, politique et stratégie sont intimement liées.

CHAPITRE II

Les conditions économiques
des relations internationales

Les données générales
des relations économiques internationales

LES ÉCHANGES DANS LE CAPITALISME LIBÉRAL

Les relations économiques internationales se situent à plusieurs niveaux et prennent plusieurs formes. D'une part, ces relations peuvent se réaliser entre États, comme par exemple lorsqu'un État prête à un autre État, ou lorsqu'un État définit sa politique douanière ; d'autre part, des rapports se nouent de nationaux à nationaux, soit à titre individuel, tel le prêteur de fonds à une société étrangère ou le travailleur immigré qui vit dans un autre pays, soit à titre de groupes d'intérêts comme peuvent en constituer les banquiers ou les industriels investissant à l'étranger. En réalité, ces relations économiques présentent une telle variété de formes qu'il devient souvent arbitraire de vouloir les classer en quelques domaines simples. Aussi, une remarque préliminaire s'impose : à la différence des conditions politiques où les relations se situent nécessairement dans un cadre étatique (tout individu relève d'une nationalité et d'un État quand il agit politiquement à

— ou vers — l'extérieur), les relations économiques ne suivent pas toujours les limites politiques. Les centres de décision, les moyens d'action, les objectifs poursuivis sont différents. C'est donc un monde à part que l'historien doit connaître, avant de poser la question fondamentale des rapports qui peuvent se nouer entre le politique et l'économique.

En simplifiant, on retiendra trois domaines principaux d'échanges :

— *les échanges humains*, migrations de populations, à court ou long terme, en vue de gains professionnels, de meilleures connaissances technologiques, d'installations durables, de contacts touristiques, etc. ;

— *les échanges de marchandises*, que l'on retrouve assez facilement comptabilisés dans les balances commerciales des États (importations-exportations) ;

— *les mouvements de capitaux*, à court ou long terme, prenant des aspects différents, comme les placements en fonds publics, les placements de portefeuille ou les investissements directs.

En principe, les balances des paiements permettent d'établir une comptabilité assez précise de ces échanges, puisque certains aspects des échanges humains entrent dans la balance des paiements courants (revenus des travailleurs à l'étranger, revenus des ventes de brevets ou de droits d'auteur, ressources tirées du tourisme) tandis que les balances commerciales et des mouvements de capitaux (auxquelles il faut joindre les revenus des placements externes enregistrés dans la balance des paiements courants) reflètent les deux autres types d'échanges. Toutefois, deux remarques préliminaires s'imposent ici ; d'une part, c'est seulement peu avant la fin de notre période que les experts économiques tentent grossièrement d'évaluer ces balances ; d'où, pour l'historien, la nécessité de reconstituer rétrospectivement ces instruments comptables ; d'autre part, même en cas de reconstitution, les échanges de pays à pays sont malaisés à établir, sauf pour les statistiques commerciales (on a d'ailleurs longtemps confondu de manière impropre les relations économiques externes avec les seules relations commerciales).

La période 1871-1914 offre en outre un avantage incontestable pour la recherche historique en ces domaines : l'ensemble du monde est dominé par *une seule et même structure économique, celle du capitalisme libéral* (on prend ici le mot dans son sens économique) ; pour faciliter les transactions, des rapports monétaires assez simples existent puisque les principales monnaies utilisées sur le plan international sont gagées sur l'or (monométallisme) ou l'or et l'argent (bimétallisme) ; elles conservent entre elles des parités fixes ; la libre convertibilité de ces monnaies par rapport aux métaux précieux facilite grandement les échanges internationaux.

La Première Guerre mondiale va ruiner définitivement ce bel équilibre, qui poussait les économistes libéraux de l'époque à croire en un certain nombre de lois intangibles, comme celle des équilibres automatiques ; jusqu'en 1914 en tout cas, les parités entre livre sterling, franc, mark, dollar sont fixes, régies par des règlements ou lois précises (*cf.* le tableau de la parité des principales monnaies). Jusqu'en 1917 aussi, aucun État ne se veut étranger aux données essentielles du capitalisme libéral, même si dans bien des États certaines structures économiques en diffèrent profondément ; les règles de la libre entreprise, de la neutralité économique de l'État, de la loi de l'offre et de la demande sont contestées par les partis d'opposition socialistes ou socialisants, mais respectées encore par les États et les groupes au pouvoir, avec parfois de notables exceptions (au début du XXe siècle, les deux tiers des voies ferrées en Russie tsariste appartiennent à l'État, les services postaux de nombreux pays sont également étatisés). Il faudrait enfin retenir que l'économie capitaliste « à l'européenne » se superpose souvent à des formes économiques plus archaïques dans certains espaces, notamment dans les zones coloniales ou dans des régions peu accessibles ; il serait dangereux d'éliminer le rôle des économies de troc en Afrique noire par exemple, ou encore de ne pas voir la permanence du féodalisme dans certaines régions asiatiques ; mais dans la mesure où ces rapports économiques affectent des zones relativement marginales par rapport aux principaux échanges, ou bien encore dans la mesure où ces pratiques ancestrales sont mises au service de l'économie capitaliste (le troc dans les factoreries africaines par exemple), il convient de reconnaître l'unicité du système économique dominant, celui du capitalisme libéral.

Tableau 2. La parité des monnaies par rapport au franc-or

1 livre sterling	: 25,22 francs	1 yen japonais	: 2,58 francs
1 livre turque	: 22,784	1 florin néerlandais	: 2,083
1 dollar des É.-U.	: 5,181	1 mark allemand	: 1,235
1 rouble	: 2,66	1 couronne austro-hongroise	: 1,05

La lire italienne, les francs belge et suisse sont à parité avec le franc.

La révolution des transports

L'extraordinaire expansion des moyens de communication sur le globe constitue l'un des phénomènes majeurs de la période 1871-1914. Accélération de la vitesse des transports ferroviaires et maritimes, extension des réseaux ferrés et des lignes maritimes et, en fin de période, débuts de la circulation automobile et « invention » de la navigation aérienne. Ajoutons le développement des techniques de transmission des informations par le télégramme, le téléphone, grâce notamment à la réalisation des câbles sous-marins entre 1866 et 1890. On va plus vite, on connaît plus tôt.

Cette révolution technique entraîna une baisse très sensible des coûts de transport, sur les longues distances en particulier. Ainsi, les indices du fret maritime à prix constants baissèrent de 149,8 en 1880 à 123,4 en 1890, 100 en 1900, 71,2 en 1910, soit une diminution de moitié en trente ans. La régularité des acheminements fut renforcée par le triomphe des bateaux à vapeur sur les voiliers, mutation effectuée entre 1880 et 1900 alors que la flotte mondiale fut multipliée par 2,6 ! La réussite du canal de Suez, interdit aux grands voiliers, témoigna de ce triomphe. Depuis sa création en 1869, le tonnage des vaisseaux empruntant le canal crût constamment, surtout après 1895 ; le tonnage moyen annuel doubla entre 1892/1897 et 1909/1912. Jusqu'en 1914, les Britanniques occupèrent de très loin la première place dans ce trafic (entre 75 % vers 1875 et 67 % vers 1910) en fonction de la croissance des commerces indien et australasien sous contrôle britannique. Aussi les actionnaires du canal, qui avaient vécu des années difficiles jusqu'à la fin des années 1870, touchèrent de copieux dividendes surtout après 1910. Le canal aurait coûté en définitive (entretiens et améliorations compris) environ 675 millions de francs, jusqu'en 1914, pour rapporter environ 2 350 millions de francs ! (calculs de Bonin.) Le canal devint un enjeu important chez les responsables politiques, bien plus que celui de Panama enfin achevé en 1914 par et pour les Américains.

Révolution aussi dans les chemins de fer. Leur construction s'accéléra soit en Europe, où ils constituèrent un maillage serré qui porta le développement économique, soit hors d'Europe, où ils devinrent les axes des pénétrations politiques comme économiques. Les problèmes d'investissements et de gestion des compagnies ferroviaires préoccupèrent gouvernements et hommes d'affaires qui, à juste titre, percevaient l'intérêt « national » ou « international » de telle ou telle grande ligne nouvelle ; le Transsibérien, le Bagdadbahn, les lignes dans le sud-est de l'Europe en furent d'excellents exemples. Le réseau mondial estimé à 28 000 kilomètres en 1880 dépassa le million de kilomètres en 1914. La part de l'Europe tomba de 43 % en 1880 à 30 % environ en 1914. Les lignes extra-européennes, surtout américaines, servirent à amener les produits bruts des pays neufs à des prix nettement compétitifs. À l'inverse, les migrations des populations européennes vers ces pays en furent largement facilitées. En somme, le monde devenait moins vaste.

Historiens économistes et économistes sont divisés quant à la durée, à l'intensité et aux causes des cycles économiques; toutefois, ils s'accordent sur la réalité de leur existence pendant la période considérée dans ce livre. Selon les indicateurs retenus (mouvements des prix, indices de production ou du commerce, investissements, etc.) et plus encore selon les pays, les moments de hausse et de baisse varient. On peut cependant retenir globalement un cycle de hausse entre 1845/1850 et 1870/1875, suivi d'un cycle de baisse qui durerait jusque vers 1890/1896, avant qu'une vigoureuse reprise se dessine, au moins jusqu'à la Grande Guerre. Si l'on observe les grands pays industrialisés qui entraînaient dans leur sillage colonies et pays en voie de développement, c'est-à-dire Grande-Bretagne, Allemagne, France, États-Unis, on notera quelques différences conjoncturelles qui méritent d'être analysées pour autant qu'elles traduisent une évolution des rapports de force entre elles et par voie de conséquence dans l'ensemble des relations économiques internationales.

Le cas américain peut être dissocié des trois autres; compte tenu, d'une part, du caractère propre de l'économie américaine qui trouvait l'essentiel de sa progression (et de ses crises) dans son marché national, et, d'autre part, du rôle relativement marginal de la puissance américaine dans le monde de l'époque, il semble possible d'accorder moins d'attention aux crises d'outre-Atlantique, qui, indices de difficultés sérieuses, n'entravaient point leur progression globale (1892/1894, 1903/1904, 1907/1908). Même si des liens assez étroits existaient avec la Grande-Bretagne (première constitution d'une économie « atlantique »), la conjoncture des trois Grands européens avait davantage d'incidences sur la vie du globe. Or si l'allure générale de leur conjoncture fut comparable, il faut insister sur deux facteurs déterminants, les moments de renversements de conjoncture, l'intensité relative des croissances et des crises. Ainsi, l'Allemagne connut dès 1873 une forte crise, point de départ d'un changement conjoncturel, tandis que la France était vraiment affectée seulement en 1881 ; en Grande-Bretagne, une définitive crise agricole commença en 1879, mais la dégradation du commerce fut beaucoup plus lente, voire controversée, sans doute plus apparente face à la montée des concurrences externes que due à la perte du dynamisme antérieur. Actuellement, l'expression de «Grande Dépression» pour caractériser la fin du siècle britannique suscite des doutes chez les historiens. Elle ne peut pas être utilisée pour le cas allemand.

Les taux de croissance respectifs du PIB dans ces trois pays, reconstitués *a posteriori*, paraissent donner des indications plus sûres à propos de leur puissance économique relative. Retenons des ordres de grandeur, compte tenu des marges d'erreur de ces calculs rétrospectifs. En 1870, le PIB français serait supérieur aux deux autres ; en 1884 l'Allemagne, en 1885 la Grande-Bretagne dépasseraient la France. L'écart se creuserait ensuite fortement au détriment de la France, qui en 1900 aurait un PIB inférieur de 24 et 21 % à ses deux concurrents. Le net redressement accompli par la France, à partir de 1905 surtout, lui permettrait de combler partiellement son retard sur la Grande-Bretagne (écart de 11 % seulement en 1913), tandis que l'Allemagne accentuerait son avance (+ 44 % en 1913). À l'évidence, ces transformations comportent des conséquences politiques tant entre les puissances elles-mêmes que vis-à-vis de leurs «clientèles» ou de leur empire colonial. Les économies des pays neufs, fort «dépendantes», étaient en effet instables et tributaires des soutiens apportés de l'Europe ; leurs crises furent souvent plus dramatiques avec des effets politiques notables, comme en Argentine en 1890 ou en Russie en 1899. De toute manière, les liens entre ces économies se renforçaient sans cesse, créant des solidarités volontaires ou involontaires. Migrations de population, commerce des marchandises, transferts des capitaux en portèrent la trace.

Les échanges migratoires

Jamais dans toute l'histoire contemporaine de l'humanité les migrations humaines n'ont été aussi nombreuses qu'entre 1871 et 1914. Bien que les statistiques en ce domaine soient plus estimatives que réelles, on retiendra que pendant cette période environ 40 millions d'individus ont quitté leur pays d'origine, soit pour chercher fortune ailleurs, souvent dans d'autres continents, soit contraints et forcés par des considérations politiques. Le principal moteur de ce transfert gigantesque de population paraît être la pression démographique qui affecte au moins deux continents, l'Asie et l'Europe. Cette dernière connaît en effet une forte augmentation de sa population, puisque vers 1880 le taux d'accroissement naturel se situe entre 12 à 15 ‰ en Europe occidentale (France excepté) et en Russie, 11 ‰ en Allemagne, 5 ‰ en Europe méridionale, surtout grâce à un abaissement de la mortalité ; en un demi-siècle, l'Europe augmente sa population de 54 % pour représenter, en 1900, 27 % de la population mondiale (entre 1850 et 1900, l'Asie augmenterait de 30 % environ). Cette pression démographique, jointe à la domination politique et technologique, permet à l'Europe de jouer le rôle décisif dans les migrations de population.

À l'intérieur même de l'Europe, les déplacements de population hors des frontières nationales sont inférieurs à ceux qui affectent les migrations intercontinentales : seule la France est terre d'accueil, surtout vers 1872-1881 (en moyenne 47 000 immigrants par an) et vers 1891-1901 (35 800) ; Italiens surtout (419 000 en 1913), Belges (287 000), Espagnols (105 000) forment les minorités les plus notables ; les premiers en particulier, lorsque les relations politiques avec l'Italie se tendent, sont des victimes toutes désignées pour des actions de représailles dans les régions du Sud-Est où ils sont fort nombreux (« Vêpres marseillaises » de juin 1881, incidents d'Aigues-Mortes en août 1893). Si la minorité étrangère en France (1,1 million en 1913) ne pose pas de réels problèmes d'assimilation jusqu'à la guerre, les nationalistes en France en tirent argument contre les «métèques», les «juifs».

Par comparaison, le poids spécifique des immigrés européens dans les pays neufs, extra-européens, est bien plus considérable. Là, en effet, les masses en déplacement sont très importantes : d'environ 275 000 départs annuels vers 1875 on passe à environ 800 000 départs vers 1890-1914 avec des pointes au-dessus du million en 1905-1907 et 1912-1914 (période de révolution en Russie et des guerres balkaniques). L'amélioration des transports, surtout sur les longues distances, permet les migrations vers l'Amérique du Nord, l'Amérique du Sud, l'Australie, l'Afrique australe ; c'est le grand moment de la colonisation européenne blanche. Les États-Unis sont évidemment les principaux bénéficiaires de ces mouvements (22 millions d'entrées entre 1880 et 1914), puis viennent l'Argentine (5 millions), le Brésil (4 millions), l'Australie (3 millions), le Canada (3 millions). Mais il faudrait nuancer ces chiffres par les chiffres des retours, car le peuplement est loin d'être une complète réussite, surtout pour les territoires lointains de l'Empire britannique ; entre 1890 et 1904, départs et arrivées s'équilibrent en Australie et Nouvelle-Zélande. L'origine de ces colons varie dans la période : jusque vers 1880-1890, les Anglo-Saxons, les Allemands et les Scandinaves l'emportent, puis vient le moment où Méditerranéens et originaires d'Europe orientale prennent le relais (décennie 1890-1900), puis l'emportent (1905-1914), surtout vers les États-Unis et l'Amérique latine, car dans l'Empire britannique la prédominance des insulaires est tenace jusqu'en 1914. Entre 1871 et 1910, 29 millions d'émigrants ont quitté l'Europe vers les autres continents ; les Britanniques ont représenté 35,8 % de ces départs, les Italiens 21,8 %, les Espagnols-Portugais 11,6 %, les Allemands 9,5 % seulement. Les colonies de peuplement de l'Empire britannique vers lesquelles le gouvernement de Londres et les administrations locales ont cherché à attirer la population du Royaume-Uni par une politique délibérée ont fini par attirer davantage que les États-Unis à partir de 1900, à l'opposé de la période précédente. Les émigrants «latins» ont connu les mêmes tendances à la différence près que ce fut l'Amérique latine, Argentine surtout, qui remplaça les États-Unis après 1900.

Des conséquences politiques notables découlent de ces migrations : d'une part, aux États-Unis, lorsque le gouvernement américain doit agir vis-à-vis des États européens, il doit tenir compte de ces minorités ethniques qui ont souvent quitté l'Europe pour la fuir, donc se veulent résolument ignorantes des problèmes de l'ancien continent ; d'autre part, la politique impériale de Londres s'élabore différemment selon qu'il s'agit de colonies à peuplement indigène ou de colonies où prédomine l'élément blanc. Au moins l'Empire britannique a-t-il servi d'exutoire au surpeuplement national ; il n'en va pas de même dans l'Empire français, où, en particulier en Afrique du Nord, des Italiens (Tunisie), des Espagnols (Algérie, Maroc) constituent la majorité des Européens ; cette situation pèsera dans les relations franco-italiennes à propos de la Tunisie. La colonisation russe relève d'une autre appréciation puisque la Sibérie n'est pas contestée par d'autres puissances et que les déplacements de population, nombreux vers la fin de la période (3,5 millions entre 1907 et 1914) se font le long des chemins de terre et de fer (Transsibérien achevé en 1902) ; mais aux marges de l'Empire russe (Mandchourie, Turkestan), la pénétration de migrants accompagne la pénétration politique, non sans heurts lorsqu'un autre État pratique la même politique (le Japon en Corée et en Mandchourie). On touche ici au problème des rapports entre conquête coloniale et migrations de population.

Or ce problème n'est pas seulement à envisager dans le sens Europe-colonies ; il faut également se préoccuper des migrations de populations indigènes à l'intérieur des empires. Les exemples les plus nets relèvent ici de l'Empire britannique ; de nombreux travailleurs hindous sont «engagés» sur les plantations des colonies africaines (région de Durban) ou même dans les Antilles anglaises (cas de Trinidad) où ils finissent par former de véritables colonies, ethniquement séparées des Noirs et des Blancs. En Afrique centrale et orientale également, dans des zones qui relèvent nominalement de la Grande-Bretagne, de l'Allemagne, de la Belgique, de la France, les migrations forcées d'esclaves vendus dans le Nord-Est africain, en Arabie, se perpétuent jusque vers la fin du XIXᵉ siècle ; en 1890, le pape Léon XIII évoque des « troupeaux vendus à l'encan » qu'il estime chaque année à 400 000 personnes : chiffre excessif ? Le maintien réel de l'esclavage en Afrique centrale malgré l'abolition théorique de la traite, l'absence de statistiques véridiques rendent délicate l'évaluation de ces transferts de population, tout comme ceux, plus volontaires, des Chinois vers le Sud-Est asiatique, dans le Pacifique ou vers les États-Unis. Ainsi, ce n'est pas seulement l'Europe qui est en cause pour ces migrations humaines, mais incontestablement celles venues d'Europe influencent plus nettement la vie internationale, d'autant plus qu'elles sont souvent liées au phénomène colonial et aux impérialismes.

Les conditions du commerce international

LE RETOUR AU PROTECTIONNISME

La législation douanière est l'un des attributs essentiels de l'autorité de l'État. La manifestation la plus évidente de l'existence de frontières est la présence des douanes, perçues par chacun ; comme l'établissement du niveau tarifaire ou des quantités admises relève du pouvoir étatique, la politique menée par un État vis-à-vis de l'étranger est souvent confondue avec le degré de perméabilité des règlements douaniers. Or, de manière générale, la période étudiée connaît une tendance fort claire, celle du *passage du libéralisme au protectionnisme* : d'un monde où les marchandises pouvaient aisément circuler, on passe rapidement à un monde cloisonné, hérissé de barrières douanières.

Le libéralisme, qui avait triomphé en Europe occidentale vers 1860, grâce en particulier à l'accord franco-anglais de 1860, suivi d'accords similaires signés par la

Prusse, la Belgique, les Pays-Bas, le Piémont-Italie était battu en brèche dès 1876 ; peu à peu, le protectionnisme l'emporta. Successivement l'Espagne, la Russie, l'Italie, l'Autriche-Hongrie, la Roumanie, la Suisse, la Grèce, l'Allemagne en 1878-1879 adoptèrent des tarifs douaniers protecteurs ; la France, après des débats difficiles et des controverses serrées à la Chambre et dans la presse, rejoignit le camp protectionniste en mai 1881. Hors d'Europe, les États neufs voulurent également protéger leur économie ; les États-Unis étaient devenus protectionnistes après la guerre de Sécession, le Nord industrialisé l'ayant emporté sur le Sud exportateur de produits agricoles. Ainsi la tendance au protectionnisme s'affirma nettement ; elle durera jusqu'à la guerre de 1914-1918 (et même au-delà), sauf pour deux États attachés au libre-échange, le Royaume-Uni et les Pays-Bas. Si la Grande-Bretagne subsista comme une championne du *Free Trade*, ce ne fut pas sans des doutes, au point de constater vers 1902-1906 que les conservateurs alors au pouvoir seraient tentés de rejoindre le camp dominant ; leur défaite devant les libéraux aux élections de 1906 provint, pour partie, du vote de tous ceux qui craignaient de voir le prix du ravitaillement quotidien s'élever fortement si on rétablissait des droits de douane protecteurs. Cette réserve notée, la loi demeure : le protectionnisme fut dominant entre 1878 et 1914.

Les causes de ce changement sont multiples. La conjoncture économique ? Le début de la dépression vers 1875 correspond bien au changement vers le protectionnisme, mais on peut douter du lien obligatoire de cause à effet entre ces deux faits, car, lorsque la conjoncture économique se renversa à nouveau, vers 1894-1896, le processus précédent ne se reproduisit pas ; le libre-échange resta condamné. Une deuxième cause peut être avancée pour expliquer le retour au protectionnisme ; le développement des transports maritimes, grâce à l'amélioration des techniques (chaînes frigorifiques après 1890) et des routes, la réalisation de réseaux ferroviaires dans les pays neufs avec de faciles accès aux ports (cas des États-Unis, de l'Argentine, des Indes) permirent d'amener en Europe des produits agricoles à des prix nettement inférieurs aux prix des produits nationaux similaires ; dès 1875-1880, le prix de revient des blés et viandes argentins, brésiliens, « yankees » étaient en eux-mêmes très inférieurs aux blés et viandes de l'Europe occidentale ; le même risque apparut pour les propriétaires allemands face aux concurrents russes vers 1880. Donc, certains pays haussèrent les droits de douane pour défendre les activités agricoles nationales, seule la Grande-Bretagne, résolument orientée vers une économie industrielle et commerçante, accepta de sacrifier son agriculture.

Pour des raisons semblables de défense de l'économie nationale, les États nouvellement engagés dans le développement industriel envisagèrent avec intérêt le recours au protectionnisme. Les théories des Allemands Wagner ou Liszt, celle du Français Cauwes (*Cours d'économie politique* de 1877-1878) furent reprises ou suivies par les responsables politiques qui retinrent surtout l'aspect défensif de l'arsenal douanier pour un État jeune en train de constituer son industrie. La conjonction des intérêts défensifs du monde agricole avec ceux du monde industriel détermina les hommes politiques comme Bismarck en Allemagne, Méline en France, Crispi en Italie, Taafe en Autriche-Hongrie, Witte en Russie (celui-ci eut surtout en vue l'industrialisation de l'empire), sans oublier que les traditions politiques aux États-Unis allaient dans le même sens, malgré la rapide progression économique de ce pays. Enfin, les considérations fiscales ne furent pas indifférentes dans ce problème ; en effet, les ressources douanières étaient importantes pour l'équilibre budgétaire ; s'en dispenser alors que l'intervention de l'État tendait à croître comme incitateur économique dans les économies naissantes (création de voies ferrées, de ports, d'armées, etc.) était peu souhaitable sur le seul plan comptable ; l'argument avait du poids. Ainsi comprend-on que le mouvement vers le protectionnisme une fois lancé, il ne fut guère possible de le contrecarrer même si la conjoncture se renversait.

Dans l'ensemble, les droits de douane furent plutôt aggravés entre 1880 et 1914. En Allemagne, le tarif de

1879, plutôt destiné à la défense agricole, fut révisé en 1891 dans un sens restrictif, puis en 1902 von Bülow le rendit plus sélectif, c'est-à-dire qu'il devenait plus rigide pour les produits jugés trop concurrentiels pour l'économie allemande et qu'il s'assouplissait pour le reste. En France, les tarifs de 1881-1883, encore conciliants, furent aggravés, soit ponctuellement tels les droits sur le sucre, les céréales, le bétail en 1884-1885-1887 ou la loi de 1897 dite du « cadenas » sur les céréales, le vin, la viande, soit globalement par les tarifs Méline de 1892, ou par le tarif général de 1910. En Russie, les tarifs de 1894 et 1904-1906 allaient dans un sens comparable, celui de la révision en hausse, procédé utilisé aussi par l'Autriche-Hongrie et par les États balkaniques. Le record appartint cependant aux États-Unis, dont les tarifs McKinley en 1890 et Dingley en 1897 finirent par hausser la valeur moyenne des droits à un taux de 49 % et 57 % par rapport au prix du produit rendu dans un port américain !

Cette multiplication des barrières douanières concourt fortement à développer le nationalisme en Europe ; de la méfiance vis-à-vis du concurrent étranger on passe vite à la défiance, de la lutte commerciale à la guerre douanière. Certains contemporains lient le protectionnisme au militarisme !

LES GUERRES DOUANIÈRES

Certaines rivalités commerciales, marquées par des guerres douanières, peuvent parfaitement illustrer cette liaison. Ainsi en 1887-1888, les rapports commerciaux entre la France et l'Italie se détériorent nettement ; des accords commerciaux, signés en 1881 pour six ans, avaient facilité les échanges entre les deux pays au point que la France était le premier fournisseur de l'Italie et l'Italie un des principaux vendeurs à la France ; or à la demande des industriels de la plaine du Pô qui souhaitent se défendre contre les produits industriels étrangers et pour répondre à des besoins fiscaux, le gouvernement italien décide en avril 1887 d'augmenter sensiblement les droits de douane. Pour harmoniser ce nouveau tarif avec les ventes venues de France, des négociations s'engagent pour la conclusion d'un nouvel accord commercial ; comme les partenaires français sont eux-mêmes préoccupés par l'arrivée à bas prix de produits agricoles italiens, notamment le vin, les discussions sont rapidement dans l'impasse ; la rupture a lieu en février 1888. Dès lors, les droits de douane freinent considérablement les échanges, qui tombent de plus de moitié dans le sens Italie-France et de plus du tiers dans le sens France-Italie. Sans doute la guerre douanière entre les deux États, qui va durer jusqu'en 1896, est accompagnée d'une rupture financière (les capitaux français boudent les emprunts d'État italiens) et d'une opposition politique ouverte (l'Italie se lie alors solidement à la Triplice) ; aussi est-il délicat d'isoler la lutte douanière des deux autres formes de rivalités, mais leur conjonction montre parfaitement que l'arme douanière est un des instruments de choix dans la panoplie des États lorsque la tendance générale est favorable au protectionnisme.

Russie et Allemagne en administrent aussi la preuve pendant la même période ; en 1886, Bismarck décide d'augmenter les droits sur les céréales afin de répondre aux vœux des agrariens prussiens, qui peuvent difficilement soutenir la concurrence des blés russes ; de son côté, Alexandre III, poussé par son nouveau ministre des Finances, Wichnegradski, décide en 1887 d'élever les droits sur les fontes, les charbons et les produits métallurgiques alors que 60 % de la fonte importée en Russie vient d'Allemagne et que 70 % des machines agricoles en Russie sont d'origine allemande. Là encore cette guerre douanière s'accompagne d'une guerre financière (sur les fonds d'État russes) ; elle se trouve également liée aux premiers craquements de l'alliance germano-russe. Cette rivalité douanière persiste dans les années suivantes, malgré quelques tentatives de négociations en 1891-1892 ; Witte, protectionniste par théorie (il reconnaît volontiers qu'il s'inspire des idées de Liszt), n'hésite pas à accentuer la guerre douanière en 1893 (les droits sur les marchandises allemandes augmentent de 20 à 30 %), afin de contraindre les Allemands à plus de compréhension vis-à-vis des exportations russes ; le traité commercial du 10 février 1894 atténue finalement la querelle, mais si l'on replace cette guerre douanière dans l'évolution globale des relations germano-russes, on constate que les années 1886-1894 voient les deux empires passer de l'alliance à la défiance. Il serait dangereux d'en inférer que les relations politiques entre ces États ont été déterminées par l'environnement commercial ; le problème est plus complexe. Simplement les guerres douanières sont des épisodes très significatifs des relations économiques internationales dans la fin du XIXe siècle.

LIMITES ET ANOMALIES DU PROTECTIONNISME

Cependant, la vague protectionniste se heurte à de nombreux obstacles ou à de curieuses anomalies qui en restreignent la portée ; le tableau des conditions générales du commerce international doit être nuancé, même si la dominante est alors protectionniste. Tout d'abord, la pratique d'accords commerciaux bipartites permet de limiter certaines restrictions : tel État peut accorder un tarif préférentiel à un autre en tenant compte de ses intérêts commerciaux et politiques. C'est ainsi qu'en 1891, l'Allemagne est plus conciliante avec l'Autriche-Hongrie, son alliée, qu'avec la Russie pour les droits sur les blés, la réciprocité jouant pour les textiles allemands importés en Autriche-Hongrie. En général, les accords douaniers bilatéraux sont des brèches dans le dispositif protectionniste ; selon la tendance prédominante, l'ouverture peut s'en trouver accentuée ou amoindrie ; c'est le cas de la France qui conclut onze traités libéraux entre 1881 et 1883 au moment de la première vague protectionniste ; toutefois, en 1910, lors d'un renforcement de la protection, elle institue une loi douanière nouvelle qui permet plus de discrimination entre ses partenaires commerciaux.

Une disposition particulière des accords commerciaux facilite en outre les transactions : *la clause de la nation la plus favorisée*. Lorsqu'un État A accorde cette clause à un État B, cela signifie que toute amélioration apportée à la législation douanière de cet État A envers un État tiers C sera, *ipso facto*, étendue à l'État B. L'article 11 du traité de Francfort comporte cet engagement réciproque entre France et Allemagne ; si l'un des deux États décide de favoriser son commerce avec la Grande-Bretagne, la Belgique, les Pays-Bas, la Suisse, la Russie et l'Autriche-Hongrie (soit presque toute l'Europe évoluée), l'autre État bénéficiera des mêmes avantages. Cet article 11, conclu en une période de libéralisme, pouvait devenir un moyen pour les tenants du libéralisme de limiter les effets du protectionnisme ; des propositions françaises d'union douanière de l'Europe centrale en seront issues en 1879, en vain d'ailleurs, tout comme les idées de *Zollverein* européen émises du côté allemand vers 1890. Toutefois, cette clause de la nation la plus favorisée ne manque pas d'intérêt pour les tenants d'un plus grand libéralisme.

LE CAS BRITANNIQUE

La Grande-Bretagne reste évidemment le leader de cette tendance libérale. Or la puissance maritime et financière de la Grande-Bretagne est telle jusqu'aux premières années du XXe siècle que sa seule volonté de maintenir le libre-échange bat en brèche tout le système protectionniste. Ainsi, les jeunes États « indépendants » d'Amérique latine ont beau augmenter sensiblement leurs droits de douane (au Brésil, depuis 1879, ils frappent de 50 % les produits étrangers que l'industrie locale peut produire, puis de 50 à 80 % à partir de 1900), ils ne peuvent empêcher que la Grande-Bretagne tienne solidement en main le commerce de ces pays ; l'Argentine, qui a connu un taux annuel de croissance de ses exportations de 7 % entre 1880 et 1920, ne peut véritablement résister aux produits importés par le commerce britannique : comment pourrait-elle écouler ses produits agricoles, ses viandes notamment, sans la bonne volonté des Anglais ?

En l'espèce, le vainqueur assuré est l'État dans lequel se trouvent les places commerciales qui fixent les cours mondiaux, Londres ou Liverpool, et les compagnies maritimes qui régentent les conditions du *shipping* et du *tramping*[1]. Les responsables britanniques ont bien conscience de cette puissance qui les rend indifférents aux avantages du protectionnisme jusqu'au début du XXe siècle ; leur idéal du *Free Trade* est sans doute impuissant en Europe devant les mesures de défense des États européens, mais, hors d'Europe, il suffit que la concurrence reste normale entre commerçants européens pour que les échanges entre le Royaume-Uni et les continents extra-européens l'emportent sur ceux faits avec ces mêmes continents par les rivaux européens ; l'idéal anglais devient alors celui du *Fair Trade*, c'est-à-dire d'empêcher les concurrents allemand, français, italien, etc., d'user de pratiques jugées « déloyales », comme les appuis fiscaux ou politiques des États à leurs nationaux ou l'aide indirecte des gouvernements aux pratiques de dumping. Seulement, après 1900, la situation se dégrade pour le commerce britannique devant la menace des dynamiques Allemands et les progrès d'autres commerçants ; à nouveau l'idéal anglais change : puisque le *Fair Trade* ne réussit plus à sauvegarder l'avance anglaise en matière commerciale, les représentants britanniques sont tentés de suivre une politique de « protectionnisme élargi », c'est-à-dire la constitution d'une zone réservée de libre-échange. Joseph Chamberlain envisage successivement une union douanière entre les diverses régions de l'empire, puis une simple préférence impériale qui favoriserait les échanges entre la vieille Angleterre et les jeunes États de l'empire ; les électeurs britanniques le désavouent en 1906, mais la politique de rechange n'est-elle pas alors d'intensifier la domination coloniale ? Pour reprendre la terminologie utilisée par deux historiens britanniques, Gallagher et Robinson, les responsables de Londres auraient tour à tour utilisé les maximes « *trade not rule* », « *trade with informal control if possible* », « *trade with rule when necessary* » ; le temps du véritable libéralisme avait duré jusque dans les années 1880, le temps de la tolérance jusque vers 1900, celui de l'impérialisme colonial devait ensuite s'épanouir.

---

1. *Shipping* : navigation selon des lignes régulières ; *tramping* : à la demande.

En ce début du XXe siècle, un jeune géant suivait les mêmes principes en les adaptant à sa situation personnelle : les États-Unis, favorables au principe de la « porte ouverte » en Chine, autre variante du *Fair Trade*, utilisent à plein le *trade with rule* en Amérique centrale. Ainsi, au total, le protectionnisme véritable restait un luxe de pays européens, car partout ailleurs fleurissaient les anomalies douanières.

LE COMMERCE AVEC LES COLONIES OU LES ZONES SOUS-DÉVELOPPÉES

Trois types d'anomalies existaient : *l'assimilation douanière*, *la porte entrouverte*, *la porte ouverte* ; elles s'appliquent pour l'essentiel aux zones coloniales et aux États faiblement développés. Les exemples d'assimilation se trouvent dans les empires coloniaux français, allemand, américain. Ainsi, depuis la loi douanière du 11 janvier 1892, les zones coloniales françaises sont divisées en deux catégories ; dans la première, dite des « colonies assimilées » (Algérie, vieilles colonies d'Amérique, Indochine, Nouvelle-Calédonie, Gabon, Sénégal), les produits importés de l'étranger paieront les mêmes droits qu'en France tandis que les produits français entreront en franchise de même que les importations venues de ces pays en France ; dans la seconde catégorie (tous les autres territoires coloniaux), les produits français entrent en franchise, mais les produits venus de ces pays paieront un tarif minimum à leur entrée en France ; toute la politique française tend à reconstituer le vieux « pacte colonial » qui lie étroitement les colonies à la métropole, organisant avant la lettre des sortes de zones « protégées ». Les autorités allemandes pratiquent de même pour leurs colonies depuis 1902, les États-Unis utilisent les mêmes procédés pour leurs régions « protégées » (îles Hawaï et Alaska en 1900, Porto Rico en 1902, îles Philippines en 1909, zone du canal de Panama en 1904).

Lorsque le statut colonial est impossible à implanter dans une région en raison de l'existence d'une entité nationale, la pratique consiste à limiter strictement le montant des droits de douane que ces faibles États peuvent fixer ; les souverainetés de la Chine, de l'Empire ottoman, du Maroc, du Siam, de la Perse, du Japon même, ont été limitées lors de la pénétration de ces pays par les Européens au milieu du XIXᵉ siècle, en période d'expansion économique mondiale. Des traités inégaux limitent à 5 % ou 10 % le maximum des droits de douane que ces États pourront appliquer aux marchandises importées, le tout sans réciprocité ; bon nombre de ces traités ont été signés par ces États vers 1855-1860. À l'époque du protectionnisme, les puissances européennes ne tolèrent pas que ces États utilisent la même maxime ; si le Japon réussit en 1911 à se débarrasser de toute servitude, ce système de la porte entrouverte reste en vigueur dans les autres cas. Ainsi, au congrès de Berlin, en 1878, l'Empire ottoman a été obligé de confirmer les privilèges douaniers définis lors du traité de Paris en 1856 ; les importations étrangères paient un droit de 8 % *ad valorem*[1] ; lorsque le sultan veut obtenir à trois reprises, en 1900, 1902 et 1905, le droit d'augmenter ce taux afin d'accroître ses revenus fiscaux, ce qui faciliterait le paiement des charges de la dette ottomane, les grandes puissances s'opposent à cette demande ; en 1907, elles acceptent néanmoins un relèvement de 3 % des droits, car l'accroissement des revenus devra obligatoirement servir à l'administration des régions macédoniennes de l'empire (une démonstration navale obligera d'ailleurs le sultan à obéir à cette clause) ; enfin, en 1912-1913, le taux accepté par les puissances sera porté à 15 %, mais, comme le dit un représentant de la chambre de commerce de Constantinople en 1905, « cette augmentation des droits de douane ne présente pas un très grand danger pour les fournisseurs actuels de la Turquie, car ce pays n'a pas d'industrie et les difficultés de toutes sortes sont si nombreuses que même avec 11 % il ne sera pas possible de créer des usines pouvant prospérer ».

---

1. *Droit ad valorem* : le taux du droit s'applique à la valeur de la marchandise importée au moment de sa vente. Au contraire, les *droits spécifiques* sont définis une fois pour toutes, quel que soit le prix de vente du produit.

Le régime de la porte ouverte domine en Afrique centrale. Depuis la conférence de Berlin, en 1885, un accord international a défini une vaste zone où les marchandises de tous les pays pénétreront librement ; les marchandises venues des États ayant une souveraineté politique sur cette zone ne bénéficieront d'aucun privilège ; celle-ci s'étend de l'ouest de l'Ogooué non seulement sur tout le bassin du Congo, mais à l'est jusqu'à l'Éthiopie et au Zambèze : colonies allemandes, portugaises, françaises, « État libre » du Congo (possession « personnelle » du roi belge Léopold II) sont donc concernés. Sans doute cette partie du monde occupe à l'époque une place minuscule dans le commerce mondial, mais on peut y trouver un exemple du *Free Trade* cher aux Britanniques.

DUMPING ET ENTENTES

Les anomalies douanières précédentes sont dues à des interventions des États, en général les plus forts et les plus riches, qui imposent leur loi aux zones coloniales et sous-développées. Mais il convient d'ajouter à ces anomalies un second type de procédés qui « pervertissent » les relations commerciales internationales. Les échanges de marchandises sont réalisés à l'époque par des personnes privées ; celles-ci doivent obéir aux règlements douaniers tout en possédant cependant des moyens, non négligeables, de tourner ceux-ci. Deux pratiques sont alors utilisées : le dumping et la cartellisation.

Le dumping est un procédé auquel bon nombre d'exportateurs recourent bien avant 1914 : le cas le plus célèbre, mais non unique, concerne les exportations de produits métallurgiques allemands ; grâce à la très forte cartellisation des sociétés de cette branche industrielle en Allemagne, celles-ci, assurées de pouvoir se partager le marché intérieur, acceptent de vendre à perte ou sans réels bénéfices à l'extérieur pendant le temps nécessaire pour s'assurer ce marché extérieur. Dans ces conditions, les barrières douanières sont indirectement tournées puisqu'elles s'appliquent de la même manière à des concurrents qui ne respectent pas les mêmes règles commerciales. Vers 1896, lors de la controverse qui oppose marchands britanniques et marchands allemands à propos de leur rivalité dans le monde, les premiers reprochent amèrement aux seconds ces méthodes «déloyales». Les gouvernements se mêlent parfois à ces conflits : à la fin du XIXe siècle, les producteurs-exportateurs de sucre de presque tous les pays européens reçoivent des «aides» de leur gouvernement, soit sous forme de primes à l'exportation, soit sous forme de ristournes fiscales. De nombreuses conférences internationales tentent vainement de faire supprimer ces pratiques ; en 1902 seulement, la conférence sucrière de Bruxelles obtient un résultat grâce à l'adhésion de Londres qui admet cet accord international pour éviter une concurrence «déloyale» des sucriers austro-hongrois jusque sur le marché indien ; désormais, tout État qui refusera de s'engager à supprimer les aides à l'exportation sera soumis à une prohibition de la part des États signataires. En fait, l'accord dure cinq ans seulement, car, en 1907, les libéraux britanniques refusent de prolonger l'entente : pour la Grande-Bretagne, mieux vaut bénéficier de la baisse des prix du sucre due au dumping des États européens que défendre ses producteurs coloniaux.

Les ententes internationales de cartels sont tout aussi efficaces pour tourner les barrières douanières. Certes, avant 1914, ces ententes sont encore assez limitées, mais elles représentent déjà des brèches notables dans le système protectionniste des États puissants. Le syndicat allemand des charbonnages rhéno-westphaliens, auquel se joignent quelques sociétés belges, oblige les «charbonniers» français du Nord-Pas-de-Calais à se cartelliser pour sauvegarder une partie du marché national. Des ententes à propos de produits aussi divers que des poutrelles, des allumettes, des rails, des chlorates, de l'aluminium existent en Europe ou dans le monde. Les formes utilisées par ces ententes internationales varient dans le détail, mais les principes généraux sont identiques : entre les contractants, des accords définissent les prix de vente communs, les quantités vendables pour chacun, les «zones réservées», le système des rémunérations. Dans le syndicat international des chlorates (1904), les Français ont le premier rang (45 % contre 30 % aux Britanniques) ; dans le premier cartel des rails (1904) les Britanniques (53,3 %), les Allemands (28,8 %) et les Belges (17,6 %) se partagent les marchés mondiaux ; dans celui de l'aluminium, Suisses et Américains ont le premier rôle. Dans le domaine de l'électricité, alors en train de révolutionner les conditions économiques mondiales, les grandes firmes allemandes (Allgemeine Elektrizität Gesellschaft, Siemens-Schukert) et américaines (Westinghouse, General Electric) s'entendent pour dominer complètement ce secteur industriel. Certains pays ont de leur côté renforcé le monopole qu'ils détiennent sur une production, grâce à l'organisation d'un cartel « national » : nitrates au Chili, potasse en Allemagne. Les discussions qui entourent la préparation de ces ententes, les réactions souvent violentes des « exclus » ou des « récalcitrants » contribuent à créer des moments délicats dans les relations internationales, même si en principe les États sont absents de ces ententes.

COMMERCE ET PUISSANCE

Entre 1875 et 1913, le commerce mondial quadrupla presque. L'ouverture des pays neufs au marché international et surtout l'accélération rapide des échanges entre pays industrialisés expliquent cette « révolution ». Malgré l'essor de certains pays neufs comme l'Argentine, le Brésil, le Japon, ce furent bien les grands États européens et les États-Unis qui conservèrent la haute main sur le commerce mondial comme on peut le constater par le tableau n° 3 ci-après. La part des quatre Grands baissa de 62 % en 1875 à 48 % en 1913, mais ce fut un déclin relatif puisque les prix restaient fixés par les Bourses de ces pays et par leurs compagnies de transport pour la quasi-totalité des produits échangés. La Grande-Bretagne maintint son rôle primordial ; ainsi l'essentiel du commerce mondial était financé par les lettres de change tirées sur Londres, où les banques d'acceptation (Merchant Banks) constituaient les maisons de banque les plus prestigieuses ; tout le système du crédit à court terme reposait sur la banque britannique.

Tableau 3. Les quatre Grands dans le commerce mondial

	Commerce mondial		Commerce des « Quatre »			*dont*							
						G.-B.		Allemagne		France		É.-U.	
	V.[1]	A.[2] %	V.	A.%	P.[3]	V.	P.%	V.	P.%	V.	P.%	V.	P.%
1875	58	–	36,1	–	62%	16,5	28,4	6,9	11,8	7,4	12,7	5,3	9,1
1900	104	+ 79,3	53,9	+ 49,3	52%	21,8	21	12,4	12	8,3	8	11,4	11
1913	200	+ 92,3	95,9	+ 77,9	48%	35	17,5	25	12,5	15,2	7,6	20,7	10,3

1. Valeur en milliards de francs-or.
2. Augmentation en pourcentage, calculée par rapport à la date précédente.
3. Part de ce commerce dans le commerce mondial, en pourcentage.

En outre, le rôle de ces commerces dans le commerce international dépasse le simple rapport statistique. En effet, les structures du commerce britannique en font en quelque sorte le régulateur des échanges entre l'Europe d'une part et les autres continents d'autre part ; par comparaison, les commerces allemand, français, américain même, sont beaucoup plus concentrés sur l'Europe (*cf.* tableau 4). Les conséquences économiques et politiques d'une telle situation sont évidentes : la Grande-Bretagne demeure le courtier obligatoire pour les transactions commerciales jusqu'à la veille de la Première Guerre mondiale. Le commerce venu d'Asie, d'Afrique australe, d'Océanie, ou d'Amérique latine vers l'Europe passe presque obligatoirement par l'intermédiaire britannique ; jusqu'en 1913, la suprématie britannique n'est pas battue en brèche en Amérique du Sud, même par les « Yankees ».

Cependant, l'agressivité de l'expansion commerciale allemande menace un peu cette rente de situation dans les années du début du XXᵉ siècle, d'autant plus que le rythme de développement du commerce allemand dépasse le rythme britannique (+ de 100 % entre 1900 et 1913 pour l'Allemagne contre 60 % pour la Grande-Bretagne). Mais, jusqu'en 1914, la puissance commerciale britannique reste inégalée à l'échelle mondiale, tant par la suprématie de sa flotte commerciale, de loin la première au monde (en 1913, 19,2 millions de tonneaux contre 5,5 à l'Allemagne et 2,3 à la France) que par la solidité des compagnies d'assurances ou par l'organisation du système des entrepôts à Londres ou Liverpool (environ 17 % du commerce britannique ne fait que transiter dans les ports britanniques avant d'être réexpédié).

C'est plutôt à l'échelle de l'Europe continentale que la position commerciale allemande devient prépondérante. D'une part, la situation géographique et la structure des échanges allemands facilitent cette prépondérance : l'Europe orientale et balkanique vend ses produits agricoles et achète les objets industriels allemands. D'autre part, les méthodes commerciales allemandes sont des exemples permanents d'efficacité, louées par les consuls français ou britanniques : des cohortes de voyageurs de commerce, des conditions de crédit très libérales, une excellente technicité font le renom du produit « *made in Germany* ». Elles rendent leurs concurrents inquiets, puis furieux, d'où des campagnes de presse anti-allemandes, parfois dans la presse française mais surtout du côté britannique (le succès du livre de Williams, *Made in Germany*, publié en 1896 est amplifié par les journaux londoniens) ; ces accès d'humeur sont insuffisants pour menacer la suprématie commerciale allemande aux Pays-Bas, en Scandinavie, en Europe centrale et balkanique, en Russie ; le commerce français sauvegarde difficilement ses positions en Europe occidentale et méditerranéenne.

Il reste évidemment à savoir si ces avantages commerciaux débouchent sur des perspectives politiques. Lorsque l'Allemagne postule à une suprématie en Europe, n'oublions pas que ce continent accapare encore 60 % du commerce mondial en 1913 ; on mesure mieux ainsi la signification pour la Grande-Bretagne d'une possible domination commerciale de l'Allemagne en Europe.

Tableau 4. Répartition des courants d'échange
pour le commerce des quatre Grands (en pourcentage)

| | Grande-Bretagne | | | | Allemagne | | | |
| | Import | | Export | | Import | | Export | |
	1890-1910		1890-1910		1890-1910		1890-1910	
Depuis ou vers Europe	45	42	33	34	79	56	77	75
Depuis ou vers É.-U.	25	23	12	7	15	26	17	16
Depuis ou vers empire	20	22	33	34	1	3	1	2
Depuis ou vers reste du monde	10	13	22	25	5	15	5	7

| | France | | | | États-Unis | | | |
| | Import | | Export | | Import | | Export | |
	1890-1910		1890-1910		1890-1910		1890-1910	
Depuis ou vers Europe	52	49	68	66	58	51	80	68
Depuis ou vers É.-U.	7	10	9	6	29	32	16	23*
Depuis ou vers empire	12	12	15	16	–	–	–	–
Depuis ou vers reste du monde	29	29	8	12	13	17	4	7

* Depuis ou vers le continent américain.

Les relations financières
et les mouvements de capitaux

LES ÉTATS RICHES ET LA CIRCULATION DES CAPITAUX

La prépondérance des grandes puissances, déjà sensible sur le plan commercial, se trouve encore plus affirmée dans les relations financières internationales. Les raisons de cette situation sont faciles à comprendre : en cette fin du XIXe siècle, seuls quelques États ont réalisé leur révolution industrielle ou leur décollage économique, seuls ils sont en mesure de contribuer à l'expansion économique des régions encore peu développées ; mais, bien entendu, cette contribution se double d'un processus de domination. L'utilisation du terme d'impérialisme économique est maintenant classique pour dépeindre ces rapports entre États développés et zones en voie de développement ; n'existait-il pas avant 1914 ?

Même si l'on n'admet pas entièrement les considérations théoriques de Rostow sur les étapes de la croissance économique, on peut suivre ses conclusions quant au stade de développement atteint par certains États, vers le début du XXᵉ siècle ; selon cet auteur, successivement la Grande-Bretagne, la France, les États-Unis, l'Allemagne, la Suède, le Japon, la Russie et le Canada ont connu un démarrage économique les menant vers la maturité ; en joignant à ces États la Belgique, les Pays-Bas, la Suisse et l'Italie du Nord, on aura dressé la liste complète des puissances industrialisées ou en voie de l'être. Mais à l'intérieur de ce groupe, des différences sont discernables : vers 1900-1914, les quatre premiers cités sont parvenus non seulement à équilibrer leur industrialisation (avec des résultats inégaux), mais à disposer de capitaux supplémentaires exportables vers des régions moins riches ; Belgique, Pays-Bas et Suisse sont également à placer dans ce groupe. Les transferts internationaux de capitaux deviennent ainsi un des moyens essentiels du développement économique mondial ; il faut ajouter que ceux-ci ne vont pas seulement des régions riches vers les régions pauvres, mais qu'ils circulent aussi à l'intérieur des zones développées.

La circulation des capitaux n'est entravée par aucune loi ou par aucun règlement durant la période 1871-1914 ; à la différence des droits de douane, les obstacles légaux sur les transferts de fonds sont inconnus, tant pour les envois de capitaux que pour les rentrées d'intérêts ; simplement, les taxes sur les chiffres d'affaires et les bénéfices, les droits d'enregistrement et de timbre frappent ces maniements de fonds, tout comme les capitaux nationaux lorsque des lois de ce type existent dans un État. Les seules véritables restrictions sur les exportations ou importations de capitaux sont des opérations ponctuelles affectant une émission ; ainsi, en France ou en Allemagne, les gouvernements peuvent s'opposer à l'émission publique d'un emprunt étranger, car il faut des autorisations légales pour obtenir l'inscription de ces valeurs à la cote de la Bourse ; en France, depuis une lettre du ministre des Finances du 12 août 1873, cette inscription est subordonnée à l'accord des ministères des Affaires étrangères — côté politique — et des Finances — côté économique ; en Allemagne, depuis une loi de 1896, il faut une autorisation du « bureau d'admission » où siège un commissaire du gouvernement aux côtés de professionnels des affaires. Toutefois, en Grande-Bretagne ou aux États-Unis, la liberté est totale et, dans les faits, banquiers, industriels et hommes d'affaires ne manquent pas de subterfuges pour esquiver les éventuels interdits gouvernementaux. Les placements « à la cave », c'est-à-dire sans autorisation légale, mais par le biais d'une clientèle bancaire « intéressée », sont courants ; l'inscription au marché en banque (hors bourse) est jugée suffisante pour les valeurs spéculatives ; les gouvernements sont souvent obligés de fermer les yeux sur des opérations de faible envergure. En fait, seuls les grands emprunts d'État réalisés au profit de puissances notables sont suivis avec attention par les responsables politiques ; dans ces cas, la concertation entre banquiers et politiques est de règle, sinon de droit. Le libéralisme économique est donc dominant, d'autant plus que certaines formes de placements à l'étranger échappent par définition à toute entrave légale ou réglementaire, tels les placements de portefeuille ou les investissements directs.

Il faut en effet distinguer les diverses catégories d'exportation de capitaux. Les dons ou prêts d'État sont inconnus à l'époque ; lorsqu'un gouvernement sollicite un emprunt à l'étranger, il a toujours recours à des syndicats de banquiers (ou à une seule banque) ; il ne s'adresse jamais directement à un autre État pour acquérir des fonds, même s'il s'efforce d'obtenir pour cet emprunt un appui politique de la part de cet État ; ce sont les syndicats bancaires qui négocient les conditions de ces emprunts (commissions de placement, taux d'intérêt, inscription à la cote, durée du placement, etc.). L'investissement public international n'existe pratiquement pas avant 1914 ; il ne se développera vraiment que pendant la Première Guerre mondiale pour soutenir l'effort de guerre (prêts ou avances d'État à État) ; même les tributs imposés aux vaincus par les vainqueurs sont finalement réglés par des moyens privés (cas des emprunts français, dits de libération du territoire, pour régler l'indemnité de 5 milliards due à l'Allemagne selon le traité de Francfort). Les influences dont tel État pourra disposer auprès d'autrui, grâce à la richesse de ses capitaux exportables, s'exerceront par le truchement d'institutions ou de personnes privées ; c'est dire qu'elles seront mêlées de considérations politiques *et* économiques ; cette conjonction existera — ou non — entre les buts poursuivis par les politiques et les buts recherchés par les hommes d'affaires. La complexité des relations entre les deux domaines apparaît dès que l'on se tourne vers des exemples concrets : pourquoi en 1887 les banquiers français cherchent-ils à exporter des capitaux français vers la Russie, alors que l'Empire tsariste est allié de l'Allemagne ? Pourquoi en 1913 refusent-ils de faire souscrire à un emprunt bulgare, alors que le gouvernement français les y pousse pour des raisons politiques ?

PROFIT ET POLITIQUE

Une réponse simple consiste à penser que seule la recherche du profit conduit les détenteurs de capitaux (ou leurs intermédiaires) à exporter ceux-ci. De fait, on constate souvent une corrélation entre ces exportations et la différence de rendement entre les investissements internes et externes ; le taux de revenu réel (pourcentage d'intérêt + prime d'émission + cours en bourse) est souvent un bon indicateur sur les raisons d'un placement à l'étranger ; l'atonie des affaires sur le territoire national peut également expliquer que le capitaliste soit conduit à faire fructifier ses capitaux à l'extérieur ; enfin, le besoin pour une société industrielle ou commerçante d'éviter les règlements restrictifs peut entraîner la décision d'implanter des filiales ou des succursales à l'étranger, afin, pour la société en question, de maintenir globalement ses profits. Mais les causes de placements à l'étranger peuvent dépendre aussi d'autres considérations, même lorsqu'il s'agit d'investissements directs ou de placements de portefeuille[1]. Les « perversions » (pour reprendre une expression d'économiste) peuvent résulter de calculs politiques : ainsi, pendant toute la période 1871-1914, les capitalistes français répugnent à placer leurs fonds en Allemagne, sauf peut-être à court terme, pour des motifs « patriotiques » ; les Britanniques répugnent à investir en Russie jusqu'en 1907 ; de même, on hésitera à se hasarder dans des combinaisons alléchantes, si la sécurité du placement est sujette à forte caution : les régimes inconstants d'Amérique latine ont moins de charme que « le placement de père de famille » en Russie, bien que les revenus y soient supérieurs. L'effet d'entraînement d'un pôle de croissance peut expliquer qu'avec des rendements inférieurs, les implantations de société dans des pays comme les États-Unis ou la Russie soient plus attractifs pour des capitalistes ouest-européens que la création de filiales dans leurs propres colonies.

De véritables « modes » sont parfois à la base d'opérations nouvelles : une place financière comme Paris sacrifie, tour à tour, à la mode des compagnies ferroviaires sud-américaines, des emprunts d'État italiens, puis russes, des sociétés de métaux précieux, des compagnies des eaux ou des compagnies à gaz, etc. ; la recherche rationnelle du profit n'est pas alors toujours bien comprise par les petits porteurs qui sont sollicités par divers intermédiaires, comme les banques, la presse (financée dans ce but). De plus, les formes d'exportations des capitaux sont si variées et complexes qu'on peut réaliser une opération pour des raisons en apparence étrangères à la recherche du profit, alors que celui-ci n'est pas oublié : ainsi en va-t-il pour *les emprunts liés*. Ces emprunts sont par exemple des emprunts d'État ou de municipalités accordés par les banques à des conditions particulières : les emprunteurs

---

1. Rappelons que les *investissements directs* sont des envois de capitaux à l'étranger faits soit pour créer une filiale, soit pour dominer une société existant déjà (une participation réelle de 30 % du capital suffit souvent à cette fin), tandis que *les placements en portefeuille* sont réalisés pour faire fructifier des capitaux, sans avoir la volonté de diriger la ou les sociétés dans lesquelles ces placements sont faits.

acceptent que tout ou partie des sommes récoltées par eux soit employé à l'achat de matériel auprès des industriels du pays créditeur. Ainsi, à de nombreuses reprises, des États faibles, comme la Serbie, la Bulgarie, la Grèce, l'Empire ottoman doivent s'engager à prélever sur les sommes reçues de France ou d'Allemagne des commandes d'armement ou de travaux publics pour les sociétés spécialisées de ces pays ; des États emprunteurs plus puissants comme la Russie s'insurgent contre ces pratiques, mais doivent néanmoins y souscrire souvent. Parfois, les vues des créanciers sont encore plus vastes : on accorde à un État aux finances délabrées plus qu'il ne « mérite » pour ensuite en tirer de plus grands avantages. Lorsqu'en 1903, banques et gouvernement français acceptent de souscrire à des emprunts marocains, malgré l'impécuniosité proverbiale du sultan, c'est « en considérant l'emprunt non comme une fin en soi, mais comme la base d'un vaste programme d'expansion » (P. Guillen, *Les Emprunts marocains*).

Ainsi, la diversité des causes d'exportations de capitaux interdit de tout réduire à la seule perspective du profit. Toutefois, on pourrait retenir l'explication donnée par un orfèvre en la matière, un « banquier-rabatteur d'affaires », comme il s'intitulait lui-même ; celui-ci concluait un jour sur les conditions nécessaires aux placements externes : une bonne affaire doit obéir à une triple règle, *rendement, sécurité, facilité* ; un investissement dans un pays politiquement stable, possédant déjà une bonne infrastructure ferroviaire et des salariés peu exigeants, constitue le rêve de tout capitaliste ; est-il réalisable ? Cela dépend et du temps et du lieu.

Quoi qu'il en soit, comme ces flux de capitaux n'obéissent pas à une seule causalité, mais qu'ils sont suffisamment importants pour peser sur les conditions des relations internationales, l'historien des relations internationales se doit d'évaluer les buts et les moyens des hommes d'affaires, tout comme il tient compte des raisonnements des hommes politiques ; l'interdépendance des uns et des autres n'est ni obligatoire ni impensable ;

des cas de divergences comme des exemples de convergences existent. En un premier temps, il suffit de retenir que toute analyse de cas doit se faire en tenant compte d'une double perspective, sans vouloir toujours chercher à déterminer le degré de subordination des uns vis-à-vis des autres : les capitalistes sont aussi des citoyens, les hommes politiques sont parfois des capitalistes.

LES PRINCIPAUX FLUX DE CAPITAUX

La comptabilité des mouvements de capitaux pendant la période 1871-1914 est malaisée à établir. Les économistes contemporains avaient tenté d'en mesurer l'importance, mais, outre une information souvent déficiente, notamment pour les investissements directs et pour les placements à court terme, leurs critères d'appréciation paraissent aujourd'hui très contestables ; les chiffres retenus à l'époque englobaient le nominal des emprunts et non les versements effectifs ; dans un emprunt international, les parts exactes qui reviennent à tels nationaux étaient ignorées ou très approximatives, etc. Le recours aux archives bancaires ou aux archives des ministères des Finances, joint à la pratique des balances des paiements, en permettant de mêler comptabilités directes et indirectes, aboutit maintenant à des estimations qui paraissent plus réelles ; toutefois, bien des zones d'ombre subsistent encore dans ces calculs, surtout lorsqu'il faut établir les reflux de capitaux vers les pays exportateurs, les acquisitions par les autochtones de participations dans les sociétés étrangères implantées sur leurs territoires, et surtout le montant annuel des flux d'un pays vers un autre. Cependant, des tendances générales sont assez clairement établies.

Tout d'abord, la prépondérance des quatre Grands, déjà constatée dans le commerce, s'accentue ici. Pour autant que les chiffres cités dans le tableau n° 4 soient valables, l'influence de ces quatre États pourrait s'évaluer à environ 85 ou 90 % du stock mondial des capitaux exportés ; le reste proviendrait de petits États riches, comme la Belgique, les Pays-Bas, la Suisse, avec naturellement des participations notables de tel ou tel groupe de capitalistes d'autres pays, selon la localisation des opérations ; la prépondérance du « groupe des quatre » est cependant considérable ; on peut aisément en deviner les conséquences politiques. En outre, à l'intérieur de ce groupe, les deux premiers, Grande-Bretagne et France, étaient très dominants, grâce à l'antériorité de leur développement et aux larges disponibilités de l'accumulation nationale. Sans doute, après 1900, l'Allemagne et les États-Unis exportèrent de grandes quantités de capitaux, mais la part des capitaux anglo-français, qui en 1900 était de 70 % dans le stock mondial, restait encore à 67 % en 1913, alors que les exportations totales avaient progressé de 75 %.

Tableau 5. Les investissements à l'étranger

Stock de capitaux (en milliards de francs-or)	en provenance				
	de Grande-Bretagne	de France	d'Allemagne	des États-Unis	Total mondial*
en 1875	18	13,5	2	—	40
en 1890	41	17	8	3,2	80
en 1900	55	29	15	5,2	120
en 1913	98	43	28	18,1	210

* Les chiffres cités dans cette colonne sont approximatifs.

La répartition régionale des exportations de capitaux mérite également de retenir l'attention, car elle permet de mesurer l'influence potentielle du pays exportateur sur une zone donnée (à condition naturellement qu'influence politique et situation économique s'épaulent, ce qui n'est pas toujours évident). Cette répartition des flux a varié dans le temps, mais la simple lecture de la carte 1 suffit à montrer que, là encore, la Grande-Bretagne se singularise par rapport aux deux autres puissances européennes : les continents extra-européens attirent les Britanniques pour environ 80 %, l'Europe convient aux Français ou aux Allemands pour près de 60 %. Évidemment, entre la France et l'Allemagne, les conflits d'intérêts, les luttes d'influences seront plus vifs en Europe ou aux marges européennes (pourtour de la Méditerranée), tandis que les États-Unis, qui ont investi en Amérique centrale et méridionale environ 78 % de leurs capitaux, commencent en 1913 à se mesurer aux tout-puissants Britanniques (qui ont encore deux fois plus d'investissements dans le continent sud-américain). Des exemples plus précis montreront l'importance de ces luttes d'influences, comme les rivalités franco-allemandes dans l'Empire ottoman, en Russie, dans l'Europe balkanique.

LE CAS DES EMPIRES COLONIAUX

On aurait pu, enfin, s'attendre à ce que les placements nationaux se soient particulièrement intéressés aux territoires coloniaux ; ceux-ci n'avaient-ils pas été conçus par certains dirigeants, tel Jules Ferry en France, comme des zones privilégiées pour le capitalisme national ? En fait, en 1914, l'exemple britannique correspond au schéma précédent, puisque 45 % des valeurs placées à l'étranger appartiennent au domaine impérial (dont 34 % pour les seules colonies « blanches »). Les capitalistes français n'ont pas suivi la même voie : l'empire a reçu environ 9 % des capitaux exportés ; les colonies françaises demeurent les « Cendrillons » du capitalisme français pour reprendre une expression des journalistes de ce temps. Dans ces conditions, comment peut-on parler d'un impérialisme économique aux colonies, à l'exception de zones comme l'Afrique du Nord ou l'Indochine, si l'on retient l'exportation des capitaux comme instrument de mesure ? Si un impérialisme financier français existe, ne se trouve-t-il pas en dehors du domaine colonial ? On remarquera en tout cas que ce relatif désintérêt pour l'empire, chez les capitalistes français, correspond au peu de poids que représente cet empire dans les circuits commerciaux de la France (12 à 13 % du commerce total, malgré les tarifs douaniers préférentiels). Sans doute existait-il un véritable « Pacte colonial » qui liait étroitement les colonies à la métropole, mais son existence n'impliquait pas que l'économie française défendit globalement l'empire colonial. Jusqu'à la

71

Première Guerre mondiale, dans le cas français, les conditions économiques ne sont pas déterminantes pour expliquer l'expansion coloniale ; le cas britannique semble bien offrir un exemple contraire. Les autres puissances coloniales suivent soit l'exemple français, telle l'Allemagne, soit l'exemple britannique, comme les Pays-Bas ou partiellement la Belgique. Portugal, Espagne et même Italie sont trop désargentés pour répondre au rôle d'exportateur de capitaux, fût-ce à l'intérieur de leur empire.

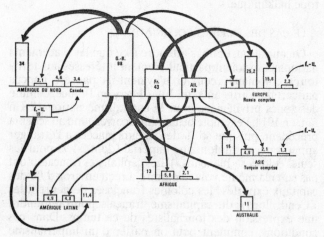

1 - Les flux de capitaux en 1914
Stocks cumulés en milliards de franc-or pour les 4 grands exportateurs

En fait, on ne doit jamais perdre de vue que ce vaste mouvement d'exportation de capitaux, qui a tant contribué au développement économique mondial et qui donnait un moyen de pression singulièrement fort aux États détenteurs de surplus exportables, s'est surtout dirigé vers les pays « indépendants » : en 1913, l'Europe (y compris l'Empire ottoman) avait reçu 31 % du stock des capitaux exportés, l'Amérique du Nord 23 % et l'Amérique du Sud 25 %. L'Afrique et l'Asie, continents de la colonisation, restaient les parents pauvres.

les réactions de ceux-là ? Surtout en période de crise, on peut en douter.

Quelles étaient les sources de l'information sur les «autres» pour les contemporains ? Il est évident que la situation varie du tout au tout entre un habitant d'une grande ville occidentale, capable de lire et d'acheter un quotidien, et un paysan noir ou indien perdu dans la savane ou la selve amazonienne. Comme le problème qui se pose ici est de déterminer si les mentalités collectives ont pu conditionner les conduites de politique extérieure, on supposera par simplification que, pour la période 1870-1914, l'historien peut tourner ses regards exclusivement vers l'Europe, vers les zones déjà développées et vers les États «indépendants». Dans les territoires coloniaux ou semi-coloniaux, les indigènes, en contact avec des étrangers soldats, missionnaires, colons, pouvaient alors exprimer seulement une soumission plus ou moins réelle et profonde à la «civilisation» des conquérants, tant le déséquilibre était grand entre eux-mêmes et ces derniers. Les rapports qui régissaient ces deux mondes étaient tels que les partages coloniaux, par exemple, se firent par accords entre les puissances colonisatrices sans que nul dans ces pays, y compris dans les partis de gauche, ne réclama pour les colonisés le droit à l'autodétermination ou à un plébiscite ; même chez les Européens les plus libéraux ou les plus favorables aux indigènes, chacun admit que les avantages de la civilisation européenne (écoles, hôpitaux, routes, etc.) étaient bénéfiques pour ces pays lointains. Donc les idées, les désirs, les espoirs des populations colonisées étaient ignorés des colonisateurs, sauf à en souligner l'archaïsme, l'étrangeté et l'inadaptation au monde moderne ; les cultures ou civilisations locales étaient jugées sans avenir et négligeables pour l'élaboration des relations internationales. Un pays à civilisation non européenne put faire reconnaître sa spécificité seulement lorsqu'il adopta, pour l'essentiel, les moyens et les buts des Européens ; le cas japonais fut typique à cet égard. Aussi, dans les élites indigènes, la tendance fut alors forte de copier ou d'utiliser les formes européennes de civilisation, liant parfois curieusement le destin local à la culture de l'État colonisateur; cela ne fut pas sans importance pour l'avenir.

Dans les pays développés, l'intérêt pour l'étranger et les étrangers variait sensiblement. Ces variations étaient fonction de quatre données principales : la proximité relative, l'intensité des contacts économiques et humains, la menace ressentie, le poids spécifique de l'État ou du peuple concerné. Ainsi les Français réagissaient plus envers l'Allemagne, l'Angleterre ou l'Italie qu'envers l'Espagne ou la Belgique; les Allemands se préoccupaient plus des Anglais, des Français, des Russes que des Scandinaves ou des Balkaniques; les Britanniques étaient attentifs à la situation des populations blanches des dominions et à la vie aux États-Unis, alors que pour les autres Européens, ces contrées lointaines étaient véritablement «à mille lieues». En cette fin de siècle, chaque peuple possédait un «étranger effectif» et un «étranger mythique». Le premier retenait vraiment l'attention à cause de sa proximité, le second relevait davantage du «rêve exotique». L'étude récente des cartes postales, des images d'Épinal, voire des livres scolaires confirme cette distinction; par exemple, l'opinion publique française ou allemande se souciait très peu des relations avec l'Amérique latine ou l'Asie; par contre, Fachoda, dont la localisation exacte échappait sans doute au plus grand nombre des Français et des Anglais, prit un sens symbolique dans les mentalités de ces deux pays. Avant 1890, la Russie était inconnue du plus grand nombre des Français, ensuite on crut connaître l'allié russe, parce qu'on avait lu *Michel Strogoff* de Jules Verne ou les romans de Dostoïevski.

L'INFORMATION SUR L'ÉTRANGER, VOYAGES ET GUERRES

Le tourisme est souvent une source populaire d'informations sur «l'étranger effectif». À l'époque, le tourisme restait l'apanage d'une petite partie des classes possédantes; tourisme de villes d'eaux (Baden-Baden, Spa, Vichy), tourisme des régions protégées en hiver (*rivieras*) touchaient un nombre restreint de gens fortunés. D'où des images dorées largement diffusées dans les romans populaires.

Les voyageurs anglais, aristocrates ou grands bourgeois, qui traversaient la France pour se rendre en Suisse ou en Italie contribuèrent à fixer l'image d'une certaine Angleterre dans l'esprit des Français ; ainsi en allait-il des « princes » russes, des riches Yankees ou des Brésiliens bruyants !

D'autres idées, aussi simplistes, pouvaient naître de la présence dans un pays d'un groupe de migrants important, exerçant certains métiers. Les nombreux Italiens émigrés en Europe, occupés dans l'industrie du bâtiment et des travaux publics, étaient volontiers considérés comme les descendants des bâtisseurs romains ; les dames de compagnie de langue française (Suissesses ou Belges comprises) véhiculaient la « culture française » dans l'aristocratie de l'Europe centrale tout comme les cuisiniers ou les coiffeurs français exportaient le « goût français ». Les ingénieurs ou les contremaîtres allemands imposaient l'idée d'une supériorité technologique allemande dans presque toute l'Europe. Dans ces conditions, le « dictionnaire des idées reçues » s'enrichissait sans cesse sans se nuancer beaucoup. Des poncifs littéraires comme la frivolité française, la morgue britannique, la raideur laborieuse des Germains, la complexité de l'âme slave, la paresse des populations méridionales, demeuraient. Tout étudiant russe venu s'instruire dans les universités allemandes (la majorité d'entre eux), françaises (une minorité) était considéré comme nihiliste révolutionnaire par les habitants de ces pays, alors qu'une large majorité de ces universitaires rentrait au pays pour poursuivre une carrière administrative au service du tsar. Pour autant que l'on puisse dégager quelques vues générales sur l'influence des contacts humains individuels, il ne semble pas qu'en cette fin de siècle les images stéréotypées des peuples furent modifiées par rapport au passé ; la cause de cette permanence doit être recherchée dans la minceur des relations touristiques ; l'heure du tourisme de masse n'avait pas encore sonné.

Les déplacements collectifs extraordinaires sont de deux

types : les guerres avec leurs cortèges d'invasions, de mobilisation générale, de combats où l'individu se trouve pris dans une conscience collective nationale, sont des moments où l'adversaire et l'allié, étrangers l'un à l'autre, sont plus directement vus ou perçus ; non seulement les combattants, mais encore les habitants des zones d'invasion ou de combat, sont concernés ; dans la mesure aussi où la conscription est générale dans la plupart des États européens, ce sont toutes les familles dans leur ensemble qui sont comprises dans ce tourbillon. Le deuxième type de déplacement collectif appartient aux transferts de population, consécutifs aux traités ou accords internationaux, lorsque des déplacements de frontière interviennent.

Dans la période 1870-1914, plusieurs cataclysmes de ces deux types affectèrent le monde. En Europe, la guerre franco-allemande de 1870-1871 correspondit aux deux phénomènes. D'une part, l'invasion de la France contribua à façonner toute une série de mythes en France sur le Prussien dur et orgueilleux, sur le Bavarois pillard ; d'autre part, les départs d'Alsaciens et de Lorrains, chassés de leur pays parce qu'ils refusèrent de se reconnaître Allemands, furent à la source de bien des convictions françaises d'un refus de toute entente avec l'Allemagne ; sans doute ces convictions furent accentuées par l'enseignement reçu à l'école, car les régions méridionales de la France n'avaient pas connu l'invasion et l'émigration alsacienne et lorraine fut limitée surtout dans l'est de la France, mais les enseignements rejoignirent bien des traditions orales dans la partie septentrionale de la France.

De la même manière, les effets des guerres balkaniques de 1877-1878, 1881, 1898, 1912-1913 furent sensibles pour les habitants de ces régions. D'un côté, les Turcs furent considérés comme des oppresseurs, hérétiques religieux, par les populations grecques, roumaines, bulgares, serbes tandis que les musulmans, turcs ou non, furent souvent obligés de « déguerpir » après les victoires des orthodoxes lorsque de nouvelles frontières furent fixées, malgré les avis « éclairés » des princes ou des autorités ; la Macédoine, par la multiplicité des peuples qui y cohabitaient, peut apparaître comme un exemple extrême de zone conflictuelle. Grecs et Turcs, Bulgares et Serbes, Bulgares et Roumains ne s'opposaient pas seulement à cause du legs du passé, ou selon des critères religieux, mais par le vécu de régions ethniques mal délimitées où la cohabitation était souvent synonyme de rixes et de violences. Réciproquement, l'intervention russe pour aider les frères bulgares dans leur libération en 1877 contribuera durablement à façonner l'image réciproque des deux peuples.

Les violences de certaines répressions (en Serbie en 1876, en Arménie en 1896) frappèrent l'opinion alertée par de grands intellectuels, tel Victor Hugo, ou par les diasporas implantées en Europe occidentale. Les pogroms des Israélites, nombreux en Russie au début du XXᵉ siècle, furent pour les mêmes raisons ressentis très loin en Europe occidentale et en Amérique du Nord. Les consciences européennes furent également choquées lorsque la guerre en Afrique du Sud entre les Boers (Afrikanders) et les Britanniques obligea les premiers à émigrer vers le nord, puis à se battre farouchement pour sauvegarder leurs traditions : non seulement les Britanniques réagirent, mais les Allemands, les Français se passionnèrent pour ces faits lointains ; deux peuplements blancs se heurtaient alors, ce qui explique sans doute l'intérêt suscité en Europe par cette lointaine guerre anglo-boer. À l'inverse, l'opinion publique européenne ne manifesta aucune réaction notable pour les guerres sud-américaines (guerre du Pacifique entre Chili, Pérou et Bolivie de 1879 à 1883, guerres civiles sanglantes au Brésil, Uruguay, Colombie, Venezuela). En vérité, l'importance attribuée à ces guerres ou à ces exodes de population variait, d'une part, selon la proximité de l'événement pour l'Europe, d'autre part, selon l'attention que la presse ou le livre leur accordait.

LE RÔLE DE LA PRESSE

La période 1870-1914 fut déjà marquée par l'extraordinaire influence de la presse sur les mentalités collectives. Les transformations techniques dans le journalisme furent à l'origine de ce phénomène, tout comme la large diffusion de l'alphabétisation en Europe occidentale et en Amérique du Nord. La mise au point de la rotative par Marinoni vers 1872, de la linotype par Mergenthaler vers 1884, l'utilisation de clichés photographiques vers 1890, permirent d'abaisser les prix de revient des journaux qui, par exemple en France, se vendaient à 5 centimes le numéro vers 1880 (pour les trois quarts du tirage); le nombre des numéros vendus tripla entre 1880 et 1914 pour la presse française, avec des quotidiens qui comptaient quatre, puis six pages. Vers 1890-1900, l'image de l'étranger et des étrangers se fixa par l'utilisation de l'illustration photographique, du dessin d'après photo, avec, même, l'apparition du cliché en couleurs; les suppléments illustrés des grands quotidiens, en général hebdomadaires, remplacèrent les images d'Épinal dans la conscience populaire du début du siècle. Naturellement, ces reproductions eurent tendance à magnifier le sensationnel, l'extraordinaire : les conquêtes coloniales, les explorations, la conquête des pôles, les désordres balkaniques comptèrent parmi les succès de la presse; on ne peut dire que ces « portraits » de l'extérieur contribuèrent à une estimation objective des autres. Par contre, les premiers exploits sportifs, les courses d'automobiles, d'avions, de vélocipèdes, bien « couverts » par la presse quotidienne et par le supplément illustré, furent doublement efficaces pour la connaissance des pays voisins et pour l'exaltation du sentiment national.

Les nouvelles venues de l'étranger devinrent de plus en plus nombreuses grâce à l'extrême rapidité de la diffusion du téléphone dans la presse après 1885 et grâce à la mise en place des grandes agences d'information. Sur ce plan, deux agences dominèrent la diffusion des nouvelles dans le monde entier : Reuter de Londres, Havas de Paris; d'autres agences parvinrent à s'imposer sur le plan régional, tel Associated Press aux États-Unis, Wolff en Allemagne, mais la domination des deux premières fut incontestée au niveau international. Leur réseau d'agences étendu au monde entier, leurs accords pour échanger les informations, la sollicitude que leur manifestaient les gouvernements anglais et français, et surtout la qualité de l'information fournie par ces deux agences les rendirent quasi invulnérables ; même de grands journaux comme le *Times* à Londres ou *Le Temps* à Paris, ayant leur propre réseau de correspondants particuliers, transigèrent avec ces deux agences. Or ces sources d'information étaient «dirigées» ou «suggestionnées» par les gouvernements (le fait était encore plus patent pour les petites agences nationales) ; les correspondants permanents dans une capitale savaient en effet leur dépendance vis-à-vis de leurs informateurs gouvernementaux pour leurs nouvelles ; en même temps, leur maintien dans le même poste pendant un très long temps en fit parfois de véritables inspirateurs gouvernementaux, tel Mercadier, correspondant de Havas à Londres pendant trente ans. Comme la plupart des journaux n'avaient pas les possibilités financières d'avoir des correspondants dans le monde, les nouvelles venues de l'étranger furent celles transmises par Havas surtout pour l'Europe continentale et les colonies françaises, par Reuter pour l'Empire britannique et de larges portions du monde, puisque bon nombre de câbles et de fils télégraphiques étaient dirigés sur Londres. On aboutit ainsi à une certaine uniformité des renseignements diffusés par la presse, tempérée par le style propre à chaque journal ; *Le Matin*, à sa fondation en 1883, adoptait le style américain de la manchette tapageuse contre la grisaille et l'austérité de ses confrères français ; ce quotidien consacrait à ses débuts près de 50 % de ses colonnes aux événements extérieurs, pourcentage très supérieur à celui de la plupart des journaux français.

En règle générale, les journaux accordaient une part réduite aux nouvelles de l'étranger, sauf en cas de crise grave ; l'analyse du contenu de certains quotidiens tendait à proposer un pourcentage moyen de 15 à 20 % pour cette rubrique dans les «grands journaux» à audience nationale ou lus dans plusieurs régions. Incontestablement, l'intérêt des lecteurs était limité pour ce qui se déroulait hors du territoire national ; l'éloignement contribuait à la diminution de l'information, sauf pour les conquêtes coloniales ou les guerres qui ravivèrent alors le zèle des correspondants permanents ou spéciaux (la guerre russo-japonaise fut très «couverte» par la presse d'Europe occidentale). Cependant, un genre particulier, les récits de voyage ou d'exploration, fleurit dans la presse, surtout lorsqu'il s'agit de mensuels ou de suppléments hebdomadaires illustrés. La vogue des sociétés de géographie dans les dernières années du XIXe siècle, la course aux dernières découvertes de terres inconnues, au centre de l'Afrique ou de l'Asie, vers les deux pôles, donnèrent à ces récits une incontestable popularité. Le succès international de Jules Verne, dont les *Voyages extraordinaires* furent traduits dans toutes les langues dès leur publication (la plus grande partie de ces récits d'aventures furent écrits entre 1865 et 1886) témoigne de ce goût des voyages et de l'exotisme chez les contemporains; l'Anglais Kipling, le Français Loti, qui exprimèrent à leur manière l'épopée impériale ou le goût des voyages lointains, comptent parmi les auteurs «à la mode» de la fin du siècle. Or, souvent à un niveau inférieur, la presse diffusa des récits d'aventures qui se déroulaient dans les contrées lointaines ou différentes du monde européen évolué: les aventures de Stanley à la recherche du Dr Livingstone dans l'Afrique centrale comptent parmi les «réussites» journalistiques du moment. La «nouvelle presse» britannique (*Daily Mail*, 1896 — *Daily Express*, 1900 — *Daily Mirror*), qui visait un large public populaire grâce à un prix de vente très réduit, usa beaucoup de ce «patriotisme impérial»; «l'Empire britannique est notre foi» annonce le fondateur du *Daily Express* dans son premier numéro.

LES MYTHES ET LES STÉRÉOTYPES

Toutefois, si ce nouveau genre épique fleurit, la rareté d'une information solide sur des pays proches surprend. Les stéréotypes sont légion. Ainsi, en Angleterre, on considère la France comme un pays plutôt arriéré et sale, une société où sévit l'égalitarisme, un État à l'administration envahissante, à la police omniprésente, à l'enseignement uniforme et étouffant, dont la politique extérieure essaie vainement après 1870 d'empêcher le déclin, en usant d'un patriotisme étroit et en ignorant le monde extérieur ; le parlementarisme français, instable, n'est qu'une mauvaise parodie du système britannique ; pays sans morale vraie, mais dont les habitants ont un tempérament artiste et du goût pour les œuvres d'art. En somme, une condescendance méprisante pour ces « mangeurs de cuisses de grenouilles ». Réciproquement, en France, la « perfide Albion » continue à susciter bien des réserves en période de calme politique, bien des animosités lorsque des heurts se manifestent dans les colonies ; les idées de Taine sur le caractère des Anglais inspirent les journalistes. Comment l'Anglais aristocratique, royaliste pourra-t-il s'entendre dans une entente cordiale avec le Français petit-bourgeois, républicain ?

Selon la presse parisienne, les Russes, sujets du tsar, aiment particulièrement les citoyens français. La méconnaissance de la Russie impériale par les journaux français pourrait presque être citée en exemple. Elle a deux causes principales : d'une part, les correspondants de presse français en Russie sont très rares (deux à Saint-Pétersbourg au début du XXe siècle) ; d'autre part, pour des raisons politiques et financières, la presse parisienne est largement « arrosée » pour travestir les réalités russes. En effet, dès que les premiers emprunts d'État russes furent placés en France, vers 1887-1888, la presse parisienne commença à présenter l'Empire russe comme un État très solide, payeur ponctuel de ses dettes, bien tenu en main par les autorités tsaristes ; puis, comme cet État devint notre ami, notre allié, les considérations patriotiques rejoignirent les intérêts privés pour inciter les journalistes à brosser des portraits flatteurs du tsar, du régime et du peuple russe. La préparation psychologique par la presse française lors des visites en France des marins russes à Toulon en 1893, ou de celle du tsar Nicolas II à Paris en 1896, peut être retenue comme une parfaite réussite ; l'enthousiasme réel des populations françaises ne dépendit pas seulement de l'orchestration donnée par les journaux, mais ceux-ci firent de la puissance russe une vérité absolue, qui souffrait difficilement la contestation. La preuve en est encore administrée lors de la révolution de 1905 et de la défaite russe vis-à-vis du Japon : alors les yeux des journalistes français, à de très rares exceptions près, furent obstinément fermés sur ces aspects négatifs parce qu'ils étaient « payés pour ne pas voir ». Un haut fonctionnaire russe des Finances, en poste permanent à Paris, Raffalovitch, chargé de distribuer ces prébendes, put évoquer à juste titre « l'abominable vénalité de la presse française » dans une lettre à son ministre. Les autorités gouvernementales françaises fermaient les yeux sur ces trafics (et parfois même en bénéficiaient) ; les banques françaises, introductrices des emprunts russes, aidèrent de leur côté à ce soutien du moral français ; mis à part les milieux socialistes, les Français conservèrent une image « rose » de l'allié russe.

Si l'exemple de la perversion de la presse française par les fonds russes est particulièrement clair et célèbre, il n'est pas unique ; dans les années de l'avant-guerre, bon nombre de puissances, grandes ou petites, eurent recours aux mêmes procédés. Les hasards d'indiscrétions calculées, les campagnes de presse contre tel ou tel journal permirent aux contemporains de mesurer parfois l'ampleur de cette gangrène, mais l'historien, qui a accès aux archives, se rend encore mieux compte de ce mal. Les fonds secrets de tous les États contribuèrent largement à noyauter les presses de la plupart des États européens ; lors de la guerre russo-japonaise, certains journaux furent successivement pro-russes ou pro-japonais selon le prix payé ; des journalistes n'hésitèrent pas à se vendre au plus offrant. Le procédé ne fut pas réservé aux seuls Français, dont le gouvernement entretint aussi des « plumitifs » à l'étranger. Même dans une presse tenue à la servitude par un gouvernement autocratique, comme en Russie, des journalistes furent payés par des puissances étrangères pour améliorer l'image du pays payeur.

De nombreux procédés furent utilisés pour soutenir indirectement ces journaux « inspirés » : abonnements en grand nombre, publicités diverses, voyages d'information offerts aux reporters ; gouvernements, sociétés privées les utilisèrent. Au total, les opinions publiques furent largement manipulées par les organes d'information ; comme les voyages personnels étaient encore réservés à un petit nombre, on ne s'étonnera pas de constater combien les « images » des pays étrangers étaient fragmentaires, faussées, stéréotypées.

L'éducation primaire exerça aussi une forte influence. Le développement de l'instruction publique dans toute l'Europe occidentale et même en Europe centrale entraîna une meilleure connaissance de l'histoire nationale, partie centrale de l'enseignement de l'histoire, parfois de la géographie comme en France et en Allemagne. Les manuels scolaires de l'époque permettent de mesurer les idées reçues imprimées sur les jeunes enfants, sans antidotes sur ces sujets. Comme le patriotisme était alors de rigueur pour consolider l'État-nation — ou pour exalter la nation en formation — souvent les guerres passées déterminèrent le portrait fait des autres. Ainsi, en France, les longues guerres de la Révolution et de l'Empire ne prédisposaient pas à faire confiance à « la perfide Albion » tout comme le culte de Jeanne d'Arc, d'inspiration catholique, et fortement politisé. L'actualité servit également de base de réflexion : l'anticléricalisme marqué de la Troisième République au début du siècle était vigoureusement fustigé dans les manuels catholiques espagnols ou italiens, donnant des Français pris en corps une image très négative. Que dire des descriptions faites sur « les sauvages » d'Afrique ou d'Asie, justificatrices de la colonisation !

Toutefois, comme il est difficile de renverser les idées reçues, un changement d'orientation politique qui irait contre « l'image » habituelle réserve bien des difficultés au gouvernement qui l'entreprend. Lorsque des hommes politiques français tentèrent un rapprochement, même partiel, avec l'Allemagne, le mythe allemand, conservant toute son influence sur les Français, les obligea à de grandes précautions et limita leur marge de manœuvre (cas de Ferry en 1884 ou de Rouvier en 1905) ; avant 1914, les Anglais n'étaient pas « populaires » en France, malgré l'Entente cordiale (la réciproque est vraie). En Russie, les sentiments des classes dirigeantes étaient défavorables à l'alliance avec la France républicaine, révolutionnaire, décadente, tandis que leur admiration pour l'Empire allemand, organisé, puissant, discipliné, laborieux ne cessait pas ; aussi, après 1894, ne faut-il pas se leurrer sur les sentiments francophiles de l'aristocratie russe ! Celle-ci demeura sentimentalement pro-allemande, d'où à la cour de Russie et dans les milieux pétersbourgeois une tendance persistante à un rapprochement avec l'Allemagne ou à une alliance à trois (France-Russie-Allemagne). Par contre, la bourgeoisie russe naissante, qui, à l'extérieur, se heurtait souvent à la concurrence allemande et au rôle efficace des Allemands à l'intérieur de l'empire (la colonie allemande comptait plus de 1,6 million de membres), manifesta son animosité à l'égard de l'Empire allemand ; en août 1914, elle accueillera volontiers la guerre contre celui-ci tout comme les militaires russes qui avaient toujours été soucieux de la puissance guerrière germano-austro-hongroise, au point de les rendre favorables à l'alliance avec la France. Le gouvernement russe a donc dû tenir compte de ces sentiments contradictoires au sein de sa population, ce qui explique, partiellement, les vicissitudes de son alliance avec la France.

En conclusion, on peut dire que si la connaissance des autres est encore limitée avant 1914, elle tend néanmoins à se développer grâce surtout à une plus large diffusion de la presse ; les mythes, les stéréotypes continuent à abonder, souvent manipulés par les autorités. Dans ces conditions, les opinions publiques ont plutôt tendance à suivre les décideurs qu'à les contraindre à certains choix ; mais dans la mesure où l'intérêt pour le monde extérieur croît dans les États développés, la liberté d'action des responsables politiques n'est pas totale, surtout lorsqu'ils veulent commencer une nouvelle politique extérieure ; on pourrait parler ici du poids de la tradition. Pour reprendre les distinctions faites par les historiens des mentalités, les images sur l'étranger appartiennent aux tendances séculaires des civilisations ; les changements liés à la conjoncture parviennent difficilement à les ébranler.

Le nationalisme et son contrepoint, l'internationalisme

Dans l'élaboration d'une politique extérieure, il ne suffit pas de prendre en compte les «images» que les habitants d'un État ont conçues sur les pays extérieurs, il faut aussi (et peut-être surtout) répondre aux idées, vraies ou fausses, que ces habitants ont d'eux-mêmes et de leurs intérêts fondamentaux; il ne s'agit pas de retenir comment un peuple se voit, mais comment il ressent sa place dans le monde et ses besoins par rapport aux autres. Lorsqu'un peuple a le sentiment de former un tout, lorsqu'il fait corps avec l'État, il forme une *Nation-État*; si ce tout est une partie dans un État plus vaste, il forme seulement une *nationalité*, qui, selon les cas, peut soit s'intégrer dans un État fédéral, soit s'opposer au pouvoir en place; or la fin du XIXᵉ siècle est marquée, en Europe particulièrement, par la constitution d'États-nations et la présence de nationalités qui se jugent opprimées; cela aboutit au développement d'une idéologie puissante, le nationalisme.

Le mot «nationalisme» recouvre des réalités diverses. Ainsi, on peut distinguer des formes sommaires, primitives, de nationalisme qui correspondent à des réactions simplistes de différenciation par rapport à d'autres groupes humains. À une échelle nationale, l'esprit de clocher donne le chauvinisme; celui-ci n'est pas pensé, il est vécu à propos d'un événement. Le sport, qui commence à se «démocratiser» au début du siècle, va déjà servir à glorifier la patrie. Alors que le baron Pierre de Coubertin relance les jeux Olympiques en 1896 comme un moyen de rencontres sportives pacifiques, contribuant à un idéal humanitaire, la renommée sportive salue les exploits des nationaux dans les courses automobiles comme Paris-Berlin, ou dans les prouesses aériennes : Paris-Madrid, franchissement de la Manche, records de vitesse et d'altitude; après sa traversée de la Manche en 1909, Blériot est accueilli à la gare du Nord par une foule vibrante qui brandit de nombreux drapeaux français ! La conquête des pôles passionne les foules. Elle fait de Fridtjof Nansen un héros national norvégien, un des véritables fondateurs de la Norvège indépendante (même s'il n'est pas parvenu à atteindre le pôle Nord lors d'une fameuse expédition en 1895). La défaite de l'Anglais Scott face au Norvégien Amundsen dans la course au pôle Sud en 1911/1912, bien couverte par la presse populaire, est durement ressentie par l'opinion publique britannique.

Le culte de la patrie est consciemment développé à l'école. Les instructions de l'historien français Ernest Lavisse aux instituteurs français auraient pu être reprises dans bon nombre d'institutions étrangères : « Rompons avec les habitudes acquises et transmises ; n'enseignons point l'histoire avec le calme qui sied à l'enseignement de la règle des participes. Il s'agit ici de la chair de notre chair et du sang de notre sang… Si l'écolier ne sait pas que ses ancêtres ont combattu sur mille champs de bataille pour de nobles causes… s'il ne sait point ce qu'il a coûté de sang et d'efforts pour faire l'unité de notre patrie… s'il ne devient pas un citoyen pénétré de ses devoirs et un soldat qui aime son fusil, l'instituteur aura perdu son temps. » (*Questions d'enseignement national*, 1885, cité par Pierre Albertini.) Le best-seller de l'édition française, *le Tour de France par deux enfants*, publié en 1877 par G. Bruno, qui servira de livre de chevet à plusieurs générations françaises, veut rendre « la patrie visible et vivante » ; il réussit à mêler leçons de choses, géographie de la France, récits historiques et littéraires, ce qui peut expliquer son considérable succès (plus de 8 millions d'exemplaires vendus). La morale laïque française s'appuie sur le patriotisme, comme le prouve également l'effort de préparation militaire réalisé par la Ligue française de l'enseignement, créée par Jean Macé. Dans les États où l'enseignement reste marqué par les principes religieux ou dans les institutions religieuses, on retrouve les mêmes thèmes patriotiques, aussi bien en Grande-Bretagne qu'en Allemagne ou en Russie ; simplement les héros sont alors et des patriotes et des saints, à l'exemple de Jeanne d'Arc. Les guerres et les invasions passées sont souvent le moyen de développer la conscience patriotique, guerres contre Napoléon en Grande-Bretagne, en Espagne et en Allemagne ; en Russie, la campagne de 1812 est déjà appelée «guerre patriotique». Les grands auteurs sont souvent cités en fonction de leur contenu patriotique : les *Brigands* de Schiller, *Guerre et Paix* de Tolstoï, *Mes Prisons* de Pellico, le *Théâtre* de Shakespeare sont ainsi utilisés. Le cosmopolitisme du XVIIIe siècle est plutôt mal vu, sauf s'il contribue à une morale de tolérance pour les laïques.

Naturellement, plus la guerre à laquelle on fait référence est proche, plus le patriotisme en question suscite le nationalisme sous la forme d'une opposition à un autre peuple ; les cas français et allemand sont particulièrement nets à cet égard. Après le passage à l'école primaire, les garçons sont amenés, vers vingt ans, à passer un temps plus ou moins long à l'armée ; là, à nouveau, l'idéal patriotique est donné en exemple. Certes, l'antimilitarisme fleurit dans les cercles intellectuels, choqués par les conditions souvent mesquines ou dégradantes de la vie de caserne, mais il ne faudrait pas exagérer l'importance de l'antimilitarisme dans les milieux populaires ; si chacun rit aux récits d'un Courteline, chaque homme se trouve marqué dans son existence par ces mois passés hors de son cadre de vie naturel, au contact de gens différents, alors que bien souvent à la campagne, et même en ville, l'homme du peuple était resté confiné dans son canton ou son faubourg. Incontestablement, la conscience d'appartenir à une nation passe aussi par le service militaire obligatoire. En outre, la préparation militaire même fort rudimentaire (marche au pas, défilés patriotiques) qui se répand dans bien des États, le retour à la caserne par intervalles pour des «périodes d'instruction» confirment les masses dans leur respect de l'idéal patriotique, même si la vie militaire est souvent critiquée. Ainsi des fondements populaires existent pour le nationalisme.

Les directives données par les inspecteurs aux instituteurs, «hussards noirs de la République» (J. Ozouf), pour que ceux-ci fassent partager aux enfants la ferveur patriotique sont évidemment liées au contexte de la défaite de 1870 et au désir de revanche ; le culte de l'Alsace-Lorraine se maintient pendant toute cette période, avec des hauts (années 1870-1890, 1908-1913) et des bas (années 1890-1905). Toutefois, on aurait tort de penser que le cas français est exceptionnel et que l'usage de la ferveur patriotique est restreint aux couches populaires de la population ; en fait, tous les États d'Europe (et même les États-Unis) ressentent le besoin de «populariser» l'idée de nation en lui donnant un côté affectif qui la rende supérieure aux autres idéaux ; l'analyse des livres de lecture des différents pays le prouve, mais également les manifestations plus spontanées que sont les chansons populaires, le folklore, les contes, ou bien, à un niveau plus élaboré, les décorations artistiques de cette fin de siècle.

Si aujourd'hui on retient l'impressionnisme ou le cubisme comme les mouvements significatifs de la peinture dans cette période, à l'époque les succès vont aux peintres «pompiers» dont les thèmes sont souvent pris dans le genre patriotique ou national ; les charges de cavalerie, les combats singuliers des héros sont des occasions de grands tableaux de genre qui remplacent souvent les sujets religieux ; comme les plus remarqués de ces tableaux sont ensuite reproduits en images d'Épinal, ou dans la presse, ils contribuent à fixer un goût assez uniforme dans la société européenne. Même la musique est souvent embrigadée dans cette fièvre patriotique : Wagner incarne les vieux génies de la fière âme allemande, Verdi la résistance italienne, Moussorgski et le groupe des Cinq en Russie les fondements traditionnels de l'âme russe ; le réveil de la musique française (Camille Saint-Saëns, César Frank, Claude Debussy, Gabriel Fauré) est salué comme une réaction nationale vis-à-vis de Richard Wagner. La tendance générale vers un art national est si marquée qu'elle domine même dans les cercles aristocratiques, par tradition cosmopolites, habitués à vivre un peu en marge des autres catégories de la population, souvent instruits dans une langue qui n'est pas leur langue nationale (dans ces milieux, le français reste encore fort en usage en Europe centrale et orientale). Certes, dans les stations thermales où, en été, se retrouvent bon nombre de ces « privilégiés », on continue à mener une vie mondaine, « internationalisée », mais l'idéologie dominante parmi ces gens est maintenant le nationalisme ; un Gabriele D'Annunzio est très représentatif de cet état d'esprit. Même certaines sciences sont mises au service de l'idéal patriotique ; la science historique, par exemple, est orientée vers la recherche des fondements nationaux, utilisant parfois la notion de race pour expliquer les différenciations nationales ; à leur manière le Français Lavisse et l'Allemand Mommsen contribuent à la formation de la conscience nationale. Tous les Européens vivent ainsi dans la mystique nationale, même si celle-ci prend des formes différentes.

Mystique nationale signifie-t-elle excitation guerrière ? L'idéal patriotique mène-t-il à la préparation à la guerre ? Il faut ici nuancer les jugements. D'une part, le rôle de l'armée est partout considéré comme fondamental, ce qui pourrait conduire à une réponse affirmative ; d'autre part, pacifisme et nationalisme ne sont pas, par principe, antinomiques. En fait, les variétés de nationalisme et leurs liens avec le bellicisme sont fonction des situations locales ; les nations qui ont déjà réalisé leur unité peuvent considérer qu'elles n'ont aucun intérêt à se lancer dans des conflits ; celles qui sont mécontentes, soit à cause d'une amputation, soit parce qu'elles s'estiment injustement dominées par d'autres, songeront naturellement à prendre les armes pour leur libération partielle ou totale (*cf.* carte, p. 92). Cependant, il convient d'ajouter à ces principes de base que les limites véritables du territoire national ne sont pas simples à fixer. Les tentatives de l'époque pour définir une nation font référence à plusieurs critères : la langue parlée, la culture ou les mœurs communes, le passé historique, la race. Au nom de tel ou tel critère on sera tenté d'étendre le concept de territoire national : ainsi les populations de langue et de culture germaniques ne devraient-elles pas être réunies à la patrie allemande ? Les peuples slaves ne devraient-ils pas rejoindre l'Empire russe, symbole du slavisme ? Les pangermanistes, particulièrement actifs vers 1909-1913, soutiennent les thèses de l'expansionnisme guerrier, les panslavistes, influents vers 1875-1880, incitent le tsar Alexandre II à agir militairement dans les Balkans ; le problème est de savoir les limites de telles influences sur l'élaboration de la politique extérieure allemande ou russe.

LE MOUVEMENT DES NATIONALITÉS

Ces cas peuvent être tenus pour des cas limites, lorsque l'État-nation est déjà bien constitué ; il est bien évident que l'appel aux armes est plus usuel, plus déterminant, pour tous les peuples divisés ou soumis. Dans l'Europe de la fin du XIXᵉ siècle, le mouvement des nationalités est encore loin de son achèvement. Les zones conflictuelles, liées au mouvement des nationalités, sont disséminées un peu partout en Europe, mais l'intensité des foyers d'incendie croît de l'ouest vers l'est.

En Europe occidentale. — À l'ouest, le problème irlandais constituait une difficulté majeure pour la Grande-Bretagne ; toutefois, depuis que la grande famine de 1848 avait entraîné une forte émigration irlandaise vers les États-Unis, on ne peut dire que le désir d'indépendance des Irlandais suscitait de réels dangers de conflit international. La question irlandaise avait deux aspects : un problème social lié à l'opposition entre une aristocratie terrienne souvent non résidente et une paysannerie de fermiers pauvres soumis au bon plaisir des premiers ; le problème politique, se gouverner soi-même, était compliqué par l'antagonisme protestants-catholiques. En 1881, Gladstone avait pu régler le premier problème en établissant une loi qui garantissait aux fermiers irlandais un loyer décent, des terres et des habitations *(Land Act)* ; mais il avait échoué sur le second problème, devant l'opposition de la Chambre des lords sur un projet d'administration autonome de l'Irlande *(Home Rule)*. Comme souvent en pareil cas, le rejet de solutions modérées va pousser vers les extrêmes ; les revendications indépendantistes prennent le pas au début du XXᵉ siècle.

Dans le reste de l'Europe occidentale, des tendances

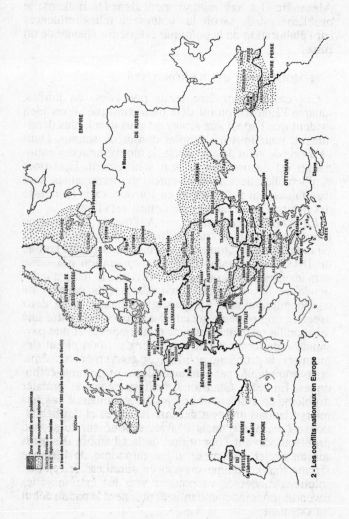

EMPIRE PERSE

EMPIRE DE RUSSIE

• Moscou

EMPIRE OTTOMAN

• St-Pétersbourg

FINLANDE

SUÈDOIS

ROYAUME DE SUÈDE-NORVÈGE

NORVÉG.

Stockholm

Riga

LETTONS

LITUANIE

Copenhague

Berlin

EMPIRE ALLEMAND

P⁵ d'AMSTERDAM

Amsterdam

LORRAINE

Paris

RÉPUBLIQUE FRANÇAISE

ROYAUME-UNI

Londres

POLOGNE

Varsovie

Vienne

EMPIRE AUSTRO-HONGROIS

Budapest

TCHÈQUES

SLOVAQUES

SLOVÈNES

CROATIE

BOSNIE

DALMATIE

SERBES

MONTÉNÉGRO

Belgrade

TRANSYLVANIE

ROUMAINS

Bucarest

VALACHIE

BULGARES

DOBROUDJA

MACÉDOINE

Salonique

EMPIRE

Constantinople

GRECS

MER ÉGÉE

CRÈTE

IRLANDE

ROYAUME D'ITALIE

Rome

ROYAUME DU PORTUGAL

Lisbonne

ROYAUME D'ESPAGNE

Madrid

BASQUES

CATALANS

ARMÉNIENS

GÉORGIENS

TURCS

Chypre

Zone contestée entre puissances

Zone à mouvement national

TURCS Ethnies ou
ISTRIE régions contestées

Le tracé des frontières est celui de 1880 (après le Congrès de Berlin)

500 km

2 - Les conflits nationaux en Europe

centripètes existaient également chez certaines nationalités pourvues d'une langue et d'une histoire autonomes, mais ces tendances étaient subordonnées à la volonté de rester partie prenante de l'État au sein duquel elles se trouvaient : les Catalans ou les Basques se sentaient Espagnols vis-à-vis de l'extérieur, les Flamands et les Wallons admettaient la supériorité de la nation belge, les particularismes des cantons suisses se fondaient dans un sentiment helvétique commun au-delà des différences de langue et de religion. En France, le chantre du particularisme provençal, Mistral (prix Nobel de littérature en 1904), se voulait profondément national. En Italie, les oppositions économiques et culturelles entre Nord et Sud se taisaient face à une commune appartenance à la jeune nation italienne, même si les gens du Sud avaient souvent le sentiment d'être exploités par les frères du Nord. La France et l'Italie n'avaient pas de problème de nationalités internes ; seule la question de terres « amputées » ou « irrédentes » se posait, l'Alsace-Lorraine pour la première, le Trentin et l'Istrie pour la seconde. Dans les mentalités collectives de ces deux États, ces provinces perdues occupaient une place essentielle qui justifiait, le cas échéant, une stratégie diplomatique, mais on peut se demander si les citoyens de ces deux États étaient toujours prêts à se battre pour « délivrer » les frères soumis au joug allemand ou autrichien ; le culte voué à l'Alsace-Lorraine ou la référence patriotique au Trentin ne furent-ils pas des moyens faciles de faire vibrer la fibre nationale parmi les groupes politiques qui se réclamaient d'un nationalisme intégral ? Prétexte ou force profonde ?

En Europe septentrionale, centrale et orientale. — En Europe septentrionale et centrale, le rôle des nationalités paraît beaucoup plus déterminant ; là, des peuples se sentent dominés, opprimés par des États ; une conscience nationale se répand parmi eux, à des degrés différents, avec l'espoir d'obtenir la reconnaissance d'une entité nationale, éventuellement par la force.

Depuis la fin des guerres napoléoniennes, la carte des pays nordiques comportait deux États vraiment indépendants, le Danemark et la Suède, et deux pays semi-indépendants, la Norvège unie à la Suède depuis 1814 dans une monarchie commune (le roi de Suède est aussi roi de Norvège) et la Finlande, grand-duché uni à l'Empire russe depuis 1809 dans la personne même du tsar. La poussée des particularismes locaux déboucha sur des revendications nationales pendant les années 1880. En Norvège, les pêcheurs et les commerçants, fort proches des Britanniques, supportaient mal les prétentions suédoises à renforcer le protectionnisme tandis que les intellectuels «libéraux», dont l'explorateur Nansen, voulaient gouverner réellement leur pays grâce à une assemblée nationale (le Storting) démocratiquement élue. En Finlande, la politique de russification instaurée à partir des années 1890 choquait profondément un peuple de langue différente, usant d'une monnaie particulière, habitué pendant le règne d'Alexandre II à une large libéralisation, avec des partis politiques «finnois» actifs à la Diète. Les solutions retenues furent opposées. L'élan national norvégien, discrètement soutenu par Londres, put rencontrer une certaine compréhension suédoise. En 1905, devant les grandes difficultés extérieures et intérieures russes, les Suédois, soucieux d'un nouvel équilibre en mer Baltique, acceptèrent de négocier avec les Norvégiens ; pendant l'été, de laborieuses discussions aboutirent à l'indépendance de la Norvège ; un roi d'origine danoise monta sur le trône de Norvège. Un référendum en novembre 1905 confirma la dissolution de l'Union suédo-norvégienne (près des trois quarts des votants avaient préféré la monarchie à la république). Bel et rare exemple de partition nationale pacifique ! En Finlande, l'objectif des opposants à la russification était plutôt le retour à la situation antérieure «libérale». Pendant et à cause de la révolution en Russie, en 1905, ils semblèrent obtenir satisfaction : des élections libres consacrèrent le succès des sociaux-démocrates à la Diète finlandaise ; mais, dès 1907, le tsarisme revint sur ses concessions. Tensions sociales et tensions politiques subsistèrent ; le problème national demeurait entier. Au total, les puissances européennes devaient tenir compte de cette Scandinavie divisée et plus turbulente qu'il n'y paraissait.

Cependant, la poudrière principale de l'Europe se situait plus au sud, dans cet imbroglio de peuples artificiellement réunis au sein de deux vieux empires, tous deux en décadence, l'Empire d'Autriche-Hongrie et l'Empire ottoman. Le dualisme austro-hongrois, institué en 1867, n'avait pas réglé le problème des nationalités dans cet empire. Celles-ci dépendaient de deux peuples dominateurs, Autrichiens et Hongrois, mais des différences sensibles existaient parmi les autres nationalités. En cette fin du XIXᵉ siècle, on pourrait distinguer les nationalités *effectives* et les nationalités *potentielles*. Les premières comptent un passé glorieux avec l'existence antérieure d'un État national, une langue et une civilisation originales, une population suffisamment nombreuse et économiquement évoluée pour que la conscience nationale dépasse les cercles restreints des intellectuels : Polonais (également soumis à l'Empire d'Allemagne et à l'Empire russe), Tchèques, Croates sont à ranger dans cette première catégorie ; des intellectuels, des hommes politiques, des prêtres, des militaires incarnaient la volonté d'indépendance ou d'égalité avec les deux autres peuples ; le Tchèque Masaryk, le Polonais Pilsudski, ou le Croate Mgr Strossmayer étaient des symboles ; des écrivains, comme les Polonais Prus ou Sienkewicz (prix Nobel en 1905), administraient avec éclat la preuve d'un génie littéraire national, tout comme les Tchèques Dvorak (mort en 1904) et Smetana (mort en 1884) évoquaient des thèmes musicaux nationaux. Les aspirations nationales des autres peuples en Autriche-Hongrie se situaient à un autre niveau : Slovaques, Ruthènes, Slovènes moins nombreux semblaient encore économiquement attardés pour tendre vers une nation, au demeurant sans histoire passée. Serbes, Roumains, Italiens, sujets de l'empire, se sentaient attirés vers l'État indépendant qui existait déjà à leur proximité ; ils aspiraient à sortir de l'empire, non à s'y faire reconnaître une place égale aux peuples dominateurs.

Tableau 6. Les nationalités dans l'Empire d'Autriche-Hongrie
vers 1900

EMPIRE D'AUTRICHE			ROYAUME DE HONGRIE		
	en milliers	en %		en milliers	en %
Langue allemande	9 170	35	Langue hongroise	8 588	51,4
Langue tchèque	5 955	23	Langue roumaine	2 784	16,7
Langue polonaise	4 252	16	Langue slovaque	1 991	11,9
Langue ruthène	3 381	13	Langue allemande	1 980	11,8
Langue slovène	1 192	4,6	Langue ruthène	423	2,5
Langue serbo-croate	711	2,7	Langue serbe	434	2,6
Langue italienne	727	2,8	Langue croate	188	1,1
Langue roumaine	250	0,9			
Population totale	25 632		Population totale	16 721	

PROVINCE DE BOSNIE-HERZÉGOVINE (sous protectorat)		
Langue croate	1 482	61,6
Langue serbe	607	25,4
Langue hongroise	90	3,8
Langue allemande	134	5,6
Population totale	2 400	

Population totale de l'Empire	44 753	
dont langue allemande	11 284	soit 25,2 %
langue hongroise	8 678	19,3 %
langues slaves	22 705	50,7 %

LA POPULATION POLONAISE		
(d'après la langue, selon les recensements vers 1910)		
dans l'Empire russe	11 175	(dont royaume de Pologne 8 775)
l'Empire austro-hongrois	4 665	
l'Empire allemand	3 027	Population polonaise totale
		18 867 000

Le problème des nationalités est finalement beaucoup plus complexe qu'il n'y paraît. Les critères de distinction retenus « en théorie » — ethnie, langue, passé culturel, religion, espace « réservé » — sont rarement décisifs dans le concret tant ils recèlent d'ambiguïtés. Ainsi, assez curieusement, la langue « nationale », dont on faisait souvent à l'école primaire un symbole de lutte contre la langue «officielle», ne suffisait pas à créer une volonté nationale : si les Tchèques de Bohême allaient seulement dans les théâtres de langue tchèque (le Théâtre national de Prague, créé en 1868, avait pour devise à son fronton «La Nation à elle-même»), dans la vie professionnelle Tchèques et Allemands vivant en Bohême pratiquaient volontiers «l'utraquisme», c'est-à-dire une réelle cohabitation des deux cultures, tel l'écrivain Kafka. Que dire des oppositions entre peuples usant de langues fort proches, comme les Croates, les Serbes et les Illyriens, mais fortement divisés par leurs religions, catholiques croates contre orthodoxes serbes sans omettre les populations islamisées serbes ou croates. Certaines minorités tendaient à se fondre dans la nation dominante afin de mieux se faire reconnaître une égalité des droits : les Juifs de Hongrie, ardents défenseurs de la «nation» hongroise dès la révolution de 1848, cherchaient à se magyariser. Les divisions sociales compliquaient en outre le problème ; dans la partie orientale de la Galicie, sous autorité autrichienne, les grands propriétaires étaient souvent polonais, les éléments urbains — sorte de classe moyenne — à majorité juive, les paysans étant des Ruthènes (Ukrainiens) ; la lutte «nationale» opposait davantage les partis ruthènes au polonisme qu'à l'autorité de Vienne. Dans la vie économique, l'existence d'une union sans douanes intérieures pouvait faire oublier les revendications «nationales». Ainsi les banquiers tchèques cherchaient-ils plus à obtenir dans l'empire une meilleure situation politique et économique qu'à couper tous les liens avec Vienne ; il ne s'agit point d'une résignation digne du «brave soldat Chveik» (livre écrit par le tchèque Hasek *pendant* la guerre et surtout célèbre *après* la Première Guerre mondiale), mais d'un intérêt bien compris : l'économie industrielle tchèque utilisait le large marché intérieur de l'empire ; les émotions intellectuelles des artistes ne traduisaient pas forcément les idées des bourgeois ou des ouvriers praguois, pas plus qu'elles ne reflétaient les désirs des paysans qui voulaient la propriété de la terre plutôt que la liberté nationale. Le petit paysan hongrois fier d'être Hongrois savait bien que l'égalité obtenue vis-à-vis des Autrichiens n'avait pas modifié les rapports quasi féodaux qu'il entretenait avec les grands propriétaires hongrois, les « magnats »; situation identique pour le paysan polonais vis-à-vis des hobereaux polonais, souvent absents de leurs terres, car ceux-ci servaient fidèlement dans les cadres administratifs à Vienne ou à Budapest. Aussi en 1914, lorsque la guerre éclata, les désertions dans l'armée austro-hongroise ne furent guère plus importantes que dans les autres armées. Au total, si ces nationalités créent des problèmes dans la politique intérieure de l'empire et interfèrent dans la stratégie des grandes puissances, il convient d'en mesurer avec modération le poids dans la politique internationale.

Dans la partie européenne de l'Empire ottoman, le problème des nationalités se posait encore d'une autre façon. En 1870, la Grèce, la Serbie, le Monténégro, la Roumanie existent déjà avec des territoires nationaux plus restreints que ceux définis par l'origine ethnique ou religieuse de ces populations; aussi ces jeunes petits États sont-ils tentés d'achever leur expansion nationale; un peuple, les Bulgares, reste encore totalement soumis à l'autorité ottomane, mais, dès 1878, il obtiendra à son tour la reconnaissance de son existence, après la guerre russo-turque de 1877-1878. Dès lors, la tendance dominante dans tous ces États consiste à revendiquer l'achèvement de l'unité nationale en arguant de la présence de minorités nationales encore sous le « joug » turc; seulement l'enchevêtrement sur le terrain de populations diverses, notamment en Macédoine et en Dobroudja, complique les solutions : non seulement une rivalité globale existe contre les Turcs, mais des dissensions sérieuses éclatent entre les États balkaniques. Comme en outre deux grandes puissances, l'Autriche-Hongrie et la Russie, se veulent les tuteurs de ces jeunes États et qu'elles usent de ces rivalités nationales dans les Balkans pour tenter de régler à leur avantage le contentieux général qui les oppose, on retiendra que les volontés de libération nationale (qui se doublent souvent de réactions religieuses contre les « hérétiques » musulmans) sont autant facteurs actifs que moyens de manipulation des puissances dans les relations internationales de cette partie méridionale de l'Europe. Au demeurant, on peut se demander si la vigueur des sentiments nationaux parmi les paysans, qui constituent 90 % de ces populations, est comparable à celle chantée par les poètes locaux et exploitée par les petits cercles des bourgeoisies locales ; les divergences linguistiques, religieuses, la volonté montagnarde de libertés locales contribuent à susciter des réactions nationales, mais sans des interventions étrangères qui profitent de l'incontestable décadence ottomane, on peut raisonnablement douter du rôle moteur des mentalités collectives dans l'élaboration des relations internationales du Sud-Est européen. Cela dure au moins jusqu'à la fin du XIXe siècle, car les guerres balkaniques de 1877-1878, 1881, 1896 et surtout celles de 1912 et 1913 vont exacerber les sentiments nationaux. Le rôle joué par les groupes militaires dans ces événements explique, peut-être, pourquoi la société militaire et les chefs armés occupent alors une place de choix dans ces pays, où souvent les monarques sont des princes européens, choisis par les grandes puissances.

Bien d'autres exemples de «nationalités opprimées» peuvent être répertoriés en Europe (Polonais des empires russe et allemand, Danois du Schleswig allemand, minorités tatares, géorgiennes en Russie, problème ukrainien) ou hors d'Europe (que dire des minorités noires ou indiennes dans les États-Unis, ou dans les États andins de l'Amérique latine…), mais un point commun rassemble le destin de toutes ces minorités situées dans des États indépendants : leur accession à l'indépendance dépend de l'intérêt que les États puissants trouvent à exploiter ces revendications nationales pour leur propre stratégie diplomatique. Comme aucun État européen ne se soucie vraiment du sort des populations indiennes d'Amérique (au-delà des récits d'aventures qui les peignent très souvent de manière négative), le résultat est clair : de gré ou de force, ils subissent l'autorité des descendants des colons. Dans l'Empire russe, certaines minorités sont aidées ponctuellement de l'extérieur, comme les Tatars par les

Turcs ou les Polonais-Ukrainiens par l'Autriche-Hongrie, mais la politique de russification n'entraîne pas vraiment une modification des relations internationales entre Empire russe et grandes puissances.

Au fond, jusqu'en 1914, le sort des minorités nationales en Europe et hors d'Europe demeure plutôt un sujet de réflexions théoriques et d'indignations vertueuses parmi les opinions publiques des grandes puissances.

COLONISATION ET MOUVEMENTS NATIONAUX

L'expansion coloniale, qui triomphe à la fin du XIXᵉ siècle, suscite évidemment des anticorps parmi les populations colonisées ; celles-ci peuvent parfois penser à retrouver une indépendance perdue, surtout lorsqu'une histoire, une civilisation, une race, une religion soustendent cette volonté : ainsi en Asie, aux Indes, en Indochine, des lettrés, des notables peuvent souhaiter, parfois tenter, de faire entendre des idéaux nationaux ; l'exemple japonais leur est un précieux enseignement, surtout lorsque l'Empire nippon aura fait la preuve militaire de son renouveau face à la Russie (1904-1905). *A contrario*, la décadence chinoise montre la nécessité d'une adaptation au monde moderne pour sauvegarder l'indépendance ; la « révolution » chinoise de 1911 qui se débarrasse de la dynastie mandchoue, l'élaboration des principes « nationalistes » par Sun Yat-sen qui déterminent les nouveaux idéaux chinois, sont d'autres exemples de transformations dans les mentalités des peuples colonisés ou menacés de l'être. Certes, l'ébranlement suscité par les nationalismes en Asie avant 1914 produit des effets très limités en dehors de la Chine et du Japon ; les relations internationales n'en sont guère affectées, bien que ici ou là, au début du XXᵉ siècle, apparaissent les premiers germes de ce que l'on appellera bien plus tard la décolonisation ; ainsi, dans l'Empire ottoman, des populations, musulmanes ou non, espèrent profiter du déclin de l'autorité centrale pour s'affirmer ; en Syrie, au Liban, en Palestine, au Hedjaz, des chefs et des bourgeoisies locaux sont prêts à une « délivrance » ; mais celle-ci peut-elle se faire sans l'appui intéressé des grandes puissances? On peut en douter.

Sur le continent africain, les volontés d'indépendance sont encore moins discernables, tant le déséquilibre paraît grand entre les moyens dont disposent les États colonisateurs et les possibilités d'action des colonisés. On ne peut en effet confondre les réactions de lutte contre les envahisseurs coloniaux, marquées par des guerres parfois longues (l'exemple de Samory en Afrique occidentale est typique à cet égard), avec une expression de conscience nationale à l'échelle d'un État. Les structures administratives et mentales locales, fondées sur la tribu, rendent difficile l'élaboration d'une mentalité collective nationale; la multiplicité des tribus, leurs oppositions facilitent la pénétration coloniale, qui dispose en outre d'une écrasante supériorité technologique. Cependant, ces formes, même peu évoluées, de réaction patriotique contre les envahisseurs étrangers sont parfois capables de peser dans les relations internationales, dans la mesure où tel échec militaire d'un État colonisateur permet à ses concurrents européens de l'éliminer de la course à la possession; la victoire du raïs Menelik à Adoua face aux troupes italiennes, en 1896, sert indirectement les intérêts britanniques qui visent à une liaison Le Caire-Le Cap. Réciproquement, l'intervention coloniale consolide parfois l'autorité chancelante ou contestée d'un suzerain sur des populations «émancipées»; la pénétration française au Maroc élargit la zone d'autorité administrative du sultan sur les populations berbères au Maroc, sans que l'idéal national y trouve son compte. La sauvegarde de l'indépendance dépend souvent moins des mentalités collectives locales que des volontés de conquête de deux États européens qui, visant le même État, se neutralisent (cas du Siam en Asie, de l'Égypte jusqu'en 1882, de la Tunisie jusqu'en 1881, du Maroc jusqu'en 1906).

Une conclusion générale semble ainsi s'imposer à propos de la force du nationalisme dans le monde d'avant 1914 et de son influence sur les relations internationales. La puissance du sentiment national ne correspond pas à l'intensité des contraintes qui pèsent sur le groupe

national ; une sorte de seuil de prise de conscience existe :
il faut un appareil d'État suffisamment solide, une croissance économique nette, un développement social marqué, pour que celle-ci se produise ; alors seulement la
mentalité collective semble en mesure de peser sur les
décisions politiques. Incontestablement seuls l'Europe,
l'Amérique du Nord et le Japon répondent à cette définition avant 1914.

LES INTERNATIONALISMES ET LE PACIFISME

La connaissance des « autres » peut susciter la recherche
de sa propre identité qui conduit alors naturellement
vers la conscience d'appartenir à un groupe ; ainsi peut
naître le nationalisme. Mais la compréhension des similitudes politiques, économiques, sociales, ethniques, culturelles avec d'autres groupes humains peut mener vers un
autre sentiment, vers une autre idéologie, l'internationalisme. Nationalisme et internationalisme ne sont pas
contradictoires, même s'ils s'opposent souvent ; avant
1914 existe-t-il des groupes, des hommes, se réclamant
de ces internationalismes ? Éventuellement ceux-ci pèsent-
ils sur les relations internationales ?

Vers la fin du XIXᵉ siècle et au début du XXᵉ siècle,
des hommes paraissent susceptibles de dépasser l'horizon
national, soit sur le plan des concepts idéologiques, soit
sur le plan organisationnel : on les trouve dans les Églises,
chez les syndicats et les partis socialistes, parmi les hommes
d'affaires. Les différences entre ces divers groupes sont
nombreuses et profondes, mais au moins un point commun les apparente : conscients de trouver des semblables
dans d'autres États, ces « internationalistes » ont tendance
à rejeter la guerre comme moyen de régler les conflits
internationaux ; à tout le moins ils espèrent pouvoir l'empêcher. Notons tout de suite que les convictions internationalistes ne sont pas également répandues parmi ces
groupes et que bon nombre de croyants, d'ouvriers, de
patrons restent imprégnés par les idéaux nationalistes ;
toutefois, à des degrés différents, des actions furent entre-

prises dans ces différents milieux pour développer les liens entre citoyens, sujets d'États différents.

LE RÔLE DES ÉGLISES

Le développement international connu par certaines religions aurait pu faciliter l'internationalisme parmi certains fidèles ; les protestants sont nombreux dans l'Europe septentrionale et en Amérique du Nord, les catholiques ont de larges assises en Europe occidentale, centrale et méridionale, les orthodoxes dominent en Europe orientale ; par le biais des missionnaires, les zones colonisées relèvent partiellement de ces grandes croyances européennes. Cependant, même dans l'exemple catholique, où toute organisation spirituelle et administrative relève d'un même centre, la papauté romaine, les tentatives des Églises pour dépasser le cadre national ont été, à l'époque, rares et peu efficaces.

Quelques efforts aux États-Unis et en Grande-Bretagne parmi les dissidents protestants (quakers, méthodistes) ne suffisent pas à réduire les différences nationales entre protestants, notamment entre Britanniques et Allemands, qui restent d'abord de loyaux sujets. De même, les efforts déployés pour élargir une Ligue des catholiques français pour la paix (créée en 1907) à d'autres États obtinrent de faibles résultats avant 1914. Le Saint-Siège lui-même, qui a pu offrir ses bons offices pour régler des conflits locaux et qui s'est prononcé contre la paix armée et la course aux armements (encycliques de Léon XIII, en 1889 et 1894), maintint finalement une stratégie « nationale », où le soin de ses intérêts matériels (les territoires pontificaux) pesait lourd dans la conduite de sa politique extérieure, d'où une constante prévention vis-à-vis de l'Italie ; ainsi Pie X soutient en 1914 les points de vue austro-hongrois lors de l'ultime crise, surtout pour éviter un affaissement de cette monarchie très catholique. Si les catholiques s'opposent parfois au gouvernement en place (cas du *Kulturkampf* en Allemagne, période du *Bloc radical* en France), ils n'adoptent point des attitudes antinationales ; bien au contraire le glissement vers la droite des doctrines et des partis « nationalistes » facilite leur ralliement comme en France. Jusqu'en 1914, les chrétiens, sauf pour quelques cas individuels, restent dépendants de leur environnement national. Dans les pays de confession musulmane, bouddhiste, shintoïste, confucéenne, etc., le problème se pose de manière assez semblable à propos des relations entre croyance personnelle et obéissance à l'État dominant, lorsque l'indépendance, au moins nominale, demeure ; dans les zones colonisées, les divergences religieuses sont un des aspects du rapport inégal entre colons et colonisés, mais elles n'entraînent pratiquement pas alors de réaction transcendant les divisions politiques imposées par les colonisateurs. Au total, pour cette période, l'obéissance à une foi universelle conduit très rarement à l'universalisme.

LA IIᵉ INTERNATIONALE

Les partis socialistes, qui avaient su reconstituer une nouvelle Internationale en 1889-1891, lui donner ensuite une vie réelle, grâce à des congrès internationaux périodiques et à l'existence d'un Bureau socialiste international (BSI) permanent (en 1900), paraissaient en mesure de dépasser les principes et les objectifs nationaux au début du XXᵉ siècle. Le BSI, la Commission socialiste interparlementaire (créée en 1904), les conférences internationales spécifiques pour les femmes, les jeunes, et surtout la tenue régulière des grands congrès internationaux donnaient une importance grandissante à ce mouvement internationaliste non seulement parmi les ouvriers et les électeurs de gauche en Europe, mais encore pour tous les gouvernements de l'époque.

En effet, à partir de principes marxistes, malgré des débats parfois difficiles où l'organisation et la réflexion du parti SD (*Sozial-Demokrat*) allemand figuraient comme des modèles, une doctrine commune paraissait s'imposer à tous les socialistes. L'objectif majeur était de « prévenir la guerre » et donc de s'opposer au danger militariste, même si en théorie la guerre future devait faire accoucher la révolution prolétarienne. Du coup, les socialistes, confrontés à la fois aux risques de la guerre future et désireux de surmonter les antagonismes nationaux sans renier pour autant leur pays d'origine, parvenaient, non sans mal, à établir une doctrine et une tactique valables pour tous, au-delà des frontières nationales ; les ouvriers et les socialistes devront « s'entremettre pour faire cesser promptement la guerre et utiliseront la crise économique et politique créée par la guerre pour précipiter la chute de la domination capitaliste » (congrès de Stuttgart en 1907) ; ils devront même tout faire pour empêcher la menace de guerre (congrès de Copenhague en 1910) ; utiliseront-ils la grève générale ?

Sans doute, en août 1914, l'échec total de la IIe Internationale, incapable de soulever contre ce fléau les ouvriers des pays concernés par la guerre, montrait la vanité des efforts entrepris. Cependant, dans les dernières années d'avant-guerre, l'audience des congrès, notamment celui de Bâle en novembre 1912, était considérable dans les populations européennes ; les succès électoraux des partis socialistes en Europe, l'influence politique de Jaurès en France ou celle de Kautsky en Allemagne le prouvaient ; les gouvernements devaient donc prendre en considération l'influence de la IIe Internationale dans leurs calculs de politique étrangère. Même si ces grandes manifestations internationales suscitaient plus de mythes et d'espoirs chimériques que de réalités tangibles, une impression générale nouvelle demeurait, celle de pouvoir stopper la guerre. En outre, des moyens nouveaux dans le domaine des relations internationales étaient proposés : négociation concertée, arbitrage, juridiction internationale, désarmement, refus de la diplomatie secrète ; sur le plan concret, août 1914 marquait le naufrage de la IIe Internationale, sur le plan des idées, le legs de cette organisation était considérable. Cependant, la IIe Internationale n'avait pas pu résoudre véritablement la question nationale et Jaurès avait parfaitement pris conscience des oppositions nationales au sein même de cette Internationale ; mais la tenue régulière de ces assises internationales ne préfigurait-elle pas « le Parlement européen » comme on le disait alors et ne réalisait-elle pas partiellement des États-Unis d'Europe, dont Hugo s'était fait le chantre dès 1869 ?

LES MILIEUX D'AFFAIRES

« L'Internationale libératrice, c'est celle du Capital » s'écrie en 1913 un conférencier devant un public d'hommes politiques et d'hommes d'affaires réuni à l'École libre des sciences politiques. Le choix de la formule n'est pas fortuit ; à la veille de la guerre, en réaction contre les socialistes marxistes qui pensent, selon la formule célèbre de Jaurès, que « le capitalisme porte en lui la guerre comme la nuée porte l'orage », un certain nombre d'hommes d'affaires soutiennent que la multiplication des liens commerciaux, financiers, économiques entre sociétés privées établies dans des pays différents constitue un des meilleurs moyens pour éviter la guerre. Le « roi de l'acier », Andrew Carnegie, crée en 1910 une dotation pour la paix internationale, puis il fonde en 1914 la « Church Peace Union » qui tient une réunion internationale à Constance le 1er août 1914 ; Alfred Nobel, ayant fait fortune dans la poudre et les pétroles, crée en 1900 les prix qui portent son nom, avec en particulier un prix de la Paix (décerné en 1900 aux fondateurs de la Croix-Rouge). Ces exemples célèbres correspondent à une tendance « internationaliste » des milieux d'affaires (ou « cosmopolite » comme les nationalistes les appellent avec mépris, allant parfois même jusqu'aux accusations racistes sur la banque « juive » et son absence de nationalité).

Ceux-ci ne sont pas unanimes dans leurs avis et leurs propos ; dans bien des cas, des industriels, des commerçants, des banquiers, n'hésitent pas à utiliser l'idéal national à leur profit ; ainsi les rivalités économiques entre banques ou industries françaises et allemandes, entre commerçants anglais et allemands suscitent des réactions nationalistes dans ces pays. Mais il serait simpliste (donc dangereux) de conclure que tous les hommes d'affaires suivent des voies nationalistes. On a remarqué que les conseils de modération et de prudence n'avaient pas manqué d'être donnés par la City de Londres au gouvernement britannique en 1914 ; lorsque Maurice Rouvier en 1905 tente de résoudre l'antagonisme franco-allemand, pendant la première crise marocaine, ses intermédiaires naturels sont des banquiers qui sont en relations confiantes et constantes avec leurs homologues allemands ; Joseph Caillaux, en 1911, utilise les mêmes voies parallèles pour un but semblable.

En vérité, le monde des affaires paraît divisé quant à la stratégie que les gouvernements devraient suivre en cas de rivalité internationale. Les études de cas, faites récemment par les historiens, amènent à nuancer les interprétations générales : tantôt certains hommes d'affaires préconisent la fermeté et ne se refusent pas à envisager de glisser du conflit économique au conflit armé ; tantôt, au contraire, les risques encourus dans une guerre sont tenus par eux pour beaucoup trop élevés et ruineux pour tous. La variété des situations étudiées par les historiens ne permet pas d'arriver à des conclusions nettes. On peut simplement formuler l'hypothèse suivante : dans la mesure où des sociétés industrielles, ou des banques, ont su se constituer des réseaux d'alliés et de filiales dans des États étrangers, elles peuvent tirer profit de leurs entreprises sans considérer leur implantation nationale ; une guerre entre États, où elles sont implantées, comporterait plus de risques que de perspectives de gains ; dès lors, ces « multinationales » n'ont aucun intérêt à soutenir le nationalisme. Le pacifisme ne serait-il pas dans ce cas lié au « sur » ou « superimpérialisme » qui, selon Kautsky, tend à s'imposer dans le monde capitaliste vers 1914 ? Pour en juger, il faudrait mieux connaître ces précurseurs des multinationales.

On notera en tout cas que parmi les banquiers français capables de développer leurs activités à l'échelle internationale, grâce à leur réseau d'agences internationales, à leurs filiales étrangères, et surtout grâce à la force d'exportation des capitaux français, la tendance « pacifiste » ou « cosmopolite » est assez développée au début du XXe siècle, au point de les faire souvent considérer avec suspicion par les diplomates français ; l'absence de protectionnisme en matière d'exportation de capitaux ne va-t-elle pas dans le même sens, celui d'un monde ouvert n'ayant pas besoin de conflits armés pour résoudre ses oppositions ? Au contraire, le protectionnisme industriel ou commerçant, joint à la taille plus réduite des entreprises, ne provoque-t-il pas chez les industriels français le désir d'éviter la concurrence étrangère, spécialement germanique, par une protection renforcée de l'État et, *ultima ratio*, par la guerre si les oppositions économiques paraissent insurmontables ? Le débat reste ouvert. De toute manière, il serait indispensable de savoir si ces hommes d'affaires «internationalistes» ont pu influencer les hommes politiques, soit directement par des relations personnelles, soit indirectement en soutenant des journaux ou revues pacifistes, car, en face, il est acquis que des périodiques, tel en France *l'Écho de Paris*, très influencé par les métallurgistes, ou en Allemagne les feuilles qui sont subventionnées par les associations professionnelles, n'hésitent pas à préconiser une politique de force et de prestige, avec recours à la guerre. On doit convenir aussi que bon nombre d'économistes libéraux proches des milieux d'affaires ont inspiré à maintes reprises des revues ou des brochures défendant des idées d'arbitrage pacifique (tel Passy), condamnant les conquêtes coloniales (comme Molinari et Guyot dans le *Journal des économistes*). Sans doute comme dans d'autres professions ou dans d'autres groupements, il n'existe point d'opinion unanime. Une véritable opinion publique n'est-elle pas faite de diversité ? En tout cas, si des tendances ou des groupements internationalistes existent en Europe et en Amérique du Nord à l'aube du XXᵉ siècle, il ne faut pas se leurrer sur leur influence quant à l'élaboration des relations internationales ; ils préfigurent l'avenir plus qu'ils ne traduisent les réalités du moment.

DEUXIÈME PARTIE

Les constructions diplomatiques stabilisatrices (1871-1890)

CHAPITRE IV

Mutations en Europe (1871-1878)

Vainqueur et vaincu en 1871

LA PUISSANCE ALLEMANDE VICTORIEUSE

La guerre de 1870-1871 a opposé seulement deux puissances : l'Empire français et le royaume de Prusse (appuyé par les troupes des autres petits États allemands) ; la guerre a été brève (à peine six mois) ; pourtant ce conflit marque un tournant considérable pour les relations internationales en général ; même les États neutres en tirent, ou en supportent, des conséquences (*cf.* carte 2, p. 92).

Le fait majeur issu de cette guerre est, sans conteste, la naissance de l'Empire allemand proclamé à Versailles le 18 janvier 1871 ; le chancelier de Prusse, Bismarck, a su habilement surmonter les dernières réticences des princes allemands ; le statut fédéral de l'empire, qui sauvegarde certains particularismes locaux, notamment en Bavière (qui garde ses représentants à l'étranger et une armée autonome en temps de paix), laisse une large autonomie de manœuvres dans le domaine de la politique extérieure au roi de Prusse, proclamé empereur d'Allemagne, et au chancelier de l'Empire (Bismarck évidemment). Désormais, il ne sera plus possible aux autres puissances d'escompter profiter des divisions intérieures allemandes ; c'est un bloc uni, considérable, qui domine en Europe centrale et qui pèse lourdement sur toute l'Europe ; cette situation va durer jusqu'en 1945. Pour en mesurer la nouveauté, rappelons que les divisions de l'Allemagne, les conflits militaires ou économiques entre Prusse et Autriche constituaient des fondements solides dans les relations européennes depuis des décennies. Désormais, les choses sont claires : l'unité allemande réalisée par la Prusse, pour la Prusse, rejette l'Autriche-Hongrie vers le sud-est de l'Europe, vers le bassin du Danube, moins développé économiquement et socialement que les vallées du Rhin, de l'Elbe et de l'Oder. Grâce à sa forte population (42 millions d'habitants en 1871), à sa puissance industrielle fondée sur le charbon (34 millions de tonnes extraits en 1871), à son unité économique préparée par le *Zollverein* (union douanière, mise en place en 1852-1853), l'Allemagne se situe d'un seul coup au premier rang en Europe continentale. En outre, comme dans tout État neuf, jeune, le dynamisme économique, social, culturel va porter l'empire des premiers rangs à une situation hors concours ; la prépondérance allemande sur l'Europe continentale devient indéniable.

BISMARCK DIPLOMATE

Cependant, cette puissance trouve aussi pour la guider et pour en tirer parti un homme d'État exceptionnel, Otto von Bismarck (1815-1898). Ce junker luthérien se trouve investi en 1871 d'un pouvoir considérable grâce à la latitude laissée au chancelier d'Empire de ne pas être responsable devant le Reichstag (chambre basse d'Empire) ; certes il doit obtenir et garder la confiance de l'empereur, mais comment Guillaume Ier (qui règne de 1871 à 1888) pourrait-il véritablement la lui refuser, malgré ses velléités d'indépendance personnelle, alors que le chancelier prussien a su manœuvrer pour placer le royaume de Prusse à la tête de l'empire ? Celui-ci peut donc agir à sa guise ; rarement le poids d'une personnalité a autant joué en politique extérieure, car l'homme, décidé mais réfléchi, ambitieux mais lucide, provocant mais réaliste, tolère mal que d'autres à ses côtés ou au loin interviennent dans ses responsabilités (il n'hésite pas en 1874 à se débarrasser d'un bon ambassadeur à Paris, le comte Arnim, suspecté de mener une politique personnelle) ; les chefs militaires, même célèbres comme Molkte, doivent s'incliner devant ce représentant du pouvoir civil. Sur le plan constitutionnel, bien que la monarchie impériale ne fût point parlementaire, Bismarck prit toujours garde de se constituer des majorités parlementaires. En un premier temps, il s'appuya sur les nationaux-libéraux assez représentatifs de la bourgeoisie d'affaires, industrie et commerce, satisfaits par l'unité impériale ; à la fin des années 1870, le chancelier amorça un virage qui le conduisit vers une majorité conservatrice, celle formée par les grands agriculteurs protectionnistes de l'Est, en Prusse particulièrement, et par les catholiques contre lesquels il avait vainement mené un combat soutenu (*Kulturkampf*). L'aspect traditionaliste l'emportait en Allemagne, ce qui pouvait faciliter les ententes avec les empires garants de l'ordre, Russie ou Autriche ; rempart de l'ordre à l'intérieur contre le danger socialiste, cette politique se retrouvait à l'extérieur.

Comment Bismarck concevait-il les relations européennes après la guerre franco-prussienne ? L'action du chancelier avait été offensive jusqu'en 1871 puisqu'il fallait obtenir une transformation radicale du rapport des forces pour la création de l'Empire allemand ; on pourrait parler de la période «par le fer et par le sang» (expressions utilisées par Bismarck lui-même) ; au contraire, une fois l'unité réalisée, la politique extérieure allemande sera défensive, donc pacifique. Bien des raisons poussent à ce choix : pour répondre aux souhaits stratégiques des militaires et aux vœux des Allemands vainqueurs, Bismarck a exigé de la France une amputation territoriale importante ; celle-ci ne voudra pas renoncer à recouvrer ces «provinces perdues» mais elle ne peut y parvenir seule ; l'Allemagne doit donc avoir pour premier objectif d'isoler la France en Europe. De plus, la guerre ou les risques de guerre pèseraient trop sur la jeune économie allemande qui doit se développer rapidement pour éviter les désordres sociaux, préoccupations constantes du chancelier ; la paix est nécessaire pour l'ordre interne. Enfin, le régime impérial allemand, conservateur, appartient au groupe des États européens défenseurs des traditions d'ordre que sont l'Empire russe et l'Empire austro-hongrois ; cette situation lui impose des préférences parmi ses amitiés. Au contraire, Pologne, France, Italie, États balkaniques peuvent être zones de changements révolutionnaires, à des degrés différents et pour des causes variées. La politique bismarckienne sera donc un constant effort pour éviter le changement en Europe, quitte à se désintéresser du monde extra-européen ; *la tactique* peut varier, allant de la menace guerrière aux propositions alléchantes, elle *reste au service du gel des positions acquises par l'Allemagne sur le continent*.

On perçoit dès lors les limites d'une semblable politique. D'une part, de l'intérieur, des forces nouvelles, grandissantes, seront tentées de promouvoir une politique extérieure plus active pour donner à l'expansion économique et démographique allemande les moyens qui lui sont nécessaires ; la «modération bismarckienne» pèsera de plus en plus sur l'ambition de la première puissance continentale. D'autre part, à l'extérieur, les grands États européens, en dehors même de la France, nourrissent des ambitions pour leur expansion ; si la Grande-Bretagne assure son destin sur les océans, donc partage le goût bismarckien du *statu quo* en Europe, Autriche-Hongrie, Russie, Italie même, espèrent se renforcer, qui dans les Balkans, qui en Méditerranée, qui sur le pourtour de l'Adriatique. Bismarck compte d'ailleurs sur ces ambitions contradictoires entre puissances européennes pour tenir le rôle d'arbitre en Europe, interdisant du même coup la formation de coalitions dangereuses. Dans une lettre fameuse dictée à son fils en juin 1877 (dictée de Kissingen), le chancelier expose bien sa pensée : «Le tableau qui se présente à mon esprit et que je pourrais compléter et élaborer si j'étais en assez bonne santé pour travailler serait non pas celui de quelque acquisition de terres nouvelles, mais celui d'une situation politique globale dans laquelle toutes les puissances, sauf la France, ont besoin de nous et sont autant que possible empêchées de former des coalitions contre nous par leurs relations réciproques. » En apparence, jusqu'à son éviction du pouvoir en 1890, ses calculs semblent l'emporter ; la France reste isolée, les trois autres grands États européens sont alliés ou amis, la Grande-Bretagne l'approuve ; mais au fond, il paie cette stratégie d'un prix élevé : il facilite l'expansion coloniale française, il n'évite ni l'antagonisme austro-russe ni les craquements italo-autrichiens. Sur le court terme, la prestation de ce jongleur ayant toujours « deux boules en l'air » étonne ; sur le long terme, il laisse une situation obérée à ses successeurs. Peut-on indéfiniment geler une situation ?

FAIBLESSES ET FORCES DE LA FRANCE VAINCUE

La France impériale n'a pas résisté à la défaite de Sedan (2 septembre 1870) ; l'échec de la politique extérieure a condamné le régime intérieur ; mais ensuite, la nature du régime paraît difficile à définir : royauté ou république ? Or ce choix comporte une connotation diplomatique : les royalistes français sont alors défenseurs de la paix et les républicains, inspirés par Gambetta, apparaissent comme champions de la défense nationale et de la revanche ; toutefois la tournée des capitales faite par Thiers, au nom du gouvernement provisoire pendant l'automne 1870, a convaincu tous les hommes politiques français que la résignation était nécessaire, au moins pour le moment : aucune puissance n'a accepté de soutenir la France dans son conflit avec la Prusse. Il faut donc savoir attendre. De plus, la Commune de Paris (mars-mai 1871) a contribué à faire apparaître (à tort) la France comme à nouveau hantée par les démons révolutionnaires ; choisir la république (même conservatrice) semble dès lors conforter cette tendance perturbatrice aux yeux des États conservateurs ; pour la respectabilité et le renom de la France, une France royaliste, pacifique, conviendrait mieux (n'oublions pas qu'à l'époque, il n'existe point de régime républicain en Europe). Les hommes politiques français ont conscience de cette situation ; ils vont s'efforcer de trouver une parade en insistant sur les aspects conservateur, défenseur de l'ordre et de la morale chrétienne du régime intermédiaire qui, jusqu'en 1876-1877, dirige la France ; le personnel diplomatique français est à l'image de cette ambition d'honorabilité. La politique extérieure française en est marquée : il faut retrouver une place dans le concert des grandes puissances, place perdue à cause de la défaite militaire qui a prouvé la médiocrité de la force militaire française, à cause, aussi et surtout, de cette réputation de révolutionnarisme dangereux qui a accueilli la France républicaine. Il convient donc d'être prudent, réservé, pour les responsables français, aussi bien pour les « républicains modérés » comme Thiers ou Jules Favre en 1871 que pour les royalistes tenants de *l'ordre moral* comme les ducs de Broglie et Decazes en 1874-1875. Le temps où la France de Napoléon III apparaissait comme dominante, en Europe et dans le monde, paraît éloigné.

Pourtant, certains des atouts français de ce moment subsistent. Tout d'abord, l'incontestable expansion économique française de la période impériale continue à porter ses fruits, la preuve en est administrée de manière éclatante par le paiement anticipé de l'indemnité de guerre des 5 milliards de francs, imposée par le traité de Francfort (signé le 10 mai 1871). Ce traité avait prescrit que les paiements devraient être effectués en mai 1872 pour les 2 premiers milliards, le solde en mars 1874 ; selon Bismarck, la rude occupation de l'est de la France par l'armée allemande était un moyen de pression pour forcer la France à s'acquitter de sa dette. Or les emprunts internationaux émis en juin 1871 et juillet 1872 pour dégager les sommes nécessaires sont souscrits très largement (le second de 3,5 milliards est couvert 13 fois) ; les souscripteurs ne sont pas seulement des Français agissant par patriotisme, mais surtout des capitalistes français et étrangers escomptant de copieux bénéfices sur les titres de 5 % et rassurés par la richesse française. Lorsque les banques françaises intermédiaires sollicitent la participation de leurs confrères étrangers dans les souscriptions, les réponses venues de Londres, d'Amsterdam, de Bruxelles, mais aussi de Vienne, de Francfort et de Berlin sont positives : «Nous ne voulons pas laisser passer cette opération colossale sans y tremper un peu les doigts» écrit un correspondant viennois du Crédit Lyonnais (cité par Jean Bouvier) ; aussi bien les correspondants étrangers des Rothschild de Paris que quatorze banques allemandes et six banques viennoises participent aux syndicats bancaires ; certes, l'ampleur des profits justifie cet allant des banques, mais comment ne pas y reconnaître aussi la preuve d'une réelle confiance dans la force financière de la France ?

Curieusement, par contre, la vulnérabilité financière allemande apparaît lorsque les 5 milliards, payés entièrement dès mars 1873 (ce qui met fin à l'occupation allemande en septembre 1873), amènent une spéculation effrénée en Allemagne, au moment d'un renversement conjoncturel dramatique. L'arme financière se trouve ainsi dans la panoplie française dès les débuts de la Troisième République. Bien plus, les liens avec l'étranger noués par les banques françaises à cette occasion seront souvent à l'origine de leurs activités externes, tout comme l'étranger aura retenu de cet épisode la puissance de l'accumulation nationale française ; les appels au crédit français pour construire des voies ferrées en Europe, déjà importants pendant le Second Empire, continueront pendant la Troisième République.

Le régime républicain peut également compter sur un autre atout : les Français sont unanimes pour rétablir une armée solide. Royalistes et républicains sont d'accord pour instituer le service militaire obligatoire pour tous (loi de mai 1872), pour dégager les crédits nécessaires à l'exécution du système de fortifications en 1874, pour créer l'École de guerre en 1875. L'opinion publique témoigne d'un grand patriotisme, le redressement militaire paraît compris de chacun. Ce désir général de renouveau, après le choc de la défaite et de l'invasion, constitue une force potentielle pour les gouvernants, même si la sagesse diplomatique peut imposer d'en détourner le cours hors d'Europe. Sans doute le développement de la conquête coloniale n'est pas uniquement lié au souci de gloire, mais le transfert des énergies patriotiques vers les colonies a joué un rôle sensible dans l'expansion vers l'Indochine ou l'Afrique pendant les années 1880. S'il est excessif de considérer la défaite de 1870-1871 comme à l'origine du mouvement colonial ou même à l'origine de la motivation économique de la colonisation, car ces objectifs étaient déjà explicités sous l'empire, on peut considérer que l'actualisation de la volonté colonisatrice procède de ce besoin de renouveau. Le livre de Leroy-Beaulieu, *La Colonisation chez les peuples modernes* (1874), en témoigne, tout comme les discours de Gambetta : « Cette nation, qui a su sauver son honneur, saura reprendre véritablement le rang qui lui appartient dans le monde... C'est par l'expansion, par le rayonnement de la vie au-dehors, par la place qu'on prend dans la vie générale de l'humanité que les nations persistent et durent » (discours d'Angers en avril 1872). Au lendemain même de la défaite, hommes politiques et opinion publique demeurent, en majorité, indifférents vis-à-vis des conquêtes coloniales ; ils ne sont préoccupés par la « ligne bleue des Vosges » et l'ardeur patriotique s'exprime déjà pleinement ; souvenirs, récits, romans des années 1870 fabriquent sans concessions et nuances les mythes du mauvais Germain, des héroïques Français ; le désir de la revanche s'inscrit en contrepoint de ces thèmes mille fois répétés. Très vite une sorte de consensus national s'établit quant au caractère irréconciliable des relations franco-allemandes.

Grands et Petits en Europe continentale [1]

Les autres puissances européennes, restées neutres, ont pourtant bénéficié du conflit à leur manière : ou bien elles ont tiré parti de la tension pour régler en leur faveur un problème particulier, telle la Russie dans les Détroits,

---

1. La politique extérieure britannique, beaucoup plus mondiale qu'européenne, sera analysée au chapitre v.

l'Italie à Rome, ou bien elles espèrent que l'abaissement français et le pacifisme obligé de Bismarck leur permettront de dégager des solutions favorables, comme l'Autriche-Hongrie dans les Balkans ou la Grande-Bretagne vers l'Asie.

L'AUTRICHE-HONGRIE

La défaite de Sadowa devant la Prusse, en 1866, a sonné le glas des espérances autrichiennes de réaliser l'unité allemande à son profit ; elle a contraint l'empereur François-Joseph (qui règne à Vienne de 1848 à 1916) à accepter le *dualisme* en 1867, c'est-à-dire le droit pour les Hongrois de se gouverner librement. L'union avec les Autrichiens se réalise uniquement par la personne de l'empereur et par le biais d'un gouvernement fédéral, fort libre de ses mouvements puisque les Assemblées, élues séparément à Vienne et à Budapest, n'ont pratiquement pas de droit de contrôle parlementaire ; le ministre commun des Affaires étrangères, comme son collègue des Finances ou le chancelier d'Empire, est donc quasi indépendant pour agir (il doit simplement obtenir l'approbation des délégations, organe conjoint des Assemblées, réunies quelques jours par an) ; de plus, les opinions publiques, sauf dans les grandes villes, sont sans portée, trop préoccupées par les problèmes internes. Comme on l'a vu (chapitre III), ceux qui relèvent du problème des nationalités ne manquent point dans l'empire ; toutefois, il serait erroné de considérer que seules des forces centripètes existent dans l'empire. Tout d'abord, les populations de langue germanique sont répandues dans tout l'empire ; de plus les divisions sociales, entre aristocrates, bourgeois, paysans, dominent souvent les divisions ethniques à l'échelle nationale. Vers 1871, l'heure ne paraît pas encore venue pour les populations slaves de l'empire de réclamer leur indépendance ou même leur autonomie.

Le trait essentiel du moment, c'est l'expansion économique brutale qui secoue l'empire entre 1867 et 1872. Une fièvre de construction des chemins de fer embrase les secteurs économiques à Vienne comme à Budapest ;

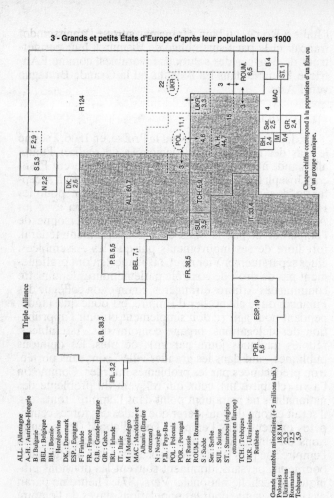

3 - Grands et petits États d'Europe d'après leur population vers 1900

Chaque chiffre correspond à la population d'un État ou d'un groupe ethnique.

■ Triple Alliance

ALL. : Allemagne
A.-H. : Autriche-Hongrie
B : Bulgarie
BEL. : Belgique
BH. : Bosnie-Herzégovine
DK. : Danemark
ESP. : Espagne
F : Finlande
FR. : France
G.B. : Grande-Bretagne
GR. : Grèce
IRL. : Irlande
IT. : Italie
M : Monténégro
MAC. : Macédoine et Albanie (Empire ottoman)
N : Norvège
P.B. : Pays-Bas
POL. : Polonais
POR. : Portugal
R : Russie
ROUM. : Roumanie
S : Suède
Ser. : Serbie
SUI. : Suisse
ST. : Stamboul (région ottomane en Europe)
TCH. : Tchèques
UKR. : Ukrainiens-Ruthens

Grands ensembles minoritaires (+ 5 millions hab.)	
Polonais	18,8 M
Ukrainiens	25,3
Roumains	12,5
Tchèques	5,9

120

aidées par des capitaux étrangers, surtout français, de grandes compagnies ferroviaires sont constituées par les banques; celles-ci s'engagent dans la spéculation; le tout se terminera brutalement en 1873. Le choc subi alors est durable : administrations et aristocraties, un instant secouées par cette poussée du monde des affaires, vont reprendre leur autorité, faite de conservatisme et de prudence; les banques se cantonneront pour longtemps dans le prêt aux États. Prague, qui s'efforçait de s'émanciper de Vienne, est durement touché en 1872. Ainsi l'évolution vers des structures nouvelles est stoppée pour un temps.

Les hommes politiques en tirent la leçon : le Hongrois Andrassy, qui a la responsabilité des Affaires étrangères de l'empire de 1871 à 1879, est enclin à rechercher un appui vers l'autre force conservatrice d'Europe centrale, l'Allemagne; l'appui de celle-ci lui est nécessaire pour freiner, éventuellement, les désirs séparatistes des Roumains de Transylvanie ou ceux des Italiens du Trentin et de Trieste; pour envisager une expansion vers les Balkans à l'encontre de la Russie, « protectrice » des Serbes, l'entente avec Berlin est également utile. Certes, au moins dans les premières années du rapprochement avec l'Allemagne, les dirigeants et l'opinion publique marquent de la réticence vis-à-vis de ces puissants voisins du Nord, mais la faiblesse momentanée de la France, les choix postérieurs par celle-ci de la république et de la laïcité, l'indifférence anglaise, l'opposition avec l'Italie et la Russie pour les problèmes des terres « irrédentes » et des Balkans, obligent l'empire dualiste à se tourner vers Bismarck. Peu à peu, des liens plus étroits se tissent, soit pour la vente des produits agricoles (les magnats hongrois sont satisfaits de vendre leur blé et leurs viandes), soit pour obtenir l'aide militaire des « maîtres » prussiens. Une solidarité austro-allemande prend corps.

LES ÉTATS INDÉPENDANTS DES BALKANS

Cette solidarité est bien nécessaire pour contrecarrer les entreprises nationales dans les Balkans. En principe, en 1871, la plus grande partie des territoires du Sud-Est européen relève du pouvoir ottoman ; en fait, celui-ci a déjà dû admettre des reculs au nord — Serbie (en 1813), Moldavie-Valachie (en 1856), Monténégro (en 1857) —, au sud avec la Grèce (guerre d'indépendance de 1829 ; îles Ioniennes en 1864) (*cf.* carte 2, p. 92) ; sans doute les princes qui gouvernent en Serbie, en Roumanie, au Monténégro, sont encore nominalement dépendants, mais leur politique vise à se rendre pleinement indépendants. Or cette indépendance dépend de la bonne volonté et du soutien des Grands.

En Roumanie, la politique personnelle de Carol Ier (prince, puis roi de 1866 à 1914) tend à rapprocher ce jeune État des Empires centraux, car ce prince est d'origine germanique (Hohenzollern-Sigmaringen) ; mais les grands propriétaires ne sont pas indifférents à l'achèvement d'un royaume roumain englobant les frères de Transylvanie soumis à l'autorité hongroise ; un retournement de situation est toujours à craindre pour Budapest et Vienne ; la figure nationale du prédécesseur de Carol, le prince Couza, hante encore les esprits. Bucarest accueille les réfugiés bulgares, noue de bonnes relations avec la Grèce. Cependant, la faiblesse de l'économie roumaine interdit à ce jeune État d'envisager une politique extérieure indépendante ; même en extorquant par tous moyens, légaux ou non, des fonds à la forte communauté juive locale, le gouvernement est impuissant financièrement ; il dépend donc de l'aide que des voisins plus puissants accepteront de lui donner.

La situation est plus claire en Serbie : le dirigeant Alexandre Karageorgèvić, dont la fidélité à l'égard de Vienne était à la mesure des fonds accordés par l'empire, a dû laisser le trône à la vieille famille rivale des Obrenović en 1859 ; dès lors, le jeune roi Michel, fils adoptif du héros anti-autrichien Milos, mène une politique d'indépendance stricte, s'efforçant, avec l'aide de son ministre des Affaires étrangères, Ristic, de rassembler les Slaves du Sud sous l'autorité de Belgrade. Réfugiés et émigrés slaves, venus du nord, trouvent emplois et subsides dans cet État sans grandes ressources financières, mais non sans armée (80 000 hommes). Les provinces de Bosnie et d'Herzégovine, encore sous l'autorité ottomane, sont agitées ; que deviendront-elles, et vers qui iront-elles ?

Le petit Monténégro voisin issu d'une principauté religieuse, sécularisée par le prince Danilo II (1852-1860), est trop montagneux et trop pauvre pour devenir un véritable centre d'attraction ; il a déjà voulu s'assurer une réelle indépendance politique en luttant contre l'Empire ottoman en 1862, mais la défaite militaire a stoppé son élan. À la recherche d'un protecteur, il se tourne vers la Russie, car la France, qui avait encouragé la naissance de ces nationalités, mène dès 1866 une politique de recueillement dans le Sud-Est européen, politique confirmée après la défaite de 1870.

De même les exilés et la bourgeoisie commerçante bulgares qui luttent pour la renaissance de la Bulgarie tournent leurs regards vers Saint-Pétersbourg, car, tout en organisant depuis Bucarest la lutte armée clandestine, les affinités linguistiques et religieuses aident à ce rapprochement avec les Russes. Les Ottomans ont déjà fait des concessions en reconnaissant, en 1870, l'indépendance de l'Église bulgare vis-à-vis du patriarche grec de Constantinople, mais les « héros nationaux » bulgares, Karavelov, Levski, Botev veulent l'indépendance complète.

Or cette volonté inquiète les Grecs, car ils convoitent, eux aussi, des terres encore soumises aux Ottomans, mais jugées de la mouvance grecque, en Thessalie et en Macédoine. L'unité de la nation grecque n'est pas achevée, tant s'en faut. En 1866-1868, les Grecs de Crète se sont soulevés contre les Turcs, posant un délicat problème aux dirigeants du petit État grec indépendant ; si la marine grecque peut dominer la marine ottomane, il est évident que toute solution dépend du bon vouloir des Puissances. Alors que la route de Suez va être ouverte, la Grande-Bretagne préfère le *statu quo* en Méditerranée orientale ; dans ces conditions, sous l'influence des grandes puissances, le gouvernement d'Athènes doit abandonner les insurgés crétois. Le roi Georges Iᵉʳ, d'origine danoise (1863-1913) et le Premier ministre, Voulgaris, tirant la leçon des événements, vont même, pendant un temps, esquisser un rapprochement avec le sultan, répondant ainsi au vœu d'une partie de la colonie grecque de Constantinople ; mais les revendications territoriales ne cessent pas pour autant. Au surplus, dès 1875, le leader grec de la tendance nationale, Koumoundouros, revient au pouvoir ; toutefois le rêve d'une très grande Hellade, s'appuyant sur le patriarcat grec, a disparu.

Tous les dirigeants des Balkans espèrent donc libérer leur pays en obtenant le maximum de territoires, sans retenir vraiment l'idée fédérative. Vers 1875, lorsque dans l'Empire ottoman éclatent des troubles intérieurs dus à la banqueroute, à la volonté de réformes du grand vizir Midhat Pacha, créateur du *mouvement jeune-turc*, qui s'oppose ainsi au sultan Abdülaziz, on sent que cette partie sud-orientale de l'Europe est prête à s'embraser. Le bouillonnement des idées, l'impatience de nombreux intellectuels encouragés par les succès nationaux de l'Allemagne et de l'Italie donnent à penser que, dans les années 1870, les Balkans verront se réaliser de vastes transformations. Au profit de qui se feront-elles ?

LE ROYAUME D'ITALIE

L'Italie ne peut guère nourrir d'espoirs à ce propos. Certes, elle dispose de ses traditionnelles implantations le long des côtes adriatiques, de Trieste à Dubrovnik (Raguse), mais elle manque de forces suffisantes sur le plan militaire et économique ; au surplus, son orientation naturelle la conduit davantage vers l'achèvement de son unité. Celle-ci a connu un nouveau succès grâce à la défaite française de Sedan ; Napoléon III avait manifesté son refus de voir Rome et le Latium passer du trône pontifical au royaume d'Italie (au besoin en usant de la force comme à Mentana en 1867 contre les « chemises rouges » de Garibaldi) ; en 1866, l'empereur avait rétrocédé à l'Italie la Vénétie obtenue sur l'Autriche grâce à la victoire prussienne de Sadowa (une alliance italo-prussienne conclue sous l'entremise française permet à l'Italie d'être du côté du vainqueur bien que la flotte italienne eût été défaite par la flotte autrichienne à Lissa). Cependant, dès que la défaite personnelle de Napoléon III, sa captivité et son abdication sont connues, le roi Victor-Emmanuel II (1861-1878), son premier ministre Lanza et le ministre des Affaires étrangères Visconti-Venosta (en poste de 1869 à 1876) décident d'agir : quelques coups de canon suffisent au général Cadorna pour s'emparer de Rome (20 septembre 1870). Après avoir reconnu la qualité de souverain et l'inviolabilité de l'État du Vatican au pape Pie IX (qui les refuse), Victor-Emmanuel II peut s'installer à Rome (mai 1871).

L'unité n'est pourtant pas achevée ; au nord de l'Italie, le Trentin et l'Istrie avec Trieste restent autrichiens ; mais l'Italie dispose-t-elle de moyens suffisants pour entreprendre une nouvelle action offensive ? En vérité, les faiblesses structurelles de l'Italie sont considérables ; le *Risorgimento* a été l'œuvre d'une minorité d'intellectuels et de grands bourgeois issus du nord de l'Italie, tandis que la masse italienne restait plutôt indifférente. La toute-puissance économique de l'Italie du Nord est ensuite renforcée aux dépens d'un Sud agraire surpeuplé ; mais même le Piémont et la Lombardie manquent de ressources suffisantes pour que l'État italien bénéficie de ressources financières solides (le budget n'est pas équilibré avant 1876). L'opposition irréductible du Vatican à l'insertion de Rome dans le royaume a pour effet de placer les catholiques italiens à côté de la vie politique (la papauté a ordonné le refus de vote) ; dans un pays où le catholicisme imprègne la vie, le coup est rude.

Aussi, pour se développer, l'Italie est amenée à chercher des appuis politiques extérieurs et des aides économiques externes. La France et la Prusse ont tour à tour appuyé les artisans de l'unité tandis que les financiers français, menés par les Rothschild de Paris, accordaient de nombreux prêts à l'État italien et investissaient dans les voies ferrées (en 1882, les 9 000 km de voies ferrées de l'Italie avaient coûté environ 2,2 milliards de francs, dont 60 % fournis par le capital français). À partir de 1866, le cours forcé des billets permet à l'État italien de se débarrasser plus facilement d'une partie de sa dette ; mais, en même temps, le recours à l'épargne nationale par l'emprunt s'accélère tandis que de forts impôts doivent permettre d'équilibrer le budget; est-ce suffisant pour permettre le décollage économique de l'Italie? En fait, c'est seulement vers 1880 que l'industrialisation porte ses fruits; encore faut-il considérer avec réserve le secteur agricole, peu touché par la modernisation, surtout dans le Mezzogiorno. Hommes politiques de droite et de gauche qui se disputent le pouvoir (la gauche l'emporte en 1876 avec Depretis qui «règne» pendant plus de dix ans) sentent donc bien la faiblesse relative de l'Italie sur le plan international. Vers quel allié se tourner? France et Allemagne sont désormais antagonistes. Le choix est délicat.

LA PÉNINSULE IBÉRIQUE

L'influence italienne aurait pu s'étendre vers l'Espagne puisque celle-ci est gouvernée depuis décembre 1870 par un roi, Amédée, fils de Victor-Emmanuel II. En vérité, il n'en est rien, car, d'une part, le nouveau roi d'Espagne abdique dès février 1873 devant l'imbroglio de la situation politique intérieure espagnole, d'autre part, le poids de l'Espagne sur l'échiquier européen est trop faible pour susciter sacrifices ou espérances. En effet, malgré l'intérêt stratégique représenté par la péninsule Ibérique, et malgré les intérêts économiques que peuvent procurer certaines mines exploitées commodément grâce au réseau ferroviaire, construit entre 1855 et 1865 avec des capitaux français (en 1865, les quatre cinquièmes des 5 000 km construits dépendent de ces capitaux), les grandes puissances considèrent le royaume d'Espagne comme une sorte de zone neutralisée en Europe. La succession chaotique des dirigeants espagnols, les luttes féroces entre carlistes et libéraux, l'éphémère république de 1873-1874 font de l'Espagne un modèle d'impuissance politique. La «Restauration monarchique» due à un coup d'État en janvier 1874 n'a pas relevé le prestige espagnol à l'extérieur : les élections législatives sont truquées, les notables (les caciques) se partageant le pouvoir à leur seul profit. Aussi le rôle de l'Espagne en Europe est à peu près nul; fortement endettée à l'extérieur, surtout à l'égard de la France, l'Espagne conserve une réelle indépendance politique, fondée sur son passé (l'affirmation de sa nationalité a été marquée au début du siècle), mais ses voisins ne la font guère entrer en ligne de compte dans l'évaluation des forces européennes.

Le Portugal compte encore moins dans la stratégie des Puissances. Monarchie décadente, aux prises avec des luttes politiques entre « caciques », très dépendante de la Grande-Bretagne pour son commerce (70 % des exportations vont vers le Royaume-Uni), le Portugal est très dépendant, malgré un vaste empire colonial, restes d'un glorieux passé. La proclamation de la république en octobre 1910 après un simulacre de coup d'État ne modifie pas la situation.

En somme, la péninsule Ibérique fait bien partie de l'Europe « sous-développée ».

L'EMPIRE RUSSE

La stature internationale de la Russie paraît considérable vers 1870. La défaite de la guerre de Crimée (1854-1856) est déjà estompée, car sur le plan interne comme sur le plan externe l'empereur Alexandre II (1855-1881) a accompli des réformes qui ont modifié « l'image » de son empire. L'abolition du servage en 1861, la vague des transformations administratives, judiciaires, militaires, financières qui a suivi, entre 1864 et 1866, paraissent indiquer que les vieilles structures désuètes de la Russie sont en voie de transformation. De même, les débuts d'industrialisation avec les premières voies ferrées et la mise en valeur des régions de Moscou, en Pologne, sur les rivages baltes, sont des signes encourageants. Pourtant, des signes contraires doivent être retenus : tout d'abord, même si les réformes sont venues d'en haut sur la volonté personnelle du tsar, personne n'ignore que les opposants sont encore nombreux, que les associations secrètes persistent, que les émigrés continuent à réclamer davantage, tel Herzen depuis Londres ; surtout la révolte polonaise de 1863, même violemment réprimée, témoigne du malaise profond des populations non russes (Bismarck, fortement antipolonais, a profité de cette occasion pour renforcer les relations avec la Russie en aidant à la chasse aux révolutionnaires polonais). L'arrêt des réformes, après un attentat manqué en 1866, conduit l'opposition vers plus de dureté sous l'influence d'idées extrémistes ; la répression se renforce à son tour, surtout lorsque les intellectuels tentent «d'aller au peuple» (1874) ; le populisme, idéologie adaptée à un pays encore peu développé économiquement et à caractère agraire dominant, se scinde en donnant naissance au terrorisme (à tort confondu avec le nihilisme) ; la fin du règne d'Alexandre II est ainsi marquée par une vague d'attentats.

Pourtant, l'image extérieure de la Russie n'en est pas durablement et profondément atteinte. Les États conservateurs retiennent des événements la volonté affirmée du tsarisme de ne pas se laisser déborder ; la Russie peut demeurer comme le modèle de l'*Ordre*. L'ensemble des États européens peut également être impressionné par la masse des soldats que le tsar est susceptible de réunir grâce à l'immense réservoir de cette population russe (85 millions d'habitants en 1870, 97 en 1880). Si les finances de l'empire sont fragiles, on retient que le Trésor paie ponctuellement les intérêts des emprunts contractés surtout en Allemagne et en Europe du Nord-Ouest. Dès lors, personne n'a vraiment voulu s'opposer à la décision du gouvernement russe de se libérer unilatéralement des servitudes imposées sur sa flotte de la mer Noire par le traité de Paris de 1856 ; lorsqu'une circulaire russe du 30 octobre 1870 annonce aux autres États que la Russie reprend sa liberté en mer Noire, les autres puissances laissent faire (une conférence tenue à Londres en janvier-mars 1871 entérine cette décision) ; ni la France ni la Prusse ne veulent s'opposer à la Russie tandis que la Grande-Bretagne est justement en train d'absorber un vaste placement de titres des Chemins de fer russes. La marche vers les Détroits va-t-elle reprendre ? L'accord signé à Londres le 13 mars 1871 maintient la clôture des Détroits, tout en laissant le droit au sultan d'ouvrir ceux-ci en temps de paix aux puissances amies ; désormais, la Russie peut établir une flotte de guerre en mer Noire.

Or justement la politique russe se fait plus active vis-à-vis de l'Empire ottoman. Le vieux chancelier Gortcha-kov (ministre des Affaires étrangères de 1856 à 1882) est débordé par la vague panslaviste. Dès les années 1860, des journalistes et écrivains «slavophiles», tels Khomiakov et Aksakov, ont répandu les idées d'un destin particulier de la nation russe : celle-ci doit élever les frères slaves vers leur libération spirituelle en les instruisant ; des conférences (dont celles de Dostoïevski), des expositions exaltent ce rôle ; des comités locaux se constituent pour encadrer les étudiants venus des Balkans vers 1867-1870 ; bientôt un véritable groupe de pression se rassemble auprès d'Alexandre II, mené par un journaliste nationa-liste, Katkov (rédacteur des *Notices de Moscou*) et surtout par le comte Ignatiev, ambassadeur à Constantinople. Les idées des panslavistes apparaissent nettement dans l'ouvrage de Danilevski, *La Russie et l'Europe*, publié en 1869 : il faut non seulement aider les frères slaves, mais les fédérer dans un même empire, dirigé par la Russie ; les Slaves germanisés (allusion aux Tchèques) ou de reli-gion non orthodoxe (les Polonais sont ici visés) doivent rester en dehors de cette «libération». Bulgares, Serbes, Monténégrins reçoivent donc un accueil empressé de la part de l'ambassadeur russe à Constantinople, où Igna-tiev dépense très largement aussi bien pour construire un véritable palais que pour financer les agitateurs balka-niques et les administrateurs turcs ; ses collègues étran-gers, mécontents, le surnomment le «vice-Sultan» ou «Mentir-Pacha», mais son influence dans cette partie de l'Europe est sensible, au-delà même des intérêts russes tels qu'ils sont vus par le ministre Gortchakov. Ignatiev, plein d'allant, rusé et fonceur, a su gagner la confiance d'Alexandre II ; on peut s'attendre à une politique offen-sive de la Russie vers les Balkans et les Détroits. Les militaires russes y sont favorables, ce peut être aussi pour le tsar un bon moyen de satisfaire les aspirations nationa-listes des groupes qui soutiennent l'autocratie. La Russie est prête à agir.

En somme, aussitôt après la guerre de 1870-1871 appa-raissent en Europe des facteurs susceptibles d'entraîner des modifications de la carte ; les risques de conflit ne sont pas écartés : non seulement une guerre de revanche franco-allemande peut éclater, mais dans le Sud-Est européen des transformations sont prévisibles. Le branle du mouvement des nationalités qui a abouti à l'unité italienne et allemande n'est pas encore arrêté. Cependant, sans l'autorisation ou la complicité des grandes puissances, ces virtualités peuvent demeurer en l'état. Bismarck, attentif à préserver la situation issue de la victoire prussienne, peut-il faire prévaloir ses vues stabilisatrices ? Ou bien l'Europe va-t-elle encore être secouée ?

Le gel des mouvements nationaux en Europe

LE SYSTÈME DES TROIS EMPEREURS

Le 18 mai 1871, une semaine après la signature du traité de Francfort, le chancelier d'Autriche-Hongrie, Beust, adversaire de Bismarck dans la lutte pour l'achèvement de l'unité allemande, donc plutôt favorable à l'entente avec la France, adresse un mémoire à l'empereur François-Joseph pour lui proposer un changement de politique extérieure. L'Autriche-Hongrie doit tenir compte de l'existence de l'Allemagne, se lier à elle et chercher également à se réconcilier avec la Russie par l'intermédiaire de l'Allemagne ; désormais l'axe de l'expansion austro-hongroise doit s'orienter vers le sud-est de l'Europe. Cette politique est acceptée par l'empereur et par les Délégations. Aussi, en août 1871, une rencontre prolongée avec Bismarck à Gastein permet de fixer les moyens appropriés à cette politique. Le remplacement de Beust par Andrassy à l'automne 1871 ne change pas cette nouvelle orientation, elle la confirme. Ainsi, dès l'été 1871, un des traits essentiels des relations internationales d'après guerre prend corps.

Les calculs des deux protagonistes sont clairs, exprimés lors de leurs entretiens à Gastein. Bismarck a deux objectifs : d'une part, comme il l'a déjà proposé en août 1870, il veut maintenir la situation internationale existante, d'autre part, il préconise une action coordonnée de lutte contre l'Internationale[1], spécialement sur le plan pénal. Beust, de son côté, espère obtenir l'appui allemand à la fois pour agir vers le Sud-Est européen (en juillet 1871 une conférence internationale prépare le tracé de la future grande voie ferrée qui doit prolonger le réseau autrichien vers le sud) et pour pousser la Russie à se rapprocher de Vienne : «L'harmonie rétablie entre l'Autriche-Hongrie et l'Allemagne doit, à notre avis, servir de trait d'union pour assurer l'harmonie entre l'Autriche-Hongrie et la Russie.» Les propositions de Bismarck «d'action sociale» coordonnée, considérées à Vienne comme des réminiscences d'une Sainte-Alliance conservatrice, sont jugées moins intéressantes, d'autant plus qu'en 1872, Bismarck leur donne un tour anticlérical (débuts du *Kulturkampf*) mal vu de la catholique Autriche ; par contre, les idées de Bismarck sur le danger révolutionnaire des nationalités mécontentes (il pense aux Polonais de l'Empire allemand) sont partagées par Andrassy, lorsque des Tchèques réclament la création d'un État bohémien. Ainsi une solidarité d'intérêts rapproche les deux Empires centraux.

Dans ces conditions, la réelle difficulté pour Bismarck provient de la Russie ; comment faire lever les préventions russes vis-à-vis de l'Autriche ? Saint-Pétersbourg a accepté en 1870 de discuter du statut du Danube pour faire admettre son action en mer Noire, mais le tsar ira-t-il plus loin ? Gortchakov semble avoir espéré qu'un rapprochement avec Vienne permettrait de reposer la question bessarabienne (la Bessarabie a été enlevée à la Russie en 1856, au congrès de Paris, sur proposition autrichienne) ; en outre, l'administration tsariste est fort disposée à collaborer à l'œuvre de défense sociale prônée par Bismarck avec le soutien de l'Autriche-Hongrie. C'est d'ailleurs sur ce thème de la guerre à mener contre l'Internationale que les trois souverains sont le plus diserts lorsqu'ils se rencontrent à Berlin en septembre 1872 ;

---

1. Il s'agit de la Ire Internationale socialiste, fondée à Londres en 1864, et qui sera dissoute en 1876 ; vers 1870-1872 elle connaît son apogée.

l'entrevue des trois empereurs, Guillaume Ier, François-Joseph et Alexandre II, fait figure d'une alliance de l'Ordre. En vérité, rien n'est alors réglé, mais la rencontre des trois grands défenseurs de l'Ordre marque un point fort dans les relations européennes.

Gortchakov et Andrassy se sont longuement entretenus à Berlin ; le ministre hongrois veut obtenir le désintéressement de la Russie pour les frères slaves situés dans l'empire ; Gortchakov, assez sceptique vis-à-vis du panslavisme, l'admet ; les deux diplomates laissent entendre qu'ils se concerteront pour le sort des peuples chrétiens opprimés dans les Balkans. Gortchakov peut également escompter que, tout comme Bismarck, Andrassy restera neutre dans les éventuels conflits entre Russie et Grande-Bretagne à propos de l'Asie centrale. En fait, il existe alors à la cour de Saint-Pétersbourg deux tendances expansionnistes : ceux qui, tentés d'accroître la pénétration russe dans le Turkestan (l'émirat de Boukhara est « protégé » en 1868, celui de Khiva le sera en 1873), préconisent une politique pacifique en Europe et ceux qui, au contraire, souhaitent agir dans les Balkans et ont besoin de la tranquillité en Asie. Gortchakov se rend parfaitement compte que, de toute manière, l'une ou l'autre expansion suppose l'assentiment allemand ; en effet, si la Russie peut être assurée du soutien allemand, celui-ci empêchera la Grande-Bretagne d'un côté, l'Autriche-Hongrie de l'autre, d'aller jusqu'aux dernières extrémités face à l'expansionnisme russe ; or Bismarck attache du prix à l'entente russe à condition que la Russie contribue à l'isolement de la France, voire même qu'elle s'engage militairement contre une guerre de revanche française. On voit se dessiner les termes de l'accord politique et militaire qui prendra forme en 1873 entre les trois empires.

Tout d'abord, lors d'une visite de Guillaume Ier à Saint-Pétersbourg (avril 1873), une convention militaire est signée entre la Russie et l'Allemagne ; elle prévoit l'aide d'une armée de 200 000 hommes dans le cas où l'une des deux puissances serait attaquée par une puissance européenne ; l'alliance est donc purement défensive, même si la France est directement visée dans l'esprit de Bismarck.

Les Russes ont peu l'intention réelle d'intervenir. Gort-chakov n'a-t-il pas déclaré à l'ambassadeur de France que «l'Europe avait besoin d'une France forte»? Toute la politique de Gortchakov se révèle dans cette occasion : il craint de laisser la Russie isolée face à l'Autriche-Hongrie ou à la Grande-Bretagne s'il n'obtient pas l'appui alle-mand ; il sait Bismarck inquiet du relèvement français ; il se prête donc à une convention militaire, mais il n'est pas prêt à donner un contenu véritable à cette entente mili-taire. Le tsar Alexandre II a des raisons intérieures de montrer plus de résolution : la révolte polonaise est proche, sa crainte de l'Internationale est réelle, son admiration pour le militarisme prussien est évidente.

Mais pour aller au-delà, c'est-à-dire pour lier la Russie à l'Autriche-Hongrie, la résolution russe est plus faible. Sans doute, en juin 1873, Alexandre II, en visite à Vienne, signe avec François-Joseph une convention en quatre points qui prévoit une concertation entre les deux souve-rains en cas de menace d'une tierce puissance, et, le cas échéant, la signature d'un accord militaire circonstanciel. Cependant on remarque, d'une part, que les termes de l'entente restent généraux et vagues ; d'autre part, les commentaires faits sur le moment par les protagonistes montrent que, de la défiance précédente, on est simple-ment passé à la méfiance et non à la confiance. Même si Guillaume Ier vient en octobre 1873 contresigner cet accord à Vienne, consacrant formellement l'alliance des Trois Empereurs, on ne peut dire que ce premier système voulu par Bismarck soit d'une grande solidité. Chaque parte-naire espère l'utiliser au mieux de ses intérêts, mais *aucune cohérence concrète fondamentale ne lie ensemble les trois contractants.*

LA FAUSSE ALARME DE 1875

Le premier test sérieux sur la validité du système des Trois Empereurs survient en 1875 à propos des relations franco-allemandes. Depuis 1871, celles-ci sont caractéri-sées par la méfiance vigilante de Bismarck à l'égard de la France, d'autant plus que l'évolution politique de celle-ci vers la royauté et vers l'ordre moral catholique risque de la rapprocher de l'Autriche-Hongrie. Bismarck, alors tout à sa lutte contre les catholiques allemands, est donc irrité des manifestations de solidarité exprimées par certains évêques français (mandements d'évêques à l'automne 1873). Prudemment, les autorités françaises cherchent à apaiser l'irritation, plus ou moins calculée, du chancelier allemand, car elles ne veulent pas donner prétexte à intervention ; cette réserve diplomatique, approuvée par les autres puissances, n'empêche pas le renouveau militaire, qui replace la France au niveau de l'Allemagne au début de 1875 ; les effectifs des deux armées s'équilibrent, le matériel également.

Bismarck a-t-il vraiment peur de ce redressement militaire français au point d'inspirer au début avril 1875 une campagne de presse dans laquelle le bellicisme français et la menace d'une « alliance catholique » en Europe sont présentés comme des réalités pour demain ? Veut-il indirectement peser sur le personnel politique français qui évolue alors rapidement vers de nouvelles majorités (vote des lois constitutionnelles françaises en janvier-mars 1875) ? En tout cas, la presse française ne paraît pas s'émouvoir outre mesure de cette alerte. Pour que celle-ci prenne un tour plus dramatique, il faut que le duc Decazes en prenne prétexte pour interroger les chancelleries et pour avertir les presses européennes (circulaire du 29 avril, indiscrétions au *Times*) ; le duc Decazes, véritable homme fort du gouvernement Broglie, n'est sans doute pas plus inquiet que Bismarck mais, au moment où son gouvernement est désemparé devant les succès des hommes politiques des centres, succès qui mènent la France vers la république, une réussite en politique extérieure serait sans doute la bienvenue pour le gouvernement. La crise n'est pas ressentie comme intense par les opinions publiques des deux pays.

Pour les dirigeants, cette tension est instructive, car elle permet de jauger les réactions des autres puissances. En effet, le duc Decazes a fait sonder les intentions de Londres et de Saint-Pétersbourg devant ce cas « d'intimidation » caractérisé de Bismarck. Disraeli, qui gouverne la Grande-Bretagne depuis 1874, est bienveillant, soucieux de l'équilibre en Europe, mais nullement disposé à dépasser le stade des bonnes intentions ; toutefois, il « conseille » la modération à Bismarck. La réponse russe est plus importante ; auparavant, à plusieurs reprises, Bismarck avait sondé les intentions russes vis-à-vis des menaces françaises contre la paix (missions Radowitz en février, avril 1875) ; Gortchakov et Alexandre II ont manifesté leur certitude de la modération française. En fait, la Russie, qui a besoin de l'appui allemand, ne veut pas le payer d'un prix trop élevé en épousant les vues de Bismarck sur le danger « revanchard » français. Les dirigeants tsaristes, venus à Berlin en mai 1875, sont nets : ils sont persuadés que Bismarck a tort et ils n'entendent pas le soutenir dans cette querelle.

Bismarck, qui multiplie aussitôt les déclarations apaisantes, retient la leçon ; aucune puissance en Europe ne veut un écrasement de la France ; il vaut donc mieux s'entendre avec la France surtout si celle-ci se montre pacifique : or les républicains lui paraissent à cet égard moins dangereux que les royalistes, car les premiers sont isolés face aux monarchies européennes. Bismarck est finalement prêt à s'entendre avec les républicains, même avec Gambetta qui avait incarné l'esprit de résistance à la Prusse. Contre l'avis de Guillaume Ier, effrayé par le radicalisme, le chancelier allemand va désormais esquisser une politique de détente avec la France.

LA CRISE BALKANIQUE DE 1876-1878

Dans les territoires de l'Empire ottoman peuplés de chrétiens, la tension déjà vive entre les autorités turques et les populations locales prend une intensité nouvelle en 1875, notamment en Bosnie-Herzégovine. Pour accroître les ressources budgétaires, le sultan a décidé de renforcer les impôts qui pèsent sur les chrétiens ; la réponse est nette en Bosnie-Herzégovine, proche de territoires refuges (Serbie, Monténégro, Autriche-Hongrie) ; en juillet, une insurrection de maquis éclate dans ce pays de montagnes. Les autres peuples balkaniques sont prêts à suivre la même voie, en particulier les Bulgares, dont l'organisation révolutionnaire intérieure, dirigée par Botev, se prépare à la lutte armée. Pour les puissances qui estiment avoir des intérêts dans cette zone, le temps d'agir est venu. Après consultations, Andrassy au nom des trois empires adresse au sultan une demande de réformes pour la Bosnie-Herzégovine (décembre 1875). Mais, à partir d'avril 1876, les demandes pacifiques ne sont plus de mise : une insurrection générale éclate en Bulgarie ; l'armée ottomane réplique par la force en utilisant non seulement ses forces régulières, mais des supplétifs musulmans venus d'Asie et du Caucase, les fameux bachibouzouks ; ceux-ci répriment la révolte avec « énergie », au point que toute l'Europe libérale et même celle qui, par tradition, approuve l'ordre, prend fait et cause pour les malheureux Bulgares. L'opinion publique européenne s'émeut à l'instar de Victor Hugo et de Gladstone ; seulement celui-ci est alors dans l'opposition ; il reste à savoir si les responsables politiques suivront ces « émotions populaires ».

La position des États apparaît clairement au printemps 1876. Les petits États indépendants des Balkans sont décidés à intervenir contre les Ottomans (accord serbo-monténégrin, préparatifs roumains, négociations gréco-serbes et gréco-roumaines), pour peu que les grandes puissances le tolèrent. À la fin de juin, Serbie et Monténégro entrent en guerre contre le sultan. Les grandes puissances sont divisées sur la marche à suivre : la Grande-Bretagne et la France sont favorables à l'intégrité de l'Empire ottoman, à la fois pour défendre les routes de Méditerranée orientale contre les avancées russes et pour mieux tenir en lisière le créancier ottoman (qui vient de faire banqueroute le 6 octobre 1875). Toutefois, ces puissances pourraient admettre un nouvel abaissement ottoman dès lors qu'elles pourraient en tirer des avantages politiques et financiers (consolidation de la dette ottomane) ; donc elles consentiraient à certaines modifications dans les Balkans. Or, du côté des Empires centraux, on veut aller beaucoup plus loin.

En avril-mai 1876, Alexandre II et Gortchakov sont

à nouveau à Berlin pour y rencontrer Bismarck et Andrassy; les Russes sont prêts à soutenir l'autonomie pour les peuples insurgés. Gortchakov et Alexandre II sont obligés de se montrer fermes, car l'opinion dominante dans la Cour est panslaviste, la presse et les milieux tsaristes manifestent clairement pour la solidarité panslave; l'impératrice, le grand-duc héritier (le futur Alexandre III) soutiennent la politique audacieuse d'Ignatiev. Or ces projets ambitieux sont au-delà des vues de leurs alliés; la note commune adressée en mai 1876 à *la Porte* (nom donné aux Affaires étrangères à Constantinople) est encore réservée, mais déjà il faut aller plus loin, car la pression ottomane scandalise l'opinion russe; des comités d'aide aux frères slaves se multiplient, des volontaires russes s'enrôlent pour se battre en Bulgarie. Aussi une nouvelle entrevue François-Joseph-Alexandre II se déroule à Reichstadt (8 juillet 1876); cette fois une entente semble se réaliser pour un véritable partage des zones d'influence dans les Balkans et une avance territoriale des deux empires vers le sud. En cas de dissolution de l'Empire ottoman d'Europe, en principe (car les textes des comptes rendus varient selon les deux camps) l'Autriche-Hongrie obtiendrait des compensations en Bosnie et en Herzégovine, la Russie reprendrait la Bessarabie et certains territoires en Asie; les États balkaniques déjà indépendants obtiendraient des aménagements territoriaux plus favorables; la Bulgarie, la Roumélie et l'Albanie deviendraient autonomes, mais aucun empire grec ou empire slave ne serait créé dans les Balkans. En fait, ce marchandage laisse ses auteurs sans grandes illusions: Andrassy prend des précautions en pensant que, de toute façon, les résultats sortiront d'un accord général de toutes les grandes puissances; du côté russe, le parti de l'action se renforce chaque jour pendant l'été, au point que la Russie officielle se rallie peu à peu à l'idée d'une guerre contre Constantinople; pourtant, en septembre, François-Joseph et Bismarck ont nettement fait savoir leur refus d'une action militaire.

En octobre, Alexandre II se résout enfin à suivre son belliqueux entourage; il est grand temps, car les troupes serbes sont pratiquement défaites. La mobilisation russe commence : le sultan Abdülhamid (qui agit au nom de son frère Mourad V) préfère gagner du temps en acceptant une négociation par le moyen d'une conférence internationale, proposée à deux reprises par les Britanniques ; les autres puissances sauveront-elles le sultan ? La conférence, qui, en décembre, réunit à Constantinople Anglais, Français, Austro-Hongrois, Italiens, Allemands, Russes, est dominée par les entretiens entre lord Salisbury, délégué britannique, et Ignatiev. Le Britannique, qui vient de faire la tournée des capitales européennes, en a retiré l'idée que plus personne en Europe ne défendait l'intégrité de l'Empire ottoman d'Europe ; il faut donc faire des concessions aux Russes, tout en limitant les dangers d'une « descente » russe vers Constantinople et les Détroits : une certaine autonomie serait accordée aux peuples chrétiens de l'empire ; surtout, un accord est esquissé avec Ignatiev pour la création de deux Bulgarie autonomes. Mais le parti Jeune-Turc ne veut pas envisager un tel recul de l'autorité ottomane ; il pense pouvoir éviter l'intervention étrangère en établissant une nouvelle Constitution, plus libérale vis-à-vis des chrétiens ; les puissances européennes n'y croient pas. Fin décembre, on est dans l'impasse ; le 20 janvier, la conférence se termine sur un constat d'échec. La résolution russe d'agir se trouve ainsi confortée.

Une ultime préparation diplomatique complète les préparatifs ; d'une part, les Britanniques ont admis la nécessité de changements tout en marquant les limites tolérables (ce qui est confirmé aux Russes lors de négociations menées à Londres par leur ambassadeur Chouvalov) ; d'autre part et surtout, de nouveaux accords secrets avec l'Autriche-Hongrie (convention de Budapest du 15 janvier 1877) délimitent les zones d'action des deux principaux intéressés ; la Bosnie-Herzégovine ira à l'Autriche, le sud de la Bessarabie à la Russie ; Bulgarie, Roumélie, Albanie seront indépendants ; Crète, Thessalie, et partiellement Épire iront à la Grèce ; Constantinople sera ville libre.

Ainsi la voie paraît ouverte pour une intervention

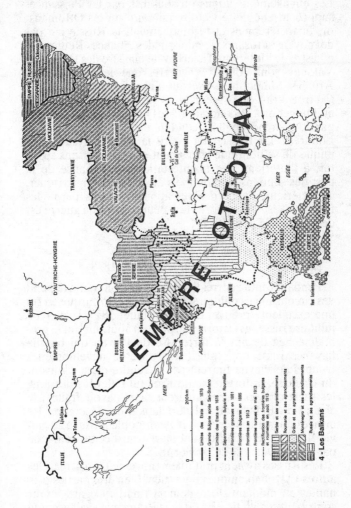

EMPIRE OTTOMAN

MER NOIRE

MER ÉGÉE

MER ADRIATIQUE

EMPIRE RUSSE
BESSARABIE
Odessa
MOLDAVIE
TRANSYLVANIE
ROUMANIE
VALACHIE
DOBROUDJA
Varna
Bucarest
Plevna
BULGARIE
Col de Čiplia
Sofia
Plovdiv
ROUMÉLIE
Midia
Andrinople
Constantinople
Bosphore
San Stefano
Les détroits
Dardanelles
Maritsa
Nis
SERBIE
MACÉDOINE
Salonique
THESSALIE
ÉPIRE
ALBANIE
GRÈCE
Athènes
Iles ioniennes
Belgrade
Cetinje
Dobrovnik
Sarajevo
SANDJAK DE NOVI-BAZAR
MONTÉNÉGRO
BOSNIE HERZÉGOVINE
AUTRICHE-HONGRIE
Budapest
EMPIRE
Agram
Ljubljana
Trieste
ITALIE
Danube

200 km

— Limites des États en 1876
••••• Grande Bulgarie après San-Stefano
---- Limites des États en 1878
---- Séparation entre Bulgarie et Roumélie
→ Frontières grecques en 1881
→ Frontières bulgares en 1885
→ Frontières en 1913
•••••• Frontières turques en mai 1913
•••••• Rectification des frontières bulgares et roumaines en août 1913

Serbie et ses agrandissements
Roumanie et ses agrandissements
Grèce et ses agrandissements
Monténégro et ses agrandissements
Russie et ses agrandissements

4 - Les Balkans

militaire russe, toutefois bien des obstacles subsistent. Les engagements admis ou souscrits par les Puissances supposent une nette victoire militaire sur les Ottomans ; or, financièrement et techniquement, la Russie n'a pas de moyens suffisants ; le ministre des Finances Reutem, le ministre de l'Intérieur Timachev, le ministre des Domaines Valouev sont contre la guerre, que le ministre des Armées, Milioutine, se résout à contrecœur à admettre. Où trouvera-t-on l'argent, alors que les fonds nécessaires au budget et à l'économie russes ont été surtout fournis par le marché anglais, conduit par les Rothschild de Londres ? La Russie n'a guère la contrepartie économique de sa politique ; mais peut-elle reculer sans susciter, à l'intérieur, des manifestations de défiance de la part des soutiens traditionnels du tsarisme, sans risquer, à l'extérieur, de perdre ses appuis naturels parmi les frères slaves ? Alexandre II ne peut reculer : la guerre est déclarée le 24 avril 1877.

LA GUERRE RUSSO-TURQUE ET LE TRAITÉ DE SAN STEFANO (1877-1878)

Pendant toute guerre, l'action de la diplomatie dépend des circonstances militaires ; la guerre russo-turque en fut une excellente preuve. D'avril à juillet 1877, la marche militaire russe fut victorieuse, puis, en août, survint le premier échec devant la forteresse de Plevna qui bloqua l'avance russe pour plusieurs mois ; en novembre, les troupes de Plevna finirent par se rendre et, sur le front du Caucase, la forteresse de Kars fut enlevée ; dès lors, les succès russes s'accumulèrent ; après avoir franchi la chaîne du Balkan au col de Chipka, en décembre, les armées du tsar foncèrent vers Andrinople, prise le 20 janvier 1878, et vers Constantinople, l'armistice fut demandé par les Ottomans le 26 janvier 1878.

Les Russes avaient pratiquement vaincu seuls, mais les autres États balkaniques espéraient bien être parties prenantes au moment du règlement final, eu égard à leur contribution militaire. En effet, la Roumanie avait accordé le passage aux troupes russes, puis engagé 50 000 hommes au moment des difficultés devant Plevna ; la Serbie et le Monténégro rappelaient leur action antérieure contre l'armée turque en 1877, et la reprise de la guerre par la Serbie en décembre 1877 ; même les Grecs, souvent influencés par Londres, avaient fini, après bien des discussions et des tergiversations, par envahir la Thessalie, au moment même où les Russes arrivaient devant Constantinople. Chaque petit État escomptait tirer profit de son action, tout comme les insurgés bulgares qui avaient évidemment participé aux côtés des Russes à la libération de leur pays. La Russie ferait-elle droit à leurs espoirs, se constituant ainsi une solide clientèle dans les Balkans ?

Les grandes puissances avaient observé une large neutralité tant que le sort de la guerre paraissait indécis, assez satisfaites au fond de voir les adversaires s'enliser dans les difficultés. Puis, lorsque la balance pencha du côté russe, ceux qui craignaient un trop grand succès russe s'alarmèrent ; les créanciers de l'Empire ottoman, surtout Français et Anglais, s'inquiétèrent d'un désastre qui pourrait conduire à la perte de toutes leurs créances. En janvier 1878, une flotte britannique pénétra dans les Détroits, prête à « sauver » Constantinople ; à Londres comme à Saint-Pétersbourg, on envisagea un conflit armé ; une chanson nationaliste, « Jingo », fit alors fureur en Angleterre, donnant son nom à une forme britannique de chauvinisme belliqueux, le *jingoïme*. À Vienne, on avait fini par alerter l'armée, car on risquait de perdre l'occasion de se voir récompenser par l'ami russe, si celui-ci triomphait seul. Bismarck, de son côté, sentait le danger d'excessives prétentions russes pour maintenir l'alliance à trois.

Alexandre II ne sut pas modérer les appétits du clan panslaviste russe ; Ignatiev, dépêché à Constantinople pour y traiter, était l'homme d'un triomphe, alors qu'il eût fallu un diplomate préoccupé par l'équilibre des forces. Les conditions de la paix de San Stefano, négociée entre le 12 février et le 3 mars 1878, devaient mécontenter presque tout le monde, au point que l'on peut se demander si les larges concessions des négociateurs ottomans n'avaient pas pour but d'entraîner ainsi une réaction des puissances. En effet, la Russie obtenait des cessions territoriales en Asie et la Bessarabie méridionale en Europe (*cf.* carte 4, p. 139), ce qui mécontentait la Roumanie, bien que celle-ci obtînt la Dobroudja ; le Monténégro pouvait être satisfait de voir tripler son territoire et élargir son accès à l'Adriatique, mais la Serbie, malgré quelques avantages territoriaux, était surtout inquiète de son nouveau puissant voisin bulgare, tout comme la Grèce, qui n'obtenait rien. En vérité, la nouvelle Bulgarie, où les troupes russes seront autorisées à stationner en attendant que cet État soit véritablement constitué, indisposait tous les Balkaniques et les autres grandes puissances. Les grandes puissances la considéraient comme une colonie russe à peine déguisée, bloquant les routes vers Salonique et la mer Égée. Ni la Grande-Bretagne ni l'Autriche-Hongrie ne voulaient admettre pareils changements ; l'Allemagne, la France et l'Italie, moins directement concernées, trouvaient les avantages russes excessifs.

Pour Bismarck, allié de la Russie, l'instant était délicat. Il avait laissé agir Alexandre II, ne s'était pas opposé à ce que les emprunts de guerre russes soient placés en Allemagne par la firme Mendelssohn (avec participation de banques françaises alléchées par les hauts profits), mais il ne voulait pas se brouiller avec l'Autriche-Hongrie ou avec la Grande-Bretagne pour satisfaire certaines aspirations nationales des Balkaniques, qu'il méprisait, ou les visées russes sur le Sud-Est européen. Le chancelier allemand tenta donc de préserver le système des empereurs en faisant pression sur la Russie pour qu'elle accepte de participer à un congrès international, où les clauses du traité de San Stefano seraient réexaminées ; l'Autriche-Hongrie, forte de ses accords secrets avec la Russie, pouvait escompter tirer son épingle du jeu d'une pareille négociation. Restait à connaître les dispositions de la Grande-Bretagne.

Or un changement de personnalité à la tête de la diplomatie britannique marquait une nouvelle période pour les relations internationales de la Grande-Bretagne : lord Salisbury, à la tête de l'Indian Office entre 1875 et 1878, avait remplacé lord Derby à la tête du Foreign Office le 28 mars 1878. En plein accord avec Disraeli, il détermina aussitôt une politique plus nette ; conscient du rapport des forces en Europe et décidé à ne pas mener une politique d'abstention sur le continent, lord Salisbury envisagea une politique de rapprochement avec Bismarck et Andrassy ; la politique extérieure britannique pouvait en effet tirer profit d'une entente avec les deux Empires centraux pour son expansion hors d'Europe. Dans le cas de l'Empire ottoman, dont il était maintenant évident qu'il ne pourrait être conservé intact en Europe, il fallait obtenir des gages et des appuis pour freiner les ambitions russes. Enfin, les avancées russes vers la Perse ou le plateau anatolien devraient être stoppées (circulaire du 1er avril 1878). Ainsi la Grande-Bretagne modifia son attitude vis-à-vis du maintien de l'intégralité de l'Empire ottoman ; des transformations en Europe étaient acceptables, à condition de ne pas se faire au profit d'un seul. La Russie, isolée, devrait le comprendre.

LE CONGRÈS DE BERLIN (1878)

Gortchakov, plus conscient des réalités internationales que Ignatiev, avait recherché, dès le mois de mars, un moyen d'éviter l'isolement russe ; il accepta de discuter avec ses alliés et reprit même, par l'intermédiaire de Chouvalov, ambassadeur à Londres, de très difficiles tractations avec Salisbury. Des deux côtés on parvint à un accord ; une conférence internationale, où siégeront tous les États intéressés, se tiendra à Berlin pour en finir avec le démembrement de l'Empire ottoman en Europe ; la Grande Bulgarie sera divisée, rectifiée, certaines vallées acquises en Asie par la Russie seront rendues aux Ottomans (accord Salisbury-Chouvalov du 30 mai 1878). Pourquoi ce recul russe ?

Non seulement les dirigeants russes avaient conscience de leur isolement, mais ils devaient tenir compte de l'extrême fragilité de leur situation économique et financière ; la banqueroute frappait à la porte ; les derniers emprunts à l'étranger avaient été souscrits à des conditions léonines.

De plus, l'ébranlement de la guerre avait été grand dans la population, satisfaite sur le plan national, mais irritée par les prévarications, scandales et gabegies étalées dans l'administration russe. Les structures intérieures de l'empire ne permettaient pas d'envisager une nouvelle guerre. Le temps de la résignation, ou celui du réalisme, était venu.

Dans ces conditions le *congrès de Berlin* (13 juin-13 juillet 1878) revêtit moins d'importance par les décisions qui y furent prises que par les relations nouées alors entre les délégués des grandes puissances. Territorialement, le recul russe fut sensible (*cf.* carte 4, p. 139) : il fut surtout manifeste dans le cas de la Grande Bulgarie, divisée en deux parties, la partie méridionale, dite Roumélie, devant rester sous autorité ottomane malgré son autonomie administrative. Certes l'indépendance totale des petits États balkaniques était reconnue par tous, mais les territoires serbe et monténégrin, assez réduits, faisaient apparaître ces États comme dépendants de leur puissant voisin septentrional. L'Autriche-Hongrie, par contre, recevait l'administration «provisoire» de la Bosnie-Herzégovine et le droit de tenir des garnisons dans le Sandjak de Novi-Bazar, sur la route vers Salonique. Les Croates, sujets de la Hongrie, satisfaits d'être «réunis» à leurs frères de Bosnie, n'allaient-ils pas bénéficier de cette nouvelle situation pour obtenir une plus large autonomie ? Mais les Serbes ne seraient-ils pas «frustrés» de voir leurs frères serbes relever du pouvoir austro-hongrois ? La Grèce, admise à la conférence, obtenait des promesses pour son expansion en Thessalie (celles-ci seront partiellement réalisées, en mai 1881, par la convention de Constantinople). La Roumanie gardait la Dobroudja. En somme, les accords conclus en 1877 et 1878 entre les grandes puissances étaient sanctionnés. Bismarck, président du congrès, avait dédaigneusement marqué aux petites puissances présentes leur absolue dépendance à l'égard des Grands ; les actes du congrès prouvaient le peu de cas fait aux «nationalistes» locaux.

De plus, on retrouvait cette dépendance dans le domaine financier. En effet, le congrès de Berlin établissait les principes selon lesquels serait réglé le problème de la dette ottomane, avec ses prolongements pour les États balkaniques ; ceux-ci assumeront les obligations contractées antérieurement par l'Empire ottoman pour l'établissement des lignes ferroviaires placées sur leur territoire ; les provinces détachées continueront à payer leur part des dettes ottomanes et à contribuer aux garanties offertes aux créanciers étrangers ; une commission internationale[1] réglera les questions financières en suspens. Si une certaine indépendance politique était acquise pour les États balkaniques, sur le plan économique et financier leur statut était assimilable à celui du vieil Empire ottoman. On serait tenté de parler d'États semi-coloniaux. Des rapports inégaux continuaient d'exister parmi les États européens.

Entre les Grands, des reclassements se produisaient. Bismarck donnait l'impression d'être l'organisateur du système international. Avec application, il témoignait déférence et bonne volonté à l'égard de Salisbury et de Waddington, représentant de la France. Une nouvelle orientation de la politique allemande apparaissait ; Bismarck se montrait prêt à faciliter les entreprises anglaises et françaises hors d'Europe. Vis-à-vis de la France, le chancelier allemand manifestait sa « compréhension » pour une action française vis-à-vis de la Tunisie. Au fond, Bismarck pouvait espérer que ce dérivatif colonial éloignerait la France de ses rêves de revanche ; peut-être même, France et Grande-Bretagne, en se tournant toutes les deux vers des conquêtes coloniales, en viendraient à se heurter, ce qui faciliterait la politique européenne de l'Allemagne. Pour l'instant, tel n'était pas le cas, puisque Salisbury semblait également disposé à admettre la conquête de Tunis par la France, mais les

---

1. Celle-ci, composée de représentants des créanciers occidentaux, dirigés par les grandes banques ouest-européennes et par la Banque impériale ottomane, à direction franco-anglaise, se réunit pendant l'été 1881 : elle imposa le décret dit de Mouharrem (28 décembre 1881) qui constitua un Conseil de la Dette publique ottomane, chargé de la gestion administrative et financière non seulement de la dette, mais encore des gages constitués par les revenus de six contributions directes. La dépendance ottomane vis-à-vis des puissances était confirmée.

calculs de Bismarck se situaient à plus longue échéance. En tout cas, il manifestait une extrême bienveillance à l'égard des dirigeants républicains, nouvellement détenteurs du pouvoir en France. De même, sa bienveillance à l'égard de Salisbury fut remarquée. Bismarck acceptait l'accord anglo-turc du 4 juin 1878 par lequel les Ottomans avaient abandonné l'île de Chypre à l'autorité anglaise, contre l'engagement anglais de défendre l'intégrité de l'Empire ottoman en Asie et d'interdire le passage de navires de guerre étrangers dans les Détroits. Une nouvelle base de la puissance britannique en Méditerranée s'ajoutait à Gibraltar et à Malte.

En vérité, le principal souci du chancelier allemand était ailleurs : pratiquement, l'alliance des Trois Empereurs avait vécu. L'irritation ou l'hostilité russe vis-à-vis des Autrichiens était générale à la Cour, dans la presse ; Vienne, ayant obtenu de larges satisfactions en Europe, partageait la volonté anglaise de défendre l'intégrité des restes de l'Empire ottoman ; une perspective d'alliance austro-britannique se développa nettement à la fin de 1878. Par contre, Bismarck risquait, à son tour, l'isolement, car la Russie ne pouvait guère s'estimer comblée par sa précédente alliance avec l'Allemagne. Pour remettre en chantier un nouveau système capable de remplacer le précédent, il ne suffit plus de replâtrer ce qui existe ; les anciens partenaires avaient changé de perspectives : Andrassy le manifesta, dès octobre 1878, en refusant de ressusciter l'alliance des Trois Empereurs et en recherchant l'appui britannique.

Bismarck, qui avait toisé de haut les représentants des États balkaniques au congrès de Berlin, devait donc repenser et reconstituer toute sa diplomatie parce que ces mêmes petits États avaient voulu compléter leur unité et tenté de satisfaire leurs appétits d'une expansion nationale. Le premier système bismarckien avait pour objectif de geler la situation en Europe après l'achèvement de l'unité allemande. Il n'avait pas duré plus de cinq ans ; il n'avait pas pu endiguer la vague des revendications nationales dans le Sud-Est de l'Europe. À considérer la carte de l'Europe en 1871 et en 1878, on percevait de notables changements; le poids des nationalités avait pesé sur les relations internationales au point d'ébranler la première construction bismarckienne destinée à stabiliser la situation en Europe. Bismarck serait-il plus heureux en poussant certaines puissances européennes à agir hors d'Europe?

CHAPITRE V

Difficultés économiques et conflits politiques. Le système bismarckien et les conquêtes coloniales (1878-1885)

La conjoncture des années 1880

LE RETOUR AU PROTECTIONNISME

La période d'expansion économique qui avait entraîné le monde entier depuis 1850 environ a pris fin vers 1873-1875 ; à des degrés différents, tous les États développés ont été touchés par la crise, violente en Allemagne, en Autriche-Hongrie, aux États-Unis, plus tardive en France, avec une pointe en 1882 (krach de l'Union générale). Chaque État se tourne vers une solution commode pour tenter d'esquiver la crise, c'est le retour au protectionnisme ; à l'exception de la Grande-Bretagne et des Pays-Bas, entre 1878 et 1882, tous les États ferment leurs frontières par des barrières douanières. Ce faisant, en Europe on espère éviter la ruine des agricultures nationales face à l'arrivée massive des produits venus des pays neufs (viandes et blés argentins ou nord-américains, sucres brésiliens, laines de l'hémisphère Sud) ; de même, par ce moyen, on veut empêcher l'entrée de produits manufacturés vendus à bas prix. La période 1873-1893 peut être considérée comme un moment de surproduction relative dans la mesure où la consommation paraît insuffisante pour la masse des produits susceptibles d'être mis sur les marchés. Tous ces produits offerts à la consommation européenne trouvent plus difficilement preneur, d'où une tendance à la baisse des prix ou à leur nivellement.

Pour se prémunir contre cette tendance, les États adoptent donc le protectionnisme, souvent sous la pression des catégories sociales directement concernées : ainsi la Ligue allemande de réforme économique, créée en 1877 par des propriétaires terriens de l'est de l'empire, réclame à Bismarck une augmentation des droits de douane pour se protéger des blés russes ; le chancelier finit par accepter (besoin de satisfaire les députés conservateurs agrariens au Reichstag et besoins fiscaux), ce qui aboutit à la loi du 15 juillet 1879 ; or ce changement intervient au moment où le chancelier veut reconstituer un nouveau système diplomatique ; ce protectionnisme agraire sera-t-il sans incidences sur les relations politiques de l'Allemagne ?

On peut en douter puisque, dans le même temps, les États à dominante agraire veulent créer une industrie ; l'Autriche-Hongrie, la Russie, l'Italie sont dans ce cas ; pourront-elles admettre que les produits industriels allemands entrent librement chez elles au point de compromettre leur « décollage » économique ? Évidemment non. Le cas des relations commerciales franco-italiennes est comparable, les Italiens craignant la domination française. Cependant, l'établissement des barrières commerciales peut-il se réaliser sans que des mesures de rétorsion commerciales soient prises, ou bien sans que des contre-attaques financières soient élaborées ? Remarquons ici que les liaisons existantes entre relations commerciales et relations financières permettent aux responsables d'un pays de jouer sur les deux tableaux. Or les États neufs ont besoin de capitaux extérieurs pour compenser la faiblesse de leur accumulation nationale, parfois même pour combler les trous d'un budget très déséquilibré ; en période d'expansion économique générale, les prêteurs peuvent être nombreux, mais lorsque la récession survient, ne constatera-t-on pas des modifications en ce domaine ? Dans les années 1880, quels seront les États encore capables d'être créditeurs, et, par là même, capables de disposer de l'arme financière ?

Par exemple, l'Allemagne avait été en mesure dans les années 1870 d'exporter des capitaux vers le sud-est et l'est de l'Europe ; dans les années 1880, après une lente reprise industrielle jusqu'en 1885, le rythme de l'expansion allemande s'accélère, nécessitant l'appel à de nouveaux capitaux ; comment les capitalistes allemands pourront-ils tout à la fois fournir aux entreprises allemandes et aux États étrangers ? Des choix difficiles, des arbitrages, sont à faire vers 1887. Par contre, au même moment, le marasme persistant des affaires en France laisse disponibles de nombreux capitaux français. Ceux-ci iront-ils vers les pays exotiques, alléchés par les rapides bénéfices des titres du Panama ou de compagnies en Amérique du Sud, ou vers les gros emprunteurs européens, tels la Russie ou l'Italie ? Dans une autre perspective, les Britanniques pourront-ils considérer avec sérénité l'abaissement relatif de leurs exportations, notamment vers l'Europe qui achète leurs produits industriels (en 1878, ces exportations sont inférieures de 23 % par rapport à 1872 et elles ne retrouveront leur niveau de 1872 qu'à partir de 1895, l'année 1889 étant exceptée) ? Pour relancer leur économie, axée jusque-là sur un système d'échange triangulaire — achats de matières premières dans les autres continents, vente de produits finis à l'Europe, transfert de produits européens vers le reste du monde —, les Britanniques ne seront-ils pas tentés de s'intéresser plus exclusivement au monde extra-européen, spécialement à leur empire ?

INTÉRÊTS COLONIAUX OU INTÉRÊTS NATIONAUX ?

À l'époque, le système commercial britannique repose sur de forts échanges avec l'empire des Indes ; la route maritime qui y conduit, via la Méditerranée, l'Égypte (Suez), la mer Rouge, est l'objet de toutes les attentions anglaises. Or d'autres États européens, comme la France en Méditerranée ou en Afrique, la Russie en Asie centrale, ont, de leur côté, des visées expansionnistes. L'expansion coloniale de ce moment n'est sans doute pas liée étroitement à une simple volonté d'assurer des marchés d'achat ou de vente au pays colonisateur; toutefois, ce n'est pas simple hasard, ou pure manœuvre politique, si Jules Ferry explicite le besoin de conquêtes coloniales par la nécessité de donner à la France des débouchés à son industrie. Quelles que soient les raisons profondes et multiples de l'expansion coloniale (désir de puissance, de gloire, actions individuelles de missionnaires ou de soldats), un fait évident apparaît : un certain nombre d'États européens cherchent hors d'Europe une solution à leurs difficultés économiques; des heurts, des oppositions risquent donc de se multiplier. Dès lors, le champ des relations internationales s'élargit; sans doute l'Europe reste centre du monde et lieu privilégié des jeux diplomatiques, mais ces prolongements extra-européens entrent maintenant dans les calculs de certains diplomates.

Cependant, tous les responsables politiques n'ont pas les yeux fixés sur les horizons lointains, coloniaux, même dans un pays comme la France où se développe alors une expansion coloniale soutenue. Là encore, le poids de la conjoncture se fait sentir. En effet, le recours au protectionnisme s'accompagne d'une poussée du nationalisme dans l'opinion publique, notamment chez ceux qui se sentent menacés par la crise. Les débats parlementaires en portent la trace : les défenseurs des intérêts locaux ont vite fait de dénoncer les « menaces étrangères » qui pèsent sur telle ou telle production locale; par exemple, des groupes de pression se constituent au sein des assemblées pour défendre, qui le vignoble national, qui la betterave à sucre contre le sucre de canne, qui les blés nationaux, qui la production textile. Les chambres de commerce locales ne manquent pas de voter des motions réclamant aux gouvernements la protection de l'industrie et du commerce local contre les « envahisseurs » étrangers. Même au sein des partis socialisants, on retrouve cette défense de l'intérêt national, tel le député socialiste français Basly, hostile au libéralisme douanier pour défendre la sécurité de l'emploi des mineurs du Nord face aux charbonniers concurrents belges et allemands. En cette conjoncture de crise ou de marasme, l'opinion publique est vite convaincue que les difficultés proviennent de l'étranger. Ce n'est pas un hasard si des manifestations xénophobes se produisent ici ou là pendant cette période (*cf.* les incidents anti-italiens dans le sud-est de la France, page 158). Certes, des groupes restent fidèles au libre-échange, par doctrine ou par intérêt (cas de certaines bourgeoisies portuaires ou commerçantes), mais les conversions au protectionnisme se multiplient pendant les années 1880, comme on peut en trouver confirmation dans les votes des assemblées ; ainsi, en France, où le scrutin d'arrondissement fait de l'élu local un représentant des intérêts de sa petite patrie, l'évolution de la Chambre vers une large majorité protectionniste est symptomatique. Incontestablement, le repli sur le territoire national, sur la défense des « richesses » nationales, est populaire, au sens exact du terme, sauf en Grande-Bretagne où les classes pauvres « bénéficient » du bas prix des denrées importées.

Cette attitude recroquevillée, défensive, se retrouve dans l'opposition manifestée aux conquêtes coloniales dans les années 1880. Comme on l'a vu, certains gouvernants sont tentés de trouver des solutions coloniales à leurs problèmes économiques ; or, ce faisant, ils rassemblent contre eux un grand nombre de « patriotes ». Ainsi, en France, Jules Ferry se heurte, sur ce plan, aussi bien à Georges Clemenceau, alors fort à gauche, qu'à la droite (Ligue des patriotes de Paul Déroulède) et même à des économistes aussi réservés que Frédéric Passy. Jamais dans l'histoire de la Troisième République des majorités d'hostilité à la conquête coloniale ne sont apparues aussi nettement qu'entre 1880 et 1890 ; même dans les campagnes électorales, les professions de foi des candidats élus comportent alors souvent des développements anti-coloniaux. Les économistes français, à l'exception de Paul Leroy-Beaulieu, sont en très large majorité libéraux, mais hostiles à la colonisation ; le relent d'affairisme qui entoure les opérations coloniales n'est pas fait pour redorer le blason des défenseurs de l'expansion outre-mer. En Italie, le colonialisme est alors impopulaire, ayant seulement le soutien d'individualités qui mêlent volonté de grandeur, souvenirs de la Rome antique et goût de l'exotisme ; les milieux d'affaires les approuvent rarement. En Belgique, le rôle personnel de Léopold II est considérable, mais ce roi sait fort bien qu'il doit agir avec prudence dans ses entreprises coloniales, tant l'opinion publique, les responsables politiques belges et même son entourage y sont opposés ou réticents. Au fond, le mépris de Bismarck pour ces opérations lointaines correspond assez bien au sentiment dominant en Europe continentale dans les années 1880 ; lorsque Bismarck cède un peu à la pression de groupements qui veulent agir dans l'Afrique ou dans l'Océanie, il ne va guère au-delà d'un engagement de tolérer les initiatives privées, mais, en aucun cas, il ne veut entraîner le Trésor allemand dans les frais de la colonisation ; sur ce point, l'opinion pense alors incontestablement que le goût de conquêtes est sans rapport avec les bénéfices escomptables.

Ainsi, dans ces années 1880, gouvernants et opinions publiques ont conscience des difficultés économiques d'une période de récession ; les choix pour des solutions salvatrices varient, mais un fait général est perceptible, *l'heure est au cloisonnement national.*

Le second système bismarckien

À l'issue du congrès de Berlin, en 1878, le système d'alliances élaboré précédemment par Bismarck gisait sur le sol ; moins de quatre ans plus tard, un second système fut achevé par Bismarck. Il était constitué par trois accords : en suivant l'ordre chronologique, *le traité austro-allemand du 7 octobre 1879, l'accord secret austro-germano-russe du 10 juin 1881, l'alliance secrète austro-germano-italienne du 20 mai 1882*, surnommée «Triple-Alliance». Jamais en apparence le génie diplomatique du chancelier allemand n'avait paru plus vif et plus subtil, puisqu'il avait réussi à recoller ce qui s'était fendu en 1877-1878 et même à lier deux anciens adversaires, l'Italie et l'Autriche ; le « jeu diplomatique » mené alors par Bismarck apparaîtra longtemps comme un modèle du genre.

En vérité, ces « succès » de Bismarck ne sont pas sans ambiguïtés ; Bismarck avait-il véritablement mené le jeu ou s'était-il habilement adapté aux circonstances ? L'ensemble de ce second système était-il mieux coordonné et manœuvrable que le premier ? À quel prix le chancelier allemand obtenait-il l'assurance de conserver le *statu quo* en Europe, puisque tel était, depuis 1871, l'objectif majeur de sa politique ?

L'ALLIANCE GERMANO-AUSTRO-HONGROISE

Dans le premier système bismarckien, l'Allemagne s'était efforcée de conserver une sorte d'égalité de traitement vis-à-vis de l'Autriche-Hongrie et vis-à-vis de la Russie ; dans le second système, un choix fut fait en faveur de la première ; ce choix fut fondamental, car durable et logique.

Déjà, lors de la crise balkanique en 1876-1877, les positions allemande et autrichienne étaient proches ; faisant le bilan de l'année 1878, le chancelier russe Gortchakov concluait à la concordance de la politique de ces deux États, la « clef » de toute la politique allemande depuis 1866 (défaite de Sadowa) consistant à faire de l'Autriche l'avant-garde de la pénétration germanique en Orient. De fait, sur le plan politique, Bismarck avait tranché : lorsqu'il rencontra Andrassy à Gastein, en août 1879, pour lui proposer à nouveau une alliance, Andrassy, sollicité, exigea que celle-ci soit exclusivement tournée contre la Russie. Or l'empereur allemand Guillaume Ier était hostile à tout traité nominalement tourné contre la Russie, par tradition, par amitié personnelle pour Alexandre II qu'il avait rencontré presque au même moment (septembre 1879) ; Bismarck n'hésita pas à offrir, à deux reprises, sa démission de chancelier pour forcer la volonté impériale.

Bien des arguments le poussaient dans cette direction : tout d'abord, les exigences mêmes d'Andrassy qui, autrement, pourrait renforcer ses liens avec la Grande-Bretagne et acquérir trop d'indépendance manœuvrière. Ensuite, en juillet 1879, l'Allemagne avait fermé ses frontières douanières aux produits céréaliers étrangers pour défendre sa propre production ; or si les conservateurs agrariens allemands s'en réjouissaient, il était incontestable que pareille décision serait durement ressentie en Russie (de fait, en 1880, l'exportation russe des céréales baisse de 37 %) ; en se liant solidement à l'Autriche-Hongrie, Bismarck enlevait à la Russie, mécontente, une possibilité de se rapprocher de Vienne : ou bien Saint-Pétersbourg restera isolée, car aucune entente n'était pensable avec la France républicaine ou avec la Grande-Bretagne, concurrente asiatique, ou bien Alexandre II, quoi qu'il en ait, viendra «à Canossa». Cependant, Bismarck n'avait-il pas donné trop de force à la pointe antirusse de sa politique ? En septembre 1879, il avait sondé Londres sur l'attitude que la Grande-Bretagne adopterait en cas de conflit austro-germano-russe ; Disraeli et Salisbury, malgré le «splendide isolement», n'hésitèrent pas à répondre, en octobre, qu'en ce cas la bonne volonté et l'assistance britanniques seraient acquises. Bismarck n'insista pas pour se lier à Londres qui y verrait un encouragement indéniable à agir contre la Russie. Ainsi, dès le début, le chancelier allemand put mesurer les avantages et les inconvénients de l'alliance avec l'Autriche-Hongrie ; celle-ci précisa bien que seule l'attaque de la Russie contre l'une des deux puissances entraînerait une aide militaire.

L'ENTENTE GERMANO-AUSTRO-RUSSE

Bismarck pouvait toutefois compter sur certains atouts dans son jeu, qui consistait, ensuite, à ramener la Russie vers les deux empires continentaux. En Russie, la situation intérieure de la fin du règne d'Alexandre II était tendue : les terroristes, peu nombreux, multipliaient les attentats contre le tsar lui-même, ce qui avait pour effet de pousser les milieux attachés à l'ordre et à la tradition vers plus de solidarité avec les Empires autoritaires ; par contre, les Russes qui seraient tentés de rechercher une entente avec la France, soit par doctrine (les panslavistes étaient toujours hostiles à l'Allemagne), soit par intérêt économique (besoin de capitaux français, aigreur vis-à-vis des protectionnistes allemands), étaient obligés de se taire. Le chancelier Gortchakov, très âgé et malade, sans illusions sur Bismarck, avait laissé le champ libre à Giers, favorable à l'entente avec l'Allemagne, comme bon nombre d'administrateurs tsaristes ; de toute façon, l'évolution de la France vers la république, même modérée, était ressentie comme un danger à la Cour impériale, fort affectée par le refus de la France républicaine de livrer un terroriste russe réfugié à Paris. Quant à se rapprocher de la Grande-Bretagne, il n'en était guère question, même si la politique menée par Gladstone en 1880 vis-à-vis de l'Empire ottoman (appui aux revendications du Monténégro, partage d'influences dans l'Empire ottoman) pouvait entraîner quelques interrogations ; de toute manière, la volonté russe d'expansion en Asie centrale interdisait tout réel accord avec la puissance dominante dans les Indes.

L'isolement tsariste était complet, à moins d'accepter un retour au sein de l'entente austro-allemande ; l'ambassadeur russe à Berlin, Sabourov, y poussait depuis deux ans, lorsqu'un dernier événement accéléra l'évolution de la Russie, l'assassinat d'Alexandre II, le 13 mars 1881. Son successeur, Alexandre III, slavophile déclaré, fit passer au second plan tout obstacle à la reconstitution d'un front commun des Empires autoritaires face à la vague du terrorisme et du socialisme. Bismarck avait proposé cette alliance de l'Ordre, dès la nouvelle de la mort d'Alexandre II ; lui-même, Sabourov et Szecenyi, ambassadeur austro-hongrois à Berlin, purent ainsi signer, le 18 juin 1881, un nouveau traité d'entente, valable pour trois ans. La mauvaise volonté autrichienne était pourtant évidente : le successeur d'Andrassy, Haymerlé, avait été menacé par Bismarck d'une rupture pour le cas où Vienne refuserait de signer avec la Russie. Cependant, Bismarck n'obtenait pas entière satisfaction en juin 1881 ; en effet, les trois puissances cosignataires se promettaient seulement une neutralité bienveillante en cas d'attaque par une quatrième puissance (Berlin pense à Paris, Saint-

Pétersbourg à Londres) ; donc il ne s'agit pas d'alliance militaire. En outre, les trois puissances s'engageaient à tenir compte de leurs intérêts respectifs dans les Balkans et à subordonner toute modification territoriale de l'Empire ottoman à leur commun accord ; Bismarck aurait-il, par ce moyen, mis fin aux ambitions des deux autres États dans les Balkans ? Un protocole annexe précisait que l'Autriche-Hongrie pourrait, un jour, annexer la Bosnie-Herzégovine, tandis que la Russie pourrait alors réunir la Roumélie à la Bulgarie.

On peut considérer que la satisfaction de Bismarck d'avoir reconstitué l'alliance des Trois Empereurs était moins grande que celle de l'Autriche-Hongrie, qui voyait sa future expansion reconnue et qui obligeait la Russie à discuter avec elle de toutes modifications à apporter dans l'Empire ottoman. Quant à la Russie, désormais, son destin expansionniste devenait clair : il se portera en Asie centrale, puisque ses « amis » pourront l'épauler en cas de crise avec la Grande-Bretagne. Chacun des trois signataires avait conclu l'accord avec des arrière-pensées de gains personnels ; il s'agit d'un replâtrage et non d'une base solide ; à preuve : l'accord était signé pour trois ans seulement. Ce système pouvait vraiment fonctionner seulement si l'Autriche-Hongrie et la Russie cherchaient leur expansion dans des zones différentes.

LA TRIPLE-ALLIANCE GERMANO-AUSTRO-ITALIENNE

De la même manière, le dernier maillon de la chaîne, la Triple-Alliance, signée à Vienne le 20 mai 1882 entre l'Allemagne, l'Autriche-Hongrie et l'Italie, était viable dans la mesure où l'expansionnisme italien abandonnait le terrain européen, c'est-à-dire les terres irrédentes (le Trentin surtout), au profit d'un avenir colonial en Afrique. En 1882, le gouvernement italien sembla avoir fait ce choix. Depuis plusieurs années, les dirigeants italiens hésitaient sur la conduite à suivre : ou bien ils s'appuyaient sur la France républicaine et laïque pour trouver des capitaux, pour bénéficier d'une aide morale vis-à-vis de la papauté, adversaire de l'État italien, et d'un éventuel soutien face à l'Autriche qui détenait toujours le Trentin ; ou bien, comme Bismarck l'avait conseillé au congrès de Berlin, l'Italie cherchait son avenir en Afrique, notamment en Tunisie, où, en 1881, vivaient déjà 11 000 Italiens. En Tunisie, l'implantation économique italienne se précisait, grâce à la force économique des «Livournais», armateurs, des hommes d'affaires israélites et des entrepreneurs catholiques ; en outre, les écoles italiennes, les associations professionnelles ou culturelles renforçaient l'emprise italienne sur la Tunisie avec l'appui vigilant du consul Maccio ; en bref, la Tunisie paraissait aux Italiens comme une extension naturelle de leur patrie. On comprend le choc ressenti par l'opinion publique et les dirigeants lorsque les Français s'emparèrent de la Tunisie en avril-mai 1882. Les hésitations furent levées.

Un nouveau gouvernement italien, conduit par Depretis, dut tenir compte d'une presse d'abord sévère ou amère envers la France, puis franchement hostile, lorsque des incidents violents avaient éclaté à Marseille en juin 1881 ; des nervis, sous prétexte «d'effervescence patriotique», avaient attaqué des ouvriers italiens, déclenchant une contre-attaque qui fit trois morts ; en réalité, les ouvriers français et les travailleurs italiens immigrés, nombreux dans l'industrie — près de la moitié des 58 000 Italiens établis à Marseille — étaient en concurrence salariale, ce qui, en période de crise, était plus vivement ressenti. En Italie, l'opinion publique sembla décidée à se tourner vers Berlin ; les hommes politiques de gauche au pouvoir aussi ; enfin le roi Humbert Ier (1878-1904), qui craignait les «désordres socialistes et anarchistes» dans son royaume, se montra prêt à faire abstraction de l'irrédentisme pour se rapprocher des Empires centraux, symboles de l'Ordre : en octobre 1881, il fit une visite de courtoisie à François-Joseph, à Vienne. Dès ce moment, les négociations pour une entente à trois commencèrent.

Ces discussions, difficiles, aboutirent en mai 1882. *La Triple-Alliance*, secrète, fut conclue pour cinq ans ; mais notons immédiatement qu'elle sera renouvelée, sans interruption, jusqu'en 1915 ; elle *devient donc un des axes majeurs du système diplomatique européen*. Bismarck, qui avait peu de considération pour la puissance italienne, était satisfait d'obtenir l'engagement de l'Italie de soutenir militairement l'Allemagne en cas de conflit («non directement provoqué») avec la France ; la réciproque était vraie pour l'Allemagne, si l'Italie était attaquée ; à tout le moins, la France devrait compter avec un second front sur les Alpes si la guerre éclatait avec l'Allemagne. Les trois États se devaient assistance si l'un des trois était attaqué par deux puissances, neutralité bienveillante si l'un des trois décidait une action offensive préventive contre une autre puissance. Par contre, si l'Autriche-Hongrie devait assistance à l'Italie en cas d'attaque française, l'Italie n'avait souscrit aucun engagement pour l'éventualité d'un conflit austro-russe ; en vérité, l'Autriche-Hongrie n'en demandait pas tant, puisqu'elle était suffisamment rassurée par l'abandon officiel de l'irrédentisme (l'opinion publique italienne restait plus «mobilisable» par ce thème). Quant à l'Italie, elle sortait de son isolement diplomatique et s'estimait protégée vis-à-vis de la France.

Ainsi, les objectifs majeurs de Bismarck étaient atteints : la France, d'où pourrait provenir un risque de remise en cause de la situation acquise en 1871, était isolée ; le *statu quo* en Europe demeurait garanti également par les renonciations réciproques austro-hongroise, russe, italienne, de recourir à la force pour régler les problèmes en cours. Le caractère défensif des différents accords correspondait bien à la volonté bismarckienne de préserver une paix européenne qui lui était favorable ; si ses alliés ou ses amis voulaient poursuivre leur expansion, ils devaient la chercher hors d'Europe. Comme l'Allemagne bismarckienne ne manifestait aucun véritable désir de conquête coloniale, cette sagesse lui vaudrait d'être le recours des autres puissances en cas de contestations. Garant de l'Ordre et du *statu quo* en Europe, arbitre hors d'Europe, Bismarck semblait occuper, vers 1882, une position dominante dans les relations internationales.

L'expansion européenne hors d'Europe

La puissance allemande sur le continent et le génie diplomatique de Bismarck ne doivent pas masquer une autre réalité dominante dans les relations internationales : la Grande-Bretagne, qui reste encore la première puissance économique au monde, modifie sa stratégie extérieure pendant la période 1874-1885 ; elle commence à développer un impérialisme colonial actif. Les dirigeants libéraux, au pouvoir jusqu'en 1874, ont été battus aux élections : Disraeli, leader des conservateurs, applique alors une politique extérieure définie dès 1872 autour du thème «patriotisme et défense de l'Empire». Sans doute, en un premier temps, Disraeli n'envisage pas vraiment une extension de la conquête coloniale, mais il inaugure une politique plus active, plus entreprenante dès 1875-1876 en Égypte, n'hésitant pas, comme on l'a vu, à profiter du congrès de Berlin pour installer la force britannique à Chypre. Avec l'aide de lord Salisbury, son ministre des Affaires étrangères à partir de 1878, il instaure une politique extérieure qui s'organise autour d'un «triangle» fondamental : Constantinople-Égypte-empire des Indes ; mais des initiatives en Afrique ou en Asie dues à des fonctionnaires civils, à des militaires, à des missionnaires, mèneront plus loin le gouvernement de la reine Victoria.

Le fait impérial disposait d'une incontestable audience en Grande-Bretagne. Les doctrinaires de la «Greater Britain» étaient lus, diffusés, compris, comme Dilke dont le livre de 1868, *Greater Britain*, était réédité, ou bien Seeley, *The Expansion of England* (1883), ou encore Froude qui, en 1885, dans *Oceana, or England and its Colonies*, montre la nécessité impérieuse pour la Grande-Bretagne de répondre à la concurrence des États industrialisés par des zones coloniales «réservées» ; même à un niveau plus populaire, la presse, les livres diffusaient une idéologie pro-impériale. Succès et défaites coloniales étaient vivement ressentis dans une Angleterre atteinte au même moment par les difficultés politiques en Irlande (guerre agraire de 1879 à 1882 avec « boycottage » des « collaborateurs ») et par les difficultés sociales (chômage record en 1879, été pourri de 1879 qui accéléra l'exode rural) ; les milieux intellectuels, les dirigeants politiques et les hommes d'affaires prenaient conscience de cette « grande dépression » qui nécessitait des solutions nouvelles. Or si la Grande-Bretagne était alors dans une passe délicate, bien des atouts lui restaient, tels sa forte poussée démographique (4 millions supplémentaires entre 1871 et 1881), sa production charbonnière en hausse, ses industries différenciées et surtout sa force maritime et sa puissance en capitaux.

On peut se demander alors si ce *renouveau impérial* ne correspondait pas à une volonté de trouver une solution aux embarras de la crise économique et sociale. Dans les années 1860 et la première moitié des années 1870, l'avance économique anglaise permettait d'aborder sereinement la concurrence étrangère ; le *Free Trade* suffisait ; mais avec l'apparition d'une récession et selon la volonté de ne pas recourir au protectionnisme, il fallait au moins obtenir le *Fair Trade*, c'est-à-dire une égalité des chances économiques entre les concurrents : or en France, en Allemagne, partout en fait, des barrières douanières étaient élevées, des restrictions apportées. Puisque le *Fair Trade* semblait lui-même dépassé, l'idée d'une zone préférentielle pour le commerce britannique grandissait chez les Britanniques. Évidemment, préférence ne signifie point conquête, mais la délimitation entre ces deux entités est parfois malaisée, surtout lorsque la « protection » britannique peut revêtir des formes multiples, comme on le verra en Égypte, en Amérique latine ou en Afrique. Le temps de l'impérialisme triomphant, majeur, assumé, n'était pas encore venu ; l'Angleterre de Gladstone (Premier ministre de 1880 à 1885) entrait peut-être à reculons dans l'impérialisme colonial, mais elle y entrait.

Économiquement, le processus était clairement engagé, puisque les exportations britanniques, qui étaient expédiées vers l'empire pour 27 % en moyenne dans les années 1870-1875, représentaient 35 % en moyenne du commerce à partir de 1880. Il en allait de même pour les flux de capitaux exportés ; les capitalistes britanniques choisissaient davantage *l'empire formel ou informel*[1] (Amérique latine) comme zone privilégiée de leurs placements (26 % du stock exporté allait vers les colonies en 1870, 33,1 % en 1890). Les États-Unis, l'Australie, le sud de l'Amérique latine, l'Afrique australe devenaient les principaux bénéficiaires de cet engouement ; les compagnies ferroviaires de ces pays, les sociétés minières, surtout celles des métaux précieux, devenaient les vedettes de la spéculation à la City. La presse britannique commençait aussi à placer l'empire au centre des préoccupations. Dans ces conditions, pour les responsables britanniques, il importait de soutenir cette vague de fond ; même Gladstone, qui avait toujours manifesté du détachement, voire du mépris, pour la conquête coloniale, sera amené, quoi qu'il en pense, à installer la puissance britannique en Égypte, au Soudan, aux marges des Indes ; comme Jules Ferry en France, il devra sa chute en 1885 à un désastre colonial au Soudan.

L'ÉCHANGE MÉDITERRANÉEN, ÉGYPTE-TUNISIE, ET LE RAPPROCHEMENT FRANCO-BRITANNIQUE

Bismarck, au congrès de Berlin, avait obligeamment incité la France à intervenir en Tunisie et la Grande-Bretagne en Égypte ; on devine les raisons de cette obligeance ; en orientant ces deux États européens vers l'Afrique du Nord, il assurait la paix en Europe et peut-être créait-il ainsi les germes d'une future discorde, car d'autres États comme l'Italie voudraient participer à ce partage. Vers la fin des années 1870, chacun savait bien que le khédive égyptien tout comme le bey tunisien, vassaux théoriques du sultan ottoman, qui avaient dû recourir à l'assistance financière des banquiers et prêteurs européens depuis des années, manquaient de forces réelles pour s'opposer aux appétits européens. Leur indépendance nominale était un simple paravent ; le moment de l'action arrivait.

---

1. Pour les définitions de ces termes, voir p. 247.

La question égyptienne avait la première retenu l'attention en 1875-1876. Non seulement les rapports commerciaux entre l'Égypte et les puissances développées étaient déséquilibrés en permanence (surtout avec la Grande-Bretagne, qui réalisait les deux tiers du commerce égyptien), mais les efforts de développement économique du khédive Ismaïl (canaux, voies ferrées) et les dépenses budgétaires dépendaient d'emprunts externes. Le processus des prêts était ancien, les avances ou emprunts à court terme («le flottant») servant à préparer les emprunts publics à plus long terme («le consolidé»). En 1873-1874, la récession ayant entraîné l'échec d'un emprunt placé à Paris, les milieux financiers français et anglais, par lesquels l'essentiel de la dette égyptienne avait été précédemment placé (nominal de 2,1 à 2,3 milliards de francs), voulurent mettre de l'ordre dans la situation financière du khédive; il s'agissait surtout de continuer à prélever de substantiels bénéfices de placement ou de commission en ayant des garanties supplémentaires pour le paiement régulier des intérêts, donc de contrôler les finances de cet État.

Deux interlocuteurs traditionnels étaient sur les rangs; d'un côté, les prêteurs français parmi lesquels le Crédit Foncier et la Société Générale occupaient le premier rang, de l'autre, les prêteurs britanniques, notamment la firme Goschen. Mais, fait nouveau, le gouvernement de Londres fut désormais directement impliqué dans l'affaire; en novembre 1875, Disraeli, avec l'appui technique des Rothschild de Londres, avait acheté 43 % des actions de la Compagnie du canal de Suez, jusque-là en possession du khédive; en l'occurrence, Disraeli avait agi avec décision, profitant des divisions entre les banques françaises et de la passivité du gouvernement français. Dès lors, gouvernements et banques étaient intimement mêlés dans la partie qui va se jouer, car les dirigeants politiques français, les diplomates eux-mêmes se mêlèrent aux négociations ouvertes ou secrètes, exemple clair où le politique et l'économique marchent de concert.

En un premier temps, la solution retenue fut celle du *condominium*; en effet, puisque les représentants de la dette flottante et de la dette consolidée se disputaient, et comme les uns et les autres avaient le soutien indirect des gouvernements, mieux valait s'accorder en fin de compte pour contrôler *ensemble* finances et administration égyptiennes. Après bien des péripéties, une mission conjointe des banquiers Goschen et Joubert (de la Banque de Paris et des Pays-Bas, créée en 1872) détermina les lignes de l'accord entériné par les gouvernements (novembre 1876). Une conversion partielle de la dette avait lieu, une Caisse de la Dette publique et deux contrôleurs généraux (un Français, un Anglais) surveillaient la gestion du khédive. Cette solution allait durer jusqu'en 1882. En réalité, progressivement, certains groupes financiers français comme le Crédit Foncier se dégageaient un peu du fardeau financier égyptien et, de plus, la violente crise boursière qui touchait les firmes françaises en 1881-1882 (krach de l'Union générale), conduisait les investisseurs français vers la réserve. Les intérêts commerciaux britanniques en Égypte, bien plus considérables que ceux des Français, le rôle dévolu au canal de Suez par la marine britannique menaient incontestablement vers un rôle économique dominant de la Grande-Bretagne en Égypte ; du côté français, les hommes d'affaires se contenteraient volontiers de la sauvegarde politique anglaise.

Les réticences du gouvernement anglais et la volonté de certains dirigeants politiques français de conserver une place dominante en Égypte allaient faire subsister le condominium pendant quelques années : ensemble, en septembre 1879, France et Grande-Bretagne déposaient Ismaïl, coupable d'avoir voulu se débarrasser de la tutelle étrangère en édictant une Constitution plus démocratique ; ensemble, elles imposaient leurs vues au jeune successeur Tewfik et s'entendaient secrètement pour exclure toute autre puissance de l'Égypte (l'Italie, partie dans le règlement de la dette, était visée). Ensemble encore, les deux puissances abordaient en septembre 1881 une nouvelle crise égyptienne ; en effet, des officiers égyptiens, menés par le colonel Arabi, las de constater la tutelle subie par leur pays, se soulevaient contre le jeune khédive et l'obligeaient à convoquer une Chambre des notables.

Léon Gambetta, qui, en France, avait formé le ministère en novembre 1881, pensait que l'occasion était offerte pour agir de concert en Égypte, afin d'exprimer la puissance française et de renforcer une entente franco-anglaise à laquelle il voulait subordonner toute sa politique extérieure ; l'Égypte était un prétexte commode pour affirmer cette politique. Or le gouvernement de Gladstone était doublement réticent, voulant éviter de s'engager trop loin avec la France ; s'il refusait une action militaire à laquelle Gambetta se préparait, une note conjointe était cependant adressée à l'Égypte, en janvier 1882, pour annoncer une éventuelle intervention en cas de « menace » sur le régime existant. Bismarck, inquiété par cette entente, ralliait ses « amis » autrichien et italien à ses vues : on devait internationaliser le problème égyptien par une conférence où les Puissances, plus l'Empire ottoman qui s'affirmait prêt à une intervention dans un territoire sur lequel s'étendait en théorie sa souveraineté, débattraient du problème ; avant tout, en effet, il lui fallait éviter un tête-à-tête franco-anglais.

La suite des événements va aboutir à une cassure entre Paris et Londres. Une conférence internationale fut bien réunie en juin, à Constantinople, mais la décision vint encore des rives du Nil : les nationalistes égyptiens écartèrent du pouvoir le jeune Tewfik, manifestèrent violemment contre les résidents étrangers et portèrent Arabi à la dictature ; le consul général anglais fut blessé. Le temps de la réplique européenne était venu. Gladstone, au début de juillet 1882, se résigna à l'action armée et fit détruire les installations militaires d'Alexandrie par la flotte britannique (la flotte française avait reçu l'ordre de se retirer) ; puis, à la mi-juillet, Gladstone proposa une action militaire commune pour « protéger » la zone du canal. Or, en France, la conjoncture politique interne avait changé : Gambetta avait été renversé dès la fin janvier 1882 et son successeur Charles de Freycinet hésitait à participer à une action hasardeuse, onéreuse et susceptible de tensions diplomatiques. En outre, il devait tenir compte d'une

Chambre des députés où droites et gauches se divisaient face aux aventures coloniales, jugées souvent inutiles et coûteuses ; de fait, la Chambre trancha en refusant par un vote massif les crédits nécessaires à une action militaire pourtant limitée (29 juillet 1882). En France, le parti colonial restait encore minoritaire. Saisissant l'occasion, la Grande-Bretagne abattit *seule* le colonel Arabi (victoire de Tel-el-Kébir en septembre 1882) ; elle s'installait ainsi en Égypte, en conservant la fiction d'un khédive indépendant (cette présence militaire durera jusqu'en 1954). On aurait pu penser que ce succès britannique aurait laissé les dirigeants et les diplomates français indifférents ou neutres ; il n'en fut rien : des notes diplomatiques aigres furent adressées à Londres pour se plaindre de la fin du condominium ; puis, en janvier 1883, la France annonça qu'elle reprenait sa liberté d'action. La maladresse était double, car inutile et contraire à la résignation avec laquelle la Grande-Bretagne avait considéré l'annexion de la Tunisie par la France.

Cette annexion de la Tunisie était pourtant fort récente, faite avec la connivence de Londres et de Berlin. À la conférence de Berlin, Waddington avait obtenu des assurances ; en 1880, le remplacement de Disraeli et lord Salisbury par Gladstone et lord Granville ne changeait pas fondamentalement les dispositions britanniques, bien que les libéraux anglais affectassent plus de retenue. Bismarck, de son côté, n'avait pas encore noué un réel accord avec l'Italie ; au surplus, une rivalité italo-française ne le consternerait certainement pas ! Aussi, lorsque Ferry s'était décidé à agir, en avril 1881, la voie était libre sur le plan international, à l'exception de l'Italie dont le consul à Tunis, Maccio, animait la résistance à toute pénétration française.

En vérité, la décision du président du Conseil français semble due aux pressions conjointes de deux groupes distincts : d'une part, des diplomates français, animés par le directeur des Affaires politiques au Quai d'Orsay, le baron de Courcel, souhaitaient une politique active de la France, notamment en Tunisie où l'un d'entre eux, Roustan, était consul général ; d'autre part, des « affairistes », banquiers et industriels intéressés dans des spéculations bancaires et foncières en Tunisie (groupes du Crédit mobilier, de la Société des Batignolles), pressaient des parlementaires à soutenir l'intervention en Tunisie. Au centre du processus de décision, un homme, Léon Gambetta. Convaincu de la nécessité d'une grande ambition nationale, désireux de marquer une résolution française face à Bismarck, Gambetta se convertit à l'intervention en février 1881, puis il convertit Ferry. Grâce à l'exploitation d'un banal incident de frontière, grossi à dessein, le ministère put forcer la main aux indécis, chez les ministres comme au Parlement. On commença par «pacifier» les zones frontalières pour finir par imposer au bey de Tunis un véritable protectorat (traité du Bardo signé le 12 mai 1881). La pacification et la conquête réelles prendront un peu plus de temps, puisque des difficultés subsistèrent sur le terrain à l'automne, mais au début novembre 1881 l'affaire était terminée. La nouvelle Chambre, élue lors du scrutin de septembre 1881 qui marquait un glissement à gauche, manifesta son impatience contre Ferry défendu par Gambetta : le président du Conseil dut se retirer, mais le traité du Bardo fut maintenu.

Au fond, malgré les précautions juridiques prises (qui motivent le choix par les autorités françaises d'un nouveau système de domination, le protectorat), on sentait encore dans le pays de fortes réticences vis-à-vis de l'expansion coloniale. Cependant, dans les milieux d'affaires français, l'attrait pour les régions coloniales s'affirmait ; en 1875, la Banque d'Indochine avait été créée et en 1877 la Compagnie algérienne ; dès 1882, le Crédit foncier d'Algérie et de Tunisie vit le jour ; en 1885, la Compagnie de Mokta-el-Hadid commença la mise en valeur de gisements de fer en Algérie ; en 1886, la Compagnie des phosphates de Gafsa commença son exploitation, tandis que la Société des Batignolles complétait le réseau ferroviaire tunisien. Il serait donc imprudent de conclure que les causes de la nouvelle poussée expansionniste française aux colonies sont à chercher seulement dans un désir de gloire nationale ou dans un «transfert» chez un pays meurtri en Europe.

Comme la Grande-Bretagne, la France peut chercher, dans la colonisation, une solution partielle à certaines de ses difficultés économiques ; ce faisant, ne risque-t-elle pas de se heurter davantage à la Grande-Bretagne ? Par la pratique du condominium, Gambetta, autour duquel gravitait alors bon nombre de personnalités intéressées par les perspectives coloniales, tel Eugène Étienne, véritable « patron » du groupe de pression colonial au Parlement, espérait-il lever la contradiction entre une politique extérieure proanglaise et des frictions inévitables sur le terrain ? En tout cas, les modifications intervenues dans le pourtour méditerranéen pendant ces années 1878-1882 contribuèrent à accélérer la réorganisation des ententes diplomatiques en Europe. On a vu comment l'Italie, dépitée, avait rejoint le camp bismarckien ; la Grande-Bretagne va bientôt tirer les conséquences de la nouvelle attitude française.

LA CURÉE EN AFRIQUE

Les questions africaines vont l'y aider. Au milieu des années 1880, le continent africain est au cœur des problèmes internationaux, au point de susciter une nouvelle conférence internationale à Berlin (novembre 1884-février 1885). Le choix de Berlin est à nouveau symbolique, car il semble suggérer que Bismarck est sollicité par les autres partenaires de jouer un rôle d'arbitre ; en réalité, le chancelier allemand, comme les autres, après bien d'autres, participe à la « curée » en Afrique ; l'ère des partages africains est ouverte, c'est le fameux « Scramble for Africa » (titre d'un article du *Times* du 15 mai 1884).

En septembre 1876, le roi des Belges Léopold II avait réuni à Bruxelles une trentaine de géographes, d'explorateurs et de philanthropes attirés par le continent noir ; une Association internationale africaine était constituée sous l'autorité personnelle du roi Léopold. En principe, elle avait pour but de faciliter la pénétration en Afrique de la civilisation européenne sous toutes ses formes, depuis l'abolition de la traite jusqu'aux échanges commerciaux libres. Léopold II, humant le vent, voulait joindre des considérations humanitaires à des perspectives plus nettement intéressées ; celles-ci consistaient à constituer un royaume personnel destiné à enrichir le patrimoine d'un petit groupe, au sein duquel Léon Lambert, agent des Rothschild à Bruxelles, jouait le rôle de bailleur de fonds ; le roi, lui-même passionné par la mise en valeur des contrées lointaines (il a longtemps pensé à la mise en valeur de régions en Extrême-Orient, des Philippines au Tonkin), ardent et décidé, louait ensuite les services de l'explorateur Stanley, fondait une Association internationale du Congo et put ainsi créer un embryon d'État personnel ; en quelques années, le bassin central du Congo passait sous l'autorité de l'Association internationale du Congo (1878).

La pénétration en Afrique centrale s'accéléra alors ; agissant au nom de la France, Savorgnan de Brazza avait exploré la zone des débouchés du fleuve Congo dès 1875 ; en 1883, le Parlement français ratifia les accords signés par Brazza avec les souverains indigènes détenteurs de l'autorité au nord du Stanley Pool (*cf.* carte 5, p. 170) ; non seulement la ratification ne posa aucun problème, mais la popularité de l'explorateur devint considérable, alors qu'il suscitait un faible intérêt quelques années auparavant. Freycinet, Rouvier, Ferry, Étienne et les députés « opportunistes » français qui soutenaient cette poussée expansionniste renouvelaient ainsi les directions fondamentales de la colonisation française ; vers 1879-1881, on avait songé à relier les possessions du Sénégal et du Haut-Niger avec les colonies du Maghreb, éventuellement par une grande voie ferrée transafricaine formant un axe nord-sud (l'heure des grands chemins de fer transcontinentaux semblait venue, peut-être pour assurer une relance économique), mais les difficultés de la pénétration au Sahara conduisirent à rechercher un nouvel axe est-ouest en Afrique, le Congo-Tchad.

Sur la côte est-africaine, le marchand allemand Carl Peters s'efforçait d'assurer une présence allemande, économique et politique, à partir de Zanzibar, tandis que plus au sud, sur la côte occidentale, un autre marchand-explorateur, Lüderitz, entreprenait aussi d'imposer une

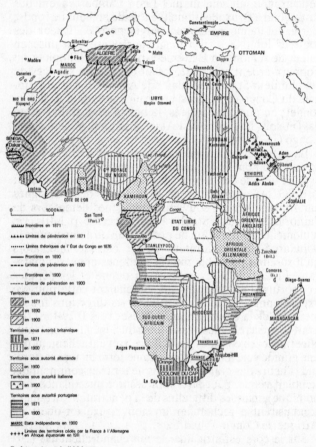

Frontières en 1871
Limites de pénétration en 1871
Limites théoriques de l'État du Congo en 1876
Frontières en 1890
Limites de pénétration en 1890
Frontières en 1900
Limites de pénétration en 1900

Territoires sous autorité française
en 1871
en 1890
en 1900

Territoires sous autorité britannique
en 1871
en 1900

Territoires sous autorité allemande
en 1900

Territoires sous autorité italienne
en 1900

Territoires sous autorité portugaise
en 1871
en 1900

MAROC Etats indépendants en 1900
Limites des territoires cédés par la France à l'Allemagne en Afrique équatoriale en 1911

5 - Le partage de l'Afrique

présence allemande. Bismarck, d'abord très réticent vis-à-vis de ces initiatives privées, sembla disposé à les soutenir, de même qu'il accorda sa garantie politique aux actions allemandes dans le Togo et le Cameroun (protectorat établi sur ces régions en juillet 1884 à la suite de l'action des commerçants Woermann et Colin, et d'un explorateur, Nachtigal); les associations et les compagnies à charte allemandes se multiplièrent. Toutefois, Bismarck exprima la volonté de ne pas faire intervenir directement la puissance politique pour créer des colonies; dans un discours au Reichstag en juin 1884, il évita soigneusement toute déclaration qui engagerait la responsabilité de l'État impérial dans la recherche de territoires coloniaux : protéger les nationaux allemands et leurs entreprises, ne pas conquérir. En réalité, Bismarck sacrifiait à la «mode coloniale» à la fois pour répondre aux désirs de groupes de pression (armateurs, commerçants), à la veille d'une élection au Reichstag, et pour obtenir des monnaies d'échange dans le gigantesque jeu diplomatique européen, comme on le verra plus loin. Quoi qu'il en soit, à son tour, l'Allemagne constitua un empire colonial : en dehors de l'Afrique, installation dans le Pacifique aux îles Samoa (1884), en Nouvelle-Guinée, dans les îles Marshall (1885).

Si l'on ajoute que l'Italie avait débarqué des troupes en Érythrée (baie d'Assab en 1882) et que, là encore, un courant d'opinion procolonial commençait à faire entendre sa voix, on comprendra aisément que, vers 1884, la vieille puissance impériale anglaise était inquiète. Cette inquiétude fut avivée par les nouveaux principes appliqués par les intervenants. En effet, les visées françaises sur le bassin du Congo se fondaient sur une doctrine nouvelle, celle de l'acquisition d'une zone réservée, où le commerce national serait protégé après que la possession du sol eût été juridiquement reconnue. Auparavant, la doctrine de la prépondérance *(paramountcy)* était la règle : on contrôlait les populations côtières sans leur imposer de réelle suzeraineté et on faisait admettre tacitement le fait par les autres puissances; de cette manière, on évitait et les frais d'infrastructure administrative et les ennuis de la domination politique tout en assurant la liberté des marchés. En 1884, ni Gladstone ni même Salisbury n'étaient partisans des conquêtes nouvelles ; la liberté de commerce leur suffirait ; mais comment concilier ces vues avec les visées annexionnistes françaises ? En un premier temps, pour faire barrage, l'Angleterre tenta d'utiliser les positions portugaises situées au nord et au sud de l'embouchure du Congo : en février 1884, Londres annonça son soutien aux prétentions portugaises d'être « protecteur » de toute la côte dans cette zone ; en échange, le Portugal assura la clause de la nation la plus favorisée pour le commerce britannique dans cette région. Mais Paris et Berlin refusèrent cette « couverture » des intérêts commerciaux anglais. Allait-on connaître une tension internationale en Afrique ?

LES COMPROMIS DU SECOND CONGRÈS DE BERLIN (1884-1885)

Bismarck pensa justement que l'occasion lui était favorable. Depuis deux ans, Londres cherchait à régler la question égyptienne par un accord politique et financier avec Paris ; Ferry se dérobait à cet accord ; en affectant de soutenir les Français à propos de l'Égypte, Bismarck faisait d'une pierre deux coups : d'une part, il incitait les Français à résister aux Anglais, ce qui détournait la France d'une guerre de revanche, d'autre part, en inquiétant les Anglais, il contraignait ceux-ci à plus de souplesse vis-à-vis des nouvelles prétentions coloniales allemandes (un conflit local a surgi à Angra-Pequena, en Afrique du Sud-Ouest). Il est probable que les buts du chancelier allemand étaient surtout d'empêcher un rapprochement franco-britannique, voulu par Gambetta ; en effet, l'influence de Gambetta sur la politique extérieure française restait vive, peut-être parce que le baron de Courcel, qui en avait été l'inspirateur, demeurait personnalité dominante, conseiller de Ferry et ambassadeur à Berlin. En outre, Bismarck pensait sans doute sincèrement qu'en aidant la France à chercher une expansion hors d'Europe, il détournait les « énergies » françaises de la ligne bleue des

Vosges. Depuis plusieurs mois, il avait multiplié les ouvertures vers Ferry pour un rapprochement (appui aux thèses françaises sur la question égyptienne, solidarité militaire pour les opérations navales françaises au Tonkin et en Chine, gestes de bonne volonté à l'égard du baron de Courcel), en fait, la diplomatie française n'était pas dupe ; pouvait-elle de son côté tirer avantage de cette bonne volonté bismarckienne ? Ainsi, avec des objectifs différents, les trois principales puissances intéressées au règlement des questions africaines acceptaient la proposition de Bismarck d'une conférence internationale destinée à régler les litiges présents et futurs en Afrique. La conférence de Berlin commençait en novembre 1884, alors qu'au même moment, en Asie, le conflit anglo-russe menaçait à propos de l'avance des troupes russes vers l'Afghanistan (l'oasis de Merv a été annexée en février 1884) (*cf.* carte 6, p. 176).

On pourrait considérer cette conférence comme une sorte de marché de dupes : chacun triompha et chacun fut trompé. Des concessions mutuelles permirent de dégager des solutions : le principe français de la possession réelle du sol afin d'en faire reconnaître l'autorité politique par les autres fut admis, mais le principe britannique de la liberté commerciale fut également admis pour toute l'Afrique centrale. « Le bassin conventionnel du Congo » (il englobe les régions de la côte orientale africaine, de l'Éthiopie au nord au Zambèze au sud) devint zone sans barrières douanières, avec liberté de navigation sur le Congo et égalité de traitement pour tous les Européens commerçant dans cette région ; c'est le régime dit de la « porte ouverte ». Léopold II, appuyé par les chambres de commerce britanniques, fut reconnu comme souverain de l'État libre du Congo, sorte d'État tampon entre les ambitions des grandes puissances. Enfin, on affirma le principe d'un effort conjoint des États colonisateurs pour réduire l'esclavage, la traite, et pour respecter les coutumes et les croyances locales ; la morale semblait devoir se mêler à la colonisation.

Mais au-delà des apparences, chacun tendait à profiter de la situation. Pour le règlement des questions africaines,

Bismarck avait refusé nettement l'entente anglo-portugaise ; il avait tenu à faire reconnaître les droits allemands sur la zone est-orientale (ce qui aboutira à un accord de partage anglo-allemand en 1886) et sur le Sud-Ouest africain. Le délégué anglais Granville avait nettement repoussé toute juridiction internationale sur le bassin du Niger afin de sauvegarder les intérêts de son pays sur le futur Nigeria (donc il n'existera pas un régime unique de colonisation en Afrique) ; il avait obtenu l'accord allemand pour un règlement financier en Égypte. Léopold II promit de laisser l'égalité des chances aux commerçants européens, mais, dans la pratique, il aura bientôt l'opportunité de montrer combien l'autorité politique sur une région confère un singulier pouvoir économique. Enfin, la France, qui voyait son autorité reconnue sur les zones explorées par Brazza, créant ainsi une vaste zone française en Afrique équatoriale, avait obtenu un droit optionnel sur l'État indépendant du Congo. Surtout, elle pouvait profiter de la bonne volonté de Bismarck et des embarras britanniques pour poursuivre ses acquisitions en Afrique et en Asie : en Afrique occidentale, des officiers grignotaient du terrain par des expéditions « pacificatrices », Djibouti était acquis, la pénétration à Madagascar commençait (prise de Diego-Suarez en décembre 1884), les opérations militaires au Tonkin pouvaient se dérouler sans réactions négatives des puissances européennes.

En somme, l'accord est général pour se partager les terres africaines, mais les calculs des principaux protagonistes reposent sur des considérations divergentes : d'un côté, Bismarck joue avec les ambitions coloniales de la France ou de la Grande-Bretagne pour des objectifs surtout européens ; de l'autre, Gladstone est plus préoccupé par la route des Indes, c'est-à-dire l'Égypte et les marges des Indes, mais il n'abandonne pas ses prétentions africaines ; enfin, Ferry, sans illusions sur les offres de Bismarck, cherche à accroître l'empire colonial sans oublier l'Alsace-Lorraine. En vérité, l'heure du partage de l'Afrique a sonné et chacun en veut sa part. Est-ce déjà l'heure des impérialismes coloniaux ?

L'expansion coloniale en Asie pourrait inciter à donner une réponse affirmative à la question précédente. Vers 1885, comme en Afrique, les conquêtes s'accélèrent : les marges septentrionales de l'empire des Indes et la péninsule Indochinoise sont les lieux privilégiés de cette expansion. Trois États se disputent ces zones : la Russie, la Grande-Bretagne et la France (*cf.* carte 6, p. 176). Là encore, les conflits comportent des risques de guerre et leurs effets interfèrent sur les décisions prises en Europe ou sur les stratégies élaborées depuis l'Europe. Simplement, l'importance accordée à des difficultés coloniales par les gouvernements des États concernés est variable ; pour certains responsables, ce sont des péripéties secondaires qu'il convient de désamorcer au plus vite, pour d'autres, au contraire, le destin national en dépend. Cependant, la concordance des actions oblige à se poser la question plus large des raisons profondes de cette accélération des conquêtes coloniales, qui interviennent tant, désormais, dans les relations internationales.

Les ambitions russes se portaient depuis longtemps vers le sud du Turkestan, notamment vers l'actuel Turkménistan ; en l'espèce, l'influence de militaires ambitieux et audacieux était indéniable, mais le désir des marchands d'accéder plus facilement au subcontinent indien et à la Chine centrale pouvait également jouer. De plus, les responsables pétersbourgeois n'étaient pas fâchés à la fois de remporter des succès de prestige et de faire pression sur la Grande-Bretagne dont le soutien vis-à-vis de l'Empire ottoman et la « protection » des Détroits étaient mal admis par la cour tsariste. Sans que cela fut vraiment au centre des préoccupations de Nicolas de Giers, responsable des Affaires extérieures depuis 1881, l'occasion de tirer parti de l'entente avec Berlin et Vienne était trop belle pour ne pas être saisie.

Dès 1883, Giers avait proposé de renouveler l'alliance des Trois Empereurs signée en 1881. Son but était précis : la Russie avait besoin du calme en Europe pour réaliser ses ambitions en Asie ; grâce à cette alliance, si en Europe

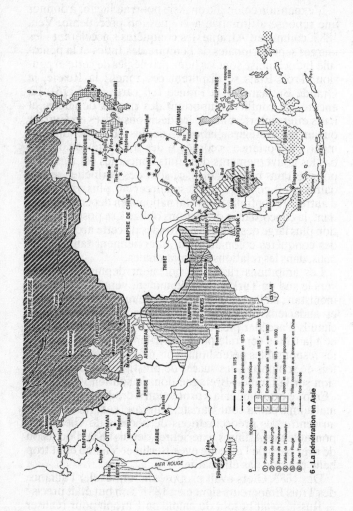

6 - La pénétration en Asie

la France républicaine était isolée, en Asie la Grande-Bretagne, sa rivale, l'était aussi. Bismarck accepta de signer le renouvellement et tint même à faire participer l'empereur Guillaume Ier à une rencontre à trois avec François-Joseph et Alexandre III (tsar de 1881 à 1894) : l'entrevue de Skiernewice (15-17 septembre 1884) consacrait une fois encore la solidité du système bismarckien. Au même moment, Giers faisait savoir que pour des raisons «techniques», la négociation entamée entre experts russes et experts anglais pour délimiter la frontière russo-afghane devait être suspendue.

Le choc fut rude à Londres pour le gouvernement Gladstone pourtant bien disposé envers la Russie : en mai 1884, on s'était mis d'accord pour négocier et, brutalement, tout était remis en question. Bien plus, au début de 1885, un nouveau plan de pénétration était décidé unilatéralement par la Russie qui occupait la vallée du Mourgab et semblait résolue à s'emparer de la passe de Zulficar, porte d'entrée vers les vallées afghanes. En mars 1885, une bataille rangée entre troupes russes et troupes afghanes montrait la résolution russe d'avancer vers le sud (incident de Pendjeh). Gladstone, ému, soutenu par les conservateurs sur ce point, menaça d'agir par la force, car la défense de l'Inde était en cause. Pourtant, depuis plusieurs années, la ligne politique des libéraux avait été très modérée quant à la défense de l'empire : suivant les conseils de la tendance dite « du Penjab », représentée par le gouverneur des Indes Ripon (nommé à ce poste en 1880), le gouvernement anglais se refusait à annexer l'Afghanistan, préférant le laisser «indépendant» dans son rôle d'État tampon ; cette bonne volonté subissait donc une rebuffade directe.

Un conflit militaire semblait inévitable, car Salisbury, revenu au pouvoir (Gladstone a été contraint de se retirer en juin 1885), ne pouvait obtenir l'aide de Bismarck pour imposer la modération à la Russie, puisque le chancelier allemand se déclarait fidèle à son système d'alliances. Cependant, la tension très vive qui se développait au printemps 1885 allait trouver une solution pacifique en septembre 1885 : faisant volte-face, les Russes acceptaient de ne pas revendiquer la passe de Zulficar. Pourquoi ce brutal retournement ? Les difficultés en Bulgarie modifiaient le point de vue russe ; en effet, quelques jours après l'accord anglo-russe sur l'Afghanistan, le prince Alexandre de Bulgarie, qui s'était brouillé avec le tsar en 1884, décidait de réunir sous son autorité les deux « morceaux » de la Bulgarie sans solliciter l'avis de son protecteur ; à nouveau la Russie devait tourner son attention vers les Balkans et éviter tout geste dangereux en Asie. Où le destin futur du colosse russe devait-il se fixer ? En Europe ou en Asie ? Délicate ambiguïté !

L'ACTION FRANÇAISE EN INDOCHINE

Toutefois, les inquiétudes anglaises en Asie demeuraient, car dans la péninsule Indochinoise, les entreprises françaises venaient d'aboutir à des modifications sensibles de souveraineté. Après une période d'abstention jusqu'en 1878, des responsables militaires et administratifs français avaient commencé à préparer une intervention au Tonkin ; sur place, les autorités de la Cochinchine (colonie depuis 1867) brûlaient d'agir, mais les gouvernements français disparaissaient trop vite à Paris pour que l'action soit entreprise ; finalement, en avril 1882, sur instructions du gouverneur Le Myre de Villers, le commandant Rivière menait une action de reconnaissance vers Hanoi et sur le fleuve Rouge.

La Chine, suzeraine et protectrice du royaume d'Annam, dont dépend le bassin du fleuve Rouge, protestait. Voulait-on aller plus loin du côté français ? Il semble bien que les volontés d'action des chefs militaires et civils sur place aient trouvé des échos favorables en France du côté de certains affairistes, attirés par les possibilités minières locales (charbon) et par les possibilités d'accéder plus facilement à la Chine du Sud ; les perspectives de s'ouvrir plus largement les marchés indochinois et chinois ont également poussé les soyeux lyonnais à se découvrir partisans de l'action directe. En tout cas, la conjonction d'intérêts économiques et de volontés personnelles a pu peser dans la prise de décision du gouvernement français. Au demeurant, Ferry, qui revient au pouvoir en mars 1883, est un partisan résolu de l'action coloniale.

Manœuvrant le Parlement pour le placer le plus souvent devant le fait accompli, Ferry put obtenir les crédits nécessaires à la conquête (l'opinion publique fut secouée par l'annonce de la mort du commandant Rivière tué dans une embuscade); le bombardement de Huê provoqua le protectorat français sur l'Annam (août 1883). Or, du côté chinois, les partisans du compromis avaient dû laisser le champ libre aux défenseurs de la nation chinoise; un incident en août 1884 conduisit à un conflit armé contre la Chine. Celui-ci va durer près de deux ans, marqué par des opérations navales et des conquêtes territoriales au Tonkin, sans que la guerre ait été ni autorisée par le Parlement français ni officiellement déclarée. Fort ébranlé par des problèmes de politique intérieure, accusé véhémentement par les «nationalistes» de droite et de gauche d'oublier «les provinces perdues» au profit de lointaines contrées étrangères, suspecté d'être le complice d'affairistes sans vergogne, Ferry ne put mener son entreprise à bien, après une défaite partielle à Lang Son (mars 1885). La Chambre le désavoua, au milieu de l'effervescence parisienne, mais, quelques semaines plus tard, elle ratifiera le second traité de protectorat sur l'Annam, signé en mai 1884, tandis que les négociations avec la Chine menées par Ferry avant sa chute aboutirent au second traité de Tien-Tsin (juin 1885); la Chine reconnaissait le protectorat français et s'engageait à ouvrir le sud-ouest de son territoire à une future pénétration ferroviaire.

La Grande-Bretagne n'était pas intervenue dans le conflit, mais elle en tira aussitôt les conséquences : en 1885, elle élargit ses possessions de Malaisie pour mieux protéger Singapour (possédé depuis 1819); en 1886, elle annexa les vallées de l'Irraouady, constituant ainsi une Birmanie sous influence britannique directe. Seul le Siam échappa alors à la conquête, grâce aux convoitises opposées de la France et de la Grande-Bretagne qui s'annihilèrent. Mais, à court terme, la tension anglo-française en Asie doubla la tension anglo-russe; le gouvernement de

Londres, qui avait mesuré son isolement, put s'interroger sur l'opportunité d'un rapprochement avec Bismarck.

Conclusions

Trois conclusions principales peuvent être tirées de ces conflits extra-européens, réglés finalement sans guerres intra-européennes. Tout d'abord, l'expansion constatée en Afrique et en Asie doit bien correspondre à des besoins nouveaux de la part des Européens; sans doute la conjoncture économique médiocre n'explique-t-elle pas *seule* cette vague nouvelle; des causes politiques, des volontés personnelles sont aussi à retenir pour comprendre cette poussée hors d'Europe, mais les affirmations d'un Jules Ferry sur la filiation entre politique industrielle et politique coloniale ne relèvent pas seulement de la justification *a posteriori*. En outre, les effets de cet expansionnisme colonial sont nets : à court terme, la relative abstention de Bismarck lui permet de conserver un certain rôle d'arbitre en Europe, mais lui-même doit participer au mouvement; à long terme, le second système bismarckien sera-t-il viable, si son auteur considère seulement le Vieux Continent comme base des négociations? Réciproquement, l'indifférence britannique pour les systèmes diplomatiques en Europe même reste-t-elle rationnelle?

Enfin, dans les États menacés par ces conquêtes européennes, des contrecoups apparaissent parmi les sociétés menacées, même si les réactions sont encore faibles ou impuissantes. En Égypte, les officiers ont tenté de faire pression pour obtenir une politique nationale indépendante; dans l'Empire ottoman, des dignitaires turcs voudraient rénover cet empire afin de le soustraire aux ambitions extérieures; en Chine même, deux tendances s'opposent quant à la conduite de la diplomatie : des modernistes sont prêts à la conciliation vis-à-vis des visées étrangères afin de disposer de temps et de moyens pour se moderniser; mais d'autres (le groupe «pour une politique pure»), plus intransigeants, sont sensibles à la dépendance et poussent à la résistance ; des consciences s'éveillent ici ou là (c'est le cas de Sun Yat-sen devant la guerre franco-chinoise). Pour le moment, ces sursauts nationaux sont facilement balayés par les conquérants européens, mais l'exemple du Japon, qui, depuis 1867, mène une rénovation moderniste efficace, restera-t-il longtemps unique ?

Incontestablement, pendant ces années de difficultés économiques, au moment où les calculs et les méthodes bismarckiens paraissent bien s'adapter aux questions politiques en suspens, des modifications significatives interviennent dans les relations internationales. En particulier le système diplomatique européen s'élargit à d'autres continents à cause de la grande vague de la colonisation. Or celle-ci, qui souvent fait appel à la force armée, réclame une adhésion des opinions publiques. Celles-ci y sont-elles préparées alors que les intérêts nationaux, voire les nationalismes, demeurent prédominants en Europe ? *Il s'agit bien d'une période de transition.*

CHAPITRE VI

Apogée et ruine
de la diplomatie bismarckienne (1886-1890)

L'achèvement du système bismarckien

LES NATIONALITÉS DANS LES BALKANS
ET L'ABAISSEMENT RUSSE

La persévérance est sans doute l'une des qualités d'Otto von Bismarck ; après les difficultés de la fin des années 1870, le chancelier allemand a entrepris la reconstitution d'un système diplomatique cohérent, destiné à garantir le *statu quo* en Europe ; en 1882, le moyen diplomatique de parvenir à ce but fondamental est réalisé : Allemagne, Autriche-Hongrie, Russie, Italie semblent évoluer de concert afin d'éviter de nouvelles secousses (pour la carte des Balkans, voir p. 139).

En particulier, la zone balkanique est l'objet de l'attention des Empires centraux, car le problème des nationalités est loin d'y être résolu, ce qui peut toujours susciter quelque soubresaut dangereux pour la stabilité européenne. Depuis le congrès de Berlin de 1878, l'Autriche-Hongrie, qui a obtenu la gestion « provisoire » de la Bosnie-Herzégovine, estime justement que la situation lui est favorable et qu'il importe donc de « geler » la carte

182

dans cette région avec l'appui de l'Allemagne. Le gouvernement de Vienne prend de nouvelles dispositions afin de garantir sa tranquillité et sa sécurité, notamment dans la partie occidentale de la péninsule; Bosnie-Herzégovine, Serbie et Roumanie sont concernées. Dans les provinces contrôlées directement par l'Autriche-Hongrie, toute la politique des occupants consiste à annihiler les velléités nationales; après avoir «pacifié» la Bosnie du Nord par une campagne militaire qui dure plusieurs mois, le gouverneur von Kallay, noble magyar, qui reste à son poste de 1882 à 1903, pratique une politique de division parmi les populations des deux provinces en usant des différences de langues (serbe, croate, turc) et de religions (orthodoxe, catholique, musulman); il faut, avant tout, éviter qu'une fédération des Slaves du Sud puisse se réaliser avec la Serbie à sa tête.

Au demeurant, le royaume de Serbie est lui-même doublement soumis à l'autorité austro-hongroise. Dès le congrès de Berlin, le ministre serbe des Affaires étrangères, Ristic, dut signer un accord économique avec le puissant voisin du nord : le transit des marchandises par les voies ferrées entre la frontière austro-hongroise et l'Empire ottoman serait libre et les autorités serbes s'engageaient à achever la construction des voies ferrées nécessaires à la jonction Budapest-Constantinople ou Budapest-Salonique; autant dire que l'indépendance économique de la Serbie était purement fictive. Comme, en outre, des capitalistes français se chargeaient de construire ces lignes ferroviaires destinées à irriguer tout le Sud-Est européen, en usant des bonnes dispositions politiques de Vienne et de Constantinople et de la faiblesse locale en capitaux disponibles, on voit mal qui aurait pu vraiment remettre en cause un ordre établi servant les intérêts de nombreuses grandes puissances (le groupe Hirsch, l'Union générale de Bontoux avant son krach en 1882, le Comptoir d'escompte plus tard, agirent efficacement dans la construction du réseau balkanique, matérialisée par l'achèvement de l'Orient-Express en 1888). Cette dépendance économique serbe se double d'une dépendance politique : le prince Milan Obrenović, qui dirige la Serbie, avait compté sur l'appui du « grand frère slave » pour agrandir ses terres et obtenir le titre de roi, mais, depuis le congrès de Berlin, il doit se rendre à l'évidence : l'autorité supérieure pour la partie occidentale des Balkans réside à Vienne. Aussi, sans doute contre les sentiments nationaux des populations serbes, accepte-t-il de signer secrètement, en juin 1881, un véritable traité de vassalité vis-à-vis du suzerain autrichien ; désormais, la politique extérieure serbe suivrait celle de l'Autriche ; aucune troupe étrangère ne serait tolérée sur son sol et tous droits sur la Bosnie-Herzégovine étaient abandonnés. En retour, en 1882, Milan Obrenović obtint le titre de roi. Cet accord, confirmé pour six ans en 1889, faisait de la Serbie un royaume protégé par l'Autriche-Hongrie ; pouvait-il en être autrement, dès lors que les puissances européennes ne trouvaient aucun intérêt à laisser modifier le *statu quo* ? La petite principauté du Monténégro, qui bénéficie de modifications de frontière en 1881, grâce à la bienveillance de Vienne, a admis, à son tour, que son expansion vers l'Herzégovine est un leurre et les aspirations conquérantes du son prince Nicolas II se portent alors vers l'Albanie, possession ottomane. Ici comme ailleurs, le mouvement des nationalités dépend du bon vouloir des Grands.

Les gouvernements roumains l'ont bien compris. L'indépendance roumaine, reconnue par le congrès de Berlin, a sanctionné l'effort de guerre mené par les Moldaves et les Valaques. Toutefois, Bratianu et Kogalniceanu, président du Conseil et ministre des Affaires étrangères, ont été « entendus » mais non « écoutés » par les grandes puissances lors de ce congrès ; si la Roumanie nouvelle obtient un accès à la mer, en Dobroudja, ce n'est pas pour satisfaire de réelles aspirations nationales, mais pour équilibrer l'acquisition des bouches septentrionales du Danube par le trop puissant voisin russe. Aussi, malgré la délicate question de minorités roumaines, sujets de l'Empire austro-hongrois en Transylvanie, le roi Carol Ier, de la dynastie des Hohenzollern-Sigmaringen, pratique-t-il une politique de rapprochement avec les Empires centraux ; la faiblesse des moyens économiques, financiers, militaires,

interdit aux Roumains de mener une politique d'isolement ; entre deux maux, ils ont à choisir le moindre : la
menace d'une intervention russe, qui dépend du destin de
la Bulgarie, est considérée par Bucarest comme pire que
le sort «malheureux» des trois millions de Roumains
englobés dans le territoire hongrois. En octobre 1883,
Carol Ier signe un traité d'alliance défensive avec l'Autriche-Hongrie, bientôt contresigné par l'Allemagne. Ainsi,
la jeune royauté roumaine garantit à son tour le *statu quo*
en renonçant, *de facto*, à soutenir les aspirations nationales des Roumains de Transylvanie.

En apparence, le système des Empires centraux est
vraiment consolidé ; les calculs de Bismarck selon lesquels
les mouvements nationaux sont secondaires par rapport à
l'équilibre des puissances paraissent confirmés.

LA RÉUNIFICATION DE LA BULGARIE

La crise bulgare allait montrer la précarité de ces vues ;
elle allait obliger le chancelier allemand à remettre en
chantier ses constructions diplomatiques. Naturellement,
une question fondamentale mérite d'être posée à propos
de cette persévérance bismarckienne : l'obstination dans
les buts et pour les moyens traduit-elle un véritable esprit
politique, apte à saisir les données de base des relations
internationales ? En l'espèce, les mouvements des nationalités pouvaient-ils être indéfiniment niés par les diplomates, au nom des équilibres entre puissances ?

Depuis le congrès de Berlin, les positions russes en
Bulgarie s'étaient peu à peu amenuisées. La tutelle du
tsar, tolérée par les Puissances centrales, puis confirmée
par le protocole annexe de l'accord de juin 1881, heurtait
les ambitions personnelles du prince Alexandre de Battenberg, élu prince de Bulgarie par l'Assemblée nationale bulgare en avril 1879. En effet, si cette élection
avait été faite sur la « recommandation » d'Alexandre II,
oncle d'Alexandre de Battenberg, si, en 1881, le jeune
prince avait reçu le renfort du tsar pour mater les Bulgares libéraux, vainqueurs des élections (deux généraux
russes deviennent ministres de la Guerre et des Affaires

étrangères), bientôt cet ancien officier prussien comprenait qu'il conserverait son trône seulement en adoptant les vues de la majorité des Bulgares (au surplus, la reconnaissance n'est pas chose courante en histoire). En 1884, les élections en Bulgarie renforcèrent la position des libéraux, menés par Karavelov et Stamboulov; ceux-ci, le second surtout, refusaient la tutelle russe dans la mesure où cette protection s'opposait à la réunification des deux parties de la Bulgarie. Pour répondre aux vues des députés, Alexandre de Battenberg renvoya les ministres «russes» et laissa désormais agir les libéraux, ainsi que leurs amis qui vivaient en Roumélie sous l'autorité tutélaire ottomane; ceux-ci, dirigés par Stojanov, constituaient, en 1884, un comité unioniste qui noua des liens secrets avec l'armée bulgare. On préparait ainsi la fusion des «deux» Bulgarie. Lorsque le complot fut prêt, en septembre 1885, le gouverneur turc fut reconduit à la frontière; Alexandre de Battenberg se rendit à Plovdiv, où il reçut un accueil triomphal; sans heurts internes, les Bulgares avaient réalisé leur unité nationale. Au congrès de Berlin, les diplomates des grandes puissances avaient cru possible de résoudre des problèmes d'équilibre politique et stratégique par des subdivisions théoriques, niant le principe des nationalités; sept ans plus tard, la large vallée de la Maritsa, un haut lieu de la «nation» bulgare, était réunie aux provinces du Nord, la pseudo-Roumélie se fondait naturellement dans la Bulgarie. Belle revanche des nationalités sur les calculs des Grands!

Ceux-ci durent admettre le fait accompli, bien que tous eussent préféré le *statu quo*; mais, curieusement, sous cette unanimité magnanime, se dessinaient des points de vue souvent divergents. La Russie, protectrice traditionnelle des Bulgares, frères slaves et orthodoxes, aurait dû s'estimer comblée puisque l'Union compensait le recul subi à Berlin en 1878; en réalité, outre les heurts personnels entre le tsar et Alexandre de Battenberg, les dirigeants russes, notamment le ministre des Affaires étrangères Giers, estimaient inutile d'affronter l'opposition des Empires centraux pour réaliser les vœux nationaux des Bulgares. Satisfaits de l'appui de Bismarck, obtenu grâce aux accords de 1881, ils avaient bénéficié d'une plus grande liberté d'action en Asie, dans le Turkestan ; ils avaient trouvé un appui économique et financier en Allemagne ; ils pensaient limiter les ambitions rivales de l'Autriche-Hongrie. Aussi, dès le printemps 1884, Giers avait poussé Alexandre III à renouveler l'alliance des Trois Empereurs, signée en 1881 ; en septembre 1884, lors de l'entrevue solennelle et symbolique de Skiernewice entre les trois empereurs, une pleine solidarité monarchique et politique avait été affirmée. Dans ces conditions, on comprend le désintéressement russe pour les «révolutionnaires» bulgares, mais non pas pour l'avenir de la Bulgarie.

Par contre, le roi de Serbie, Milan Obrenović, était fortement inquiet de l'unité bulgare ; l'équilibre entre petits États balkaniques paraissait rompu ; le difficile problème de la Macédoine risquait d'être rapidement posé. Le roi de Serbie vint à Vienne demander l'appui de son «protecteur» autrichien ; le ministre des Affaires étrangères, Kalnoky, embarrassé (car comment «aider» la Serbie sans compromettre les équilibres antérieurs), se contenta de laisser faire son protégé ; après tout, un succès serbe, jugé probable, ébranlerait la Bulgarie nouvelle ; mais il ne fallait pas se compromettre par un soutien direct. Le 14 novembre 1885, la Serbie attaquait la Bulgarie. Très vite, le roi de Serbie dut déchanter, car les Bulgares stoppèrent la marche en avant des troupes serbes, puis contre-attaquèrent en territoire serbe. Kalnoky intervint fermement, par voie diplomatique, auprès d'Alexandre de Battenberg pour mettre fin au conflit, mais il n'envoya pas de troupes pour aider les Serbes devant l'opposition très nette de Bismarck à toute intervention directe des Puissances dans la guerre serbo-bulgare. Les deux belligérants signèrent donc un armistice, le 22 décembre 1885, et, par le traité de Bucarest en février 1886, reconnurent les anciennes frontières.

Cette guerre paraissait donc sans vainqueur ni vaincu ; elle laissait pourtant des traces dans le système diplomatique européen. En effet, l'Autriche-Hongrie, qui avait tenté d'utiliser à son profit des antagonismes entre nations balkaniques, avait, à tout le moins, montré par sa double intervention diplomatique que son autorité était décisive dans la péninsule. Les jeunes États balkaniques en tirèrent les conséquences ; la Serbie, déçue, devait toutefois rester fidèle à son protecteur ; la Bulgarie, que la Russie n'avait pas épaulée au moment délicat, allait se tourner vers l'Autriche-Hongrie.

Des maladresses russes vis-à-vis des Bulgares accélérèrent ce processus. Après qu'une conférence internationale réunie à Constantinople en avril 1886 a entériné l'Union bulgare, tout en préconisant, pour l'essentiel, le maintien du *statu quo* (des revendications grecques sur des zones de peuplement grec soumises encore aux Turcs sont rejetées par les Puissances), une conspiration militaire prorusse crut possible de faire rentrer la Bulgarie sous l'influence russe : Alexandre de Battenberg fut arrêté, emmené en Russie et forcé à abdiquer (20 août-7 septembre 1886). Ce coup de force eut un résultat contraire immédiat : un conseil de régence (Karavelov, Stamboulov, Moutkorov), animé par un sentiment national bulgare très vif, s'opposa aux pressions des militaires russes (mission Kaulbars, octobre 1886) ; il proposa la couronne au prince Ferdinand de Saxe-Cobourg, considéré comme un proche de l'Autriche (décembre 1886). Stamboulov, véritable dictateur de la Bulgarie entre 1887 et 1894, orienta délibérément son pays vers Vienne et vers Berlin ; outre la protection politique, Stamboulov tirait des avantages économiques et financiers de son rapprochement avec les puissances d'Europe centrale.

Ainsi, tout en affectant de conserver une parfaite neutralité vis-à-vis de la Bulgarie, les dirigeants de Vienne augmentaient leurs capacités d'influence dans les Balkans ; alors que l'Empire ottoman, sempiternel « homme malade », menaçait toujours de se disloquer en Europe sous la pression des mouvements des nationalités, la puissance de l'Autriche-Hongrie apparaissait comme décisive en cette région. Sans doute les Grands en Europe n'avaient-ils aucune envie de diviser l'Empire Ottoman pour répondre aux aspirations nationales des peuples locaux, mais, vers 1886-1887, par rapport à la situation précédente (au moment de la guerre russo-turque de

1877), un fait évident apparaissait aux observateurs diplomatiques : la Russie avait perdu ses appuis dans les Balkans. Au fond, le système des Trois Empereurs avait servi les intérêts de l'Autriche-Hongrie ; bien que Bismarck ait toujours affecté de tenir la balance égale entre ses deux partenaires, dans les faits, la Russie pouvait se considérer comme grugée et bafouée. Les slavophiles et les nationalistes russes le manifestèrent avec éclat : leur porte-parole, Katkov, le journaliste influent des *Notices de Moscou*, commença en 1886 une campagne de presse contre l'alliance des Trois Empereurs ; compte tenu de la censure impériale qui aurait pu stopper cette campagne facilement, la parution de ces articles montrait l'incertitude de la position russe et les divisions parmi les responsables tsaristes. À cause des Balkans, la Russie n'allait-elle pas abandonner le camp des Empires centraux, bien que le responsable des Affaires étrangères, Giers, soit un partisan convaincu de l'alliance avec Berlin ? Mais avec qui d'autre nouer une alliance ?

LE NATIONALISME FRANÇAIS, LE GÉNÉRAL BOULANGER ET LA CRISE DE 1887

La France pouvait apparaître comme l'alliée naturelle de la Russie, compte tenu des réalités géographiques en Europe et des réseaux d'alliances existants. En réalité, bien des obstacles existaient pour que le rapprochement entre Paris et Saint-Pétersbourg puisse se réaliser. Tout d'abord, la nature des deux régimes était aux extrêmes pour l'époque. En mars 1886, le gouvernement de Freycinet décidait de changer son ambassadeur à Saint-Pétersbourg, le général Appert, ancien chef de la justice militaire au moment de la Commune, très modérément républicain ; Alexandre III répliquait en refusant de recevoir un nouvel ambassadeur ; il faudra attendre fin octobre 1886 pour que l'agrément d'un nouveau diplomate français soit enfin obtenu. De plus, dans les Balkans, la position de la France, commandée par son souci de préserver l'intégrité de l'Empire ottoman, où ses intérêts économiques étaient sensibles, se marquait par un relatif manque d'intérêt officiel pour les mouvements d'émancipation, même si les intellectuels de ces pays, souvent formés en France, se réclamaient des idéaux de la Révolution française ; la présence, à Paris, de nombreux réfugiés politiques de ces pays n'impliquait pas une orientation audacieuse de la politique française dans le Sud-Est européen. En outre, justement vers 1886-1887, la France paraissait agitée par de nouvelles secousses annonciatrices de troubles : Bismarck, qui se disait effrayé par le nationalisme français, n'avait-il pas raison, et, du point de vue russe, était-il opportun de se rapprocher d'une France assoiffée de revanche contre l'Allemagne, alors que le principal adversaire de la Russie, l'Autriche-Hongrie, laissait Paris indifférent ?

Une situation incertaine était issue des élections législatives françaises de 1885 ; une loi électorale nouvelle et l'usure au pouvoir du personnel républicain opportuniste (Ferry) avaient amené une Chambre difficilement gouvernable ; des coalitions instables se faisaient et se défaisaient ; comme en pareil cas, on s'efforçait, çà et là, de susciter des mouvements d'opinion qui transcendent les groupes politiques habituels, en utilisant, si besoin est, la popularité d'un grand homme. Voici donc le boulangisme mis en selle ; un exemple particulièrement clair d'interférence entre politique intérieure et politique extérieure apparaît ici. Les données en sont simples : parmi les partis politiques, et au-delà d'eux-mêmes, la passion nationale n'a pas cessé d'exister depuis la défaite de 1871. Lorsque Ferry, avec d'autres, a poussé la France vers l'expansion coloniale, ses adversaires de droite comme ceux de gauche ont souvent mêlé leur anticolonialisme avec le sentiment d'un patriotisme bafoué. *La Ligue des patriotes*, fondée en 1882, a très vite atteint près de 200 000 adhérents, sans que ceux-ci soient alors classables à droite ou à gauche. La presse, le livre, l'image d'Épinal ont continué, depuis 1871, à rappeler le martyre de l'Alsace-Lorraine, tandis que le culte de la patrie et de la nation dans les écoles a contribué à mettre « l'idéal national » au-dessus des partis ; l'accord des Français est à peu près général sur ces idées. Dans ces conditions, puisqu'aucun groupe politique ne s'impose, pourquoi tel ou tel ne tenterait-il point de canaliser le nationalisme à son profit ? L'aventure du général Boulanger pouvait commencer.

Il suffit d'en rappeler les données essentielles. Nommé ministre de la Guerre dans un gouvernement de Freycinet en janvier 1886, le général Boulanger, républicain et patriote, apparaît comme soucieux de rénover techniquement l'armée française (adoption du fusil Lebel en 1886), d'en exalter la grandeur par des revues, qui, comme au 14 juillet 1886, satisfont le chauvinisme populaire. Le voilà célèbre, indispensable à son poste lors d'un changement de ministère en décembre 1886, soutenu par Déroulède qui préside la Ligue des patriotes depuis mars 1885. Tandis que les intellectuels français qui font le voyage outre-Rhin reviennent souvent frappés par le sérieux, la technicité, la valeur scientifique, l'organisation de l'économie et de la société allemande, tandis que Wagner suscite une très large admiration parmi les cercles de la société parisienne, la foule vibre derrière celui qui devient le général Revanche.

Il est vrai que Bismarck a lui-même contribué à grandir le personnage. En apparence, le chancelier allemand témoigne de la plus vive inquiétude devant cette poussée de fièvre « chauvine » française. Devant le Reichstag, le 11 janvier 1887, utilisant cette menace et mettant nominalement en cause le général Boulanger, il demande un renforcement des effectifs militaires allemands (de 400 000 à 470 000 hommes). Comme le Reichstag refuse ce projet, Bismarck n'hésite pas à dissoudre la Chambre ; il fait procéder aux élections avec la défense de la patrie allemande pour thème essentiel de la campagne ; les électeurs approuvent la fermeté du chancelier, qui, fort de sa majorité conservatrice, peut faire voter son projet militaire dès le 12 mars 1887. Là encore, les interférences entre politique intérieure et politique extérieure sautent aux yeux.

Des deux côtés de la frontière, on a parlé de mobilisations partielles ; les opinions publiques ont été excitées par certains journaux et les risques de guerre ont paru plus réels que jamais ; en février, la Bourse de Paris a connu quelques journées de panique. Le vote majoritaire des Alsaciens-Lorrains pour des députés protestataires, alors que l'administration allemande avait appliqué sa tutelle avec modération, donne une raison complémentaire d'intervenir pour libérer «nos deux provinces martyres». Enfin, preuve suprême de la volonté belliciste bismarckienne, un incident à la frontière, à Pagny-sur-Moselle, le 20 avril 1887, soulève une vague d'indignation en France; c'est l'affaire Schnaebelé. Le général Boulanger propose de mobiliser les troupes de couverture pour forcer l'Allemagne à rendre un commissaire de police, Schnaebelé, «enlevé en territoire français»! En réalité, Schnaebelé, qui mène des activités d'espionnage, a répondu à l'invitation d'un collègue allemand, tombant ainsi dans un traquenard monté pour arrêter ce fonctionnaire français, inculpé d'espionnage par la Haute Cour allemande; Bismarck ne semble pas être, lui-même, au courant de ces affaires subalternes. Le président de la République, Jules Grévy, et la majorité du Conseil des ministres refusent de suivre le général Boulanger avant que Bismarck ait répondu à la demande d'explication française; au fond, malgré l'exaltation patriotique, les responsables français sont conscients des risques encourus et du besoin pour la France de se trouver des alliés avant de relever le gant. De son côté, après enquête, Bismarck fait libérer Schnaebelé le 30 avril. Beaucoup de bruit pour rien?

LE « GRAND JEU » BISMARCKIEN DE 1887

Deux interprétations des événements sont possibles. Ou bien Bismarck a été véritablement inquiété par la popularité grandissante du général Boulanger, malgré les avis contraires du comte de Munster, ambassadeur à Paris, persuadé du pacifisme foncier des Français; on comprend, dès lors, qu'il grossisse le danger pour agir avant que les mesures militaires prises par les autorités françaises aient porté leurs fruits. Ou bien le chancelier allemand a prétexté de cette menace pour atteindre d'autres objectifs. Or la conjoncture de la fin de l'année 1886 tend à conclure en faveur du second terme de l'alternative. Bismarck a volontairement usé des premières manifestations du boulangisme pour parvenir à ses fins. Tout d'abord, en politique intérieure, comme on l'a vu, la peur du conflit a permis au chancelier de gagner les élections législatives et de renforcer l'armée allemande ; mais, en outre, les calculs diplomatiques de Bismarck ont été servis par cet antagonisme franco-allemand.

Les risques d'une guerre franco-allemande, due au nationalisme français, sont venus à point nommé pour isoler la France en Europe et pour inciter les autres États européens à se placer aux côtés de l'Allemagne, gardienne de la paix et du *statu quo* en Europe. En quelques semaines, une série d'accords témoigne de cette entente européenne autour de Bismarck : 20 février 1887, renouvellement de la Triplice, pour cinq ans, après un accord méditerranéen anglo-italien (12 février) contresigné par l'Autriche-Hongrie (5 mars) ; traité germano-russe, dit de réassurance, du 18 juin 1887. Le système diplomatique bismarckien paraît à son apogée.

Ce système repose, on le sait, sur deux considérations fondamentales : la «carte» politique de l'Europe ne doit pas changer, l'ordre européen repose sur l'entente des puissances monarchiques traditionnelles. En face de cette nouvelle «Sainte-Alliance», la France peut faire figure de trublion, tout comme après 1815 ; simplement, les volontés guerrières de la République française paraissent assez minces jusqu'en 1886. Or la crise bulgare a révélé la faiblesse de l'alliance des Trois Empereurs, puisque l'Autriche-Hongrie a habilement profité de la rupture entre les nationalistes bulgares et leur protecteur tsariste pour apparaître comme seule puissance tutrice des Balkans ; le ressentiment russe, même masqué chez les officiels, a donné naissance à la campagne de presse de Katkov et à quelques gestes de bonne volonté vis-à-vis de la France (un nouvel ambassadeur, Laboulaye, est cordialement accueilli par le tsar Alexandre III en novembre 1886 : « Il nous faudrait une France forte. Nous avons besoin de vous et vous avez besoin de nous. J'espère que la France comprendra »). En considérant cette «interrogation» russe, Bismarck peut fonder toute son action sur un calcul simple : si la Russie prend conscience que l'alliance française signifie rapidement un conflit guerrier avec l'Allemagne, qui, dans cette éventualité, soutiendra à fond l'Autriche-Hongrie dans les Balkans, les responsables russes reculeront devant une alliance dangereuse et infructueuse.

Pour Bismarck, il importe donc de faire croire à l'imminence d'une guerre franco-allemande, d'une part, et à la bonne volonté allemande vis-à-vis de la Russie impériale, d'autre part ; tout son discours au Reichstag du 11 janvier 1887 s'explique par cette tactique (« Je ne crois pas qu'on chercherait du côté russe des alliances pour nous attaquer de concert avec d'autres »… « Il nous est parfaitement indifférent qui règne en Bulgarie et, en général, ce qu'il advient d'elle »… « L'amitié de la Russie nous importe plus que celle de la Bulgarie… », le gouvernement français est pacifique… mais la durée des ministères est limitée et « nous devons nous attendre à être attaqués par la France, peut-être dans dix jours, comme peut-être dans dix ans »). Au fond, Bismarck use du nationalisme français dans le dessein de faire pression sur la Russie ; celle-ci est au centre des préoccupations bismarckiennes.

LES ACCORDS MÉDITERRANÉENS DE 1887

Car pour les autres puissances européennes, point n'est besoin d'agiter le spectre de la France revancharde pour obtenir leur appui. D'un côté, en Italie, en Grande-Bretagne, les antagonismes avec la France sont déjà assez marqués pour que l'amitié allemande soit préférée à l'entente avec la France ; de l'autre, en Autriche-Hongrie, l'indifférence pour la France est depuis longtemps acquise. Pour les deux premières puissances citées, le lieu commun de leurs antagonismes avec la France, la Méditerranée, les met même en mesure de se rapprocher ; la Grande-Bretagne est inquiète des visées russes sur les Détroits, des récriminations françaises vis-à-vis de l'Égypte, tandis que l'Italie admet avec peine la présence française en Tunisie alors qu'elle voudrait réaliser une vaste façade italienne sur la côte de l'Afrique du Nord autour de Tripoli. Avec la bénédiction complaisante de Bismarck, les deux États conviennent de s'entendre pour garantir le *statu quo* en Méditerranée, dans l'Adriatique, en mer Égée et en mer Noire ; ils se promettent leur coopération future dans cette partie du monde (échange de notes du 12 février 1887). En réalité, Salisbury a esquivé tout engagement précis ; il a confirmé la volonté britannique de laisser les choses en l'état (ce qui vise surtout les Détroits), mais, pour la première fois depuis longtemps, il a engagé les Britanniques dans la garantie de l'ordre européen. Le « splendide isolement » britannique paraît oublié.

Dès lors, puisqu'un tel accord correspond à la défense de l'ordre établi, tel qu'il existe en 1887, l'Autriche-Hongrie, qui n'a plus rien à réclamer dans les Balkans, peut se joindre à la déclaration anglo-italienne ; par la note du 7 mars 1887 échangée entre Londres et Vienne, il est constaté que le *statu quo* en Méditerranée et en mer Noire correspond aux vœux profonds des deux gouvernements ; cet acte complémentaire fait ainsi de l'Angleterre victorienne une garante conjointe de l'ordre européen. En mai 1887, l'Espagne adhère à son tour à ces accords, renforçant ainsi l'isolement français. La Méditerranée, qui aurait pu comme les Balkans devenir une zone de conflits européens, paraît à l'abri de toute remise en cause véritable, d'autant plus que Bismarck fait également pression sur l'Autriche-Hongrie pour que le renouvellement de la Triplice satisfasse davantage l'Italie, puissance régionale en formation dans cette zone méditerranéenne.

Le ministre italien des Affaires étrangères, Robilant, avait habilement manœuvré pour obtenir plus de concessions de ses alliés. Déçu par une alliance jusque-là infructueuse, Robilant avait prétexté des craintes affichées par Bismarck devant les menaces françaises de revanche pour obtenir des engagements précis de soutien de ses deux alliés contre la France en cas de conflit à propos de la Méditerranée (décembre 1886). Bismarck était prêt à adhérer à ces vues, de même qu'il soutiendra les vues similaires de Kalnoky demandant le soutien italien en cas de conflit avec la Russie à propos d'une modification de *statu quo* dans les Balkans. En réalité, en s'engageant davantage du côté italien en 1887, le chancelier allemand pouvait freiner les ambitions autrichiennes, sans pour autant rompre avec Vienne. En effet, les propositions de ses deux alliés se détruisaient l'une l'autre, car ni Rome d'un côté, ni Vienne de l'autre n'avaient l'intention de s'engager vraiment l'une dans les Balkans, l'autre en Méditerranée.

Finalement, le renouvellement de la Triplice reposait sur un compromis : les trois puissances prolongeaient leur accord pour cinq ans, tandis qu'une convention annexe germano-italienne apportait un appui militaire allemand à l'Italie en cas de conflit avec la France à propos de la Méditerranée, et qu'une convention austro-italienne prévoyait des compensations pour l'Italie si Vienne était amenée à modifier la situation dans les Balkans. Bismarck avait donné quelques gages à l'Italie, mais comme tout l'esprit du système diplomatique bismarckien reposait sur le maintien général du *statu quo* en Europe, Méditerranée comprise, tout dépassement de la situation acquise, que ce soit du fait de l'Italie ou de tout autre, eût été considéré par les co-contractants comme une transgression des accords. Ce système défensif et stabilisateur risquait de se révéler inapplicable, au cas où l'un des protagonistes voudrait en user pour satisfaire de nouvelles revendications.

LE TRAITÉ GERMANO-RUSSE, DIT DE RÉASSURANCE

La dernière pièce du système bismarckien, le traité russo-allemand du 18 juin 1887, confirme la fragilité de l'édifice bismarckien. En mars 1887, la Russie se trouvait à la croisée des chemins ; les traités récemment signés laissaient deux États à l'écart, la France et la Russie. En Russie, deux camps s'opposaient à propos de la conduite de la politique extérieure : les uns, nationalistes, slavophiles, souhaitaient rompre avec l'Allemagne et se rapprocher de la France ; le journaliste Katkov était leur porte-parole ; et au gouvernement, l'influent Pobiédonostsev et Wichnegradski, nouveau ministre des Finances qui avait remplacé en décembre 1886 Bunge, considéré comme trop peu favorable aux industriels et commerçants russes, poussaient en ce sens ; les autres, avec Giers et bon nombre de diplomates, voudraient conserver les alliances traditionnelles par peur de l'isolement en Europe. Entre les deux clans la lutte était sévère, surtout lorsque Katkov, dans un nouvel article sensationnel du 20 mars 1887, dévoila publiquement l'alliance des Trois Empereurs et dénonça la servitude russe vis-à-vis de l'Allemagne. Alexandre III hésitait, ce qui permit à Giers d'avancer en avril 1887 une solution moyenne, celle d'une simple alliance avec l'Allemagne, laissant l'Autriche-Hongrie à l'écart et garantissant les intérêts spéciaux russes en Bulgarie. Bismarck feignit de se prêter à cette manœuvre, puis lorsque les diplomates russes furent suffisamment avancés dans la voie des négociations, il dévoila, le 14 mai, la teneur de l'alliance austro-allemande de 1879. Dès lors, ou la Russie rompait avec Berlin, mais elle perdait tout appui dans les affaires bulgares, ou elle acceptait de rester aux côtés de Bismarck pour éviter l'isolement et le complet soutien allemand envers Vienne.

En juin, le tsar Alexandre III se rangea aux avis de Giers. Il signa un nouveau traité qui garantissait la neutralité réciproque des deux signataires en cas de conflit avec une tierce puissance ; les droits historiques de la Russie dans les Balkans furent reconnus et surtout, par un protocole secret, l'Allemagne s'engagea à soutenir diplomatiquement la Russie dans son action en Bulgarie et vis-à-vis des Détroits, « pour garder la clef de son Empire ». Sans nul doute, les clauses de tous les traités signés précédemment (ou reconnus) par l'Allemagne, fondés sur le maintien du *statu quo*, étaient en contradiction avec ces considérations secrètes.

Dans son souci de ménager les uns et les autres pour mieux les mener à sa guise, Bismarck en arrivait à rendre non viable tout ou partie de son système. Cette jonglerie perpétuelle supposait que les partenaires veuillent tous en rester au point où ils se trouvaient ; or les aspirations nationales ou nationalistes, les souhaits expansionnistes, les conditions économiques et financières se conciliaient difficilement avec cette construction habile, mais plus tournée vers le passé que vers l'avenir. Cette diplomatie secrète fondée sur les manœuvres tortueuses d'un homme d'État répondait peut-être à une période où les rapports dynastiques étayés par des vues conservatrices étaient dominants ; d'autres facteurs allaient vite en montrer les limites, puis l'irréalisme.

Conjoncture économique et nouveaux rapports politiques

Pendant que Bismarck réalise ses constructions diplomatiques stabilisatrices afin de répondre aux mouvements nationaux, la conjoncture économique mondiale évolue. On a déjà noté combien l'expansion coloniale devait au climat général de la *Grande Dépression*, même si bien d'autres facteurs a-économiques entraient en ligne de compte pour expliquer cette poussée coloniale des années 1880 ; or les conditions économiques en Europe, même dans la seconde moitié des années 1880, ne sont pas sans influencer notablement les décisions politiques prises, même si les décideurs ne sont pas toujours conscients des relations entre choix politiques et conditions économiques. On ne peut mettre au compte du hasard ou du seul calcul politique les deux violents conflits économiques et financiers qui opposent, justement en 1887-1888, d'une part la France et l'Italie, d'autre part l'Allemagne et la Russie. Ici le poids de la conjoncture pèse lourd.

LE CONFLIT COMMERCIAL ITALO-FRANÇAIS

L'évolution économique italienne pendant les années 1880 répond assez bien au stade du *décollage* décrit par les économistes. En effet, sous la protection de tarifs douaniers stricts établis dès 1878, et grâce aussi à la baisse mondiale des prix des matières premières, l'Italie a pu commencer son équipement industriel ; l'État italien y a lui-même contribué en intervenant directement sur le marché financier, en jouant souvent le rôle d'incitateur économique par ses commandes (pour la marine, les chemins de fer). Par ses participations directes ou indirectes lors de la constitution d'entreprises importantes (tels dans les hauts fourneaux de Terni, créés en 1884 et qui ont été développés entre 1884 et 1888 grâce à l'appui de l'administration maritime), l'État italien a renforcé la tendance des capitalistes italiens à construire une industrie nationale. Le tarif de 1887 qui augmente de 40 % les droits sur les produits métallurgiques étrangers explique la progression rapide de la métallurgie italienne, tout comme l'industrie textile padane, notamment celle du coton, a bénéficié des tarifs de 1878. Bien entendu, cette participation active de l'État qui consacre de fortes sommes du Trésor à développer rapidement un réseau ferroviaire conséquent, entre 1885 et 1890, ne va pas sans poser de sérieux problèmes de financement aux responsables politiques italiens. Déjà pour abolir le cours forcé de la lire en 1883, opération nécessaire pour placer l'économie italienne en bonne position, il avait fallu faire appel à des concours étrangers, français et britanniques ; *a fortiori*, alors que la balance commerciale présente un solde constamment négatif (depuis 1879) et qu'il convient de payer les intérêts importants des précédents emprunts extérieurs, est-il absolument nécessaire de conserver la confiance étrangère afin d'équilibrer les comptes de l'État par des apports nouveaux de crédits étrangers. Tant que l'accumulation nationale reste insuffisante et tant que l'État italien s'endette pour promouvoir la croissance industrielle, l'afflux des capitaux étrangers demeure vital. Au tout premier rang des créanciers et des investisseurs étrangers se trouvent les Français, le plus souvent menés par les Rothschild de Paris ; jusqu'en 1887, les intérêts ponctuellement payés et la confiance dans le développement rapide de l'Italie ont contribué au maintien de bonnes relations financières entre les deux pays, malgré la Triplice et son renouvellement en 1884.

Or, en décembre 1886, pour satisfaire les revendications des sidérurgistes et pour mieux défendre les céréaliers italiens, menacés par les hausses des droits français, le gouvernement italien prend l'initiative de dénoncer par anticipation le traité de commerce avec la France signé en 1881 et valable jusqu'en 1892. Les responsables italiens espèrent obtenir des concessions tarifaires françaises ; dans leur esprit, le contexte politique, qui n'a pas joué jusque-là, puisque dans les années précédentes le commerce entre les deux pays a connu un réel développement, ne devrait pas intervenir ; il s'agit, en outre, de répondre au geste négatif du Parlement français qui, en juillet 1886, a rejeté une nouvelle convention maritime franco-italienne plus favorable au cabotage italien. Des deux côtés des Alpes, les groupes protectionnistes gagnent du terrain dans les assemblées ; poussés par la quasi-totalité des chambres de commerce françaises, les responsables français auraient peut-être eux-mêmes fini par dénoncer le traité commercial de 1881. Aussi, lorsque les députés italiens auront adopté en juillet 1887 un nouveau tarif douanier général, encore plus protecteur, est-il prévisible que les négociations avec les Français seront difficiles ; une enquête administrative auprès des chambres de commerce et des chambres syndicales, en août 1887, montre d'ailleurs un puissant courant protectionniste en France. Francesco Crispi, devenu Premier ministre en août 1887, accepte cependant des contacts avec les Français ; puis une conférence se tient à Rome (31 décembre 1887-3 février 1888) pour tenter de conclure un nouvel accord commercial ; à la mi-février 1888, la rupture est totale ; les protectionnistes des deux pays triomphent, les taxes sont fortement surélevées des deux cotés. Les résultats sont rapides : dès 1888, les exportations françaises vers l'Italie tombent de 40 %, pourcentage équivalent à la baisse des exportations italiennes vers la France. Même si l'arrière-plan politique a été évoqué dans les débats des Chambres, il reste que la cause fondamentale de la rupture commerciale provient de l'antagonisme économique entre une jeune puissance qui veut s'affirmer et un trop puissant voisin.

Justement, la puissance financière de la France allait en retour s'affirmer. La lutte douanière franco-italienne se développe en 1887 alors que d'autres secousses économiques agitent l'Italie (deux effondrements bancaires en mars 1887) et que le déficit du Trésor s'aggrave malgré les artifices du ministre des Finances Magliani ; aussi le cours de la rente italienne fléchit-il sensiblement à Paris dans la seconde moitié de 1887, pour des raisons économiques. En outre, la politique extérieure de Crispi se traduit par un rapprochement politique évident avec l'Allemagne (entrevue avec Bismarck en octobre 1887 à Friedrichsruh) ; celui-ci prend corps par une convention militaire signée entre les deux pays en février 1888. Il est bien évident que la conjonction des phénomènes économiques et des faits politiques devait mener à une aggravation dans la détérioration des relations franco-italiennes. En février 1888, la rupture douanière et l'annonce de la convention militaire font plonger les cours de la rente italienne à Paris par suite de ventes massives (on verra plus loin les liens de ce mouvement spéculatif avec les valeurs russes) ; Crispi, qui y voit surtout une manœuvre politique du gouvernement français, fait appel à Bismarck pour contrecarrer ce danger. Le banquier Bleichröder, ami et conseiller financier de Bismarck, est appelé à la rescousse ; justement, depuis quelques années, un groupe de banques allemandes Bleichröder, Diskonto-Gesellschaft, Deutsche Bank a commencé à s'intéresser aux affaires italiennes avec des « alliés » britanniques (Baring et Hambro), suisses et italiens (Société générale du Crédit mobilier) ; on conçoit aisément que le transfert des valeurs italiennes entre Paris et Berlin puisse s'accélérer et que les participations germaniques en Italie augmentent. L'alignement de « l'alliance » économique italo-allemande (avec participation britannique) sur l'alliance politique et militaire se réalise pleinement à partir de 1888 ; *intérêts économiques et intérêts politiques convergent.* On ne s'étonnera donc point de la permanence et de la violence du conflit italo-français qui durera pendant une dizaine d'années.

Toutefois, il serait dangereux de penser que, d'un seul coup, tous les ponts sont coupés entre les économies des deux nations latines. Certains liens commerciaux subsistent et surtout la grande faim en capitaux qui continue de tenailler l'Italie laisse aux Français de grandes possibilités de manœuvres ; en outre, une grande partie de la dette publique italienne reste entre les mains des Français

(64 % pour la période 1885-1889, 58,3 % pour la période 1890-1894), ce qui prouve à l'évidence que les financiers allemands ne sont pas capables, ou désireux, de supplanter les porteurs français ; à plusieurs reprises, les banques allemandes manifesteront de l'essoufflement bien qu'un « *Konsortium für italianische Geschäfte* » se fût constitué en 1890 autour du groupe Bleichröder, tête de file de presque toutes les banques allemandes. Les difficultés budgétaires et financières qui persistent et qui même s'accentuent vers 1890 font hésiter les capitalistes allemands tandis que des faillites dans la construction, dans l'industrie mécanique, parmi les banques même, montrent l'ampleur de la crise économique italienne. En contrepartie, cela permet aux Français, plus prévoyants sur le plan économique, d'accentuer leurs prétentions ; ainsi la faible propension à investir de nouveau en Italie rejoint les vues politiques des dirigeants français ; les Rothschild de Paris s'affirmant d'autant plus stricts vis-à-vis de l'Italie que celle-ci s'engage plus nettement dans la Triplice. N'est-ce point la preuve que la France de ce moment possède une arme singulièrement forte dans la stratégie diplomatique, *l'arme financière* ?

LE RAPPROCHEMENT FINANCIER FRANCO-RUSSE

Le passage des fonds extérieurs russes de Berlin à Paris allait en administrer une autre preuve éclatante ; là encore, les décisions gouvernementales russes dans le domaine douanier et les besoins en capitaux d'une jeune économie en voie de développement allaient contribuer à des choix d'une grande portée.

La situation économique russe était caractérisée dans les années 1880 par un début d'industrialisation, illustré par le développement de l'industrie lourde dans le Donets et par l'expansion soutenue des industries textiles et de transformation en Pologne russe, à Moscou et à Saint-Pétersbourg. Toutefois, l'économie rurale restait largement dominante, en relative mutation depuis l'abolition du servage en 1861, sans que l'enrichissement d'une infime minorité de grands propriétaires puisse compenser pour le Trésor public l'endettement proverbial des moujiks. Or la pression fiscale, renforcée depuis la guerre russo-turque pour tenter de combler un déficit énorme, s'avérait insuffisante pour donner à l'État tsariste les moyens d'une vigoureuse impulsion sur l'économie nationale ; où trouver les fonds nécessaires pour l'équipement ferroviaire, le réarmement, et plus encore pour l'apurement des déficits de l'État ? L'apport des capitaux étrangers apparaissait indispensable ; la dette extérieure russe était déjà significative ; aussi, en 1886, le ministre des Finances, Bunge, voulut-il profiter de la conjoncture internationale pour abaisser le montant des intérêts à verser. En effet, dans cette période où les placements de qualité étaient moins nombreux que précédemment, il devenait possible de convertir la dette antérieure en offrant de nouveaux emprunts à taux d'intérêt plus faible, afin de rembourser les précédents, souscrits en période de crise ou de forte demande sur le marché financier, donc avec des taux d'intérêts élevés ; le « bénéfice » de l'État russe ne serait pas mince, car en 1886 le service de la dette publique obérait 31,7 % de toutes les dépenses de l'État. Mais les capitalistes allemands, néerlandais et britanniques, principaux créanciers de la Russie, accepteront-ils cette réduction, surtout les Allemands qui possédaient environ 60 % de cette dette externe ?

Les phénomènes politiques ont toujours une certaine influence sur la tenue des cours en bourse. En 1886, le marché des fonds d'État russes subit le contrecoup des difficultés en Bulgarie ; mais d'autres considérations purement financières conduisirent à la baisse : le désir des Russes de convertir leur dette déplaisait aux porteurs allemands et aux banques, qui y répondirent par la baisse. De plus, sur les places financières allemandes, la demande locale en capitaux nouveaux s'accentuait, car les affaires reprenaient dans l'Empire allemand après une période difficile ; le taux des prêts commençait à remonter, évidemment en contradiction avec les espérances russes. Ces diverses conditions politiques et économiques, perceptibles dès 1886, s'accentuèrent dans la première moitié de 1887. Aussi, malgré la signature du traité de réassurance en juin 1887, montrant les bonnes dispositions politiques réciproques des deux gouvernements, en juillet 1887 une violente campagne de presse débuta en Allemagne ; d'abord hostile à la politique douanière tsariste, elle visa aussi les mesures ségrégatives prises en Russie occidentale à l'encontre de la possession du sol par les étrangers ; puis elle attaqua les fonds russes ; les journaux allemands, qui reprochèrent aux Russes d'élever leurs droits de douane, réclamaient du gouvernement allemand des mesures de rétorsion, suivant en cela les vœux des agrariens allemands, soutiens efficaces de Bismarck au Reichstag. Bismarck pouvait-il dissocier politique et économie ?

En octobre 1887, le chancelier allemand, qui influençait directement bon nombre de journaux allemands, leur donna pour instruction de poursuivre la polémique contre les valeurs russes ; en décembre, les droits de douane allemands sur les céréales furent sensiblement relevés. Bismarck pensait d'abord à ses intérêts en politique intérieure, peut-être avec la conviction, ou l'espoir, que des mesures purement économiques ne laisseront pas de traces durables sur le plan politique. Or la satisfaction des espoirs des agrariens allemands contribua à l'hostilité des exportateurs et des grands propriétaires russes, souvent influents à Saint-Pétersbourg.

Elle a aussi facilité la tâche des banquiers français, fort désireux de « goûter » aux emprunts russes, considérés comme des valeurs sûres, ponctuellement réglées et rapportant plus que les 3 % des emprunts d'État français. Pendant l'automne 1887, des intermédiaires plus ou moins compétents et influents commencèrent à circuler entre Paris et Saint-Pétersbourg ; toutefois le nouveau ministre des Finances russe, Wichnegradski, hésitait à abandonner Berlin pour Paris. Par contre, dans la banque française, la Russie devint « à la mode » ; plusieurs banques étaient sur les rangs, comme le Crédit Lyonnais, le Comptoir d'escompte, la Banque de Paris et Pays-Bas et bien sûr la maison Rothschild ; grâce à cette rivalité, Wichnegradski espérait obtenir de meilleures conditions d'emprunt, mais les hauts fonctionnaires russes répugnaient toujours à se séparer de Berlin. Pendant la période entre octobre 1887 et septembre 1888, la valse hésitation continua à Saint-Pétersbourg, tandis que baisses et hausses des fonds russes dans les bourses européennes montraient l'urgence d'une solution.

LES PREMIERS EMPRUNTS RUSSES EN FRANCE

Cette solution prit corps à la mi-novembre 1888 ; Hoskier et Sautter, représentants d'un grand nombre de banques françaises rassemblées sous l'autorité de la Banque de Paris et Pays-Bas, à l'exception des Rothschild alors opposés à la banque précédente, finirent par s'imposer à leurs confrères allemands (certaines banques allemandes seront cependant partie prenante à l'accord). Les raisons du choix russe étaient claires : les banques françaises offraient un meilleur rendement pour l'emprunt prévu (500 millions de roubles à 4 %) car elles bénéficiaient d'une meilleure conjoncture locale, l'argent étant abondant en France et le public français souhaitant trouver des valeurs sûres après les dangereuses spéculations sur les émissions de Panama (échec de l'émission à lots en juin 1888). Le contrat entre les banques françaises et le gouvernement russe fut signé à Saint-Pétersbourg le 17 novembre ; l'émission internationale eut lieu dans le public le 10 décembre 1888. Bien orienté par la presse, attiré par les bénéfices laissés à la souscription, conseillé par les banques qui font de fructueux bénéfices dans les syndicats de garantie et de placement, l'épargnant français ne lésina pas : 100 000 souscripteurs se présentèrent dans les banques françaises, alors que les souscriptions étaient reçues également à Londres, à Berlin, à Amsterdam et même à Saint-Pétersbourg ; 86 % de cet emprunt était placé en France. L'heure des emprunts russes en France avait sonné !

Comme l'ambassadeur de France en Russie le constatait alors : « Les conséquences d'un événement aussi important que le déplacement d'un marché sont de celles qui font leur chemin toutes seules. » Le gouvernement français, qui avait joué en l'affaire un simple rôle de conseiller, parfois d'intermédiaire, laissant négocier les banques, bénéficiait en effet d'un réel atout dans ses rapports futurs avec la Russie ; mais voudrait-il s'en servir ? En cette fin d'année 1888, il ne semble pas que les responsables français fussent pressés de nouer des liens politiques étroits avec la Russie ; Goblet, ministre des Affaires étrangères, approuvait l'emprunt, mais il voulait éviter des « prétextes de querelles aux irréconciliables ennemis qui nous guettent », en nouant des rapports politiques avec Saint-Pétersbourg. En fait, la vague boulangiste qui s'enflait alors de manière considérable empêchait les ministres français opposés à cette poussée nationaliste et cocardière d'être actifs ; de même, les diplomates russes pouvaient tout craindre d'un rapprochement avec la France alors que l'opinion publique française semblait en proie aux démons de la revanche. L'évolution politique interne en France contredisait un rapprochement franco-russe.

Cependant, l'intensification des relations économiques et financières pendant la période entre janvier 1889 et mai 1891, d'une part, et l'essoufflement de la vague boulangiste à partir de la fin janvier 1889, d'autre part, vont modifier les conditions du rapprochement. D'un côté, le gonflement considérable des valeurs russes détenues dans les portefeuilles français font du créancier français un allié financier quasi indispensable ; de l'autre, la modération des responsables politiques français qui ont su se débarrasser de l'encombrant général Boulanger rassure les dirigeants russes, inquiets des exigences allemandes, surtout après que le très habile Bismarck a quitté son poste de chancelier en mars 1890.

Sur le plan financier, les années 1889 et 1890 voient s'accentuer le passage des fonds d'État russes d'Allemagne en France : les emprunts de conversion se multiplient, le gouvernement russe usant soit des services de la maison Rothschild (emprunts de 1 740 millions de francs en mars et mai 1889, emprunts de 760 millions en mars 1890), soit du groupe rival de Paribas (en janvier 1890 emprunt de 360 millions) ; même si le flux réel des fonds français passés dans les caisses de l'État russe est moins élevé que le chiffre nominal des emprunts, puisqu'une partie des souscriptions a lieu hors de France, il reste que plus de deux milliards de francs ont été prêtés à la Russie par les épargnants français en deux ans. On mesure ainsi la confiance de ces rentiers qui trouvent un intérêt certain dans ces titres, soit à cause d'un rendement supérieur à celui des rentes françaises (taux moyen de l'intérêt entre 4,25 % et 4,60 %), soit à cause de l'impression de sécurité offerte par ces titres. Les spéculations malheureuses des uns sur les matières premières (krach des cuivres et du Comptoir d'escompte en mars 1889), des autres sur les valeurs sud-américaines (krach des titres brésiliens et argentins à l'automne 1890, entraînant presque la faillite de la grande banque anglaise Baring Frères, difficultés grandissantes du canal de Panama) confortent le capitaliste français dans son goût pour les valeurs russes si sûres.

Naturellement, la presse française insiste sur ces aspects positifs (rendement, sécurité), mais souvent «inspirée», elle dépasse le seul point de vue financier pour présenter à ses lecteurs des considérations politiques ou sentimentales favorables à la Russie ; des récits de voyage en Sibérie raniment le goût de l'aventure suscité dix ans plus tôt par le *Michel Strogoff* de Jules Verne (publié en 1877), tandis que le roman russe fait une remarquable percée dans le public cultivé parisien après le livre célèbre du marquis Melchior de Vogüé, *Le Roman russe* (publié en 1886) ; Tolstoï, Dostoïevski, Tourgueniev deviennent des auteurs «à la mode» grâce aux traductions qui se multiplient (trois à quatre traductions de livres russes par an vers 1880-1885, huit à neuf en 1884-1885, seize en 1886, vingt en 1887, vingt-cinq en 1888, quinze en 1889, dix-sept en 1890). Politiquement, les journaux orientés à droite soulignent les qualités de l'Ordre et de la puissance militaire russes, tandis que le centre gauche et les gambettistes évoquent l'utilité du contrepoids russe vis-à-vis des menaces allemandes.

En somme, les mentalités françaises sont préparées à une alliance avec la Russie avant même que les responsables français aient vraiment opté pour cette alliance ; les effets psychologiques du rapprochement financier sont considérables. Il faut ajouter que cette faveur populaire pour la Russie s'accompagne économiquement d'une propension plus marquée des banquiers et des industriels français à investir en Russie : les pétroles du Caucase, les mines du Donets les attirent, tout comme la perspective de la construction du Transsibérien. Enfin, du côté des chefs militaires français, à commencer par le ministre (civil) de la Guerre Freycinet (il reste à ce poste de 1888 à 1893), les sentiments favorables aux Russes sont également perceptibles ; peut-être dans l'état-major sont-ils dus autant aux considérations politiques de garantie de l'Ordre qu'aux vues purement tactiques ; l'armée russe est bien considérée, aussi bien par le général de Miribel, chef d'État-Major général entre 1890 et 1893, ancien attaché militaire à Saint-Pétersbourg, «légitimiste "calotin", organisateur de grand talent» (J.-Ch. Jauffret), que par le général de Boisdeffre, son adjoint et successeur à la tête de l'armée française, également ancien attaché militaire en Russie et également «légitimiste calotin». En juillet 1890, une commande de 500 000 fusils est passée par les Russes à la manufacture d'armes de Châtellerault, des généraux français sont invités à venir assister aux grandes manœuvres russes. Est-ce l'indice que, de son côté, le tsarisme est prêt à passer par-dessus ses préventions antérieures vis-à-vis de la France ?

LES DERNIERS CALCULS DE BISMARCK ET LEUR ÉCHEC

À force de tisser sa toile, l'araignée finit par s'y engluer. Le dernier système bismarckien reposait sur trois éléments essentiels, l'alliance avec les puissances de la Triplice, l'accord avec la Grande-Bretagne, l'amitié avec la Russie. Or ces trois éléments renfermaient plusieurs contradictions internes qui vont apparaître nettement entre 1887 et 1890, au point que de l'avis même des responsables de la politique extérieure allemande, soit celui des diplomates chargés de l'animer, soit celui des militaires chargés de la défense, il devenait impératif de lever au moins certaines de ces contradictions. On peut également ajouter que la nouvelle Allemagne, celle de la grande puissance économique future, se sentait de plus en plus mal à l'aise dans l'organisation bismarckienne. Au fond, le 18 mars 1890, en se débarrassant facilement du vieux chancelier, le jeune empereur Guillaume II, monté sur le trône le 15 juin 1888, traduisit un sentiment fort répandu dans les milieux dirigeants allemands, celui de la nécessité d'un changement.

Les difficultés du système bismarckien tiennent, pour l'essentiel, en ce que celui-ci repose sur une entente entre des partenaires aux objectifs différents. En Méditerranée et dans les Balkans, deux des partenaires ont des revendications à faire valoir. L'Italie, sous l'autorité de Crispi, veut obtenir des compensations contre la France, notamment en Afrique du Nord ; la Russie, qui accepte mal d'avoir été évincée de la Bulgarie (Ferdinand de Saxe-Cobourg est couronné prince en août 1887), paraît vouloir trouver des compensations vers les Détroits. L'Autriche-Hongrie et la Grande-Bretagne sont au contraire satisfaites de se garantir mutuellement le *statu quo* ; sans doute en décembre 1887 l'Italie, qui n'a pas de revendications réelles dans l'Est méditerranéen, peut contresigner avec ces deux États une nouvelle convention qui garantit l'indépendance de l'Empire ottoman et le *statu quo* territorial dans cette partie du monde, mais comment Bismarck peut-il s'associer à cet accord dirigé contre la Russie, compte tenu des clauses secrètes du traité de réassurance ? Réciproquement, lorsque Crispi, à plusieurs reprises, en particulier en février 1888, s'affirme très alarmé par des manœuvres des escadres françaises qui se concentrent à Toulon, la Grande-Bretagne ne manifeste guère de zèle pour appliquer complètement les accords méditerranéens en faisant manœuvrer sa flotte en Méditerranée ; Salisbury se contente de pressions diplomatiques sur Paris, tandis que l'Amirauté britannique prend brutalement conscience de sa relative impuissance à surveiller *et* la Méditerranée *et* le reste des océans. Un choix stratégique doit être fait, compte tenu de l'armement naval britannique ; or ce choix risque de laisser l'Italie dans ses craintes ; Salisbury se déclare fatigué des criailleries de Crispi dont il redoute les gestes bellicistes. En somme, dès l'origine, les accords méditerranéens de 1887 fonctionnent peu.

Est-ce pour renforcer l'entente entre la Triplice et la
Grande-Bretagne que Bismarck fait agiter la menace d'un
débarquement français en Angleterre au printemps 1888
(article du général Molkte dans le *Telegraph* du 23 mai)?
Les effets de la crainte, vraie ou fausse, des dirigeants
britanniques seront en tout cas différents des prévisions
bismarckiennes. Après des études précises, l'Amirauté
britannique conclut en la nécessité d'un vigoureux effort
d'armement naval, avec pour objectif de pouvoir, dans
un délai de quelques années, égaler les forces navales
conjointes des deux puissances navales les plus fortes à
l'époque, France et Russie (juillet 1888). Mais comme les
intérêts économiques et commerciaux britanniques sont
bien souvent situés en dehors des mers européennes, la
future flotte, qui, selon la loi de défense navale votée en
mars 1889, doit être au moins équivalente aux deux plus
puissantes flottes de guerre dans le monde (*Two Powers
Standard*), sera destinée à garantir avant tout les intérêts
mondiaux de la Grande-Bretagne; le rôle mondial de
la Grande-Bretagne l'emporte sur ses engagements en
Europe. En outre, les commandes navales vont contribuer
à relancer l'industrie métallurgique britannique.

Au fond, lord Salisbury, qui avait accepté de s'entendre avec Bismarck pour mieux garantir Constantinople et l'Égypte face à la Russie et à la France, donc qui
était plutôt demandeur, prend conscience de l'intérêt
pour l'Allemagne d'obtenir le concours naval anglais; les
rôles sont ainsi renversés. Bismarck lui-même a compris
que le point de vue égoïste des Britanniques risque de
vider de son contenu l'entente réalisée entre la Triplice et
la Grande-Bretagne; aussi multiplie-t-il les concessions
pour garder l'amitié anglaise. Ainsi, en Afrique centrale,
malgré les nouvelles entreprises des explorateurs et des
colons allemands, malgré la pression des commerçants et
des armateurs allemands, Bismarck montre les dispositions les plus conciliantes vis-à-vis des prétentions britanniques sur l'île de Zanzibar et à propos de la délimitation

des confins de la colonie de l'Est africain; comme il le dit nettement à un explorateur allemand : «Votre carte d'Afrique c'est très bien, mais ma carte d'Afrique est en Europe. Ici se trouve la France, là se trouve la Russie et nous sommes au milieu, c'est ça ma carte africaine» (décembre 1888). Bismarck, dès 1888, a abandonné la politique coloniale allemande. Ce choix ne heurte-t-il pas les tendances d'une économie allemande en expansion ? Au contraire, les compagnies anglaises à charte qui veulent réaliser une Afrique orientale anglaise, comme la British South Africa Company de Cecil Rhodes, créée en janvier 1889, renforcent leur position dans la vie politique anglaise et dans l'opinion publique de ce pays. Salisbury, qui doit compter avec le Parlement même après le succès électoral tory aux élections de 1886, ne peut ignorer ces tendances profondes : «Nous ne sommes plus au temps de Pitt, alors l'aristocratie gouvernait... maintenant la démocratie a le dessus et avec elle le système des partis qui réduit tout gouvernement britannique à *l'aura popularis*» (Salisbury à Herbert Bismarck, mars 1889). Dès lors, à quoi bon lier davantage le destin britannique à un homme politique qui pense avant tout à l'Europe ?

Bismarck fera donc en vain une offre d'alliance à Salisbury en janvier 1889. On a souvent pensé que cette offre bismarckienne était un simple sondage sans consistance réelle; en réalité, le vieux chancelier voudrait arrimer plus solidement la Grande-Bretagne à la Triplice afin de modérer les «ardeurs» françaises qui considèrent justement avec satisfaction le rapprochement esquissé avec la Russie (en 1889, le tsar autocrate Alexandre III finit par accepter que des marchands et industriels russes participent à l'Exposition internationale de Paris, qui, rappelons-le, fête le centenaire de la Révolution française !). Dans la mesure où l'accord germano-russe est fragile, l'alliance avec la Grande-Bretagne s'impose; en somme, Bismarck est prêt à orienter l'axe principal de son système diplomatique vers la conservatrice Angleterre. Seulement les concessions marquées faites à Salisbury suffiront-elles à obtenir un réel engagement britannique ? Bien que le jeune empereur Guillaume II ait eu de médiocres relations personnelles avec la reine Victoria et la famille royale anglaise, en mars 1889, Bismarck insiste pour obtenir une visite officielle de l'empereur en Angleterre ; celle-ci a lieu en août 1889 ; Guillaume II devient amiral de la Flotte britannique, mais une distinction honorifique ne comble pas la fragilité d'une politique.

En effet, dans les discussions délicates qui se déroulent pour la fixation des limites des zones coloniales en Afrique est-orientale, si Bismarck consent à des concessions, sur le terrain, les frictions et les oppositions se multiplient entre compagnies à charte des deux pays. On sent de plus en plus les fonctionnaires du Foreign Office prêts à soutenir l'expansion coloniale à l'unisson de la vague impérialiste qui monte parmi les Britanniques[1], tandis que l'esprit de la Wilhelmstrasse demeure préoccupé par les affaires européennes. Lorsque Salisbury, en décembre 1889, insiste sur l'urgence d'un règlement global en Afrique orientale, il montre bien où se trouvent les intérêts vitaux de son pays. N'est-il pas symbolique que l'accord définitif anglo-allemand signé après le départ de Bismarck le 1er juillet 1890 consiste en un troc où les concessions allemandes au nord et au sud du Tanganyika et sur l'île de Zanzibar sont compensées par le retour à la mère patrie de la petite île d'Héligoland (35 ha au nord des bouches de l'Elbe, base britannique depuis 1807) ? En réalité, même si, personnellement, Salisbury demeure favorable à une entente cordiale avec Berlin afin de réduire les prétentions françaises (le contentieux colonial subsiste avec Paris), il n'entre point dans les vues de Londres de « travailler pour le roi de Prusse » ; les intérêts britanniques sont hors d'Europe ; Bismarck le sait bien ; peut-il compter sur une armée britannique qui, sur 280 000 hommes, en compte seulement 130 000 en Grande-Bretagne, mais en conserve 70 000 dans la fameuse armée des Indes ?

---

1. Le chef du Département africain au Foreign Office, Percy Anderson, en poste entre 1883 et 1896, est le principal inspirateur de cette politique ; il négocie l'accord sur Zanzibar-Héligoland.

Malgré toutes les contradictions d'une double alliance entre l'Autriche-Hongrie et la Russie, Bismarck entend conserver l'accord avec l'Empire tsariste. Mais, là encore, il ne suffit pas d'être un excellent tacticien, apte à utiliser les fautes des adversaires, pour établir un système solide ; il ne suffit pas non plus de l'accord personnel entre quelques hauts responsables pour résister aux intérêts des groupes économiques et aux vues nouvelles des cercles dirigeants. Certes, Alexandre III, bien reçu à Berlin en octobre 1889, et Giers, du côté russe, Bismarck, du côté allemand, restent persuadés que le traité de réassurance qui vient à expiration en juin 1890 mérite d'être renouvelé ; en février 1890, des négociations s'engagent dans ce but. Mais elles sont une des raisons de la disgrâce de Bismarck dans l'esprit de Guillaume II. En effet, à côté d'oppositions sur des sujets de politique intérieure, la politique bismarckienne vis-à-vis de la Russie est mise en cause tant par les militaires que par des diplomates allemands ; le nouveau chef d'état-major, Alfred von Waldersee (nommé en août 1888) est inquiet des armements russes et il pousse sinon à la rupture avec la Russie, du moins à un refus pour les demandes d'un emprunt russe en Allemagne qui servirait à réarmer. La liberté d'action vis-à-vis de la Russie est également préconisée par les hauts fonctionnaires de la Wilhelmstrasse, notamment par Friedrich von Holstein. Celui-ci juge contradictoire de vouloir à la fois l'alliance avec Vienne, Londres et Saint-Pétersbourg ; les calculs de von Holstein, favorable à une entente avec les deux premiers États, reposent sur la conviction que les Russes tsaristes, même s'ils sont isolés diplomatiquement et même s'ils sont appuyés par la France financièrement, ne se résoudront pas à lier des engagements avec les républicains français ; il n'y a donc pas de risque majeur à abandonner le traité de réassurance, ce qui donnera plus de cohérence à la politique extérieure allemande. En outre, la séparation d'avec la Russie satisfera les agrariens allemands, grands propriétaires terriens qui subissent la concurrence des céréales exportées par les Russes. En somme, l'alliance avec la Russie n'est plus jugée nécessaire, même parmi les partisans allemands de l'Ordre. Faut-il ajouter que la « nouvelle génération » qui avec Guillaume II arrive au pouvoir a fort envie d'écarter du pouvoir un Bismarck vieilli, dédaigneux des autres, vivant de plus en plus à l'écart de la Cour et de Berlin. « Il ne réussit plus ! » répète-t-on dans les milieux influents. Changement de politique et changement de génération !

Or, en Russie, une évolution semblable se produit. Chez les militaires prévaut l'idée que l'alliance allemande, mise au service des intérêts autrichiens, permet simplement à la faible armée austro-hongroise d'être abritée face à l'armée russe qui manifeste toujours de l'ardeur vis-à-vis des frères slaves, soumis aux Turcs ou aux Hongrois ; après tout, pourquoi ne pas rétablir un certain équilibre en Europe par un rapprochement avec la France qui déjà aide financièrement la Russie ? De même, chez les hommes d'affaires russes, souvent encore vulnérables, car disposant d'une faible assise financière, un esprit nationaliste l'emporte, avec pour principale cible l'Allemagne, dont les exportateurs (qui vendent plus de 50 % des machines et de l'équipement industriel importés en Russie) sont très, trop redoutables ; non seulement ces industriels réclament des tarifs douaniers encore plus protecteurs, mais ils alimentent des campagnes de presse défavorables à l'Allemagne dans les journaux russes. De même que la jeune Italie cherchait à secouer la tutelle économique française pour accentuer son propre développement, de même la jeune économie nationale russe espérait atteindre son indépendance réelle par une rupture avec l'Allemagne. Certes, les idéaux de défense de l'Ordre faisaient hésiter encore bien des dirigeants russes, mais l'alliance avec l'Allemagne était nettement mise en cause en 1890.

Dès lors, le renvoi de Bismarck, suivi presque immédiatement de l'annonce par Guillaume II et par le nouveau chancelier allemand, le comte Léo von Caprivi, du refus de signer à nouveau le traité de réassurance clarifiait la situation. La décision allemande mettait en branle un mouvement déjà perceptible avant le retrait des affaires du chancelier Bismarck (mort en 1898) : une redistribution des cartes allait se produire, marquée d'abord par le rapprochement politique franco-russe. Elle avait été préparée par le rapprochement financier entre ces deux économies ; mais, d'un autre côté, l'hostilité commerciale et financière italo-française ne fixait-elle pas davantage l'Italie dans le camp des Empires centraux ? Après le départ de Bismarck, le gouvernement allemand doit en effet continuer à aider financièrement l'allié italien, en particulier lorsque la crise économique et le déficit du Trésor italien deviennent dramatiques à l'automne 1890 et au printemps 1891 ; le banquier Bleichröder est poussé par le gouvernement allemand à fournir de nouveaux crédits, tandis que Rothschild de Paris est incité par le ministre français des Affaires étrangères, Ribot, à faire preuve de patriotisme en refusant toute aide à l'Italie tant que l'orientation politique de Rome restera identique. Ce faisant, l'Allemagne ne s'engageait-elle pas en Italie bien davantage que prévu par le tacticien Bismarck, qui avait accepté avec condescendance l'alliance de Rome en 1881 ?

Conclusions

Les limites de la diplomatie bismarckienne sont ici clairement perceptibles. Homme d'État fort habile, le chancelier allemand avait su construire des systèmes politiques cohérents et efficaces pour autant qu'ils reposaient sur quelques bases solides ; deux facteurs essentiels dominaient dans les concepts bismarckiens, *la géopolitique* et *l'idéologie*. Quant au premier, qui justement se développe alors largement parmi les intellectuels et les diplomates, il est clair que Bismarck en avait bien mesuré la valeur : la géographie européenne imposait à l'Allemagne d'éviter la guerre sur deux fronts, de même que les volontés dominatrices française, italienne et britannique en Méditerranée conduisaient ces États vers des conflits ;

l'antagonisme austro-russe trouvait aussi sa source dans la géographie des Balkans. L'idéologie conservatrice, monarchique et garante de l'ordre établi (dans tous les sens du terme, y compris le *statu quo* territorial) formait l'autre base du système bismarckien ; comme Metternich avait su le faire pendant longtemps dans la première moitié du XIXe siècle, Bismarck avait usé de la crainte d'une France prétendue révolutionnaire, à tout le moins « revancharde », pour coordonner les actions des empereurs et rois, auxquels on faisait également volontiers part des dangers « socialistes » en Europe pour mieux maintenir leur entente.

Mais ces deux ressorts, la géopolitique et l'idéologie, étaient-ils suffisants alors que *les mouvements nationaux* n'avaient point terminé leur course en Europe et que *les mutations économiques* faisaient apparaître de nouveaux pôles de croissance et de nouveaux territoires à exploiter par le système capitaliste en pleine expansion ? On peut, semble-t-il, trouver les raisons essentielles de l'échec de Bismarck dans son dédain pour les nationalités des petits États (n'a-t-il pas usé du sentiment national allemand pour servir sa Prusse ?) et dans son mépris pour les considérations économiques et financières. Sur le premier plan, les vicissitudes des Balkans, tout comme le problème de l'Alsace-Lorraine, l'obligèrent à de constants rapiéçages de ses constructions diplomatiques ; pour le rôle de la conjoncture, n'est-il pas révélateur de constater que Bismarck dut envisager hors d'Europe une politique coloniale après l'avoir niée, qu'il dut tenir compte des conditions du développement de l'Italie, et plus encore de celles de son propre empire quant aux politiques douanière et financière ? Finalement, dans son duel avec la France, après l'avoir vaincue militairement, ne se trouvait-il pas engagé dans un autre type de combat, celui de *l'arme financière* ?

En vérité, pendant les années 1870-1890, on peut percevoir les premiers symptômes révélateurs des grands courants du XXe siècle dans les relations internationales. Alors interviennent la formation universelle des nations et l'inégale croissance économique des États au sein d'une économie capitaliste libérale; face à ces grandes forces profondes, les habitudes du XIXᵉ siècle de négocier entre quelques responsables soucieux seulement d'équilibre militaire et de perspectives politiques européennes traditionnelles paraissent vouées à l'échec. Bismarck a bien été le dernier grand diplomate «classique» du XIXᵉ siècle, mais déjà, vers 1890, le XXᵉ siècle s'annonce.

Au temps des impérialismes

l'alliance franco-russe permettra de mesurer les limites d'une politique classiquement européenne, tout en révélant de nouveaux moyens de la politique extérieure ; alors on a affaire à une nouvelle diplomatie ; mais *l'essentiel pour les relations internationales n'est-il pas dans la mondialisation qui s'organise en cette période*, tant sur le plan politique que sur le plan économique ? Voici l'heure de la *Weltpolitik*.

L'INTERNATIONALISME ET SES MANIFESTATIONS CONCRÈTES

Bismarck est victime de son âge ; les années 1890 voient se produire un renouvellement assez marqué des personnels politiques, car une nouvelle génération accède aux postes de responsabilité. Comme toujours en histoire, selon les pays et la nature des régimes, les changements politiques sont plus ou moins rapides et ils ne concordent pas nécessairement pour tous les pays ; mais, outre les inévitables remplacements des hommes, on peut parler d'un nouvel état d'esprit dominant, correspondant à cette génération, encore jeune vers 1870-1875, mais parvenue aux postes dirigeants vers 1895-1900. Cet état d'esprit dépend d'un environnement idéologique, économique, social, politique, qui, lui-même, a évolué.

Ainsi, pour citer seulement quelques transformations notables dans les milieux intellectuels et bourgeois, le scientisme, la croyance raisonnée dans le progrès humain, le positivisme, un certain recul de la tradition et de la foi ont marqué l'éducation reçue et diffusée en cette fin de siècle. Même si, justement dans les années 1890, des intellectuels remettent en cause cette idéologie dominante, même si une « névrose fin de siècle » affecte les cercles intellectuels, il reste que les groupes dirigeants demeurent marqués par les idéaux antérieurs. Des conséquences politiques en sont issues, valables dans les relations internationales ; l'idée de faire pénétrer plus largement dans le monde les « bienfaits de la civilisation » conduit à légitimer les conquêtes coloniales et à donner aux mouvements impérialistes des justifications morales, capables de réaliser autour d'elles une unanimité nationale. De même, une meilleure connaissance des autres, réalisée souvent par le développement de l'instruction, jointe à l'idée d'une universalité du genre humain, renforce les tendances à l'organisation d'entreprises internationales, vouées au progrès, à la justice et surtout à la paix ; dans un tel contexte, la guerre future, dont on dépeint les horreurs insoutenables compte tenu du perfectionnement des armements, doit être bannie. Le *pacifisme* se renforce incontestablement grâce à la multiplication des rencontres internationales : en 1889, une Union interparlementaire a été créée et des congrès universels de la paix vont se réunir régulièrement à partir de cette date ; en 1892, un Bureau international de la paix est installé à Berne. Certes, les illusions sont grandes sur les possibilités réelles d'agir, car, en définitive, les actions concrètes seront sans portée véritable, aussi bien les tentatives pour créer des États-Unis d'Europe vers 1900, que les discussions pour le désarmement général ; celui-ci a été évoqué lors de la première Conférence internationale de La Haye, réunie en 1899 à l'initiative du tsar Nicolas II, influencé à la fois par des brochures pacifistes et par un intérêt bien compris (éviter des dépenses supplémentaires d'armement). Toutefois, en 1899, une Cour internationale permanente d'arbitrage est créée à La Haye ; on veut s'efforcer de faire pénétrer les règles du Droit dans les relations internationales ; ce souci illustre bien un état d'esprit.

De même, *le scientisme et la croyance en la technicité* expliquent la multiplication des congrès techniques internationaux qui rassemblent des corporations, des professions. Si le nombre des congrès internationaux double pendant la décennie 1889-1898 par rapport à la décennie 1879-1888 (66 congrès en moyenne par an contre 30), ce doublement est dû aux réunions de techniciens, qui trouvent un solide soutien dans les Expositions universelles de Paris (1889 et 1900), Chicago (1893), Anvers (1894) et Bruxelles (1897) ; dans ces expositions, le monde moderne, le machinisme, les découvertes au service des hommes (vélocipède, automobile, téléphone) sont exaltés. La diffusion des congrès et expositions hors de la

vieille Europe prouve également que la « civilisation »
tend à devenir mondiale.

Ne peut-on joindre à cette tendance universaliste, tech-
nicienne, une autre tendance internationaliste qui vise à
faire se réunir des jeunes athlètes soucieux de développer
leur corps par des confrontations pacifiques ? Lorsque
Pierre de Coubertin réunit en 1894 une conférence qui rassemble des représentants de 14 nations pour ressusciter les
jeux Olympiques, à sa manière, il participe d'un état d'esprit dominant dans les catégories aisées des populations
européennes ; l'éducation physique, fort à la mode depuis
le développement de la conscription militaire et de l'école,
doit conduire à une mutuelle estime ; le sport, qui, grâce
à la course cycliste, à la boxe, à l'équitation, à la lutte et
bientôt à l'automobile, pénètre largement la bourgeoisie
et l'aristocratie, devrait être un trait d'union entre les
peuples ; la première olympiade moderne qui se déroule à
Athènes en 1896 devient un symbole.

LA PORTÉE DES NATIONALISMES

En réalité, sport et éducation physique étaient beaucoup plus marqués par l'autre tendance dominante dans
l'esprit du temps, le nationalisme. En Grande-Bretagne,
patrie des *sportsmen*, le public des spectateurs s'élargit de
l'aristocratie-bourgeoisie vers « l'aristocratie ouvrière »,
lorsque des rencontres internationales de cricket, telle
Angleterre-Australie en 1878, agitent la société victorienne
ou bien lorsque le football devient affaire de joueurs professionnels (1885) ; mais tous les adeptes de ces nouvelles
grandes messes collectives demeurent unis par le sentiment profond d'une supériorité anglo-saxonne vis-à-vis
des étrangers. Par anglomanie, des Européens imitent
ces sportifs, mais peut-être pas leur *fair play*. Les premières courses automobiles ou cyclistes patronnées par
de grands journaux spécialistes du « sensationnel », tel *Le
Matin*, *Le Petit Journal* ou *Le Petit Parisien*, sont de bonnes
occasions d'exaltation « patriotique », fort proches du
chauvinisme. Commentant le premier Tour de France en
juillet 1903, son créateur Henri Desgrange écrit : « Je ne

crois pas que jamais épreuve sportive ait déchaîné à l'égal du Tour de France un pareil débordement de chauvinisme local. Voilà quelque quinze ans que nous nous évertuons à convaincre les foules que le sport n'a pas de patrie et je commence à croire que nos efforts furent tous faits en pure perte. »

Dans une certaine mesure, la pénétration de la culture physique dans les masses plus populaires se fait par le biais de sociétés de gymnastique et de tir, qui, par-delà des différences, voire des divergences politiques ou confessionnelles, ont un point commun : l'entretien de l'idéal national par une préparation quasi militaire. Aussi bien en France qu'en Allemagne, les manifestations gymniques se réduisent surtout à des défilés patriotiques avec tambours et clairons. L'exemple assez fameux de l'organisation tchèque des *Sokols*, groupes de gymnastes constitués dès 1862, peut être retenu pour montrer combien des manifestations gymniques servent à des fins politiques : en 1901, le quatrième congrès des Sokols, qui se tient à Prague, est l'occasion pour les 14 000 participants, venus de toutes les minorités tchèques dispersées dans le monde, de sacrifier non seulement au culte de la nation tchèque, mais encore à celui du *néo-slavisme* qui naît des cendres encore chaudes du panslavisme. À leur manière, ces sociétés de gymnastique prolongent ou complètent la formation reçue à l'école primaire et à la caserne, fondée sur des idéaux internationalistes de justice et de progrès, mais aussi sur la vénération de l'identité nationale. Pour un jeune Français, la continuité est évidente entre *Le tour de France de deux enfants* et le Tour de France cycliste.

Ce chauvinisme dans les mentalités débouche-t-il cependant sur le bellicisme ou la violence ? L'historien manque encore d'analyses suffisamment complètes pour porter des jugements généraux sur ce délicat problème ; toutefois, plusieurs remarques méritent considération pour la fin du XIXᵉ siècle. Tout d'abord, il convient de placer à part le cas des populations encore soumises à la tutelle de gouvernements étrangers, lorsqu'elles voient se développer un processus de diffusion culturelle nationale par l'école ou par des sociétés éducatives et politiques. On a déjà cité le cas des *Sokols* tchèques. On pourrait leur adjoindre les mouvements nationaux polonais, qui, secrètement, tentent de créer partout des écoles, des lycées, voire même des centres universitaires « ambulants » pour éduquer les jeunes dans la langue polonaise : en 1901, selon les sources officielles russes, un tiers des habitants en Pologne russe apprenait à lire et à écrire grâce à ces volontaires (souvent des femmes) de la *Ligue polonaise* clandestine. Du coup, le nationalisme polonais, qui reprend une place plus active sur le plan politique (parti national démocrate), devient un élément non négligeable dans les calculs des trois États qui se partagent les terres polonaises ; une simple politique de répression s'avère de plus en plus dépassée, lorsque les milieux urbains et ruraux prennent pleinement conscience de leur passé national. Le développement de l'instruction publique, qui s'accompagne souvent d'un renouveau littéraire et artistique dans les élites nationales, pose des problèmes de plus en plus délicats aux États « protecteurs ». Dans toute l'Europe un mouvement semblable se dessine, de l'Irlande (création en 1893 de la *Ligue gaélique* pour faire revivre une langue et une civilisation presque disparues) aux populations soumises à l'autorité austro-hongroise ou russe. Des nationalismes à base culturelle s'affirment en cette fin de siècle, même si une diaspora étendue a séparé géographiquement les individus (*cf.* le premier Congrès sioniste organisé à Bâle par Théodore Herzl en 1897). Cette tendance existait déjà au niveau des aristocraties ou des bourgeoisies locales, mais il atteint désormais des couches populaires plus larges ; le développement urbain, la multiplication des syndicats professionnels nationaux, chez les ouvriers notamment, concourent aussi à cette extension du sentiment national parmi les minorités allogènes.

Du côté des majorités dominantes, les manifestations de nationalisme prennent des formes variées qu'il serait bon de distinguer et de dissocier. On constate en effet que des créations hypernationalistes, du type ligue patriotique, volontiers racistes, s'accompagnent d'une baisse sensible de la mentalité « revancharde » ou chauvine dans la masse de la population ; dès lors, quel est le fait significatif pour caractériser la période et pour mesurer l'influence du nationalisme populaire sur l'élaboration de la politique extérieure ?

Ainsi, en France, tandis que la *Ligue de la patrie française*, des écrivains nationalistes, tels Maurice Barrès ou Charles Maurras, des intellectuels, fulminent contre la décadence française ou contre les métèques, contre les juifs, et usent de l'affaire Dreyfus pour tenter d'imposer une conception de la nation et de l'armée primant sur la justice et le droit, dans le public se développent un sentiment d'indifférence vis-à-vis de la douloureuse question d'Alsace-Lorraine, et peut-être, plus encore, un mouvement de refus vis-à-vis d'aventures guerrières. Des enquêtes faites par des hebdomadaires dans les milieux cultivés (le *Mercure de France* en 1897) ou des analyses de la presse quotidienne semblent montrer que les Français aspirent à un apaisement dans le contentieux franco-allemand ; au minimum, on souhaite voir triompher un jour le bon droit, mais certainement pas au prix d'une guerre. Lorsque les Allemands participent, nombreux, à l'Exposition internationale de Paris en 1900, ils reçoivent un bon accueil du public parisien. De la même manière, lors de la crise de Fachoda en 1898, l'analyse des journaux révèle sans doute une vive irritation dans une partie de la presse française qui retrouve « l'ennemi héréditaire » dans « la perfide Albion » ; mais cette agressivité atteint seulement les groupes qui jouent, à l'ordinaire, du thème nationaliste pour des raisons de politique intérieure. En étudiant les manuels d'histoire de l'époque, on a pu montrer que ceux-ci se divisaient en deux catégories : les « livres laïques » sont anglophiles, les livres des écoles confessionnelles sont anglophobes ; l'Angleterre industrialisée et démocratique n'est-elle pas crainte par les partisans d'une économie de tradition et d'une société conservatrice ?

En Grande-Bretagne, la presse est souvent gonflée de suffisance patriotique, surtout pour évoquer le glorieux destin de la race anglo-saxonne qui exporte les sains principes de la société victorienne dans tout l'univers ; mais cette glorification de l'impérialisme, même renforcée par le talent d'un Rudyard Kipling, traduit les sentiments d'une partie des Britanniques et pour un moment assez bref (1885-1902) ; car, dès la difficile guerre contre les Boers, libéraux et socialistes peuvent souligner l'inutilité de ces tueries, l'opprobre des camps de concentration du général Kitchener ou l'exploitation de l'esclavage pour transporter des Chinois en Afrique du Sud. L'unanimité de la grande célébration du *Diamant Jubilee*, en 1897, lorsque, dans les rues de Londres, plus d'un million de personnes communient dans un même orgueil et se laissent séduire par un exotisme de pacotille, ne doit pas faire illusion : les pacifistes sont nombreux parmi les intellectuels et les non-conformistes ; pour bon nombre d'ouvriers absorbés par la difficile vie quotidienne, l'empire reste une entité lointaine.

Dans l'Allemagne impériale, la création de la Ligue pangermaniste en 1891 (*Alldeutscher Verband*) et le développement d'une littérature hypernationaliste, raciste, dans la fin des années 1890, sembleraient également conduire vers l'idée que le nationalisme imprègne de plus en plus les âmes allemandes ; or, à son apogée, en 1901, la Ligue compte seulement 22 400 membres, dont la moitié était abonnée au bulletin hebdomadaire ; des députés (38), des universitaires, des hauts fonctionnaires, des militaires, des coloniaux pouvaient partager les idéaux de conquête pour la communauté allemande, fondée sur la race et la culture, aux dépens des petits peuples «incapables de former jamais un État», alors que le peuple allemand paraissait plus modéré. Grâce à leurs fonctions, à leur position sociale, ces individualités pouvaient, certes, peser sur les décisions en politique extérieure, toutefois on a bien l'impression que les gouvernements allemands (au moins jusqu'en 1907-1908) tiennent à se distinguer de ces vigoureux propagandistes. Utiliser le nationalisme allemand plutôt que se laisser mener par lui, telle semble être la tendance dominante parmi les responsables de la politique allemande. En sens inverse, les dirigeants de la *social-démocratie* allemande sont amenés à envisager le double aspect des tendances nationalistes et des vœux pacifistes qui imprègnent alors le peuple allemand : le *révisionnisme* de Bernstein tente, en 1899, de concilier la défense de la paix et les intérêts nationaux. En vérité, en cette fin de siècle, il paraît bien difficile à l'historien de déterminer si le courant nationaliste en Europe l'emporte sur le courant pacifiste, qui, lui, peut compter sur l'indéniable poussée socialiste.

LA PLACE DU SOCIALISME ET DU CATHOLICISME

Parmi les grands courants internationaux de mentalités collectives, il convient, en effet, de faire une place au socialisme et à la *IIᵉ Internationale* ; c'est justement pendant cette décennie que celle-ci se constitue véritablement. Pendant les années 1880, dans un grand nombre de pays européens, des partis socialistes s'étaient constitués ou reconstitués ; la poussée numérique du monde ouvrier et certaines transformations du niveau de vie ouvrier expliquaient ce renouveau. Il apparut bientôt à un grand nombre de militants de ces partis que l'Internationale des ouvriers devait renaître de ses cendres, même si certains théoriciens marxistes, tel Engels, devenu le dépositaire de la pensée marxiste après la mort de Marx (1883), estimaient que l'organisation de partis nationaux solides primait sur l'Internationale. Le 100ᵉ anniversaire de la révolution de 1789 fut l'occasion de réunir deux congrès distincts, à Paris, qui, bien que divergents sur la doctrine, finirent par s'entendre pour décider de réunir périodiquement les socialistes de tous les pays ; en août 1891, à Bruxelles, la IIᵉ Internationale était officiellement constituée.

D'autres congrès internationaux suivirent, pour aboutir, en 1900, à Paris, à la création d'un Comité international permanent. Au-delà des querelles doctrinales qui agitaient les socialistes, notamment à propos de leurs liens avec les anarchistes ou les réformistes, apparaissaient, peu à peu, des liens plus étroits entre responsables ouvriers issus des divers États d'Europe (et même des États-Unis, du Japon ou de colonies). Un courant internationaliste se matérialisait ; comme les succès électoraux commençaient à s'accentuer dans les pays démocratiques au profit des partis socialistes[1], le poids politique de l'Internationale dans les relations internationales devait être pris en considération. Les discussions communes sur la question coloniale, sur la question des nationalités, sur la paix, développées dans les congrès ou hors de ceux-ci, aboutissaient à modeler une pensée internationaliste, à définir des objectifs et des moyens valables en tous pays. À cet égard, pour la première fois de manière réelle, les représentants des classes ouvrières de différents pays se sentaient solidaires au-delà des frontières ; sans doute, cet internationalisme était-il encore plus théorique que réel, au moins pour les militants de base, mais la résonance des mythes internationalistes dans un vaste public devenait un facteur non négligeable dans la vie des relations internationales. Vers 1875-1885, Bismarck avait peut-être abusé du « péril socialiste » auprès de ses partenaires impériaux ; vers 1895-1905, les congrès de la IIe Internationale ne paraissaient plus composés de doctrinaires perdus dans leurs rêves, mais de porteurs d'une nouvelle espérance, celle d'une solidarité internationale des travailleurs. Un nouvel état d'esprit semblait pouvoir imprégner les consciences collectives. Saurait-il s'imposer aux nationalismes et réaliser une fraternité entre les ouvriers allemands, français ou anglais ?

Parallèlement, une autre force internationale traditionnelle, celle de l'Église catholique, ne tenta-t-elle pas, elle aussi, de « dépasser les frontières des nations » pour « promouvoir le bien général de l'humanité » ? L'action du pape Léon XIII (1878-1903) et du secrétaire d'État le cardinal Rampolla (1887-1903) peut se comprendre comme un effort constant de la papauté pour faire appliquer les mêmes principes chrétiens à tous les fidèles, par-delà les différences nationales, même si, par ailleurs, on rend à César ce qui revient à César (et si on continue à se considérer comme prisonnier en Italie). Le magistère moral du Saint-Siège, que Léon XIII voudrait étendre à tous les hommes, se heurta cependant aux difficultés politiques :

---

1. En Allemagne, la SD obtient 19,7 % des suffrages aux élections au Reichstag de 1896 et 31,2 % en 1903.

symboliquement, ce pape ne pourra se rendre à La Haye, en 1899, pour la première Conférence internationale pour la paix, devant le veto du gouvernement italien. Toutefois, par-delà ces péripéties, il existe chez ce pontife une volonté universaliste qui pourrait contribuer à façonner l'esprit des contemporains, parmi lesquels les catholiques pratiquants sont encore nombreux.

Un délicat problème se pose à l'historien : ces aspects divers des mentalités collectives ont-ils été manipulés, fabriqués par des volontés individuelles ou par des groupes, afin de pouvoir, ensuite, les utiliser au plan international ? Quand, comment, pourquoi, la propagande a-t-elle commencé à peser sur le cours des relations internationales ? Il faut reconnaître que les historiens manquent encore de travaux en ce domaine. Il est sûr que l'ouvrage du docteur Gustave Le Bon, *Psychologie des foules*, publié en 1895, traduit dans toutes les langues, analysé par Freud, montrait une prise de conscience du possible maniement des mentalités collectives. Celles-ci apparaissent nettement lors de manifestations de grande ampleur pour approuver, cautionner, justifier des choix politiques, telle la grande réjouissance populaire de Toulon-Paris, en octobre 1893, au moment de la conclusion de l'alliance franco-russe ; mais faut-il considérer que ces épisodes sont nouveaux, liés au développement du suffrage universel, de l'instruction publique, de la presse à bon marché, en bref réservés aux seuls pays démocratiques ? Sont-ils simplement la continuation des réjouissances populaires, habituelles dans les royautés, lorsqu'on célèbre avec éclat les grandes étapes des vies royales (mariage, couronnement, décès) ? Cependant, on doit remarquer que, dans le même moment, et pour des objectifs de politique intérieure, sont organisées des « fêtes nationales », symboles d'unité nationale, comme les fêtes du 14 Juillet en France (fête légale depuis 1880) ou en Grande-Bretagne les *Jubilees* de la reine Victoria en 1887 et en 1897 ; même les socialistes internationalistes cherchent à faire du 1er mai une fête internationale des travailleurs à partir de 1890. Le goût populaire de *la fête* n'est pas nouveau, mais la multiplication des déplacements princiers ou des voyages présidentiels avec participation des foules ne devient-elle pas symbolique d'un nouvel état d'esprit, lui-même lié à une transformation du corps social ? Les visites de Nicolas II en France, de Félix Faure ou d'Émile Loubet en Russie, jalonnent les étapes de la vie de l'alliance franco-russe, tout comme, un peu après, la venue officielle d'Édouard VII ou de Victor-Emmanuel III en France sont des signes sensibles de modifications diplomatiques.

Certes, les décisions continuent de relever d'un petit nombre de responsables et le rôle des Parlements, là où une vie démocratique réelle existe, demeure fort limité dans le domaine de la politique extérieure (les traités secrets échappent évidemment aux aléas parlementaires), toutefois, les techniques du conditionnement des mentalités collectives commencent à être élaborées, notamment grâce à la presse à bon marché. Les entreprises de presse deviennent, en cette fin de siècle, plus difficiles à gérer financièrement, car les immobilisations en matériel, tout comme les frais de publication, augmentent singulièrement ; les journaux sont devenus des affaires et, comme tels, ils intéressent les milieux d'affaires (sans oublier leur poids politique). On constate que le développement rapide de la presse à bon marché et à fort tirage est un phénomène général dans les pays à haut niveau de vie. Aux États-Unis, Hearst achète le *Morning Post* en 1895 et le transforme en un organe avide de sensations, avant de créer peu à peu un « empire » dans la presse américaine. En Allemagne, en 1898, les Ullstein font de même avec le *Berliner Morgenpost*. En Grande-Bretagne, les journaux à bas prix, comme le *Daily Mail* (fondé en 1896 par Harmsworth), le *Daily Express* (créé en 1900), le *Daily Mirror*, deviennent les organes traditionnels des classes moyennes en formation, qui bénéficient de l'amélioration du niveau de vie de la fin du siècle (en 1900, les salaires moyens réels dépassent ceux de 1875 de 30 % environ) ; empreints de ferveur nationaliste, chantres de la grandeur britannique, notamment hors d'Europe, ils atteignent des tirages considérables, 500 000 exemplaires pour le *Daily Mail* dès 1900. Ce gigantisme dans la vente est cependant dépassé par les « grands » de la presse française qui dépassent le demi-million de lecteurs vers 1890-1900 : *Le Petit Journal* tire à 1 million d'exemplaires et *Le Petit Parisien* à 600 000 en 1896 ; *Le Journal* (créé en 1892) et *Le Matin* chacun à 500 000 en 1905 ; les dirigeants de ces journaux, Charles Dupuy pour *Le Petit Parisien*, Bunau-Varilla pour *Le Matin*, Judet pour *Le Petit Journal*, deviennent des puissances politiques, qui, en politique extérieure, peuvent peser sur les décisions grâce à leurs possibilités d'agiter l'opinion ; Judet est violemment anglophobe ; Bunau-Varilla, très «influencé», tour à tour, par la Russie, l'Allemagne ou les États-Unis, n'hésite pas à «tonner» contre ceux qui lui déplaisent, quitte à embarrasser la diplomatie française. Comme les gouvernements étrangers ont souvent, non sans raison, le sentiment que la responsabilité des dirigeants politiques est engagée par cette presse à sensation, le rôle pernicieux du scandale ou de la révélation de presse devient un élément non négligeable dans les calculs des diplomates. Dans certains cas, le poids du «quatrième pouvoir» a pu peser ; les caricatures publiées dans la presse anglaise ou la presse française au moment de Fachoda, en 1898, révèlent un état d'esprit fort chauvin de part et d'autre de la Manche ; elles ne vont pas dans le sens de l'apaisement ; les hommes politiques doivent tenir compte de ces données.

Au plan international, «l'arrosage de la presse» par les puissances étrangères commence à défrayer la chronique ; les exemples abondent en tous sens et par tous procédés, depuis l'achat pur et simple d'un journal par un État étranger, grâce à un prête-nom, jusqu'aux abonnements de complaisance, qui soutiennent des fins de mois difficiles, sans oublier les traditionnels pots-de-vin, dessous de tables et autres menus services. Si certains gouvernements se préoccupent ainsi «d'avoir bonne presse», c'est sans doute qu'ils ont pris conscience de la nécessité de conserver une bonne «image» dans la conscience publique d'un autre État ; l'historien ne connaît pas tous les cas de ces trafics d'influence, mais comme Pierre Albert a pu l'écrire pour la presse française : «Après Panama et jusqu'en 1914, la dénonciation de la vénalité des journaux fut un thème banal dans tous les jugements sur la presse.»

Des exemples pris en Allemagne, en Russie, aux États-Unis prouveraient aisément que la France n'avait pas le triste monopole de cette maladie pernicieuse. Il faudrait ajouter que les techniques de placement des emprunts étrangers par souscriptions publiques contribuent à cette gangrène, dans la mesure où il faut préparer les futurs créanciers à une bonne image de marque du pays emprunteur. C'est dire combien il est difficile pour l'historien de reconstituer les « réalités » du temps, et combien les mentalités collectives sont alors manipulées. Pourtant elles existent et les responsables de la diplomatie doivent les prendre en considération.

Les facteurs démographiques et économiques

L'IMPORTANCE DE LA DÉMOGRAPHIE EUROPÉENNE DANS LE MONDE

L'intervention plus marquée des consciences collectives dans la diplomatie est-elle à mettre en rapport avec un fait général, fondamental pour la fin du siècle, l'explosion démographique en Europe ? En effet, la montée numérique de la population dans presque tous les États d'Europe entraîne des conséquences multiples, dont la nécessité pour les gouvernants de dégager de nouveaux emplois, d'assurer le ravitaillement et le développement social de leurs nationaux ; ces contraintes peuvent-elles se résoudre à l'intérieur du territoire national, ou par des empires coloniaux, ou grâce à des conquêtes dans d'autres États ?

Pour autant que les statistiques soient exactes, l'Europe (Empire russe compris) compterait 423 millions d'habitants en 1901, soit 27 % de la population mondiale ; c'est le plus fort pourcentage jamais acquis par l'Europe dans l'histoire contemporaine ; en un demi-siècle, l'accroissement global aurait été de 54 %, nettement supérieur à celui de l'Asie qui est de 30 %. Or cet accroissement s'est accéléré dans les vingt dernières années du siècle, sauf en

France, puisque pour les États qui dépassent les 10 millions d'habitants en Europe (ils peuvent ainsi prétendre à jouer un rôle politique), les populations ont ainsi progressé :

Tableau 7. Progression des populations en Europe

En millions d'habitants	Allemagne	Autriche-Hongrie	Espagne	France	Italie	Grande-Bretagne	Russie	Total
1881	45	37,7	16	38,5	30	30	100	297,2
1901	56,3	46,9	18,6	40,6	33,4	37	132	364,8
augmentation	25,1 %	24,4 %	16,2 %	5,4 %	11,3 %	23,3 %	32 %	22,7 %

Les causes de cette augmentation varient selon les régions de l'Europe ; dans l'Europe occidentale et nordique, les taux de la natalité, qui se situaient vers 35 ‰ dans les années 1880, sont déjà tombés autour de 28 ‰ en 1900, mais ceux de la mortalité ont corrélativement baissé de 21 à 15 ‰, grâce aux progrès sensibles du niveau de vie et de l'hygiène ; aussi le croît naturel demeure encore sensible. En Europe méridionale, l'excédent des naissances est en hausse, car la natalité demeure très élevée (souvent supérieure à 40 ‰) tandis que le taux de la mortalité commence à décroître.

Cependant, les effets de cette poussée générale ne sont pas identiques, car le niveau de vie plus élevé et les nombreuses offres d'emplois dans les secteurs industriel et commercial des États de la zone nord-ouest (pris au sens large) permettent aux habitants de ces régions de demeurer plus facilement chez eux ; les migrations de populations vers les autres continents, notamment en Amérique et dans les dominions « blancs » (Australie, Nouvelle-Zélande), seront davantage dues aux populations du sud et de l'est de l'Europe. Alors que les moyennes des départs annuels se situaient vers 300 000 unités pendant les années 1870-1880, après 1880, ces moyennes grimpent à 800 000 unités, la différence provenant surtout des populations paysannes, originaires des États méridionaux. Aux

États-Unis, qui restent les premiers bénéficiaires de ces migrations (la population passe de 50 millions d'habitants à 75 millions en 1900), la répartition entre ces deux catégories de peuplement européen change brusquement entre la décennie 1881-1890 et la décennie 1891-1900 : les « Nordiques », qui formaient 80 % des immigrants, représentent seulement 48,4 % de ceux-ci pendant la seconde décennie citée (les immigrants britanniques et allemands ne forment plus que 17 % et 13 % du total contre 17 % d'Italiens et 16 % d'Austro-Hongrois).

LES DEUX TYPES D'ÉMIGRATION

Naturellement, les statistiques globales constituent une approche significative, mais grossière, des vastes mouvements migratoires de l'époque ; pour affiner l'analyse, on peut distinguer deux types de mouvements avec des conséquences politiques et économiques différentes. La première forme d'émigration, celle de la pure misère, se ressent des pulsations de la vie économique dans le pays d'origine et elle affecte des masses paysannes (ou fraîchement transplantées dans les périphéries urbaines) ; elles sont souvent sans qualification, ni ressources ; des départs massifs en cas de crise (278 000 Espagnols en 1895-1896), ou une poussée continue (cas italien qui voit les effectifs des départs gonfler de 217 000 départs annuels en 1890 à 353 000 en 1900) mènent ces malheureux vers des États refuges, sans que les gouvernements des États « exportateurs » puissent (ou veulent) en tirer un avantage politique quelconque (ni l'Espagne, ni l'Italie, ni l'Autriche-Hongrie ne sont en mesure de jouer un rôle majeur en Amérique latine ou aux États-Unis). Simplement, ce besoin d'un exutoire pour leur surpeuplement justifie le maintien ou la demande d'un empire colonial, mais le rapport des forces n'est pas vraiment changé par ces migrations ; ainsi l'Italie, malgré cette pression démographique, voit son expansion coloniale stoppée après le désastre d'Adoua en Éthiopie en 1896. De ce point de vue, les importants transferts de population chinoise ou hindoue vers les continents africain ou américain, ou dans d'autres parties de l'Asie, sont assimilables aux précédents.

Par contre, lorsque des ouvriers qualifiés, des artisans, ou, tout simplement, des hommes avides d'aventures ou de gains rapides partent avec soit un petit pécule, soit une qualification technique vers des États neufs, ils sont beaucoup mieux en mesure de s'imposer dans le pays récepteur et d'y jouer, bientôt, un rôle politique ou économique. Les cas des Britanniques partis dans les dominions et aux États-Unis, des colonies allemandes au Brésil ou aux États-Unis, des petits groupes français dans l'Empire russe ou dans l'Empire ottoman, prouvent que le facteur quantitatif n'est pas le seul à devoir être considéré. L'interdépendance entre la puissance politique ou financière de l'État de départ et les colonies ou les groupes de nationaux partis au loin est primordiale. Ainsi, l'exportation de produits allemands vers l'Amérique latine doit beaucoup aux Allemands établis dans les pays sud-américains ; le genre de vie britannique exporté aux antipodes contribue à renforcer les liens commerciaux entre la Grande-Bretagne et ces lointains pays. Dans un certain nombre de cas, des petits noyaux bien organisés, pourvus de capitaux dès le départ, possesseurs de techniques plus avancées et obligés, de par leur nationalité, de se tenir à l'écart de la vie politique locale finissent par constituer des groupes de pression économiques importants ; au Brésil, en Argentine surtout, les cadres des chemins de fer, des banques, des industries sont souvent Britanniques ou Allemands ; dans l'Empire ottoman ou chinois, la présence britannique, française ou allemande, faible numériquement, constitue néanmoins un atout important pour ces pays, tant ces nationaux sont bien placés dans la vie économique.

Évidemment, la possession d'un empire colonial, ou d'un système de protectorat analogue, consolide les liens nés d'un exode de population. Les Espagnols en Algérie, les Italiens en Tunisie, devront peu à peu s'assimiler au peuplement français pour pouvoir bénéficier des avantages politiques accordés aux « nationaux », souvent moins nombreux. Les Japonais, dont l'émigration est organisée par un Institut de l'émigration à partir de 1893, bénéficient d'un statut différent selon qu'ils partent vers Formose, la Corée, la Mandchourie, ou vers le Brésil, les États-Unis ; car, dans les premiers, ils jouissent d'un «protectorat» politique à partir respectivement de 1895, de 1897, de 1905, tandis qu'ils sont, ailleurs, de simples manœuvres, comparables aux Chinois. Les paysans russes ou ukrainiens qui ont fui la misère de la Russie d'Europe, attirés par la légendaire Sibérie, vaste, lointaine, mais considérée comme «terre promise» ou «royaume des moujiks» par ces malheureux, sont également des privilégiés par rapport aux autochtones sibériens grâce à la protection impériale. La politique colonisatrice russe en Asie ressemble à cet égard à la colonisation britannique au Canada ou aux antipodes, puisque, dans les deux cas, les émigrants sont utilisés pour la mise en valeur des terres (à leur profit aussi) et pour la propagation de la civilisation nationale ; on pourrait même poursuivre la comparaison en notant que, dans ces deux exemples, il n'est pas rare de voir des «colons», dépités ou déçus, revenir au pays après quelques années (entre 1895 et 1905, 445 000 immigrants en Sibérie sont revenus en Russie d'Europe sur les 1 473 000 qui avaient choisi d'y partir).

En somme, les vastes mouvements migratoires de la fin du XIXᵉ siècle ne conduisent pas nécessairement à renforcer le potentiel des États européens d'où partent les migrants ; les conditions politiques et économiques dans lesquelles se placent ces départs sont tout autant à étudier que les quantités de migrants. Cependant, *c'est le continent européen tout entier qui inonde alors le reste du monde.*

L'EUROPE, MOTEUR ÉCONOMIQUE ET FINANCIER
DU MONDE

Ce rôle moteur de l'Europe dans le monde apparaît encore plus nettement sur le plan économique et financier ; là encore, quelques statistiques simples permettent de déterminer la part du continent européen dans la production industrielle, dans le commerce et dans les relations financières.

En 1890, la part de l'Europe dans les grandes productions énergétiques (charbon) et industrielles de base (fer, fonte, acier) se présente comme indiqué sur le tableau ci-dessous. Comme on le voit, la prépondérance européenne demeure incontestée pour les industries lourdes ; même dans un secteur comme l'industrie cotonnière, où les implantations sont plus faciles dans les pays neufs (l'industrie textile est souvent la première industrie dans le déroulement chronologique de la croissance industrielle), en 1900 la prééminence européenne subsiste ; sans doute, dès 1890, *les États-Unis*, pris individuellement, sont au premier rang dans le monde pour bon nombre de produits industriels, mais, comme leur consommation nationale absorbe encore la quasi-totalité de cette production, leur rôle international ne correspond pas à ce haut niveau de production.

	En 1890				En 1900	
	Charbon	Fer	Fonte	Acier	Broches à filer le coton	Commerce mondial
Europe	62,4	60,3	63,6	68,3	59,1	65,2
États-Unis	33,1	27,7	33,4	23,8	19,4	12
Reste du monde	4,5	12	3	7,9	21,5	22,8

De même, il ne faudrait pas accorder une place excessive au développement économique du *Japon* ; certes, les taux de croissance de l'économie japonaise étaient plus élevés que ceux des autres pays, surtout pendant la période 1880-1900 : ils oscillent alors entre 4,3 % par an, pour les années 1880, et 4,9-5,5 %, pendant les années 1890, alors qu'en Europe ils se situent à 3 % en période d'expansion ; mais le niveau de départ de cette économie était beaucoup plus bas et on pourrait parler alors d'un rattrapage. Ce décollage, indéniable, se fait grâce à des facteurs locaux favorables (croissance démographique, tendance à la constitution d'oligopoles, monnaie stabilisée, exploitation de l'économie agricole au profit de l'industrie, apports de capitaux étrangers); il ne nécessite pas, à court terme, d'expansion extérieure. Si des conquêtes sont tentées, elles proviennent beaucoup plus d'initiatives de militaires et de diplomates que des vœux des hommes d'affaires; la structure particulière des clans et de la hiérarchie sociale au Japon aboutit à donner un singulier poids aux militaires (les dépenses militaires de l'État absorbent la moitié des emprunts internes et externes); mais, au moins jusqu'aux premières années du XXᵉ siècle, le Japon, dont l'économie est encore peu orientée vers les marchés extérieurs, demeure une puissance économique de second rang, capable seulement de jouer un rôle sur une échelle locale; tout comme les États-Unis vont tenter de s'imposer en Amérique centrale et dans les Caraïbes, le Japon tourne ses regards vers la Corée, et vers les marges septentrionales de la Chine.

Dans le commerce international, les *États-Unis* continuent à jouer un rôle mineur par rapport aux puissances européennes pourtant déjà dépassées pour la production industrielle (ce qui est confirmé par le faible tonnage de la flotte commerciale américaine, qui assure seulement 10 % de ce commerce). Aussi, dans ce domaine, la place de l'Europe demeure essentielle, surtout celle de la Grande-Bretagne, traditionnelle, et celle de l'Allemagne, la nouvelle venue. Bien que la Grande-Bretagne voit sa participation dans le commerce mondial baisser en valeur relative, il faut souligner combien elle reste déterminante dans les marchés mondiaux. Pendant les années 1880-1889, elle représente 26,5 % des frets mondiaux, pendant les années 1890-1899, 22,4 %; globalement, le commerce allemand, qui progresse de 9 % à 12 % du commerce mondial entre 1880 et 1900, relaie la baisse du commerce britannique qui diminue de 23 à 21 % au cours de la même période. Si l'on considère les commerces des États de l'Europe développée (Royaume-Uni, Allemagne, France, Belgique, Pays-Bas), ceux-ci représentent encore 60 % environ du commerce mondial en 1900. En précisant encore un peu les données, on peut ajouter que les États européens occupent une place encore plus prépondérante pour les ventes d'articles manufacturés: en 1891-1895,

Royaume-Uni, Allemagne et France détiennent 68 % de ce secteur, en 1901-1905 leur part se situe encore à 62,4 % (les États-Unis font alors 8 % de ce commerce et le Japon 1 % !). À un moment où le partage du monde en zones d'influence se précise, cette situation commerciale, marquée par l'avance de l'Europe occidentale, n'est pas sans conséquences politiques.

Le système économique mondial repose sur des données simples qui avantagent l'Europe occidentale et garantissent sa toute-puissance politique : les États européens développés achètent, à bon marché, les produits bruts nécessaires à leurs industries (et dans le cas anglais leur ravitaillement) auprès des États encore peu développés, soit en Europe, soit dans d'autres continents ; en échange, ils leurs vendent des produits manufacturés à des prix élevés ; comme ces pays neufs ont de gros besoins d'équipement et qu'ils ne sont pas en mesure de financer seuls leur croissance, on constate qu'ils doivent vendre beaucoup plus qu'ils n'achètent, afin d'être en mesure *à la fois* d'acheter des produits manufacturés et de pouvoir rembourser les emprunts faits auprès des États riches. C'est ainsi que les balances commerciales de ces pays, aussi bien celle de la Russie que celle des États de l'hémisphère Sud, et même celle des États-Unis, ont des soldes constamment positifs. Au contraire, Grande-Bretagne, Allemagne et France conservent des déficits sensibles dans leur balance commerciale : pour la première, le taux de couverture des importations, pendant la dernière décennie du XIXᵉ siècle, continue de baisser de 75 % en 1890 à 67 % en 1900, celui de l'Allemagne oscille autour de 80 %, celui de la France vers 85-87 % ; mais ces déficits sont largement comblés par les revenus tirés des placements extérieurs.

Car, en ce domaine, la primauté des trois demeure inchangée ; même si les statistiques sont incertaines, on retiendra que, vers 1900, ces trois puissances ont investi à l'étranger 83 % de tous les placements extérieurs du monde. Les zones d'investissements de ces trois capitalismes sont clairement distinctes : pour le Royaume-Uni, le continent américain en entier et l'empire sont les lieux privilégiés des exportations de capitaux (20,1 % aux

États-Unis, 38,9 % dans les pays jeunes non tropicaux, 32,2 % dans les zones tropicales et seulement 6,3 % en Europe), tandis que la France reste attachée à l'Europe (65,5 %), tout comme l'Allemagne (60 % environ). Ainsi, tous ces États riches d'Europe occidentale sont capables de jouer un rôle de moteurs de l'économie mondiale capitaliste. Si des concurrences et des conflits se font jour, ils affecteront ces États entre eux et non pas les Européens d'un côté, les États neufs de l'autre ; *ni le Japon ni les États-Unis ne sont encore susceptibles de s'immiscer parmi les Grands sur le plan des relations économiques internationales.*

LE CAS ALLEMAND

Justement, dans les années 1890, la conjoncture mondiale se renverse, passant d'une phase de dépression à une phase d'expansion (le tournant se situerait vers 1893-1895) ; les rivalités économiques internes à l'Europe ne vont-elles pas s'atténuer puisque la croissance est générale ? Ou bien, au contraire, la progression inégale des grandes puissances économiques ne va-t-elle pas susciter ou renforcer des rivalités encore plus fondées ?

Pendant cette fin de siècle, surtout après une légère crise en 1892-1893, l'Allemagne connaît une prospérité inégalée, qui porte, dès 1900, son industrie au second rang mondial. Cette puissance économique en forte expansion risque de menacer ses deux voisins sur deux terrains différents : vis-à-vis de la France, les oppositions potentielles porteront surtout dans le domaine financier, puisque la France n'a pas des moyens suffisants pour rivaliser avec l'industrie allemande ; vis-à-vis de la Grande-Bretagne, les difficultés pourront se situer dans la propension allemande à vouloir s'assurer de nouveaux débouchés commerciaux. En 1882, le commerce allemand représentait (en valeur) seulement 50 % du commerce britannique ; en 1901, il atteint 65 % de celui-ci, bien que les Britanniques aient enregistré une progression sensible de leur commerce, surtout pendant la période 1895-1900 ; l'antagonisme commercial anglo-allemand devient sensible à partir de 1896-1897. Toutefois, puisque le «destin» britannique paraît essentiellement lié aux continents extra-européens, tandis que l'Allemagne a choisi l'Europe pour terrain d'élection, ne pourrait-on trouver un terrain d'entente entre ces deux puissances capitalistes libérales ?

De même, puisque les hommes d'affaires français et allemands n'ont pas à surmonter de graves oppositions commerciales, est-il inconcevable que des ententes ou des coopérations se développent sur le plan financier, notamment si banquiers français, d'un côté, et industriels allemands, de l'autre, conçoivent les avantages d'une complémentarité économique ? Il ne faut pas considérer les conflits comme déterminés à l'avance, dans la mesure où les intérêts des responsables économiques peuvent les conduire à s'entendre, même si, par ailleurs, des rivalités politiques existent ; France et Allemagne restent séparées par la question d'Alsace-Lorraine, mais celle-ci n'interdit pas de collaborer économiquement en Europe et hors d'Europe. En fait, l'historien doit éviter de conclure, *a priori*, qu'un antagonisme de nature économique doit obligatoirement mener vers un conflit politique (la réciproque étant également possible), puisque la solution d'une concurrence dans le système du capitalisme libéral peut être trouvée par une entente qui partage les risques et les profits.

L'Allemagne sera-t-elle tentée de faire des partages avec d'autres, alors que tous les indices montrent une rapidité d'expansion bien supérieure à celles de ses rivaux, Russie exclue ? Ou bien, au contraire, ce dynamisme allemand n'incitera-t-il pas les responsables politiques allemands à réclamer avec plus d'insistance leur juste place dans le monde, en Europe et hors d'Europe ? Même si les contemporains ne raisonnaient pas autant sur des statistiques que nous le faisons actuellement, le tableau suivant est significatif :

Tableau 8. Indices de progression
des quatre principales puissances européennes vers 1900-1905
(base 100 vers 1881-1885)

	Allemagne	France	Grande-Bretagne	Russie
Population	125	105	123	132
Production de charbon	189	126	122	266
Production de fonte	182	131	106	300
Production de blé	131	86	102	92
Commerce extérieur	153	106	118	138

Dès la fin du XIXᵉ siècle, scientifiques, philosophes, économistes et penseurs allemands sont parfaitement conscients du destin particulier de l'Allemagne, nation «jeune» en plein essor démographique, industriel et commercial; de même, les animateurs de cette expansion, bourgeois ou fonctionnaires, sont séduits par l'idée de donner à l'Allemagne un rôle politique à la mesure de sa croissance économique. L'heure de l'Allemagne a-t-elle sonné? Ses dirigeants politiques sont-ils prêts à assumer ce nouveau destin?

LE MAINTIEN VIGILANT DU PROTECTIONNISME

Cependant, un dernier élément mérite considération à propos des conditions économiques de la fin du siècle : *en dehors de la Grande-Bretagne, le protectionnisme se voit confirmé par tous les gouvernements* et même par presque tous les experts. On aurait pu croire que les tarifs douaniers protecteurs constituaient des réponses à la crise, ou, tout au moins, à la phase dépressive de l'économie; or le renversement de la conjoncture n'entraîne nulle part d'abandon, voire même d'atténuation des barrières douanières. Partout en Europe, on renforce les tarifs, dès que l'occasion en est offerte, telle la France par les tarifs Méline de 1892 ou par la loi dite du «cadenas», qui, à partir d'avril 1897, protège davantage céréales, vin et viande. Russie et Allemagne ont fait de même en 1894; dès 1897, le gouvernement allemand met en chantier la révision de la loi douanière pour répondre aux vœux de la puissante

Ligue des agriculteurs (*Bund der Landwirte*) ; la loi nouvelle sera votée en 1902. Les guerres douanières, dont on a déjà vu des exemples fameux, sont nombreuses, comme celle qui continue entre France et Italie jusqu'en 1897. Les opinions publiques sont, dans l'ensemble, favorables à ces lois de protection qui soulagent les agriculteurs face à la concurrence des produits importés des autres continents et qui permettent de faire démarrer ou prospérer les industries nationales. Witte, ministre des Finances russe et « père de l'industrialisation » russe, défend avec vigueur ce « droit à la vie ». Les majorités parlementaires sont larges pour voter de nouveaux tours de vis, réclamés souvent par la grande majorité des chambres de commerce.

Ce protectionnisme est, de plus, élargi aux territoires coloniaux ; chaque puissance coloniale reconstituait ainsi l'ancien « pacte colonial » qui liait étroitement métropole et colonies pour le principal bénéfice de la première. Seule la Grande-Bretagne demeure attachée au libre-échange, mais non sans aigreurs ou doutes. Ainsi, le ministre britannique des Colonies, Joseph Chamberlain (nommé à ce poste en 1895), entame une campagne en faveur d'une unité impériale, politique et économique, qui, au moins, donnerait aux industriels et commerçants anglais la possibilité de se mieux défendre contre les concurrents étrangers, grâce à un tarif protecteur et préférentiel englobant Royaume-Uni et empire ; sans doute finalement, Chamberlain sera battu sur ce terrain, mais sa tentative n'est pas sans signification sur le poids grandissant du protectionnisme dans le monde à la fin du XIXe siècle. On peut considérer que ce cloisonnement commercial, même s'il est admis par tous, ne constitue pas un facteur favorable à l'harmonie entre les nations ; le caractère « combatif » et « sélectif » de nombreux tarifs, avec possibilités pour les États de faire des concessions plus ou moins larges aux alliés et amis, donne à cette « arme douanière » une certaine efficacité ; tous les débats parlementaires ou toutes les campagnes de presse qui accompagnent les moments de choix pour de nouveaux droits douaniers ou les périodes de tension commerciale montrent à l'évidence que *le nationalisme est à la base du protectionnisme*, tout comme le second nourrit le premier. Le changement de la conjoncture n'a rien modifié sur ce plan.

IMPÉRIALISME ET IMPÉRIALISMES

Dans ces conditions, puisque la nouvelle conjoncture ne conduit pas à modifier les attitudes des producteurs ou les raisonnements de la majorité des économistes ainsi que les calculs des politiques (des tenants du libéralisme subsistent cependant, mais ils sont en minorité), puisque, d'autre part, les forces d'expansion des Européens hors de leur petit continent se sont consolidées, ne va-t-on pas assister à l'extension du phénomène protectionniste à des ensembles plus vastes, extra-européens, chaque grande puissance essayant, par des procédés différents, de se constituer une ou des zones privilégiées ? On voit poindre ici la notion *d'impérialisme économique*. Quel rapport peut-on trouver entre ce phénomène et la *vague des impérialismes* qui affecte justement le monde à ce moment ?

La question est beaucoup plus difficile à résoudre qu'il n'y paraît au premier abord. Indiquons tout de suite que les historiens, comme bien d'autres, sont divisés sur le concept d'impérialisme, sur son temps, sur ses formes, sur ses causes. Déjà sa définition pose problème : faut-il entendre sous ce mot une « conduite diplomatico-stratégique d'une unité politique qui édifie un empire, c'est-à-dire qui soumet à sa loi des populations étrangères » (définition donnée par Raymond Aron dans *Paix et guerre entre les nations*, p. 263), *ou* bien, à l'opposé, faut-il suivre la formule célèbre de Lénine, « l'impérialisme est le stade monopoliste du capitalisme » ?

Commençons par poser le problème fondamental dont les contemporains avaient parfaitement pris conscience dès ce moment : des grandes puissances, peu nombreuses (on retient, en général, les cas britannique, allemand, français, américain, japonais, russe, italien), imposent à des territoires ou à des États répartis dans le monde entier des rapports de dépendance, dont l'intensité est d'ailleurs variable, depuis la totale sujétion jusqu'à la simple ingérence. Comme les éléments de domination sont particulièrement évidents dans les zones colonisées, on a tendance, alors, à assimiler l'impérialisme à cette forme particulière constituée par la conquête coloniale (ce qui entraîne l'élargissement des exemples aux cas espagnol, portugais, belge, néerlandais, sans que tous ces États disposent de moyens politiques comparables aux cas précédents). De là procède une question complémentaire : la conquête coloniale ne répond-elle pas alors à des motivations économiques, ce qui permettrait de lier étroitement expansion coloniale et impérialisme économique ?

En fait, les recherches entreprises par les historiens ont abouti à considérer les formes prises par l'impérialisme colonial comme très diverses. Ainsi distingue-t-on « *l'impérialisme formel* », avec conquête territoriale et domination politique imposée, de « *l'impérialisme informel* », qui reconnaît seulement les effets d'entraînement d'une économie dominante sur une économie dominée, sans que la sujétion politique soit totale (on s'en remet aux chefs locaux pour administrer les territoires). De même, dans cet âge d'or de l'impérialisme que connaît la fin du XIXe siècle, faut-il assimiler impérialisme financier et impérialisme commercial, impérialisme du libre-échange et impérialisme de zones réservées ? On pourrait multiplier les distinctions à partir de cas particuliers, souvent significatifs et contradictoires. Il reste, cependant, une grande question, celle du rapport entre la décision *politique* des gouvernants d'un État de soumettre un autre État, une autre région, un autre peuple, à leur autorité (directe ou médiate) et les choix *économiques* ou *financiers* des hommes d'affaires (le mot est pris ici dans un sens très large), citoyens de ce même État : qui entraîne l'autre ? Existe-t-il une relation entre les deux types de décisions ? Certes, ceux-ci sont personnes privées et la puissance de l'État est publique, donc de nature différente ; mais, tandis que les moyens de la puissance ressortent de plus en plus de l'économie, au fur et à mesure de l'extension du capitalisme à l'échelle mondiale, comment dissocier vraiment les deux domaines ? Faut-il assimiler *impérialisme* et *impérialisme économique* ?

Dès les premières années du XXe siècle, on en vint à rechercher une explication simple à l'évident phénomène du partage du globe au profit de quelques-uns. Des théoriciens marxistes la trouvèrent dans les rapports économiques inégaux qui régissent les humains au sein du capitalisme libéral : l'impérialisme repose sur un fondement économique, celui du processus de développement du capitalisme ; pour pallier la baisse tendancielle du taux de profit, le capitalisme tend à développer des monopoles, à l'échelle des firmes, et, à l'échelle nationale, il pousse à l'appropriation exclusive de territoires ; colonies et partages procèdent donc de la nature même du capitalisme. Les auteurs opposés à ces concepts rétorquent que, dans bien des cas, les conquêtes coloniales ont suivi l'entraînement d'initiatives venues de militaires, de missionnaires, d'hommes politiques, étrangers aux sollicitations économiques ; l'impérialisme colonial serait souvent sans fondements économiques. Or ne peut-on concevoir que la conquête coloniale ait existé avant le stade de l'impérialisme et que celui-ci ait, ensuite, utilisé à son profit des situations acquises ? Le moment de la conquête et le moment de l'exploitation peuvent être différents. En outre, n'est-il pas simplificateur de réduire l'impérialisme à la seule forme coloniale, alors que bien des méthodes diverses et nuancées de domination existent au début du XXe siècle ?

L'analyse de l'impérialisme par les auteurs de l'époque a souvent été mêlée de considérations morales ou politiques. Ainsi le célèbre livre du Britannique Hobson, *Imperialism, a study* (1902) qui lança la polémique anti-impérialiste, était-il très inspiré par les formes extrêmes de la guerre anglo-boer en Afrique du Sud (camps de « concentration »). Alors que les « Empires » étaient révérés, les « Impérialismes » étaient chargés de malédictions, chacun cherchant à démontrer que les autres étaient condamnables (les Français décrivaient les « dérives » des impérialismes britannique ou allemand, et réciproquement). Les combats-débats ne cessèrent point ensuite. Aujourd'hui, on peut mieux comprendre le phénomène grâce aux recherches menées par les historiens. Un fait majeur se dégage : l'emploi du mot impérialisme pour dépeindre des actions comparables dans leur logique, mais diverses dans leurs réalités concrètes, a trop simplifié l'analyse. Pour comprendre l'impérialisme de cette période, il faut en distinguer les lieux d'application, les objectifs visés et les moyens utilisés pour l'imposer. Il convient de commencer par les études de cas avant de tenter une synthèse.

Dans les zones extra-européennes « sous-développées » — ce terme n'est pas alors employé —, les Européens n'hésitaient pas à imposer une totale domination, à l'exception de l'Amérique latine formellement indépendante ; l'extrême disproportion des moyens entre les forts (Européens) et les faibles suscitait *un impérialisme total, l'impérialisme colonial*. Les colonies étaient dépendantes de la métropole dans tous les domaines (politique, économique, culturel). La religion du progrès, fort à la mode comme on l'a vu, justifiait même cet impérialisme aux yeux des Européens, qui pouvaient, dans le même temps, critiquer les « excès » du colonialisme. En Europe même, en Amérique latine, les disparités entre forts (l'Europe de l'Ouest[1], les États-Unis) et faibles (Amérique centrale et du Sud, Europe du Sud-Est et de l'Est) aboutissaient à l'installation de *formes partielles d'impérialisme*, que l'on pourrait qualifier de *néo-impérialisme*. La souveraineté politique des États concernés pouvait plus ou moins exister, mais leur dépendance économique et culture vis-à-vis des Puissances était évidente. Ainsi les États « successeurs » de l'Empire ottoman n'étaient pas vraiment traités différemment de l'Empire ottoman lui-même. D'où, lorsque ces États voulurent réaliser leur réelle indépendance, une sorte de « décolonisation », des incompréhensions, des heurts.

Comme on le verra dans les chapitres suivants, l'impérialisme des grandes puissances à la fin du XIXe siècle présente des caractères différents, tant dans leurs causes que dans leurs moyens. On peut évoquer un impérialisme à la britannique, un impérialisme à la française, un impérialisme à l'allemande, un impérialisme à l'américaine, un impérialisme à la russe, tant il existe des caractères spécifiques pour chacun d'entre eux. Peut-être les tentatives

---

1. Grande-Bretagne, actuel Benelux, Allemagne, France, Italie.

faites par les philosophes, les économistes, les historiens pour trouver une explication globale du phénomène impérialiste ont-elles trop usé d'un exemple particulier en le présentant comme règle générale. Ainsi, lorsque des historiens britanniques, comme Gallagher, Robinson, Fieldhouse donnent comme raison de l'extension de l'impérialisme à la «périphérie» (Afrique-Asie) l'imitation de ce qui se passait en Europe entre puissances, ont-ils spécialement en vue les réactions britanniques dans «la course au clocher en Afrique» (voir page 168 *sq.*); de même, la notion d'«impérialisme social», chère à l'historien allemand Wehler (*cf.* page 391) ou les définitions de Schumpeter («l'impérialisme moderne, comme le militarisme et le nationalisme, constitue un héritage de l'époque dominée par l'État monarchique») trouvent-elles leur source dans l'exemple allemand. «L'impérialisme à la française» montrerait aisément le mélange de caractéristiques différentes selon le temps ou le lieu. Où situer le cas russe?

Pourtant *il existe bien un temps de l'impérialisme*, spécifique des années 1880-1914. C'est *le moment où des inégalités de développement économique entre puissances, jointes au processus continu de construction d'États-nations en Europe poussent ces puissances vers l'établissement de zones « réservées » ou de zones d'« influence » à l'échelle du globe*, puisque les nouveaux moyens de transport et de communication le permettent. L'extension des rivalités de puissance intra-européennes à l'échelle mondiale devient une réalité. C'est une réponse qui marque, *à la fois*, la volonté d'assurer un rayonnement politique, culturel, capable de surmonter les luttes intérieures sociales, politiques, *ET* la volonté de sauvegarder les intérêts nationaux de croissance face à une concurrence qui se renforce justement à cause de la bonne conjoncture. Cette concurrence prend des formes diverses selon les capacités des uns et des autres, forces tirées de l'industrie, du commerce, du marché des capitaux. Aucune puissance n'est alors en mesure d'imposer sa seule domination ou de jouer le rôle de leader incontesté, comme les États-Unis pourront le faire après 1945; aucune puissance n'a encore dépassé le stade de l'État-nation au point d'envisager une internationalisation de ses intérêts, voire une régionalisation comme plus tard l'Union économique européenne le tentera. Cet impérialisme ne procède pas de la persistance de réflexes anciens, mais au contraire d'une entrée dans le monde nouveau, celui du XXᵉ siècle.

Concrètement, les moyens et les enjeux conduisent tantôt à la conciliation entre intérêts divergents, au point de pouvoir se partager pacifiquement les terres ou les affaires, tantôt à l'affrontement, lorsqu'une puissance estime disposer de moyens supérieurs au concurrent dans une zone jugée « vitale ». Comme les moyens sont le plus souvent évalués en termes de forces militaires, *impérialisme et militarisme se complètent*. Lors des crises, il revient aux « décideurs » d'apprécier les gains possibles et les risques encourus ; or ces décideurs, différents de par leur fonction — au service de l'État ou de firmes privées —, leur formation, leurs convictions font des choix variables, paraissant suivre tantôt des logiques économiques, tantôt des logiques politiques. Il devient alors difficile de prétendre à la domination du politique ou de l'économique. Du coup, l'étude des crises de la période 1890-1914 offre un vif intérêt. Celles-ci révèlent les ressorts profonds des Puissances, tout en laissant apparaître le rôle des individualités. Leur répétition et leur aggravation pendant « la marche vers la guerre », dans les années 1905-1914, traduisent les transformations accélérées des rapports de force.

Désormais, on réfléchit, *on agit à partir d'évaluation de la puissance*, la sienne et celle de l'autre, non seulement face à une menace, mais même pour entrer en négociation. Or pour être puissant, il ne suffit plus de disposer de moyens mesurables objectivement (forces armées, capacités industrielles, commerciales, argent disponible, quantité de population, etc.), *il faut que l'image donnée aux autres de sa puissance soit reconnue*. D'où, pour obtenir une mobilisation des esprits ou cette reconnaissance, le recours dans les grands États à un ancien imaginaire, le vieil *Imperium* latin, mais adapté aux conditions nouvelles de la conquête du globe. *C'est l'impérialisme moderne.* Il répond ainsi aux nécessaires nouveaux besoins économiques (marchés, sources de matières premières) ; on s'affirme aussi dans une compétition inter-européenne élargie à d'autres continents. Même si l'on ajoute que deux États extra-européens, les États-Unis et le Japon, entrent dans cette compétition, ce sont les Puissances européennes qui continuent de mener le jeu. *Ce temps de l'impérialisme marque une période de transition entre les relations internationales de la tradition monarchique*, avec sa notion fondamentale d'équilibre régional organisé dans un système européen, *et les relations internationales du monde actuel*, celui du second XXᵉ siècle.

Tableau 9. Les possessions coloniales

	En superficie et population				Parties colonisées dans chaque continent (*en %*)	
	en 1876		en 1900		en 1876	en 1900
	Superficie *en millions de km²*	Population *en millions d'habitants*	Superficie *en millions de km²*	Population *en millions d'habitants*	(*en superficie*)	
Asie	**22,7**	**291**	**25**	**390**	**51,5 %**	**56,8 %**
dont						
Grande-Bretagne	3,76	241,8	5,22	301		
Pays-Bas	1,52	24,1	1,52	37,4		
France	0,16	2,6		0,66	18	
Russie	17,01	15,95	17,28	25		
Afrique	**3,21**	**11,42**	**26,95**	**123,3**	**10,5 %**	**88,9 %**
dont						
Grande-Bretagne	0,7	2,3		9,2	53	
France	0,7	2,8	10,2	31,5		
Belgique	–	–	2,38	19		
Portugal	1,8	5,9		2,0	6,8	
Allemagne	–	–	2,3	11,4		
Italie	–	–		0,5	0,7	
Amérique	**10,5**	**7,7**	**10,5**	**9,1**	**25 %**	**25 %**
Océanie	**8,3**	**2,9**	**8,9**	**5,4***		
Total	44,71	313,02	71,35	527,8		

* L'Australie constitue les huit dixièmes de cette population.

Tableau 10. Les empires coloniaux

	en 1876		en 1900	
	Superficie en millions de km²	Population en millions d'habitants	Superficie	Population
Grande-Bretagne	21,17	251,6*	31,41	367,3
France	0,9	5,8	10,98	50,1
Pays-Bas	2,04	24,5	2,04	37,8
Belgique	–	–	2,3	19
Allemagne	–	–	2,6	11,9
Espagne	0,4	8,3	0,2	0,6**
Portugal	1,82	6,7	2,09	7,6
Italie	–	–	0,5	0,7

* L'empire des Indes rassemble la plus grande partie de cette population.
** Perte des Philippines et de Cuba.

D'après A. Supan, *L'Extension territoriale des colonies européennes*, 1906.

CHAPITRE VIII

Diplomatie classique
et problèmes nouveaux :
les débuts de l'alliance franco-russe

Le rapprochement franco-russe de 1891

LES PREMIERS PAS DU PRINTEMPS 1891

Depuis le départ de Bismarck, les diplomaties russe et française sont aux aguets, surtout la première qui se demande où les nouveaux responsables allemands veulent aller. En mars 1891, ceux-ci ont refusé de prolonger le traité de réassurance, en juin ils ont signé avec la Grande-Bretagne un accord sur l'Afrique qui tend à prouver que cette dernière se rapproche sensiblement de la Triplice ; mais ils ont également fait quelques gestes significatifs en direction de la France (participation de peintres français à une exposition à Berlin, dîner offert à Guillaume II par l'ambassadeur de France à Berlin et surtout visite « incognito » en France de l'impératrice mère Frédérique à Saint-Cloud en février 1891). Les ambassadeurs allemand à Paris, von Münster, et français à Berlin, Herbette, se font les champions d'une politique de bon voisinage ; s'agit-il de simples initiatives personnelles ou bien les chancelleries concernées ont-elles initié une nouvelle politique ? En août 1890, Salisbury et Ribot ont signé un accord africain (Zanzibar est reconnu à la Grande-Bretagne contre le Sahara à la France). Est-ce un autre indice de changement ?

À Saint-Pétersbourg, Giers est inquiet ; « l'isolement » russe risque de conduire la Russie à de nouveaux reculs. Bien qu'il n'ait point changé d'opinion vis-à-vis de la République française, Giers se résout à avancer prudemment dans la voie d'une entente cordiale avec la France, moins pour obtenir des engagements précis que pour freiner la politique allemande, en lui faisant sentir le poids d'un éventuel accord franco-russe ; en octobre 1890, il évoque devant l'ambassadeur français à Saint-Pétersbourg, Laboulaye, « l'entente cordiale », « l'accord intime » entre la France et la Russie. Si le fait est véritable dans le domaine financier (justement des négociations ont alors lieu pour un nouvel emprunt de conversion), l'étonnement du diplomate français devant de telles expressions montre, à l'évidence, que les mots employés sont au-delà du réel en matière politique. D'ailleurs, un peu plus tard, en décembre 1890, Giers tente d'obtenir une reprise des discussions avec Berlin, à partir de conversations qui portent sur les droits de douane ; il revient à la charge en février. En fait, Giers hésite à choisir une nouvelle politique, tant il souhaiterait pouvoir renouer avec les Allemands.

Aussi les gestes de bonne volonté russes sont-ils fort mesurés au printemps 1891 : une décoration au président de la République, Carnot, un accord pour la venue d'une escadre française en Russie et surtout, au début mars, une lettre pour Mohrenheim, l'ambassadeur russe à Paris, dans laquelle Giers assure la France de sa compréhension après que l'impératrice Frédérique, insultée malgré son « incognito » par des nationalistes français, a été obligée d'interrompre son voyage plus osé que sage (ce qui tend les rapports franco-allemands) ; dans cette lettre, Giers évoque encore « l'entente cordiale établie entre la Russie et la France… contrepoids à l'influence de la ligue des Puissances centrales », mais il n'offre aucune négociation concrète. Mohrenheim est bluffeur et personnellement intéressé à la conclusion de l'alliance, puisque le gouvernement français a, semble-t-il, renfloué ses dettes privées grâce à l'argent de Panama (serait-il le fameux « X » de la liste des chéquards ?) ; il affecte de croire arrivé le grand instant décisif ; en vérité, les intermédiaires officiels (Laboulaye) ou secrets (le journaliste Hansen) constatent, alors, que les responsables russes se refusent à tout engagement. Bien plus, la négociation commerciale germano-russe commence secrètement, en avril, après une offre russe d'abaissement des droits de douane ; à bon droit, les diplomates français suspectent la bonne foi russe à leur égard. Aussi ne faut-il pas s'étonner si, au début mai, intervient un épisode significatif : à la dernière minute, alors que tout est prêt en Bourse et dans les banques, les Rothschild de Paris refusent de placer à Paris un nouvel emprunt 3 % de 500 millions de francs ; comme pour la rente italienne, la banque française aurait suivi les discrets conseils du gouvernement ; en février-mars 1891, Ribot est en effet intervenu pour « suggérer » de refuser un nouvel emprunt italien, car bien que Crispi, vaincu par le désastre financier intérieur, ait dû donner sa démission, l'Italie n'a pas rompu avec la Triplice.

En réalité, le refus des Rothschild provient d'autres causes. Tout d'abord, de nouvelles lois du tsar exilent les Juifs russes des grandes villes, notamment de Moscou, ce qui froisse évidemment les Rothschild, mais aussi, ceux-ci sont écartés de la construction du Transsibérien, comme tous les étrangers (oukase du 4 mai qui confie la réalisation de la *magistrale* à des entreprises et à des capitaux russes) ; en outre, ils sont, en tant que producteurs-exportateurs de pétrole (Société de la Caspienne-mer Noire), frappés de nouveaux droits à l'exportation ; en fait, toutes ces mesures traduisent une poussée nationaliste parmi les dirigeants russes. En outre, pour des raisons de technique financière et boursière, les titres russes étant l'objet d'une excessive spéculation à la hausse, la maison Rothschild a voulu « assainir » le marché de ces fonds à Paris. Ainsi, les facteurs économiques ont rejoint le point de vue politique ; en un moment crucial, voici que l'arme financière française s'applique *contre* la Russie. Celle-ci pourrait-elle, comme l'Italie, trouver ailleurs l'équivalent de la bourse française ?

Les réalités économiques internationales allaient s'imposer. Du côté allemand, les efforts de conciliation russes en matière douanière paraissaient insuffisants aux industriels, tandis que les agrariens persistaient dans leur hostilité vis-à-vis des concurrents russes ; l'entente économique se révélait impossible (de plus, l'Allemagne manque de moyens adéquats car elle a déjà la charge de l'Italie). Bien plus, en mai 1891, un accord douanier austro-allemand facilitait les échanges entre les deux alliés, ce qui, par contrecoup, aggravait les conditions de la concurrence russe pour l'importation de céréales en Allemagne. De même, du côté britannique, on ne manifestait aucun intérêt pour un partenaire douteux financièrement et dangereux politiquement ; la France restait donc le créancier obligé. En outre, sur le plan politique, des événements récents conduisaient à la même conclusion : le 6 mai 1891, la Triplice était renouvelée à l'avance pour six ans ; pour bien marquer le sens de cet événement, des indiscrétions volontaires, faites en mai devant la Chambre italienne par le nouveau ministre des Affaires étrangères, Di Rudini, témoignaient de la permanence de l'isolement russe et français ; la reconnaissance officieuse d'une entente anglo-italienne en juin, et le voyage de Guillaume II à Londres, en juillet, finissaient d'emporter la décision russe. Financièrement, on avait besoin de la France, politiquement, il fallait éviter un dangereux isolement.

L'ENTENTE CORDIALE FRANCO-RUSSE (AOÛT 1891)

Giers pensa tout d'abord à l'utilisation des hochets traditionnels : à la fin mai, à la surprise de tous, Alexandre III honora de sa présence une exposition commerciale française qui se tenait à Moscou ; des décorations furent attribuées à Ribot et à Freycinet, président du Conseil ; en juillet, la presse russe se mit à préparer le succès officiel de la visite de l'escadre française à Cronstadt. Mais il fallut aller plus loin, car, du côté français, on refusait de se contenter de ces gestes sans importance. En particulier le ministre de la Guerre Charles de Freycinet, « l'homme de l'état-major », devenu président du Conseil entre mars 1890 et février 1892, donc véritable chef du gouvernement français, voulait obtenir des engagements précis, contraignants, sachant que du côté de l'armée russe, à commencer par le ministre de la Guerre, le général Vannovski, on avait beaucoup d'estime pour l'armée française (*cf.* la commande de fusils Lebel en 1889-1890, page 208). Les entretiens entre les généraux des deux pays, noués en 1890, étaient repris avec plus de continuité en 1891 entre le général de Boisdeffre, agissant sur les instructions du gouvernement, et le général Obroutchev venu séjourner en France[1]. Mais les moyens et surtout les objectifs proposés différaient encore largement : une alliance militaire, soit, mais contre quel adversaire principal ? L'Allemagne ou l'Autriche-Hongrie ? Tandis qu'en France on songeait avant tout à la frontière avec l'Allemagne pour prix d'une collaboration militaire contre l'Allemagne, les Russes souhaitaient une action commune contre l'Autriche ; ils avaient deux buts essentiels, la Galicie autrichienne et les Détroits.

Giers se résolut « à faire un pas de plus dans la voie de l'entente » (ce sont ses propres mots), lors d'un entretien avec Laboulaye, le 16 juillet, en suggérant de « répondre » conjointement au renouvellement de la Triplice ; les ministres français Ribot et Freycinet répliquèrent aussitôt par un projet, en date du 24 juillet. S'appuyant sur la notion de *défense de la paix générale par l'équilibre entre les forces européennes*, ils proposaient, d'une part, une concertation franco-russe « sur toutes les questions qui pourraient mettre en cause le maintien de la paix en Europe », et, d'autre part, une mobilisation immédiate et simultanée des forces militaires au cas où une puissance de la Triplice mobiliserait. Dans ses instructions à Laboulaye, chargé de négocier avec Giers au moment où l'escadre française touchait à Cronstadt, Ribot (qui a

---

1. Marié à une Française, Obroutchev possède un château en Dordogne.

mis au courant le président Carnot) avait bien marqué la position française : Giers doit faire le geste décisif, mais il faut se montrer patient afin de l'entraîner à s'engager définitivement. Aussi, dans les jours qui suivent (2-9 août), Giers, malade d'ailleurs, et Laboulaye jouèrent au plus fin, si bien que, selon les archives consultées, on peut avoir le sentiment que c'est l'autre qui fait les offres d'accord. Giers se contenterait d'un texte général, d'un simple échange de lettres, où «l'entente cordiale» serait affirmée comme valable partout (*donc y compris hors d'Europe*) ; les Français veulent une véritable convention et surtout un accord militaire. Giers voulait subordonner l'aide russe au seul cas d'agression, et encore, en se laissant le droit de réflexion si une telle éventualité se produisait. Simplement, mais c'est beaucoup pour les opinions publiques, lors de la réception de l'escadre de l'amiral Gervais à Cronstadt, le tsar Alexandre III avait écouté debout l'hymne national français, *La Marseillaise*, chant révolutionnaire, séditieux dans l'Empire tsariste. Encore un nouveau geste…

En vérité, la seule conclusion concrète qui intervint quelques jours plus tard, le 27 août 1891, fut un échange de notes, qui, dans un style embarrassé sur le point essentiel de la coordination militaire éventuelle, consacrait l'entente cordiale entre les deux pays, leur volonté commune de paix et leur désir de concertation pour défendre celle-ci. Toutefois, le nouvel intermédiaire, Mohrenheim, très favorable à l'alliance franco-russe, acceptait, de son propre chef, d'ajouter au texte de l'accord un additif proposé par Ribot qui prévoyait «des développements ultérieurs et un complément nécessaire qui feront l'objet de pourparlers confidentiels et intimes». Ribot et Freycinet pensaient ainsi forcer la main aux Russes. Mais Giers et son adjoint Lamsdorff, satisfaits du moyen de pression dont ils étaient encore prêts à user auprès des Allemands, refusaient tout élargissement de la négociation (fin septembre 1891). Cependant, pourront-ils s'opposer encore longtemps à la pression française qui dispose d'un nouvel argument, les besoins criants d'argent, liés à la désastreuse situation économique et financière de la Russie ?

Depuis le retrait des Rothschild, en mai 1891, la Russie accumulait les difficultés : après un printemps trop bref, un été trop sec en août-septembre, la récolte fut catastrophique (pour les céréales 20 % de moins que les années précédentes déjà médiocres ; en particulier les zones riches de la Russie centrale accusèrent des déficits de 50 %) ; une famine considérable sévit en Russie ; elle fit 500 000 victimes. Le gouvernement dut interdire l'exportation des grains, d'où un déficit commercial externe considérable ; le Trésor dut aussi dépenser largement pour éviter des soulèvements paysans et de graves troubles sociaux en ville ; c'est dire l'absolue nécessité de fonds venus de l'étranger pour finir l'année 1891. Wichnegradski, ministre des Finances, espérait pouvoir faire appel aux efforts conjoints des banques allemandes et françaises ; dès septembre 1891, les Allemands, inquiétés par la détresse financière russe et par les manifestations de Cronstadt, se dérobèrent ; les banques françaises hésitèrent après le refus de participation des Rothschild. Alors le gouvernement français agit : Ribot demanda au ministre des Finances, Rouvier, de faire pression sur les établissements bancaires pour obtenir le succès de l'emprunt 3 % de 500 millions de francs, qui devait être placé dans le public français le 15 octobre 1891. « Un intérêt politique s'attache à cette importante opération » (Ribot à Rouvier).

La presse française, réconfortée par les manifestations de Cronstadt, mit le public français en condition pour l'emprunt ; la souscription à l'emprunt devint un « véritable devoir patriotique », depuis que Ribot, soucieux de sa propre popularité, avait salué dans un discours prononcé à Bapaume, le 29 septembre, « un souverain prévoyant et ferme dans ses desseins qui a, publiquement, manifesté les sympathies profondes qui unissent son pays et le nôtre ». Les Russes eux-mêmes passèrent une forte commande de fusils en France, le 12 octobre ; un pas vers l'alliance militaire ? Le réveil fut rude : après des chants de victoire le lendemain de la souscription, on sut très vite que le placement de l'emprunt 3 % subissait un échec grave ; en novembre, des représentants du ministre russe des Finances venaient à Paris pour « racheter » les deux cinquièmes de l'emprunt afin d'éviter une chute générale des titres russes en France !

Les raisons de l'échec sont claires pour l'historien : alors que la Russie connaît de graves difficultés économiques, l'offre d'un 3 %, c'est-à-dire d'un emprunt à faible rendement, était un contresens économique qui ne pouvait être contrebalancé par des considérations politiques ; le public des porteurs auquel on offrait des possibilités de gains trop mesurés n'avait pas suivi. Par contrecoup, les conséquences politiques étaient claires : de passage à Paris, en fin novembre, Giers se dérobait aux propositions de nouvelles négociations avec la France. Bien plus, il se rendait ensuite à Berlin où il recevait un accueil poli, les Allemands ne souhaitant pas suppléer économiquement les Français dans une telle conjoncture. Ainsi, les conditions économiques avaient retiré de son efficacité à l'arme financière française en un moment particulièrement grave ; en l'espèce, les hommes politiques avaient utilisé un moyen économique sans en mesurer à l'avance l'exacte portée. Du coup, l'alliance paraissait s'éloigner.

La constitution de l'alliance militaire et politique

LE RÔLE DES MILITAIRES ET L'ACCORD D'AOÛT 1892

Jusqu'à l'automne 1891, les discussions franco-russes avaient été menées sur le plan politique par quelques ministres, quelques diplomates et quelques militaires ; le secret était de rigueur. Mais, à partir de l'hiver 1891-1892, le relais est passé en priorité aux militaires. Cette fois, l'initiative est française ; les ministres français, notamment Freycinet, veulent obtenir des Russes plus qu'une entente cordiale, c'est-à-dire des engagements militaires précis ; dans ce but, il faut utiliser les compétences et les services de membres de l'état-major ; en février 1892, un projet du général de Miribel, chef de l'État-Major français, est prêt à être discuté... si les Russes acceptent cette discussion. En effet, en décembre 1891, le tsar a laissé entendre qu'il pourrait envoyer un officier russe à Paris, mais, depuis, le temps passe et personne ne vient en France (il semble d'ailleurs que le tsar soit plus disposé que Giers à signer un accord militaire). Le projet de Miribel, transmis au nouvel ambassadeur de France en Russie, Montebello, est remis pour avis à Giers le 12 mars 1892, mais, là encore, la réponse est dilatoire : il faut attendre le retour du tsar, qui va partir faire un séjour à la cour du Danemark, sa femme étant princesse danoise. Incontestablement, la diplomatie russe refuse de s'engager. Ribot manifeste son inquiétude en avril, surtout lorsqu'il apprend les démarches russes faites à Berlin pour obtenir un appui financier et pour conclure un nouvel accord commercial : « Il faut redoubler de vigilance et presser les solutions », écrit-il à Montebello.

Le rôle de certaines personnalités militaires va devenir déterminant à ce moment. Du côté français, on peut utiliser les services du général de Boisdeffre, qui, comme ancien attaché militaire en Russie, a noué de bons contacts avec certains généraux russes. Parmi ceux-ci règne un état d'esprit nationaliste, le plus souvent marqué par une forte hostilité à l'égard de l'Autriche-Hongrie qui, en 1878, a empêché l'armée russe de récolter les fruits de ses victoires sur les Ottomans ; mais, de plus, dans l'état-major russe, on est sensible aux risques grandissants d'une armée allemande qui se renforce ; aussi, à la différence de Giers, est-on prêt à s'accorder avec les militaires français, pourvu que ceux-ci acceptent de considérer l'armée autrichienne comme un ennemi virtuel et prennent des dispositions en conséquence. En particulier, le chef d'état-major russe, le général Obroutchev, a remis, en mai 1892, une étude favorable aux négociations avec les Français ; cet officier, venant régulièrement en France, a été autrefois attiré par les idées réformistes et il en a gardé plus d'affinités pour le système politique occidental que les diplomates, zélateurs de l'ordre prussien ; il peut aussi compter sur l'opinion moyenne des généraux russes qui mesurent parfaitement l'utilité d'une alliance de revers pour l'armée russe. Aussi, pendant l'été 1892, dans les sphères dominantes à Saint-Pétersbourg, se déroule une lutte serrée entre les francophiles et les germanophiles, chacun s'efforçant d'obtenir la sanction décisive, celle du tsar Alexandre III.

Une nouvelle étape est franchie, lors des entretiens Obroutchev-Boisdeffre, qui se déroulent à Saint-Pétersbourg du 1er au 17 août 1892. Les deux généraux agissent en tant que techniciens militaires, le Russe avec l'acquiescement du tsar et du ministre de la Guerre Vannovski, mais sans que Giers veuille engager la Russie sur le terrain politique, le Français sur instructions des responsables politiques français, notamment de Freycinet maintenu ministre de la Guerre. La comparaison des textes initiaux et du texte définitif de l'accord permet de mesurer les concessions faites de part et d'autre. D'abord Boisdeffre proposait une mobilisation immédiate et simultanée des deux armées au cas d'une mobilisation des puissances de la Triplice ou de l'Allemagne seule ; en second point, en cas d'attaque armée, il proposait de diriger contre l'Allemagne la totalité des forces disponibles, afin d'obliger l'Allemagne à une guerre sur deux fronts ; un accord naval précis était envisagé et les aspects techniques de la coordination entre les deux armées étaient fondés par rapport à l'armée allemande (il prévoyait ainsi un contingent français de 1 300 000 hommes pour lutter contre l'Allemagne, avec une concentration des troupes dans les quatorze jours à partir du début du conflit, tandis que 800 000 Russes attaqueraient l'Allemagne au plus vite, des forces russes en nombre égal devant être opposées à l'Autriche) ; on saisit bien que, dans l'esprit des Français, seule la menace allemande est vraiment considérée.

Obroutchev renverse les termes du problème : il veut obtenir l'engagement français pour un conflit qui pourrait, également, partir de l'antagonisme avec l'Autriche ; il refuse de se lier par des plans trop précis et impératifs dans la lutte éventuelle contre l'Allemagne ; compte tenu des réticences et des oppositions à la cour de Saint-Pétersbourg, il est évident que les demandes françaises vont trop loin. Boisdeffre le comprend ; on aboutit donc à un compromis qui reprend les propositions françaises pour le cas d'une simple mobilisation ennemie, mais qui précise qu'en cas d'attaque allemande contre la France, ou d'attaque italienne soutenue par l'Allemagne, la Russie soutiendra la France avec toutes ses forces disponibles, tandis que la réciproque sera vraie si la Russie est attaquée par l'Allemagne, ou par l'Autriche aidée par l'Allemagne ; 1 300 000 Français et 700 000 à 800 000 Russes combattront contre l'Allemagne « à fond et en toute diligence » ; des concertations d'état-major auront lieu en tout temps ; la paix ne pourra être conclue séparément ; la durée de la convention sera celle de la Triplice ; les clauses en resteront secrètes. Ainsi la France obtenait un engagement militaire précis, et la Russie souscrivait à une alliance défensive dirigée aussi bien contre l'Allemagne que contre l'Autriche.

L'ATTENTE DE LA RATIFICATION IMPÉRIALE

Cependant, cette convention militaire devait encore porter la signature impériale pour avoir une réelle valeur ; or Giers, mis au courant des résultats obtenus par les militaires, s'employa à freiner la décision impériale ; il fit adjoindre au texte un préambule établissant un accord impérial « de principe », en attendant un examen politique de son ministère ; autant dire que Giers pouvait retenir l'achèvement de l'accord militaire pendant longtemps. De fait, les deux généraux ont signé leur texte le 17 août 1892 et c'est seulement le 27 décembre 1893, soit *après seize mois d'attente*, que la ratification suprême intervint du côté russe. Évidemment, ce long délai mérite explication et les opinions des historiens varient pour expliquer cette lenteur russe (car du côté français on est toujours prêt à contresigner l'accord militaire, après avoir vainement tenté d'obtenir quelques améliorations de détail, en septembre 1892).

Pendant longtemps, on a mis en avant le caractère même d'Alexandre III, monarque profondément réactionnaire, effrayé par la République française, par ses mœurs parlementaires, par ses scandales, tel celui de Panama qui éclata en novembre 1892 et qui éclaboussa (non sans raisons) jusqu'à son ambassadeur Mohrenheim ; les valses de ministères, qui se font et se défont, les luttes vives qui opposèrent les républicains opportunistes, auteurs du rapprochement avec la Russie, aux monarchistes français, auraient poussé le tsar à tergiverser. Il est certain que Giers, son adjoint Lamsdorff et tous les partisans de l'alliance allemande jouèrent de ce « danger » républicain. Ils avaient obtenu, en juin 1892, une entrevue Guillaume II - Alexandre III à Kiel pour répondre à Cronstadt. Ils récidivèrent, lors d'une rencontre entre l'empereur allemand et le tsarévitch Nicolas (futur Nicolas II), en janvier 1893 ; celle-ci fut l'occasion pour les Allemands de souligner « les dangers qui menacent les monarchies de la part de la République française » (*sic*), et, pour le tsarévitch, de manifester clairement son mépris pour la France décadente. Incontestablement, les différences idéologiques qui séparent les deux régimes facilitaient la tâche de Giers.

S'il faut donc incriminer l'action d'un individu, c'est bien vers le ministre des Affaires étrangères russe, malade, mais tenace, qu'il convient de se tourner. Celui-ci n'avait pas perdu l'espoir de retrouver un appui en Allemagne et, en attendant, il usa de tous les artifices pour gagner du temps. Disposant vis-à-vis de Berlin d'un moyen de pression suffisant, il voulait obtenir des concessions allemandes tout en sauvegardant sa liberté de manœuvre. Justement, sur deux plans, de difficiles négociations étaient engagées avec l'Allemagne pendant l'automne 1892 : d'une part, dans le domaine commercial, les Russes paraissaient prêts à la conciliation, si les Allemands acceptaient de faire des concessions douanières ; d'autre part, de nouveaux sondages entrepris auprès des banques allemandes laissaient naître quelques espoirs de rapprochements financiers.

En vérité, ces calculs furent déçus au printemps de 1893 ; le nouveau ministre des Finances russe, Serguei Witte, qui a succédé à Wichnegradski, disgracié en avril 1892, constata avec regret que la finance allemande subordonnait son aide à un alignement politique russe (en somme l'inverse de la situation italo-française), et que, surtout, les banquiers allemands continuaient à spéculer sur le rouble (cette monnaie n'est pas encore établie de manière stable). Comme, en outre, les relations commerciales germano-russes demeuraient difficiles, mais pourtant indispensables pour l'économie russe, exportatrice de grains et de matières premières et importatrice de machines, il arriva un moment où Witte se décida à engager le fer contre l'hégémonie économique allemande. En février-mars 1893, le conflit commença avec les spéculateurs berlinois, qui manipulaient le cours du rouble ; puis, en mai-juin 1893, la lutte douanière débuta.

Pour mener cette guerre tarifaire, Witte avait pris des précautions, notamment en manifestant d'excellentes dispositions à l'égard des capitalistes français : des autorisations nouvelles furent données pour l'implantation en Russie de firmes à capitaux français, des concessions tarifaires furent accordées aux exportateurs de pétrole (ce qui intéresse les Rothschild) ; enfin, de nouveaux liens furent repris avec les banques parisiennes pour des emprunts d'État à bon rendement. Ainsi, au printemps 1893, la Bourse de Paris attendait-elle avec espoir la reprise des relations financières avec la Russie. De même, en juin 1893, Witte accorda de réels avantages au commerce français par un nouveau traité de commerce (cependant, les relations commerciales franco-russes resteront toujours nettement inférieures au commerce germano-russe ou anglo-russe). Par contre, à partir de la fin juillet 1893, une véritable guerre douanière envenima gravement les rapports germano-russes ; les droits sur les marchandises allemandes furent élevés de 20 % à 30 %. Du point de vue commercial et industriel, l'indépendance de la Russie supposait un affranchissement vis-à-vis de l'Allemagne, mais n'allait-on pas river la Russie à la « chaîne de l'or français » ? En tout cas, pour l'instant, les milieux nationalistes, parmi lesquels la bourgeoisie industrielle de Moscou et les grands propriétaires exportateurs, préconisaient la rupture avec Berlin.

Sans doute, le poids de ces gens riches n'était-il pas déci-

sif sur les décisions d'Alexandre III et sur les hauts fonctionnaires des ministères russes, qui se déterminaient à
partir de considérations basées sur la géographie ; toutefois, dans la presse russe, ils avaient les moyens de soutenir
des campagnes d'opposition à un accord avec l'Allemagne ;
ces articles donnèrent à penser aux Allemands que, déci-
dément, le tsar avait déjà fait son choix. Aussi, même si les
facteurs économiques n'entrèrent pas directement en
compte dans les calculs des responsables, il convient de
retenir cette détérioration des relations économiques
germano-russes ; la guerre douanière est « tragique » pour
Giers, comme il le dit lui-même à l'ambassadeur allemand ;
les négociations commerciales reprises en octobre 1893
demeurèrent sans résultats. Au fond, conjoncture et structures économiques étaient en contradiction avec les vues
du ministre des Affaires étrangères.

LE RÔLE DE L'OPINION PUBLIQUE

Une preuve complémentaire en fut encore donnée par
la reprise des emprunts russes en France. En septembre 1893, l'accord se fit entre Witte et les banques
françaises ; pour la première fois depuis l'échec d'octobre 1891, soit depuis deux ans, une forte somme
(418 millions de francs) sera placée sur le marché français,
avec un intérêt de 4 % ; sous la conduite de Paribas, toute
la banque française fut mobilisée, mais, surtout, tout fut
mis en œuvre pour galvaniser les énergies. La presse française retrouva sa fougue, son allant de 1891, avec la venue
des marins russes à Toulon et à Paris pour porter la vague
d'enthousiasme à son paroxysme ; la concordance des
dates n'est sans doute pas fortuite (à Toulon les 13-
17 octobre, « montée à Paris » de l'amiral Avellan, avec
son état-major, du 17 au 25 octobre, introduction du nouveau titre en Bourse le 9 octobre). Certes, la presse française n'a pas conditionné l'opinion publique seulement
pour assurer la réussite de l'emprunt, mais les frais de
publicité de l'emprunt servirent à la fabrication de l'unanimité nationale française pendant les fêtes de Toulon
et Paris.

Des foules immenses (300 000 personnes venues à Paris ?) sacrifièrent au culte du grand allié ; la vogue du « franco-russe » commença. La ferveur populaire française est compréhensible ; sans connaître le détail des accords franco-russes, mais persuadés que l'alliance a déjà été secrètement signée, les Français saluaient en l'allié russe le garant de leur propre défense nationale, celui qui leur avait permis de sortir de l'isolement, celui aussi qui donnait sa légitimité à la jeune république, puisque ce vieil empire acceptait de traiter avec la République française (les hommes politiques du centre n'étaient pas fâchés de marquer ainsi la réalité internationale de la République). Patriotisme, pacifisme (puisqu'il s'agit d'une alliance « défensive »), nationalisme, républicanisme, faisaient bon ménage. Cette manifestation tapageuse et cocardière intervint donc au bon moment pour convaincre les Russes de signer la convention militaire avec une France qui n'était pas « décevante ». *Ainsi l'opinion publique entra-t-elle à son tour dans la panoplie des diplomates.*

Car, bien entendu, les « journées triomphales » d'octobre furent analysées dans toute l'Europe et comprises comme la preuve de l'existence de l'alliance. Du côté allemand, le gouvernement se trouva confirmé dans sa volonté de renforcer sa défense militaire ; lorsque le chancelier Caprivi avait présenté une nouvelle loi militaire, augmentant les contingents et portant le service militaire à deux ans, en novembre 1892, il avait rencontré l'hostilité du Reichstag ; comme Bismarck, il avait joué de la corde patriotique pour essayer de remporter les élections en mai 1893, mais ses calculs avaient été partiellement défaits (succès socialistes) ; cependant, le 15 juillet 1893, la nouvelle loi militaire était votée par une coalition hétéroclite. Ainsi, au moment où les rapports économiques se tendaient avec la Russie, l'Allemagne augmentait ses forces militaires ; Giers ne voulait pas en être affecté, mais les militaires russes pensaient différemment. Avec habileté, Montebello et les militaires français allaient utiliser ce point de vue ; une note secrète était mise au point par le général de Miribel le 3 août 1893, faisant ressortir le gonflement rapide des effectifs de l'armée allemande, ce qui renforcerait la nécessité de signer la convention militaire franco-russe ; cette note transmise à Giers en septembre, celui-ci ne pouvait la mettre sous le coude (d'autant qu'Obroutchev en connaît la substance) ; il finissait par la montrer au tsar et au ministre de la Guerre Vannovski ; à la mi-septembre, tout deux concluaient positivement et adoptaient les vues des militaires français. Giers, bien à contrecœur, ne pouvait donc plus tergiverser : le 6 décembre, il admettait la convention militaire qui recevait la signature impériale le 15 décembre 1893.

L'échange de la convention par lettres officielles secrètes portait les dates du 27 décembre, côté russe, et du 4 janvier, côté français. Les considérations militaires avaient donc balayé les dernières réticences du tsar ; au fond, la géopolitique remportait là un nouveau succès, puisque les choix avaient dépendu du rapport des forces militaires et des vues stratégiques ; mais cette alliance franco-russe n'était-elle pas redevable, aussi, aux conditions économiques et financières ? *La décision politique semble ainsi se situer au point de convergence de plusieurs facteurs.* N'est-il pas vain de vouloir dissocier ces facteurs et de tenter de les classer par ordre de mérite ? Tour à tour et ensemble, les structures économiques des pays concernés, la conjoncture internationale, les rapports des forces militaires, les calculs des responsables politiques (c'est-à-dire le poids des personnalités), le poids des luttes politiques intérieures, l'état des opinions publiques, étaient intervenus pour aboutir à un tournant fondamental dans les relations européennes. Cependant, l'alliance franco-russe, bâtie pour les affaires européennes, allait-elle pouvoir répondre aux conditions nouvelles des relations internationales ?

Les premières années de l'alliance :
une pratique décevante (1894-1898)

LES NOUVEAUX « UTILISATEURS »

Paradoxalement, les premiers utilisateurs de l'alliance franco-russe ne furent pas ceux qui avaient contribué à sa conclusion, aussi bien en Russie qu'en France. Du côté russe, le tsar Alexandre III mourait en novembre 1894 et Giers en janvier 1895 ; Nicolas II déclarait volontiers qu'il suivrait la ligne politique de son père, mais cette affirmation, traditionnelle dans la bouche de tout nouveau tsar, était à nuancer ; par sa formation, sous l'influence de son entourage, le jeune monarque était fort intéressé par les affaires asiatiques et sensible au danger «révolutionnaire» ; allait-il faire passer ses sentiments monarchiques et son désir d'action en Asie après la nécessité de conserver une alliance défensive avec la France républicaine, accord fondé sur la situation en Europe ? Le prince Lobanov, qui succédait à Giers, apparut certes comme un aristocrate nourri de culture française et sans illusions sur les sentiments réels de Londres et de Vienne (où il avait été longtemps ambassadeur), mais ses tendances sympathiques pour la France ne le conduiront-elles pas à escompter le soutien français pour d'audacieuses entreprises dans les Balkans ou sur les Détroits ? En bref, la diplomatie russe était-elle prête à user de l'alliance française pour ses propres intérêts, y compris pour maintenir la bourse française largement ouverte, sans trop se soucier du point de vue français ? Un troisième responsable russe, le ministre des Finances Witte, duquel relevaient non seulement les finances intérieures, mais aussi la négociation des emprunts externes, et qui, forte personnalité, finit par s'imposer au jeune tsar, éprouvait une sympathie limitée pour l'alliance française ; pour lui, l'idéal serait une alliance à trois avec l'Allemagne, «alliance continentale» contre la Grande-Bretagne dont la puissance en Asie paraissait redoutable à la Russie. Cependant, Witte savait bien que sans le secours financier de la France, sa stratégie économique, qui visait à développer l'industrie russe et à stabiliser définitivement le rouble par rapport à l'or (ce sera chose faite à la fin 1896), serait compromise ; donc, il fallait nécessairement l'alliance avec la riche France, mais cela ne signifiait point l'alignement sur les vues françaises.

Les responsables français changèrent également ; les élections législatives de 1889 et de 1893 avaient marqué une modification sensible du personnel politique, atteint par les vagues du boulangisme et par les scandales de Panama ; la génération des héritiers des ancêtres républicains, progressistes au lieu d'opportunistes, accédait au pouvoir réel, notamment lors de la constitution du ministère Dupuy en mai 1894[1]. Le nouveau ministre des Affaires étrangères, Gabriel Hanotaux, était un diplomate de carrière de 43 ans, historien (auteur de travaux sur Richelieu), journaliste, député de 1886 à 1889, puis directeur des Protectorats au Quai d'Orsay ; pendant un peu plus de quatre ans, entre mai 1894 et juin 1898 (sauf pendant un intermède de six mois au cours duquel il conserva officieusement de l'autorité sur l'administration du Quai d'Orsay), Hanotaux dirigea effectivement la politique extérieure française ; cette permanence dans la responsabilité procurait une réelle liberté de manœuvre au titulaire du poste. Cet homme, qui avait appartenu à l'équipe de Gambetta (il en fut le chef de cabinet adjoint), puis à celle de Ferry (chef de cabinet), peut se ranger délibérément dans le groupe des activistes coloniaux, qui, au même moment, poussaient à réaliser un vaste empire en Afrique noire (groupe du Comité de l'Afrique française, créé en 1890, et groupe colonial à la Chambre, mené depuis 1892 par Eugène Étienne, également ancien gambettiste). Pour dégager, dans ses grandes lignes, la vision de la politique extérieure d'Hanotaux, on pourrait souligner le souci de donner une place importante à la France dans l'expansion contemporaine hors d'Europe ; ce dessein s'accompagne d'une stratégie conciliante en Europe même ; dans cet esprit, l'alliance franco-russe n'est pas sans intérêt, car elle assure les « arrières » de la France, mais la portée de cet accord dépend surtout de la bonne volonté russe vis-à-vis des engagements français hors d'Europe ; comme, en outre, le contentieux franco-allemand en Europe paraît pouvoir être omis, sinon oublié, on mesure combien les perspectives d'utilisation de

---

1. Delcassé, Barthou, Poincaré commencèrent alors leur carrière ministérielle.

271

l'alliance avec la Russie sont peu en harmonie avec les conceptions de ses initiateurs.

En somme, la tactique extérieure d'un Gambetta, d'un Ferry et d'un Hanotaux dont la continuité n'est pas fortuite, ne réclame pas une entente profonde et fondamentale avec la Russie ; l'alliance franco-russe serait plutôt un moyen pour servir d'autres fins ; toutefois, comme le retour à l'isolement d'avant 1891 est un danger grave, tout sera mis en œuvre pour pouvoir affirmer hautement la permanence de l'alliance franco-russe ; en particulier, les bons sentiments du public français, la russophilie officielle, serviront à masquer les difficultés, voire les divergences entre les deux alliés. L'alliance franco-russe doit se construire pas à pas ; elle n'est pas un acquis définitif.

LA DIFFICILE COLLABORATION ÉCONOMIQUE ET FINANCIÈRE

L'alliance entre la France et la Russie se situait sur trois plans principaux : pour les hommes politiques des deux États, les perspectives étaient essentiellement de faire contrepoids à d'autres constructions diplomatiques ; pour les hommes d'affaires, les vues sont celles d'une entente financière afin de développer un pays neuf grâce à la richesse d'un pays ancien ; pour les simples citoyens, il fallait s'assurer que le dangereux isolement était bien révolu afin de consolider la Défense nationale. Dans la période de création de l'alliance, entre 1888 et 1893, les facteurs économiques avaient fortement contribué à la construction politique de l'alliance ; or, curieusement, dans les années de la fin du siècle, cette convergence de l'économie et de la politique parut s'estomper.

Apparemment, la symbiose entre les deux économies persistait. La France continuait de prêter ses capitaux à la Russie. En janvier 1894, le montant des fonds placés par des Français dans des emprunts garantis par l'État russe se montait à 4 183 millions de francs ; au 1er janvier 1897, on atteint la somme de 5 710 millions, et, au 1er janvier 1900, celle de 6 160 millions. Pour les investissements directs, c'est-à-dire pour les capitaux investis par des

Français dans des entreprises privées travaillant en Russie, la progression était également significative : pour les mêmes dates, le stock des capitaux grimpait de 370 millions de francs à 541 millions et à 921 millions de francs. Dans la première catégorie, l'augmentation des placements était de 47,2 %, alors que la base de départ était déjà élevée ; dans la seconde, le taux de progression était de 149 % (trois fois plus conséquent), ce qui traduisait un phénomène nouveau et important, l'insertion substantielle de capitaux français dans les entreprises russes, au moment où la Russie connaissait un très remarquable décollage industriel (entre 1890 et 1900, l'industrie russe passa d'un indice 27 à un indice 61, pour une base 100 en 1913, tandis que, pour la même période, l'Allemagne passait de 40 à 65, et les États-Unis de 39 à 54, avec des niveaux globaux différents).

Une question se pose évidemment à ce propos : dans quelle mesure les capitalistes français ont-ils contribué à cette expansion économique et en ont-ils profité ? La réponse est délicate à formuler, car l'arrivée de ces capitaux étrangers a varié selon les secteurs industriels (mines et métallurgie furent les principaux bénéficiaires) ; en outre, il est souvent difficile d'interpréter le poids spécifique de capitaux étrangers dans la conduite d'entreprises privées (où se situe le seuil quantitatif qui assure la domination d'une volonté étrangère dans la stratégie d'une firme ?). Toutefois, globalement, un fait fut ressenti par les contemporains, notamment par les responsables, Witte tout le premier : alors que l'industrialisation de la Russie pouvait se réaliser, d'une part grâce à une pression fiscale renforcée au détriment de la paysannerie, d'autre part à la venue de capitaux étrangers, l'apport du capitalisme français était considérable ; avec d'autres capitalismes étrangers, il vivifiait la Russie, mais comme il était le plus important et qu'il accompagnait l'alliance politique, ne risquait-il pas de « river la Russie à cette chaîne d'or » pour reprendre des expressions du temps ?

D'un autre point de vue, cet intérêt croissant du capitalisme français pour la Russie, pôle de croissance, ne conduisit-il pas à placer l'alliance dans une position prépondérante pour la stratégie d'ensemble de la diplomatie française, alors que le temps des impérialismes semblait venu ? La première question pose le problème des rapports de dépendance entre la jeune économie russe et le capitalisme français, la seconde évoque les relations entre intérêts économiques français et politique extérieure de la France.

L'analyse de la vie quotidienne des rapports économiques entre la France et la Russie, pendant la fin du XIXe siècle, aboutit à des réponses nuancées. En effet, aussi bien du côté français que du côté russe, les politiques veulent éviter de se laisser conduire par les aspects économiques de l'alliance, chacun craignant de perdre sa liberté d'action. Witte, principal responsable russe en ce domaine, cherche et parvient à dissocier le phénomène financier de ses conséquences politiques. À partir de 1896 et jusqu'en 1900, il introduit des fonds d'État russes sur le marché financier parisien par tranches successives mesurées, sans faire appel à des souscriptions publiques, qui nécessitent des autorisations gouvernementales françaises ; ce système, appelé « introduction à la cave » ou « sous le manteau de la cheminée » par les spécialistes de la banque, repose sur l'intérêt bien compris des banques intermédiaires, tel le Crédit Lyonnais, et des rentiers français, appâtés par les revenus de ces titres supérieurs aux fonds français similaires ; il désarme le gouvernement français qui, à chaque fois, est placé devant le fait accompli, avant de pouvoir, le cas échéant, refuser l'admission en Bourse de ces nouvelles valeurs. Pour l'instant, les intérêts d'un grand nombre de Français ne sont pas utilisables pour l'intérêt général français. Cependant, les ministres et les fonctionnaires français, ceux des Finances en particulier, ne sont guère portés à se louer de ces méthodes russes ; réciproquement, les Russes manifestent peu de zèle pour un partenaire qui cherche régulièrement à imposer sa loi, lorsqu'il s'agit pour le gouvernement russe de passer des commandes en matériel d'équipement à des industries étrangères ; sans se soucier des règles strictes de la concurrence, le gouvernement français cherche et parvient, parfois, à contraindre son allié à passer en France des marchés pour l'obtention de locomotives, de bateaux de guerre ; cette pratique de «l'emprunt lié» (*cf.* 1re partie, p. 67) est évidemment mal vue des Russes. En somme, une telle atmosphère de suspicion et de pratiques jugées déloyales assombrit plutôt les rapports franco-russes ; on se supporte plus qu'on ne s'associe. Cela pourra-t-il durer ?

La méfiance très visible dans certains cercles d'hommes d'affaires, vers 1897-1899, correspond à une semblable méfiance dans une partie du personnel politique et administratif. Plusieurs épisodes significatifs permettent de mesurer cette détérioration des bons sentiments. En janvier 1895, le gouvernement allemand avait fait savoir son intention de célébrer, avec tout le lustre possible, l'inauguration du canal de Kiel, qui aura lieu en juin 1895 ; des délégations des flottes étrangères étaient attendues dans le port de guerre allemand ; la France pouvait-elle y participer ? Les patriotiques hésitations des gouvernants français étaient à la mesure des éventuelles campagnes de presse nationalistes en France ; on irait volontiers vers l'abstention lorsque Nicolas II fit connaître sa propre décision d'envoyer une escadre à Kiel. Laisser les Russes agir seuls serait, en quelque sorte, vider l'alliance de sa portée mythique (car on en gardait toujours officiellement le secret) ; après bien des pourparlers, le ministère décida l'envoi d'une petite délégation (qui sera d'ailleurs bien accueillie) et la Chambre ratifia cette décision en juin 1895. Ainsi, l'accord franco-russe avait été maintenu, mais il avait fallu en quelque sorte s'aligner sur la position russe ; cette conception suiviste de l'alliance choqua les responsables français.

LA GUERRE SINO-JAPONAISE ET SES EFFETS SUR L'ALLIANCE

La même impression prévaut lorsqu'on étudie les actions parallèles des Russes et des Français dans les partages du monde qui s'esquissaient alors. Dans une certaine mesure, l'Empire chinois était au centre de l'actualité internationale vers 1895 ; en effet, l'heure du dépècement de l'Empire du milieu paraissait sonner. Le «break-up of China» suivait une initiative japonaise. En 1885, profitant du désarroi causé en Chine par le conflit avec la France à propos du Tonkin, le Japon avait imposé à la Chine un accord portant sur la Corée ; désormais, le roi de Corée, vassal théorique de l'Empire chinois, passait sous une double autorité, chinoise *et* japonaise. En 1894, ce roi fut menacé par une rébellion intérieure ; aussitôt le Japon annonça son intervention armée, accompagnée d'un plan de «sauvegarde» qui visait, en fait, à dominer la Corée. Les Chinois, qui avaient réorganisé leur armée et leur flotte grâce à des instructeurs étrangers, se refusèrent à voir leur influence traditionnelle réduite à néant : le 1er août 1894, la guerre sino-japonaise commença.

Elle révéla les progrès militaires des Japonais, notamment sur mer. Ceux-ci avaient fait l'union sacrée autour de leur premier ministre Itô. Ils bénéficiaient d'une économie dynamique ; au contraire, les graves insuffisances du renouveau chinois, limité par le poids contraignant des structures et des mentalités traditionnelles, éclatèrent. En quelques mois, le triomphe militaire japonais se dessina (débarquements japonais à Port-Arthur, à Wei-Hai-Wei, à Formose, victoire en Mandchourie en mars 1895). Un armistice fut signé à Tokyo par le ministre chinois Li-Hong-Zhang le 30 mars 1895 ; le traité de Shimonoseki, signé le 17 avril 1895, consacra la souveraineté pratique du Japon sur la Corée, déclarée «indépendante» de la suzeraineté chinoise ; il établit la cession au Japon de Formose, des îles Pescadores et de la presqu'île chinoise du Liaodong ; il imposa une indemnité de guerre de 200 millions de taëls, soit 800 millions de francs. Le Japon usait et abusait de sa victoire. Les grandes puissances allaient-elles admettre les prétentions expansionnistes de ce nouveau venu ?

Au premier rang des mécontents figurait la Russie. En effet, autour du tsar Nicolas II, tout un groupe de spéculateurs avait commencé à faire de la Mandchourie et du nord de la Chine une zone future de l'expansion russe ; Witte lui-même, voulant attacher son nom à la grande réalisation du Transsibérien (commencé en 1892), poussait à l'action vers ces régions afin de donner à l'Empire russe des ports «en eau chaude» sur le Pacifique et afin d'obtenir un tracé réduit de la ligne magistrale à travers la Mandchourie (le «raccourci» à travers la Mandchourie peut faire gagner 900 km, *cf.* carte 6, p. 176). L'occasion de stopper le Japon et d'obtenir ainsi la «reconnaissance» chinoise était à saisir : avec l'appui de l'allié français (Hanotaux ne peut refuser son aide, même s'il n'y tient guère) et de l'Allemagne, qui voulait sauvegarder son éventuelle pénétration en Chine, la Russie fit pression sur le Japon (note d'avril 1895) ; la Grande-Bretagne resta neutre, moins par conviction que par intérêt, et parce que cette pression sur le Japon survenait au moment où un ministère libéral, dirigé par Rosebery, se retirait pour laisser à nouveau les conservateurs au pouvoir.

Le jeune Japon, admonesté par les Grands européens, céda : en novembre, la presqu'île de Liaodong redevint chinoise contre 30 millions de taëls, mais, pour autant, l'intégrité chinoise n'était pas sauvegardée par les Européens ; les ports chinois ouverts au commerce international seront plus nombreux (45 en 1899 contre 34 en 1894), les territoires des concessions européennes seront élargis, et, surtout, de véritables zones privilégiées commencèrent à être accordées à tel ou tel État européen en échange de services rendus. C'est ainsi que la France obtint dans les provinces du Sud-Ouest de nouveaux privilèges commerciaux et le droit de poursuivre une voie ferrée de pénétration venue du Tonkin (conventions de juin 1895, 1896 et 1897). Quant à la Russie, en mai 1896, elle offrit une alliance défensive contre le Japon et se vit reconnaître en Mandchourie de singuliers avantages, soit économiques, soit militaires ; en décembre 1897, la flotte russe s'installa à Port-Arthur, qui fut cédé à bail pour 25 ans par la Chine en mars 1898. Il est vrai qu'en échange, sur le plan financier, France et Russie, les premiers, avaient offert de couvrir un emprunt chinois de 400 millions de francs destiné au paiement de la première tranche d'indemnité de guerre (juillet 1895) ; les Britanniques et les Allemands prirent ensuite le relais, pour une même somme, en mars 1896, afin de régler la seconde tranche de l'indemnité due au Japon.

Dans cette affaire, les positions russe et française paraissaient solidaires, les premiers ayant des visées sur les provinces chinoises du Nord, les seconds sur les provinces méridionales; or, très vite, les divergences apparurent sur les plans économique et politique. Au début, la Bourse française soutint l'emprunt puisque celui-ci bénéficiait de la garantie de l'État russe. En outre, les banquiers français et les soyeux lyonnais, attirés par les perspectives commerciales ou de gain bancaire en Chine, étaient décidés à alimenter financièrement une nouvelle banque, la *Russo-Chinoise*, fondée en janvier 1896 sous la protection de l'État russe; cette banque, dont 62 % du capital était constitué par de l'argent français, pourrait émettre des billets de banque, frapper de la monnaie chinoise en sus des opérations ordinaires d'une banque, mais son administration dépendrait de l'État russe (les Chinois, malgré le titre de la banque, n'avaient pas voix au chapitre). Or, très vite, la collaboration au sein de la banque entre les cinq administrateurs russes et les cinq administrateurs français fut délicate, voire impossible; Hanotaux proposa en vain une nouvelle dénomination de la banque qui deviendrait *Banque franco-russo-chinoise*; au bout de deux ans d'existence, les Russes souscrivirent une quantité suffisante de titres pour s'assurer la majorité, mais les hommes d'affaires français intéressés aux affaires chinoises se détournèrent peu à peu de la Russo-Chinoise pour aller partager leurs entreprises avec des capitalistes belges (contrat de la ligne Pékin-Hankéou signé en juillet 1897 par le groupe Paribas-Cockerill). Lorsque le gouvernement russe parvint à obtenir la possibilité de construire le Transmandchourien (avec exploitation des mines qui pourraient se trouver sur le territoire de la voie ferrée où la future compagnie aura droit de police avec une garde russe de protection), ce furent surtout les intérêts russes qui triomphèrent (grâce, il est vrai, à un énorme pourboire donné par Witte au ministre chinois Li Hong-zhang).

Au fond, les capitalistes français n'ont guère envie de

jouer le rôle de bailleur de fonds pour l'impérialisme russe, qui, réciproquement, entend rester maître de ses décisions. Tant qu'il s'agissait de contrer un nouveau venu, le Japon, ou de se tailler des fiefs économiques en Chine, l'entente était possible ; mais, au-delà de ces bases de départ, il ne fallait pas plus compter sur une collaboration franco-russe que sur une collaboration franco-anglaise (en janvier 1896, ces deux pays ont partagé leurs futurs privilèges en Chine méridionale). L'alliance franco-russe ne s'étend pas vraiment en Chine ; lorsque le président de la République française Félix Faure se rend en voyage officiel à Saint-Pétersbourg, en août 1897, Hanotaux, qui l'accompagne, rencontre vainement Witte pour aplanir les difficultés rencontrées en Chine par les hommes d'affaires.

En vérité, là comme ailleurs, l'efficacité économique de l'alliance paraît très limitée ; en 1898, le ton de la presse, les correspondances entre banquiers, témoignent d'une lassitude certaine, d'un « ton blasé » sur la valeur de l'alliance ; la lucidité succède, peut-être, à la passion des premiers emprunts. Mais, au-delà des blessures épidermiques, n'est-ce pas le principe même d'une collaboration entre deux économies inégalement développées qui est posé ? Qui peut diriger l'entente ? Celui qui détient les fonds ?

ARMÉNIE ET DÉTROITS (1895), PARTAGE
OU INTÉGRITÉ DE L'EMPIRE OTTOMAN ?

Dès la fin de l'année 1895, une occasion avait été saisie par la diplomatie française pour manifester clairement les limites de sa collaboration. Dans l'Empire ottoman où la débâcle financière s'accentuait, des secousses nationales de plus en plus marquées ébranlaient le vieil édifice ; partout, les minorités s'agitaient, notamment en Arménie, en Crète et en Macédoine.

En Arménie, les populations locales de religion chrétienne, avec une langue et une culture spécifiques, usant des souvenirs d'un royaume arménien qui avait existé jusqu'au XIVᵉ siècle, cherchaient à obtenir le respect de leur

279

intégrité et de leur spécificité; elles avaient été divisées entre les Empires russe (Arménie orientale, peuplée d'environ 1,2 million d'habitants), ottoman (Arménie occidentale, environ 2 millions d'habitants), perse (une minorité d'environ 100 000 personnes). Les réformes promises pour respecter l'autonomie et les traditions arméniennes (envisagées lors du congrès de Berlin en 1878) étaient restées lettre morte. Les souhaits d'indépendance et de réunification avaient dès lors grandi, notamment après la constitution de partis politiques nationaux dans les années 1880; comme dans les Balkans, ces partis avaient aussi créé des groupes armés de défense locale et des organisations secrètes, dont certaines n'hésitaient pas devant des actes violents. La pression fiscale renforcée dans l'Empire ottoman, l'autoritarisme de certains administrateurs turcs, les possibilités offertes par l'aide venue de la diaspora émigrée en Occident ou aux États-Unis finirent par entraîner une véritable révolte à l'automne 1894. Elle fut suivie d'une féroce répression (37 000 morts?). Les campagnes de presse qui stigmatisèrent celle-ci firent forte impression en Europe, notamment en Grande-Bretagne. Revenu au pouvoir en 1895, Salisbury, jugeant l'Empire ottoman « trop pourri », pouvait en tirer prétexte pour une intervention armée qui contraindrait le sultan à la sagesse. En novembre 1885, un plan anglais d'une intervention navale en mer Noire après franchissement du Bosphore fut jugée inacceptable par les Russes, qui y voyaient une réelle menace sur Constantinople.

De même que la Grande-Bretagne s'était tournée avant d'agir vers ses « alliés » méditerranéens, Autriche-Hongrie et Italie, la Russie consulta son allié français. Or la réponse fut bien décevante : en décembre 1895, Marcelin Berthelot (qui assure la direction du Quai d'Orsay de novembre 1895 à mars 1896 dans un ministère radical) fit savoir que seule une question d'intérêt national, comme l'Alsace-Lorraine, justifierait une éventuelle action militaire de la France, ce qui revenait à donner une interprétation restrictive et conditionnelle de l'alliance; même les Détroits ne justifiaient pas le risque d'un conflit. Ce fut également le sentiment de Goluchowski, responsable de la diplomatie austro-hongroise ; ce dernier freina les élans guerriers de Salisbury et de Crispi (toujours ardent à se lier davantage à la Grande-Bretagne). Finalement, les accords méditerranéens, conclus en 1887, entrèrent en désuétude au printemps 1896, car Salisbury, isolé au sein même du cabinet britannique et incité à la modération par l'Amirauté, se résolut à l'abstention. Ainsi, des deux côtés, les partisans du *statu quo* l'avaient emporté, mais les Russes en gardèrent un certain ressentiment vis-à-vis de Berthelot, pris comme bouc émissaire. La réplique russe ne tarda pas : en mars 1896, Berthelot ayant accepté certains «apaisements» britanniques au sujet de l'affaire égyptienne (Salisbury, qui veut intervenir au Soudan, a besoin d'un accord français pour obtenir une avance de la Caisse de la Dette égyptienne où les intérêts français sont bien représentés), le gouvernement russe n'hésita pas à manifester clairement sa «surprise» auprès du président du Conseil Léon Bourgeois ; Berthelot fut désavoué par le ministère français ; il se retira, mais cette pression sur la vie politique intérieure française n'était pas faite pour rasséréner l'atmosphère.

En vérité, les responsables politiques français répugnaient de plus en plus à trop s'engager aux côtés de la Russie ; lorsque le ministère Méline, plus modéré que le précédent, avec Hanotaux au Quai d'Orsay, fut constitué en mai 1896, tout sembla devoir aller mieux dans les relations franco-russes : en juillet, un nouvel emprunt d'État russe à 4 %, de 400 millions de francs, fut autorisé sur la place de Paris, alors que les négociations avaient été «ralenties» dans les mois précédents. Son placement fut un succès (7 milliards offerts par le public français), car, dans l'opinion publique, la russophilie subsistait ; la visite officielle du tsar Nicolas II et de la tsarine en octobre 1896 permit, une nouvelle fois, des manifestations tapageuses et cocardières qui semblaient d'ailleurs excessives aux observateurs lucides. Pourtant, malgré cet environnement prometteur, sur le plan diplomatique, on sentait une réserve certaine qui, dans le cas ottoman, devint une divergence insurmontable.

En effet, la mort du prince Lobanov, en septembre

1896, avait entraîné un changement à la tête de la diplomatie russe : le comte Mouraviev, qui lui succéda, était plus enclin à suivre la politique audacieuse que préconisait Nélidov, l'ambassadeur russe à Constantinople. Celle-ci visait tout simplement à une intervention directe sur les rives du Bosphore. Le prétexte en était simple : pour les Russes, les massacres d'Arménie étaient le signe apparent d'un désordre généralisé dans l'Empire ottoman ; les indispensables réformes que le sultan devrait accomplir (une réunion des ambassadeurs des six grandes puissances en définit même le contenu en janvier 1897) ne seront jamais faites ; selon la Russie, l'heure du partage de l'Empire ottoman avait sonné. Salisbury qui espérait obtenir la liberté d'agir en Palestine, en Mésopotamie, sur les marges de l'Empire, n'y serait pas opposé ; il l'avait laissé entendre lors d'une visite de Nicolas II à Balmoral en août 1896. Or la France redoutait ce découpage de l'Empire ottoman ; les diplomates français, les investisseurs français menés par la Banque impériale ottomane, les créanciers de la dette ottomane représentés par les délégués du Conseil de la Dette, étaient tous d'accord pour le maintien de l'intégrité de l'Empire. Par contre, leur solution des problèmes posés par l'impuissance ottomane était simple : les structures administratives et financières devaient être sensiblement rénovées sous l'autorité des Puissances. Un organisme de surveillance déjà existant pourrait superviser la réalisation des indispensables réformes ; c'est *le Conseil de la Dette*, où siégeaient des représentants des porteurs de six pays ; ces personnes privées, avec l'accord et l'appui de leur gouvernement respectif, seraient facilement en mesure d'exercer un contrôle jugé décisif, en particulier sur le plan financier, la Russie, seule grande puissance à ne pas y avoir de représentant, pourrait être appelée à siéger au Conseil puisque l'Empire ottoman ne lui avait pas réglé l'indemnité de guerre due après sa défaite de 1878.

Or, malgré l'insistance d'Hanotaux auprès du tsar en octobre 1896, malgré les pressions des financiers français, Nicolas II se rangea aux avis contraires de Nélidov et Mouraviev : en novembre 1896, la Russie repoussa le plan français en refusant d'envoyer un délégué au Conseil de la Dette. Hanotaux répliqua par des « conseils » de modération donnés aux gouvernements russes à plusieurs reprises en 1897 : le gouvernement français ne soutiendrait pas les vues russes sur le partage de l'Empire ottoman. Bien plus, sur ce problème, l'entente était nette avec l'Allemagne, également partisane de l'intégrité, ou mieux du maintien de l'Empire ottoman ; les intérêts des prêteurs français et des prêteurs allemands justement mêlés, tout comme la Banque impériale ottomane et la Deutsche Bank mêlaient leurs entreprises et leurs efforts (accords signés en 1894 par un consortium de banques françaises avec des banques allemandes, avance commune des deux banques en 1898), conduisaient à cette convergence franco-allemande.

Ainsi, sur un terrain jugé décisif pour les vues traditionnelles de la diplomatie russe, les divergences franco-russes étaient évidentes. Dès lors, l'affirmation officielle de l'alliance, lors de toasts échangés pendant la visite du président Félix Faure à Saint-Pétersbourg, en août 1897 (« nos deux nations amies et *alliées* ») était-elle empreinte d'un grand réalisme ? On peut en douter puisque, quelques mois plus tôt, Nicolas II avait cru bon d'adresser un télégramme secret à Hanotaux pour l'assurer de la pérennité des dispositions russes ? « Nous ne saurions jamais admettre aucune possibilité de changement quelconque dans nos rapports d'une intime amitié avec la France, et nous sommes aussi complètement sûrs d'elle, que nous ne doutons pas qu'elle soit de nous » (1er mars 1897). La confiance règne !

CRÈTE ET MACÉDOINE (1897)

Les affaires balkaniques en administrent une autre preuve. Une révolte a éclaté en Crète contre le pouvoir turc pendant l'été 1896 ; après avoir sondé les puissances en février 1897, le gouvernement grec a manifesté sa volonté de délivrer les Crétois du joug turc ; les puissances seraient prêtes à admettre l'autonomie de la Crète, mais en avril 1897, voulant placer les Puissances devant le fait accompli, les Grecs attaquent les Turcs en Thessalie. Or, à la surprise de beaucoup, l'armée turque est victorieuse ; l'armistice est sollicité par les Grecs le 3 juin 1897 ; après quelques mois de négociations, pendant lesquels les Puissances pèsent sur les deux belligérants, on parvient à un accord qui fait de la Crète un État autonome, gouverné par le second fils du roi de Grèce, mais qui rectifie la frontière de Thessalie au profit des Ottomans (paix de Constantinople du 18 décembre 1897).

De leur côté, des Bulgares, qui vivent en Macédoine et en Thrace, avaient repris la méthode qui avait réussi en 1885 pour réaliser l'unité : des groupes armés, dirigés par une organisation secrète formée à Salonique en 1893, organisaient l'insécurité pour les Turcs ; ceux-ci répliquèrent avec vigueur et, comme en Arménie, la Macédoine fut un lieu de troubles sanglants, à partir de 1896. Le prince de Bulgarie Ferdinand, qui s'était débarrassé de Stamboulov en 1894, voudrait naturellement réaliser une extension de son royaume dans cette zone troublée ; mais quelle sera l'attitude des « protecteurs naturels » des Balkans, l'Autriche-Hongrie d'un côté, la Russie de l'autre ?

Dans les affaires de Crète, l'Autriche-Hongrie, épaulée par l'Allemagne, avait soutenu le point de vue turc contre l'avis des Britanniques, désormais acquis, on l'a vu, à la division de l'Empire ottoman ; si la Russie n'avait pas cherché à s'imposer à propos de la Crète, la Macédoine offrait bien plus d'intérêt pour les vues russes, surtout depuis que Ferdinand de Bulgarie avait tenté de prendre quelque distance avec la politique pro-autrichienne de Stamboulov et paru se rapprocher de la Russie. Aussi, en mars 1897, la diplomatie russe sonda à nouveau les intentions de l'allié français : quelle serait l'attitude française en cas de conflit avec l'Autriche-Hongrie à propos des Balkans ? Hanotaux fut net : en affirmant hautement sa neutralité, la France inciterait l'Allemagne à adopter une semblable attitude, mais c'était là le maximum possible de la contribution française. Mouraviev tira les conséquences de cette froideur : en mai 1897, Goluchowski vint signer à Saint-Pétersbourg un accord par lequel les deux principaux États intéressés s'engageaient à respecter le *statu quo* dans les Balkans ; le point de vue autrichien, auquel les conseils de prudence allemands n'étaient pas étrangers, se comprenait d'autant plus que tout agrandissement de la Bulgarie pourrait ébranler les fragiles équilibres du Sud-Est européen ; quant à la Russie, comment pourrait-elle affronter seule, ou avec un appui purement théorique de l'Angleterre, la coalition de ceux qui souhaitaient, avant tout, le maintien de l'Empire ottoman ? Le destin expansionniste de la Russie devait donc se reporter vers l'Extrême-Orient (c'étaient bien les vues de Witte). Mais, comme on l'a vu, la faiblesse du soutien français avait contribué à ce réalisme russe.

Alors, véritablement, l'alliance franco-russe sert-elle les intérêts des deux contractants ? Le doute est permis à l'historien ; il avait atteint les responsables contemporains. En somme, l'alliance, négociée en 1891-1892 et signée en 1893, paraît inadaptée en 1897-1898. Axée sur la situation européenne et destinée par ses promoteurs à équilibrer la menace de la Triplice, elle ne répond pas bien aux visées expansionnistes des deux protagonistes. Une certaine entente a pu se réaliser en Chine pour obtenir des avantages particuliers, mais la mésentente dans une entreprise commune, la Russo-Chinoise, montre les limites pratiques de la collaboration. La Russie a fait une autre amère expérience à propos de l'Empire ottoman, sauvé de la désintégration par les ambitions rivales des Puissances. Lorsque les ambitions africaines de la France se heurteront, à Fachoda, à celles de la Grande-Bretagne, la Russie ne sera-t-elle pas tentée de rester parfaitement neutre ? Certes des liens économiques et financiers se sont tissés entre les deux économies et les opinions publiques ont confiance en la solidité de l'alliance ; le mythe franco-russe conserve ses vertus, mais la réalité de la situation internationale impose de remodeler l'alliance. Celle-ci convient-elle au temps des impérialismes ?

CHAPITRE IX
Partage du monde et partage des affaires

La mondialisation des stratégies chez les trois Grands

FLOTTES DE GUERRE ET WELTPOLITIK

Pour un Européen, les dernières années du XIXᵉ siècle pouvaient paraître tranquilles et pacifiques. Pourtant, dans presque tous les États, on voyait se développer de nouveaux programmes d'armement ou de réarmement. Non seulement les états-majors continuaient à préparer des plans d'attaque et de défense terrestre (notamment en Allemagne où le général Schlieffen, qui dirige le quartier général de 1891 à 1905, met au point vers 1897 le plan d'invasion de la France par la Belgique), mais, presque partout, les responsables militaires se préoccupaient beaucoup de la guerre navale ; ils lisaient, avec attention, les ouvrages de l'amiral américain Mahan sur l'influence de la puissance maritime dans l'histoire (livres publiés en 1890 et 1892 et rapidement traduits dans toutes les langues) ou les travaux du géographe allemand Ratzel, qui, en 1897, montrait combien la domination des mers est importante pour les États, soit pour les commerces, soit dans les conflits armés. Ainsi la loi navale, dite du

Two Powers Standard, votée par la Grande-Bretagne en 1889, avait été prorogée dès 1894 ; en effet, dès 1893, les craintes anglaises de voir Constantinople et les Détroits aux mains des Russes avaient poussé gouvernement et Parlement à un nouvel effort naval, suivant le plan Spencer qui prévoyait de « répondre » à l'expansion navale française et russe.

Toutefois, c'est vers l'Allemagne que se tournaient tous les regards. Là, le capitaine Tirpitz, qui, depuis 1892, avait retenu l'attention de Guillaume II par ses plans de construction d'une grosse flotte cuirassée, devenait en mars 1897 secrétaire d'État à la Marine. Dès 1898, il obtenait du Reichstag le vote d'une première loi navale qui établissait concrètement les bases militaires de cette politique mondiale (*Weltpolitik*) voulue par l'empereur allemand ; la grande flotte de bataille allemande serait un atout sérieux dans les futures discussions diplomatiques. En effet, selon la théorie de Tirpitz sur « le risque limité », les réactions étrangères se manifesteraient seulement lorsque le réarmement allemand serait conséquent ; il serait alors trop tard pour l'entraver et cette puissance navale forcerait les adversaires à négocier. Pour obtenir le soutien populaire, Tirpitz faisait organiser en 1898 une association navale (*Flottenverein*), qui comptera 630 000 membres en 1903, et où se rencontreront industriels, fonctionnaires et intellectuels, « sorte d'union nationale » (F. Fischer).

Avec moins d'éclat et moins de moyens financiers, les autres États européens suivaient des tendances similaires. Ainsi, en France, le montant des dépenses engagées dans les constructions navales militaires, qui oscillait entre 50 et 70 millions de francs pendant la décennie 1880-1889, grimpait à 100-110 millions pour la décennie suivante, alors que les dépenses pour l'armée de terre avaient plutôt tendance à baisser pendant les mêmes périodes ; sans doute faut-il tenir compte des conditions techniques qui expliquent la quantité supérieure des fonds nécessaires pour lancer des bateaux de guerre par rapport à la fabrication de fusils, mais même un État aux forces militaires plus neuves, comme l'Italie, consacrait en 1895 de nouveaux crédits à son armement naval. Peut-être pourrait-on voir dans ce développement général de l'armement naval un moyen pour promouvoir un nouveau développement technologique dans les pays déjà développés industriellement ? En Grande-Bretagne, le fait paraît clair, il l'est moins en France. Une véritable course aux armements navals se développait donc en cette fin de siècle. Pourquoi cette hâte ?

Chaque État développé entend ainsi se donner les moyens d'une *politique mondiale*. Il convient, ici, de définir clairement ce que recouvre le terme de *Weltpolitik*, expression allemande d'une volonté quasi générale. Lorsque Guillaume II, en 1896, dans un discours célébrant le 25e anniversaire de la fondation du Reich, énonce la volonté allemande de faire du Reich allemand un Reich mondial, il ne s'agit pas de conquérir de vastes territoires en Europe ou hors d'Europe afin de satisfaire aux vues extrémistes de certains *pangermanistes* rêvant d'un Mittel-Europa allemand et de vastes conquêtes coloniales. Pour l'empereur allemand et pour ses conseillers, notamment pour le comte Bernhard von Bülow, ministre des Affaires étrangères en 1897, puis chancelier du Reich de 1900 à 1909, la *Weltpolitik* est une réponse à une situation déjà existante : partout dans le monde, des populations germaniques, des intérêts économiques et des entreprises allemandes, des manifestations scientifiques ou culturelles allemandes, témoignent de la vitalité et du rayonnement de cet empire ; il importe de protéger partout ces hommes et ces intérêts, ce qui suppose des moyens militaires adéquats (dont une flotte puissante), des points d'appui stratégiques et une vue mondiale de la tactique diplomatique à suivre. *Weltpolitik* ne *signifie* pas conquête mondiale, mais *mondialisation de la politique extérieure allemande*. Ce faisant, Guillaume II imite une ligne politique depuis longtemps observée par la Grande-Bretagne et que la France avait également adoptée en construisant un empire colonial dans d'autres continents ; mais la grande différence provient, justement, du fait que plusieurs États conçoivent *en même temps* ces politiques mondiales. En plus des trois puissances précédemment citées, d'autres États sont tentés par ces perspectives globales, mais, comme leurs centres ou zones d'intérêt sont plus nettement délimités, ils auront tendance à se « spécialiser » dans certains domaines : ainsi, le Japon se préoccupe de la zone chinoise, les États-Unis du continent américain, la Russie de la moitié septentrionale du continent asiatique ; l'Autriche-Hongrie reste attachée à un avenir européen, tandis que l'Italie, après la cruelle défaite d'Adoua en 1896, doit s'imposer un recueillement réparateur pendant une quinzaine d'années.

CONFLIT OU COEXISTENCE ?

Évidemment, le parallélisme entre politique mondiale et armement renforcé, surtout dans le domaine naval, suggère, *a priori*, que les visées nouvelles de l'Allemagne et des autres nouveaux venus, jointes aux vues traditionnelles de la Grande-Bretagne et de la France, conduiront inévitablement vers des conflits, puisque chacun veut défendre ses intérêts mondiaux ; le déclenchement, en 1914, de la Première Guerre mondiale apporterait comme une éclatante confirmation d'un processus inexorable qui de la *Weltpolitik* conduit à l'attentat de Sarajevo. Pourtant, l'historien doit se garder de vues trop simplistes.

Lorsque Guillaume II et Tirpitz s'efforcent de donner à l'Allemagne un nouvel atout dans son jeu diplomatique, par la construction d'une puissante flotte de guerre, leur but n'est pas de tout régler désormais par l'usage de la force ; il s'agit d'être capable de se faire admettre politiquement au sein des Grands (le Japon adopte le même point de vue), puisque l'Allemagne a déjà atteint le niveau supérieur sur le plan économique. Le rapprochement entre dirigeants politiques et entrepreneurs économiques en Allemagne, si net à ce moment, fait qu'un Krupp (sidérurgiste), un Kirdorff (âme du syndicat charbonnier rhéno-westphalien), un von Siemens (directeur de la Deutsche Bank), un Ballin (important armateur), un Gwinner (autre dirigeant de banque), se sentent en parfaite communauté de vues avec le personnel politique et militaire, lorsque celui-ci réclame sa « juste place » dans le monde. Or dire « juste place » ne signifie pas nécessairement exclusivité ou monopole ; les stratégies politique et économique offrent toutes deux une variété infinie de solutions en cas de conflits ; on voit les banques allemandes participer à des emprunts internationaux avec des collègues français ou britanniques ; dans les cartels internationaux, des industriels allemands sont prêts à laisser certaines zones hors de leurs sphères d'intérêts propres, ou bien à rétrocéder des marchés ; pourquoi de telles collaborations seraient-elles impossibles sur le plan politique ?

Aussi est-il simpliste de concevoir l'affirmation de la *Weltpolitik* allemande comme le point de départ d'une marche inexorable vers la guerre. En un premier temps, jusque vers 1906, les possibilités d'entente entre l'Allemagne, d'une part, et les autres Grands, d'autre part, sont tout aussi significatives que les conflits qui peuvent surgir ; la diplomatie allemande est encore « ouverte », aussi bien avec la Russie qu'avec la Grande-Bretagne, ou même avec la France. Faut-il voir la cause de cette bénévolence dans l'inachèvement du réarmement naval ? Ce serait oublier que l'armée de terre reste dominante pour la sécurité allemande. Dans des conflits majeurs de la période 1898-1905, l'Allemagne paraît sinon indifférente, du moins officiellement neutre, alors que les autres Grands assument de réels risques de guerre et parfois la subissent. C'est seulement après 1906-1907 que l'Allemagne se sent véritablement « refusée » par les autres Grands, et qu'elle se prépare à imposer la reconnaissance de son rôle mondial au besoin par la force ; jusqu'à ce moment, la politique allemande ressemble à ses « cousines » britannique et française plutôt qu'à ces jeunes « fauves » américain, japonais ou russe, ardents et belliqueux.

Les stratégies des trois Grands sont comparables devant un obstacle qui concerne un État ou une zone « faible », on est prêt à user de tous les moyens, y compris l'usage de la force ; s'il s'agit d'un autre Grand, on s'efforce de parvenir à un accord pacifique par une négociation. Les exemples typiques de l'un et l'autre cas ne manquent pas. Dans la première catégorie entrent les « guerres chaudes » de la fin du XIXᵉ siècle : guerre hispano-américaine de 1898, guerre anglo-boer de 1899-1902, intervention commune contre les Chinois révoltés (Boxers) en 1900-1901, guerre russo-japonaise de 1904-1905 ; dans la seconde catégorie, on pourrait ranger les rivalités entre Grands en Afrique, qui, de Fachoda (1898) au Maroc (1906), finissent par se régler pacifiquement, tout comme les litiges anglo-américains en Amérique latine. Sans doute, tout litige laisse des traces, notamment lorsqu'il fait s'agiter les opinions publiques, mais, si l'on veut bien considérer la période 1898-1906 avec un certain recul, on peut retenir que les grandes puissances ont toujours fini par s'accorder entre elles ; la volonté de puissance ou l'impérialisme s'applique seulement aux faibles. On serait tenté de définir ce moment comme celui de *la coexistence pacifique entre grands impérialismes*.

LE « SPLENDIDE ISOLEMENT » BRITANNIQUE

L'attitude britannique est, sans doute, l'une des causes principales de cette situation. La diplomatie de Salisbury qui demeure le « patron » des tories jusqu'en 1902, a souvent été l'objet de discussions parmi les historiens britanniques. Doit-on considérer que Salisbury a, jusqu'au bout, maintenu un « splendide isolement » de la Grande-Bretagne en acceptant seulement de nouer des ententes circonstancielles et limitées avec telle ou telle autre puissance pour répondre à certains problèmes ? Ou bien, Salisbury lui-même a-t-il été contraint par son entourage, notamment par Joseph Chamberlain, ministre des Colonies depuis 1895, et par lord Lansdowne, qui devient ministre des Affaires étrangères en novembre 1900, de choisir des partenaires durables, liant le destin britannique à celui d'autres nations ? L'alliance conclue avec le Japon le 30 janvier 1902, les vaines tentatives d'accord général avec l'Allemagne vers 1900, l'Entente cordiale avec la France en 1904 seraient autant de signes d'une évolution britannique, imposée au vieux dirigeant conservateur, puis prolongée par ses successeurs.

En fait, il semble que la première interprétation soit plus proche de la vérité. Lorsque les diplomates britanniques mènent des négociations avec une autre puissance pour régler un litige, on a le sentiment que leurs calculs reposent surtout sur une évaluation très localisée des menaces et des soutiens possibles. Ainsi, à la fin des années 1880, la Grande-Bretagne avait accepté de se rapprocher de l'Italie et de l'Autriche-Hongrie pour consolider ses intérêts en Méditerranée ; comme on l'a vu, ces accords méditerranéens tombèrent en désuétude dès le milieu des années 1890 sans avoir véritablement servi. Tant que la politique anglaise jugeait utile de défendre l'intégrité de l'Empire ottoman, la Russie avait paru une adversaire irréductible ; or, en 1897, Salisbury sembla prêt à laisser Constantinople aux mains des Russes, car le maintien anglais en Égypte pouvait se consolider grâce à une désagrégation de l'Empire ottoman. Pour l'Afrique, lors de discussions souvent longues et fastidieuses avec les concurrents allemands ou français, les vues britanniques furent empreintes d'un semblable réalisme : afin de faire pièce aux ambitions françaises, on chercha un appui belge et surtout allemand, mais on évita de trop s'engager pour transformer ces derniers en véritables partenaires. En Chine, la politique anglaise oscillera entre la défense du principe de la « porte ouverte », c'est-à-dire de la liberté de commercer partout, et celui du partage en zones d'influences régionalisées.

La diplomatie britannique reposait toujours sur deux fondements : d'une manière générale, l'expansion britannique, souvent ancienne, avait déjà donné à la Grande-Bretagne des points d'appui et des territoires largement suffisants pour son développement économique et pour la satisfaction de sa gloire nationale (ou raciale), sans que le besoin de nouveaux débouchés paraisse impératif. Dans la plupart des cas, les nouvelles conquêtes seront *une réponse* aux empiétements des autres, au point même d'obliger les responsables locaux à modifier leur système *d'indirect rule en système du direct rule* (exemple de l'Afrique occidentale devant les « menaces françaises ») ; le système des compagnies à charte privées, utilisé sur le Niger, en Ouganda ou en Afrique australe, n'était-il pas destiné à éviter un fardeau politique et financier au gouvernement de Sa Majesté ? En bref, la « supériorité » britannique dispensait la Grande-Bretagne de nouvelles conquêtes, injustifiées d'ailleurs pour un État resté libre-échangiste ; si des empiétements se firent encore ici ou là, n'était-ce pas plutôt pour répondre au zèle de missionnaires ou de militaires ? (« Le drapeau a suivi la Bible et le commerce a suivi le drapeau », écrit la *Saturday Review* en 1898.) Dans ces conditions, pour les responsables britanniques, la tactique idéale consistait à employer des points d'appui qui pouvaient être la base d'une pénétration économique, politique et idéologique, sans coûter cher, ni en garnisons, ni en administration (comme par exemple les concessions en Chine) ; ou bien encore on avait recours au système des régimes formellement indépendants, mais « obligés » économiquement et financièrement, comme en Amérique latine.

Par contre, la présence britannique était jugée comme devant rester incontestée dans une région du monde : l'Empire des Indes et sa route maritime vers la Grande-Bretagne ne devaient pas souffrir de la menace d'une autre grande puissance. Les marges continentales des Indes, au nord, à l'ouest, à l'est seront donc défendues contre tout empiétement et les pourtours de la mer Rouge seront l'objet de soins attentifs, avec pour centre d'attraction l'Égypte et la vallée du Nil. Dans la mesure où les Français et les Russes apparaissent comme les plus dangereux adversaires en ce domaine, Londres pouvait être tenté de s'appuyer sur d'autres puissances pour leur faire pièce (ce sera le cas avec l'alliance japonaise), mais quels atouts pouvaient offrir ces autres puissances à une Grande-Bretagne qui possédait, en elle-même, les meilleurs moyens de se défendre, à savoir sa flotte et sa puissance financière ? En janvier 1901, la flotte de guerre britannique comptait 28 grosses unités de moins de 15 ans d'âge et 16 unités en chantier contre respectivement 17 et 5 à la France, 14 et 10 à la Russie, 14 et 10 à l'Allemagne. Avec raison, Selbourne, Lord de l'Amirauté, pouvait écrire en novembre 1901 : « Crédit et flotte me paraissent être les deux piliers sur la force desquels repose ce pays, et dont chacun est l'essentiel pour l'autre. » Au total, la Grande-Bretagne pouvait éviter tout engagement profond auprès d'un quelconque partenaire : « Nous savons que nous devrons maintenir nos possessions contre tous les nouveaux arrivants et nous savons, en dépit de tout le jargon sur l'isolement, que nous sommes parfaitement compétents pour le faire » (Salisbury). On discerne aisément les conséquences d'un tel choix : l'égoïsme britannique interdit tout système d'alliance solide entre grandes puissances mondiales ; la Grande-Bretagne peut se rapprocher de tous et de chacun, elle ne se liera à personne pendant cette période. De toute manière, jusqu'à la fin du siècle, l'impérialisme britannique se sent sûr de lui, dominateur, populaire, à l'instar de la puissante « Primrose League » (Ligue de la primevère, fleur préférée de Disraeli) fondée en 1883 et qui compte alors plus d'un million d'adhérents.

EXPANSION COLONIALE ET POLITIQUE EXTÉRIEURE FRANÇAISE

Dans les années 1890, l'expansion coloniale française connaît un « second souffle » (J. Thobie). Malgré quelques déboires et le faible intérêt pour ces territoires lointains dans une partie sensible de l'opinion publique, un véritable rassemblement procolonial s'élaborait vers 1890-1892. On l'appellera « parti colonial » en lui donnant l'apparence d'un véritable groupe politique à la Chambre et au Sénat, mais il s'agissait beaucoup plus de la constitution d'un groupe de pression, capable d'influencer des votes parlementaires, de financer des journaux ou revues procoloniaux, de soutenir des expéditions « scientifico-militaires » en Afrique, de noyauter les administrations responsables, notamment le jeune ministère des Colonies. Trois organisations en formaient les centres actifs : un Comité de l'Afrique française, créé fin 1890, présidé par le prince d'Arenberg, président de la Compagnie internationale de Suez, une Union coloniale, née en 1893, « syndicat des principales maisons françaises ayant des intérêts dans nos colonies », assez riche pour susciter banquets et conférences de propagande coloniale, enfin et surtout le groupe colonial à la Chambre (été 1892) présidé par Eugène Étienne, député d'Oran ; de 92 membres à ses débuts, celui-ci comptera 200 membres en 1902 (le tiers de la Chambre) ; son influence politique était certaine, le ministre des Colonies étant fort souvent l'un de ses membres. Ce fut surtout en Afrique que se portèrent les entreprises du parti colonial, en particulier dans la « course » au Tchad, au Niger et surtout vers le Nil.

En Asie, il est vrai, les gouvernements français avaient refusé de suivre les visions annexionnistes du parti colonial. La création d'une Union indochinoise en 1887, suivie d'une « conquête par les cœurs » au Laos (expression de l'explorateur-employé des postes Auguste Pavie) avaient stabilisé l'édifice indochinois, mais les ambitions du parti colonial allaient plus loin. En 1892, avec l'accord de la Chambre des députés, une démonstration navale devant Bangkok avait paru amorcer la pénétration au Siam, menacé d'un protectorat français. Londres s'en était fort ému. Aussi Hanotaux, soucieux de ne pas affronter la Grande-Bretagne sur ce terrain, préféra signer un accord avec Salisbury en janvier 1896 : le royaume du Siam restera « libre », zone tampon entre les deux puissances coloniales. C'est plutôt vers la Chine que les entreprises françaises se porteront (voir chapitre précédent).

En Afrique noire, les responsables civils et militaires agissaient dans trois directions principales : vers l'île de Madagascar, vers l'Est central africain et vers le Niger (afin de réunir en un seul bloc diverses possessions d'Afrique occidentale). L'occupation militaire de la grande île en 1894-1895 et même son annexion pure et simple en janvier 1896 ne suscitèrent pas de sérieuses difficultés internationales, car la Grande-Bretagne, par un accord signé en 1890 à propos de Zanzibar et du Niger, avait admis Madagascar dans la mouvance française. Par contre, les visées françaises vers la vallée du Niger et vers le haut Nil soulevèrent l'irritation de Londres ; bientôt, deux « affaires » difficiles, celle dite du Borgou et celle de Fachoda, envenimèrent les relations franco-anglaises. Dans ces deux cas, Paris ne parut guère enclin à faire des concessions, malgré les avertissements ou les gestes de bonne volonté britanniques. Dans la discussion concernant la vallée du Niger, ce furent les raideurs françaises qui, à deux reprises, firent échouer les négociations ouvertes à Paris (août-septembre 1894 et janvier-mai 1896); pour la pénétration vers le haut Nil à partir du Congo, une déclaration aux Communes de Grey (sous-secrétaire aux Affaires étrangères dans le ministère Rosebery) ayant prévenu officiellement en mars 1895 le gouvernement français que toute action dans cette direction serait considérée comme un acte inamical, la décision de lancer l'expédition Marchand en février 1896 ne révélait-elle pas une politique sinon agressive, du moins aventurée? Alors, pourquoi cette politique offensive et quelles pouvaient en être les conséquences pour le reste de la diplomatie française?

En réalité, il est permis de se demander si toute cette agitation coloniale n'était pas simple apparence et si, en ces années, le fond de la diplomatie française ne restait pas attaché avant tout aux structures européennes. Tout d'abord, il faudrait sans doute nuancer le portrait souvent brossé d'une France profondément attachée à son empire et prête à le défendre, y compris par les armes; si l'anticolonialisme a perdu du terrain depuis 1885, en profondeur, il y a plus de volonté pacifique que de désir de gloire; aucun gouvernement ne se risque à une politique coloniale coûteuse en hommes et en argent; le système des «petits paquets» et des initiatives locales, couvertes ensuite par les autorités centrales, en dit long sur l'ardeur coloniale des responsables politiques. Ceux-ci, en effet, savent fort bien que toute expansion coloniale, compte tenu des situations déjà acquises, aboutira à des heurts avec Londres; est-on prêt, en France, à sacrifier le vieux rêve du retour des provinces perdues à la mère patrie afin de trouver dans l'Allemagne un allié solide pour un éventuel conflit avec la Grande-Bretagne? Des responsables y ont songé pendant les années 1895-1900; des contacts plus ou moins discrets ont été pris, notamment en janvier, en juin, en septembre 1896, en juin et décembre 1898, soit par des journalistes, soit même par des diplomates en poste; mais, à chaque fois, les hésitations et les doutes l'emportèrent et conduisirent à l'inaction. On pourrait avoir l'impression que c'est tantôt le côté allemand qui ne saisit pas la perche tendue, tantôt le partenaire français qui se dérobe, et qu'il suffirait de peu de chose pour s'entendre. En réalité, le contentieux alsacien-lorrain fournit une raison fondamentale pour que rien de nouveau ne procède de ces contacts, bien que la Russie, alliée de la France, leur soit plutôt favorable. Vers 1900, l'horizon mental des Français ne dépasse pas les limites de l'hexagone, sauf peut-être pour de petites minorités, actives dans certains ports ; aucun dirigeant ne serait suivi, qui voudrait mobiliser le pays pour un marais africain.

En outre, sur le plan économique et financier, les intérêts majeurs du capitalisme français ne se situent pas encore dans l'expansion d'outre-mer. Les clients les plus importants sont nos voisins immédiats, les emprunteurs les plus attrayants sont en Europe, en Russie, dans l'Empire ottoman. Le commerce avec les colonies oscille entre 12 et 15 % du commerce français (avec l'Algérie pour principal partenaire) ; les investissements coloniaux semblent être voisins d'un milliard et demi de francs vers 1900, alors que 7 milliards sont partis vers la Russie et que 1,6 milliard est placé en fonds publics ottomans. Sans doute, l'intérêt économique pour les colonies commence à se développer pendant cette période et des groupes de pression peuvent agir pour inciter le gouvernement à se soucier des colonies, mais ce mouvement est récent et encore marginal. Dès lors, la diplomatie française est contrainte de naviguer entre deux écueils : perdre à tout jamais l'Alsace-Lorraine pour acquérir des colonies, perdre des colonies pour récupérer un jour les provinces perdues ; la sagesse consiste évidemment à aller à mi-chemin, c'est-à-dire à éviter tout conflit et à acquérir le maximum par la négociation, mais est-ce possible ?

Un homme a été appelé par les circonstances à mesurer ce dilemme et il a, en définitive, fixé par ses choix l'axe futur de la diplomatie française : Théophile Delcassé, qui occupe sans discontinuer le poste de ministre des Affaires étrangères de juin 1898 à juin 1905. On suivra plus loin son action dans différents domaines en Europe, mais une observation d'ensemble peut être formulée à propos de ce petit homme, autoritaire, tenace, énergique : avant de venir au Quai d'Orsay, ce journaliste, né en 1852, élu député de l'Ariège en 1889, pouvait être catalogué dans le groupe procolonial, fidèle à la tradition de son ancien « patron » Gambetta ; or, ayant mesuré au moment de la crise de Fachoda les réalités nationales (de défense notamment) et internationales, Delcassé semble avoir peu à peu évolué vers une conception générale octroyant la primauté à l'Europe et à l'équilibre entre puissances européennes ; dans ces conditions, Delcassé, qui avait d'abord paru désireux de soutenir l'action lointaine de la Russie en Asie, puis avait donné une pointe anti-anglaise à l'alliance avec la Russie, en vient à réaliser combien l'antagonisme colonial avec la Grande-Bretagne donne de possibilités à l'Allemagne pour manœuvrer en Europe. Aussi, de même que le règlement du contentieux colonial entre la France et l'Italie en 1896 avait ouvert la voie à un rapprochement économique et politique (*cf.* chapitre x, p. 329), de même une entente avec la Grande-Bretagne, à propos de litiges coloniaux, peut servir d'amorce à un rapprochement politique plus profond.

Car, en définitive, dans l'esprit de Delcassé, l'opposition grandissante entre puissance anglaise et puissance allemande, qui se développe au début du xxe siècle, offre une remarquable opportunité à la diplomatie française, celle de soigner ses intérêts propres : « Il faut être aveugle pour ne pas voir que la rivalité d'intérêts et d'ambitions, qui ne peut que s'accentuer entre l'Angleterre et l'Allemagne, nous offre une chance suprême. Nous rendre forts, très forts et rester libres : voilà notre politique » (lettre à un ami, datée du 7 février 1898). Si donc la France peut lever l'hypothèque de la rivalité coloniale avec la Grande-Bretagne, elle deviendra libre d'agir notamment en Méditerranée et au Maroc, qui paraît avoir beaucoup préoccupé Delcassé ; seulement, ce rapprochement avec Londres ne sera-t-il pas compris à Berlin comme un nouveau danger, d'où un raidissement de la diplomatie allemande ? Est-il possible de concilier « entente cordiale » franco-anglaise et « intimité » franco-allemande (le second terme est proposé aux Français par les Allemands au printemps 1905) ?

Finalement, Delcassé ne le croit pas, notamment à cause de l'Alsace-Lorraine, mais lors de la première crise marocaine en 1905, il est désavoué par les autres ministres, notamment par le président du Conseil Maurice Rouvier ; la tendance à la conciliation l'emporte encore en France.

LES DEUX VOIES : PARTAGE DU MONDE OU PARTAGE DES AFFAIRES ?

En vérité, derrière cette divergence entre ces deux hommes politiques français, Delcassé et Rouvier, se profile une question beaucoup plus vaste, à laquelle il est encore difficile de répondre. L'attitude de « défense nationale » d'un Delcassé, que l'on retrouve en d'autres occasions (notamment à propos de conflits d'intérêts dans l'Empire ottoman), s'inspire-t-elle de conceptions plus générales, selon lesquelles une politique extérieure doit s'efforcer de servir avant tout les seuls intérêts nationaux, c'est-à-dire ceux qui appartiennent en propre aux citoyens de la nation ? Cette réflexion conduit inévitablement à une diplomatie qui, en cas de conflit, envisage toute solution comme le résultat du rapport des forces politiques, militaires et économiques, et qui, par voie de conséquence, se prépare à ces tensions par un système d'alliances politiques, militaires et par une utilisation « nationale » des moyens financiers et économiques. Ou bien, au contraire, en suivant les méthodes plus conciliantes d'un Rouvier, les responsables ne doivent-ils pas chercher à dégager les convergences internationales des intérêts nationaux, véritables bases d'une internationalisation des relations interétatiques, qui, seule, évitera une conflagration entre grandes puissances, pernicieuse pour tous ?

Ces deux lignes politiques différentes ne procèdent évidemment pas d'une simple réflexion théorique ; elles correspondent à une vision établie à partir des réalités concrètes, existantes dans le domaine économique. Pendant les années 1896-1906, en ce *temps des impérialismes*, alors que les structures économiques et sociales du capitalisme libéral s'étendent au monde entier sous l'impulsion des grandes puissances, il est incontestable que les hommes d'affaires de tous pays obéissent à des lois générales valables pour tous : recherche du profit maximal, sécurité politique et sociale des entreprises, liberté de gestion par rapport à l'État. Les impératifs de la concurrence mènent souvent à des conflits qui voient triompher les forts et qui conduisent vers un processus de concentration des entreprises ; aussi serait-il tentant de donner aux diverses entreprises d'un même pays la meilleure défense possible vis-à-vis de l'extérieur en leur accordant la protection de la puissance publique, c'est-à-dire en faisant de l'État, par sa diplomatie, le tuteur attentionné de l'action extérieure des entrepreneurs ; mais cela suppose que ces derniers aient tous ensemble mêmes objectifs et mêmes intérêts à l'étranger, donc qu'ils se regroupent à l'échelle nationale ; est-ce bien le cas ? De nombreux exemples permettent d'en douter. Dès lors, puisque les lois du marché sont les mêmes pour tous, transcendant les frontières, pourquoi ne pas envisager des collaborations, des ententes, parmi des entreprises de diverses «nationalités», voire même entre firmes internationales, ce qui conduirait à éviter des antagonismes dangereux ?

Dans le premier cas, celui d'un État qui veut protéger ses nationaux, la politique appropriée sera évidement de délimiter des zones privilégiées, exclusives si possible, car on évitera alors la concurrence des autres : *le partage du monde* ou au moins celui des États faibles (Empires ottoman ou chinois par exemple) correspond à un tel objectif. Mais dans le second cas, celui où l'internationalisation des affaires paraît préférable, ne devrait-on pas se diriger vers *un partage des affaires* où chacun parmi les forts trouverait son intérêt particulier au travers d'une satisfaction générale ? En somme, *partage du monde* ou *partage des affaires* ? Peut-on, veut-on, cependant, partager ?

De toute façon, les perspectives précédentes concernent les rapports économiques internationaux ; ceux-ci interviennent alors de manière considérable dans les relations internationales ; cependant, ils ne font pas disparaître les autres facteurs relationnels. Ainsi, Delcassé et Rouvier devront tenir compte de l'Alsace-Lorraine et des mentalités collectives des pays concernés ; de leur côté,

Guillaume II et von Bulow fondent aussi leurs calculs externes sur les vicissitudes de la politique intérieure allemande ; Salisbury et Chamberlain doivent réagir également aux manifestations chauvines, nées des défaites et victoires de la guerre menée contre les Boers, comme ils doivent éviter les fractionnements qui menacent la cohésion du parti tory. En bref, il convient de ne pas s'enfermer dans la seule dimension économique des relations internationales ; mais il importe, aussi, de restituer tout leur rôle aux problèmes financiers, commerciaux, industriels, aux mouvements migratoires, alors que la conjoncture était bonne depuis 1895 et que la croissance transformait les rapports politiques et sociaux dans bien des États.

Le partage du monde et ses difficultés

À l'extrême fin du XIXe siècle, tous les continents non européens sont affectés par des guerres : en Amérique la guerre hispano-américaine de Cuba (1898), en Afrique la guerre anglo-boer d'Afrique australe (1899-1902), en Asie l'intervention internationale contre les Boxers après le siège des légations à Pékin (1900-1901). Ces « points chauds » du globe sont autant d'exemples de pénétrations européennes (ou assimilées) et de partages de zones contestées, mais ils ne sont pas les seuls moments et les seuls lieux de difficultés dans les relations internationales ; en réalité, partout les Puissants tentent d'augmenter leur domaine propre.

UN NOUVEAU VENU : L'IMPÉRIALISME YANKEE EN AMÉRIQUE LATINE

En Amérique latine, les principales modifications provenaient de la pression nord-américaine, ou plus précisément *yankee* (États-Unis) pour reprendre la terminologie de l'époque. Depuis le début du XIXe siècle, l'Amérique latine était indépendante politiquement, à part quelques enclaves en Guyane, en Amérique centrale et dans les Caraïbes ; économiquement, la pénétration dominante

301

était celle de la Grande-Bretagne, qui, surtout depuis les années 1880, avait beaucoup investi en Argentine, au Brésil, au Mexique, au Chili, dans les mines et les compagnies ferroviaires ; en outre, le commerce entre les États indépendants d'Amérique latine et le reste du monde dépendait étroitement de la marine britannique, des taux de fret et des cours de matières premières fixés à Londres ou dans les grands ports anglais. Les différents «booms» économiques qui secouèrent tel ou tel État à la fin du XIXe siècle étaient le plus souvent conditionnés par l'intervention de la technique britannique et par les capacités d'achat des marchands anglais (cacao de l'Équateur, nitrates du Chili, café du Brésil, céréales et viandes d'Argentine) ; sans doute, les capitalistes français avaient contribué eux aussi aux investissements en Amérique latine, tout comme le commerce allemand pénétrait hardiment au Brésil, en Argentine, mais que pesaient-ils face à la toute-puissance britannique ! Dans le secteur bancaire, dans les transports, dans les services publics «la suprématie britannique est sans égale, sinon sans rivale» (L. Manigat). Cependant, dans la partie nord de l'Amérique latine, dans les Caraïbes et en Amérique centrale, un nouveau venu imprimait sa marque à la fin du siècle : les États-Unis commençaient à manifester le plus vif intérêt pour toute cette zone, stratégiquement importante pour leur commerce et pour leur défense.

Jusque vers 1889-1890, les interventions yankees en Amérique latine avaient été mesurées et marginales ; à partir de cette date les États-Unis jouèrent un rôle plus actif sans doute pour répondre à des besoins économiques nouveaux (complémentarité entre exportations de produits finis et importation de produits bruts), mais aussi à cause de la prise de conscience du rôle joué par la marine dans l'histoire d'un grand pays (*cf.* l'amiral Mahan). Une première réunion interaméricaine qui se tint à Washington (octobre 1889-avril 1890) va donner naissance à une sorte de panaméricanisme, institutionnalisé par une *Union panaméricaine*. Il s'agissait alors de réaliser une entente parmi les États américains afin d'éviter une trop grande sujétion vis-à-vis de l'Europe ;

mais, très vite, le rôle particulier des États-Unis au sein de ces États éclata : eux seuls étaient en mesure de «protéger» leur continent de la menace européenne ou d'aider à l'émancipation des «Latins» encore colonisés. De toute manière, le continent américain tout entier ne devait plus être traité par les diplomaties étrangères sans la présence de la diplomatie yankee ; tel est le sens d'une déclaration formulée par le secrétaire d'État Olney lorsqu'un litige frontalier opposa le Venezuela et la Grande-Bretagne (à propos de la Guyane) en 1895. La crise de Cuba va tout simplement cristalliser sur un cas clair une évolution déjà entamée.

Cette colonie espagnole, déjà secouée par une première guerre d'indépendance manquée (1868-1878), se trouva profondément affectée en 1895 par une crise économique et sociale liée à la surproduction sucrière mondiale. La population locale se divisa sur la conduite à tenir vis-à-vis de la métropole ; depuis 1895, un parti révolutionnaire cubain, dirigé par José Marti, avait lancé une guérilla pour obtenir l'indépendance (Marti lui-même fut tué dès 1895) ; l'enchaînement classique de la répression par l'autorité colonisatrice et du pourrissement par l'extension de la guérilla se produisit. Dès 1896, la question cubaine devint l'affaire des chancelleries : en effet, l'Espagne réclamait le soutien diplomatique des États européens pour empêcher une intervention des États-Unis aux côtés des insurgés cubains, maîtres des campagnes ; la solidarité entre États européens colonisateurs devrait jouer selon Madrid ; cette espérance fut bientôt déçue, Hanotaux lui-même ne manifestant aucune envie de soutenir l'un ou l'autre camp. En 1898, l'attention accordée par la presse à sensation américaine (groupe Hearst) aux «atrocités» espagnoles à Cuba déclencha un mouvement d'opinion aux États-Unis : il fallait intervenir à Cuba, soit pour lui octroyer son indépendance, soit pour l'annexer ; le président McKingley hésitait, mais lorsqu'un vaisseau de guerre yankee, *le Maine*, envoyé pour assurer la protection des nationaux américains de Cuba, explosa le 15 février 1898 en rade de La Havane, la décision ne put être différée ; la guerre commença en avril 1898.

Elle dura peu de temps relativement, car la disproportion entre les moyens maritimes américains et espagnols fut rapidement évidente sur les deux théâtres d'opérations militaires, à Cuba et dans les îles Philippines, autre colonie espagnole, attaquée par la flotte de l'amiral Dewey (dans l'île de Cuba, les insurgés cubains avaient déjà acquis par eux-mêmes la majeure partie de l'île). Le 12 août 1898, l'ambassadeur de France à Washington, Jules Cambon, intermédiaire autorisé du gouvernement espagnol, signait l'armistice ; le gouvernement français, qui avait maintenu une attitude de stricte neutralité pendant le conflit, avait incité les belligérants à la conciliation ; ceux-ci vinrent négocier à Paris les termes d'une paix, finalement signée en décembre 1898.

En Espagne même le choc de cette défaite fut rude. Coûteuse pour le peuple espagnol (conscription renforcée, impôts en hausse), infamante pour les cadres militaires, elle va inciter les uns à réclamer de profondes réformes internes, les autres à exalter un nouvel ultranationalisme qui pourrait trouver un terrain d'application au Maroc, où il se heurtera aux ambitions françaises. La « génération du désastre » abordait le xxᵉ siècle avec le sentiment d'un nécessaire renouveau, cherchant à faire sortir l'Espagne de son déclin par la modernisation, fût-ce en s'inspirant de nouveaux mythes sur « l'hispanité ibéro-américaine » ou sur « l'africanisme ». À l'extérieur de l'Espagne, cette défaite confortait ceux qui voyaient cette ancienne grande puissance comme un exemple de sous-développement en Europe.

À l'inverse, l'image des États-Unis sortit grandie de ce conflit. Elle devenait puissance régionale. Cuba acquérait son indépendance, mais au grand scandale d'une partie de l'opinion européenne, choquée par cet « impérialisme américain », les îles Philippines, achetées pour 20 millions de dollars, devenaient de fait colonie américaine, ainsi que l'île de Porto-Rico dans la zone des Caraïbes et la petite île de Guam dans l'archipel des Mariannes (un an plus tard, l'Espagne vendait à l'Allemagne les restes de son empire colonial dans le Pacifique, c'est-à-dire les archipels des Carolines, des Mariannes et des Palau) ; sauf en Afrique, il ne restait pratiquement plus rien de l'ancien empire colonial espagnol, tandis que, d'un seul coup, les États-Unis devenaient partie prenante dans le partage du monde. Dans le Pacifique, un véritable réseau de bases navales était implanté entre les îles Philippines et la côte Pacifique des États-Unis grâce à l'acquisition de l'île de Guam et à l'annexion, en 1898, de l'île de Wake et de l'archipel des îles Hawaï (où la royauté locale avait été remplacée, en 1893, par une république déjà fortement « influencée » par les planteurs et par les missions américains). La politique des points d'appui et des bases devenait une réalité pour les États-Unis.

Dans les Caraïbes, malgré les affirmations souvent répétées de l'anticolonialisme naturel des États-Unis, les îles de Porto-Rico et Cuba même devenaient de véritables « zones protégées »; la première était annexée, la seconde conservait une garnison et une administration américaines avant que son sort ne soit fixé par le vote d'un amendement proposé au Sénat américain par un représentant, Platt, directement inspiré par le secrétaire d'État Elihu Root. En juin 1901, les Cubains devaient accepter cet amendement Platt selon lequel la souveraineté cubaine serait entière, excepté pour le cas où une menace extérieure se manifesterait, ou pour le cas où le gouvernement cubain ne serait pas capable d'assurer le respect des biens, des personnes et des libertés; en outre, des bases perpétuelles (Guantanamo) devaient être accordées aux États-Unis. Cuba était ainsi « protégé » par la puissance américaine, ce qui suscitait des réactions nationales sur le plan local, tout comme aux îles Philippines où les courants indépendantistes qui avaient cru être aidés par les États-Unis menaient une guérilla contre les nouveaux protecteurs (en 1902, le « Philippine Bill » accorda l'autonomie); par contre, sur le plan international, les autres puissances laissaient faire.

Cette indifférence était aisément explicable : les prétentions impériales américaines se portaient sur des zones délimitées, soit proches des États-Unis, soit à l'écart des axes de navigation des autres puissances; elles ne gênaient donc point. En outre, lorsqu'il y eut pénétration économique et culturelle américaine dans les régions plus convoitées (cas chinois par exemple), la diplomatie américaine ne manifesta aucun désir d'exclusivité ; elle s'affirma même prête à partager les affaires avec tous (principe de la porte ouverte). Dès lors, les antagonismes disparaissaient, d'autant plus que le jeune géant américain, même sans armée de terre, était tenu par les vieux États européens comme un éventuel partenaire, utile en cas de conflit grâce à sa force économique ; force d'appoint ou de réserve, il fallait le ménager.

Dans ces conditions, en 1903, les États-Unis purent aisément marquer une nouvelle avance dans leur mainmise sur l'Amérique centrale ; la création de la République de Panama leur permit de s'établir définitivement dans la zone dite du canal, là où la percée transocéanique sera réalisée entre 1904 et 1914. Le processus suivi fut simple, efficace ; la compagnie française du canal de Panama ayant fait faillite, un intermédiaire affairiste, frère du directeur du *Matin*, Bunau-Varilla, était prêt à vendre les actions de la défunte compagnie aux Américains ; ceux-ci voudraient avoir des assurances politiques pour réaliser ensuite tranquillement les travaux de percement. Ils se donnèrent la précaution de désintéresser la Grande-Bretagne (négociations Hay-Pauncefote en 1898 et accord signé en novembre 1901) ; puis ils tentèrent d'obtenir une concession territoriale de la Colombie, dans le territoire de laquelle l'isthme de Panama était situé ; en janvier 1903, un traité fut signé avec le ministre colombien Herran pour la cession d'une bande de six miles de large pendant 100 ans, contre dix millions de dollars, mais le Sénat colombien, unanime, refusa la ratification de ce traité ; la colère du président des États-Unis, Théodore Roosevelt, de la presse et des milieux d'affaires intéressés au canal, éclata. Or une guerre civile grave avait ensanglanté la Colombie pendant trois ans (1899-1902) ; aussi, les habitants de la zone de Panama furent prêts à faire sécession, tant pour des raisons de tradition politique que par intérêt bien compris. Le « hasard » fit ensuite bien les choses : un navire de guerre américain étant justement arrivé dans les eaux panaméennes, un soulèvement des troupes locales éclata le 3 novembre 1903, la République de Panama fut proclamée le 4 ; elle fut reconnue par les États-Unis le 13, par la France le 16, et bientôt par les autres puissances ; la Colombie peut bien multiplier les notes de protestations. Panama est indépendant... à la façon cubaine, puisque l'amendement Platt fut appliqué dans la Constitution panaméenne votée en 1904 et que, de plus, la zone du canal, élargie à dix miles, fut concédée à perpétuité aux États-Unis par le plénipotentiaire «panaméen»... Bunau-Varilla, qui vendit aux États-Unis tous les droits de l'ex-compagnie pour 40 millions de dollars !

Ainsi, les États-Unis appliquaient à leur façon «la doctrine de Monroe renforcée». Au début du XIXe siècle (en 1823), le président Monroe avait posé comme un principe fondamental de ne pas laisser les Européens coloniser de nouveaux territoires en Amérique (l'«Amérique aux Américains») ; la lecture et l'interprétation qu'en donna le président Théodore Roosevelt, incarnation du nouvel impérialisme yankee, était neuve et nette : dans un discours à Chicago, en avril 1903, il fit de la doctrine de Monroe la base d'une politique de force (le fameux «big stick») destinée à évincer du continent américain toute autre grande puissance étrangère ; dans un message au Congrès, le 6 décembre 1904, il précisa que les États-Unis s'octroient un devoir et un pouvoir de police internationale sur ce continent afin d'y défendre «l'ordre et la sécurité de la société civilisée». Au nom du développement et du progrès, l'impérialisme yankee se justifiait et participait au partage du monde.

LE PARTAGE DE L'AFRIQUE CENTRALE, ADOUA ET FACHODA

Depuis 1896, la situation avait sensiblement évolué dans la zone des sources du Nil. En effet, la politique britannique, fidèle à sa tradition *d'indirect rule* en Afrique, avait utilisé ce système commode pour conserver une autorité réelle sans avoir tous les inconvénients de la conquête et de l'administration ; en laissant s'implanter les pouvoirs coloniaux de petites puissances, pourvu que celles-ci acceptassent la liberté du commerce, le gouvernement et le Trésor britanniques s'évitaient des complications et des frais : ainsi le Portugal en Mozambique et en Angola, Léopold II au Congo, l'Italie en Érythrée, en Somalie et même en Éthiopie, devenaient des auxiliaires commodes. Un accord, signé avec Léopold II en mai 1894, avait octroyé à ce dernier un territoire encore neutralisé (le Bahr-el-Gazal) qui faisait barrage à d'éventuels projets français tout en sauvegardant les droits anglais ; le gouvernement français avait d'ailleurs contre-attaqué pour faire revenir Léopold II sur cet accord, de même que le gouvernement allemand, inquiet pour sa possession du Tanganyika. En avril 1891, un accord anglo-italien avait laissé à l'Italie une vaste zone entre le Nil et le massif abyssin.

Dans cette corne de l'Afrique, de vastes territoires restaient encore indépendants, soit en Éthiopie où l'empereur Ménélik avait été reconnu par l'Italie comme souverain légitime, contre la cession définitive à celle-ci de l'Érythrée (traité d'Ucciali de mai 1889), soit au Soudan où un chef religieux, le Mahdi, avait su constituer un empire assez bien organisé financièrement et militairement, mais avec des méthodes plus traditionnelles qu'efficaces. Le gouvernement italien de Crispi (revenu au pouvoir en décembre 1893) était désireux de s'affirmer sur le plan africain malgré les évidentes réserves des milieux d'affaires italiens, médiocrement intéressés par ces territoires lointains. Crispi était inquiet de la pénétration économique française en Éthiopie, marquée par la construction d'une voie ferrée entre Djibouti (où la France s'est installée en 1888) et Addis-Abeba (concession accordée en 1894) ; il était aussi préoccupé par les livraisons d'armes à Ménélik qui, en février 1893, avait dénoncé le traité d'Ucciali. Aussi, prenant appui sur une attitude anglaise de neutralité et sur l'appui diplomatique de la Triplice, Crispi avait décidé en 1895 d'imposer la présence italienne en Éthiopie ; seulement, les réticences parlementaires en Italie obligeaient Crispi à agir par des expéditions peu nombreuses et peu coûteuses, alors que Ménélik augmentait ses forces militaires. Le résultat fut rapide et net : après deux échecs en décembre 1895, la colonne du général Baratieri, mal dirigée, fut complètement détruite le 1er mars 1896 devant la ville d'Adoua. Pour l'impérialisme italien, le coup d'arrêt était marqué ; Crispi devait démissionner, ce qui allait avoir de sensibles conséquences pour la politique italienne désormais contrainte au repli et à l'abstention outre-mer (elle gardait cependant l'Érythrée par la paix d'Addis-Abeba en octobre 1896).

Pour la Grande-Bretagne, les effets immédiats étaient également importants, Ménélik victorieux n'allait-il pas appuyer les visées françaises sur la région voisine du Haut-Nil ? Justement, les négociations reprises à Paris entre délégués anglais et français à propos de la délimitation des possessions autour du bassin du Niger marquaient un raidissement français ; comble de l'audace, le gouvernement français décida alors d'envoyer une mission commandée par le commandant Marchand pour assurer une liaison Congo-Haut-Nil-Djibouti malgré les avertissements antérieurs de Londres. Salisbury, pourtant peu enclin à se laisser empêtrer en Afrique, décida de réagir ; en un premier temps, il fit avancer vers Dongola une expédition, puis, sans doute sous la pression de Chamberlain, il décida, d'une part, de faire prendre des gages en Afrique occidentale, le long du Niger, par l'entremise de la Compagnie royale du Niger (été 1897), d'autre part, en janvier 1898, de mettre fin à l'empire madhiste par la conquête de la capitale, Khartoum. Or la colonne du général Kitchener, chargé de cette «pacification», devait fatalement rencontrer l'expédition du commandant Marchand, parti du Congo en mars 1897 et arrivé en juillet 1898 à Fachoda ; le 19 septembre 1898, «l'entrevue», polie mais ferme des deux côtés, eut lieu ; France et Grande-Bretagne paraissaient face à face.

L'antagonisme franco-anglais se situait sur trois plans : au niveau des exécutants, en Afrique, les initiatives des militaires, complaisamment rapportées par la presse à sensation des deux pays, engageaient les dirigeants davantage qu'il n'eût convenu aux calculs des responsables, mais ils restaient des exécutants; car au niveau des déci-deurs, on avait surtout en vue de prendre des gages, qui à l'ouest, qui à l'est, pour le grand marchandage qui néces-sairement terminerait cette «course au clocher». Mais comment éviter que les opinions publiques n'intervien-nent brutalement dans un conflit où l'honneur national semblait engagé? Il convient aujourd'hui de ne plus se laisser prendre au mythe de Fachoda : d'abord les opi-nions publiques étaient plus rétives que certains organes de presse nationalistes ne le laissaient accroire; des jour-naux aussi divers que *Le Matin, L'Aurore* (journal de Cle-menceau), *Le Journal des débats, Le Temps*, et aussi le conseil municipal de Paris, soutenaient l'urgence d'une négociation. En outre, des deux côtés, les décideurs pou-vaient faire des calculs simples sur les moyens en présence et les buts à atteindre : Salisbury pouvait compter sur une flotte de guerre supérieure à la flotte française, mais il n'avait pas de véritable armée de terre. Chacun des deux protagonistes savait qu'il serait isolé en cas de conflit : la Russie avait donné des conseils de modération à son allié; l'Allemagne, qui avait montré bien des ambitions en Afrique australe, préférerait sans doute profiter des cir-constances pour esquisser un rapprochement avec la France plutôt qu'un soutien à l'Angleterre. Aussi, des deux côtés, on évita tout geste spectaculaire, tout ultimatum, toute déclaration définitive pendant la réelle négociation discrète entre diplomates à Londres en octobre 1898. Del-cassé ne souhaitait pas endosser la responsabilité de la politique aventuriste du parti colonial et d'Hanotaux. Malgré la violence de la presse «nationaliste» des deux pays, la diplomatie put trouver une solution pacifique à la crise.

Tout comme un accord précédent avait délimité les zones anglaise et française sur le Niger, en juin 1898 (plu-tôt à l'avantage de la France), un accord signé en mars 1899 tranchait le litige du Haut-Nil : la limite géogra-phique de partage des eaux entre le bassin du Congo et le bassin du Nil serait désormais également frontière poli-tique. Ainsi, là encore, le principe du partage des ter-ritoires était admis entre deux grands impérialismes et il était obtenu par la négociation. De même un accord anglo-allemand signé en août 1898 avait prévu le partage éventuel des colonies portugaises entre les deux États, comme garantie d'un futur emprunt à accorder à Lisbonne.

LA GUERRE ANGLO-BOER

Dans une certaine mesure, l'évolution que l'Afrique australe a connue au même moment illustre également ce principe du partage des terres entre grandes puissances, tout en confirmant que celles-ci ne tolèrent plus d'oppositions dès lors que des intérêts économiques importants sont en jeu. En 1890, la situation au sud du Congo et du Zambèze était la suivante : sur les côtes occidentale et orientale de l'Afrique, des colonies portugaises et allemandes avaient été acceptées par les Britanniques qui, parfois, en modifiaient les limites à leur profit (accord anglo-portugais sur le Mozambique de juin 1891). Plus au sud, les colonies britanniques du Cap et du Natal avaient peu à peu englobé des territoires peuplés de Noirs, mais leur expansion était gênée par l'existence de deux États «Boers» (Transvaal et Orange) de population blanche d'origine néerlandaise calviniste, les Afrikanders. Une tentative armée pour s'y imposer avait échoué en 1881 (désastre de Majuba Hill) ; ces États indépendants, mais dont la politique extérieure était soumise à un droit de regard anglais (convention de 1884), n'attiraient pas vraiment l'attention jusqu'au moment où des filons d'or et de diamant y furent découverts (diamants à Kimberley en 1867 et surtout or au Transvaal en 1886).

Un homme d'affaires britannique, brillant et audacieux, Cecil Rhodes, avait créé une société diamantifère, la «De Beers Company» en 1874, puis mêlant affaires et politique, il avait commencé une ascension politique fulgurante dans la province du Cap. Créant en 1889 une compagnie à charte pour obtenir l'exploitation des gisements situés au nord-ouest du Transvaal (ce qui deviendra plus tard la Rhodésie), il dirigeait aussi au Transvaal une société de mines d'or, la Gold Fields of South Africa (créée en 1886) ; avec un grand sens de la publicité et avec l'appui d'hommes d'affaires allemands, Beit et Wernher, de banquiers français et anglais (Rothschild), il avait réussi à attirer très largement les capitaux spéculatifs européens dans ses entreprises. La mode boursière s'empara de ces titres vers 1895, les aventuriers de tous pays accoururent vers le Transvaal. Or les entreprises de Rhodes risquaient de connaître certaines difficultés du fait d'une législation peu favorable aux étrangers dans le Transvaal, gouverné par un vieux lutteur, Paul Krüger, défenseur des traditions agraires et du nationalisme afrikander. Par contre, Rhodes, devenu Premier ministre de la colonie du Cap en 1890, pouvait compter sur la « protection » britannique, notamment sur celle de Chamberlain, ministre des Colonies ; persuadé de la valeur de la manière forte et certain d'obtenir le soutien des nombreux autres étrangers résidant au Transvaal (les Uitlanders), Rhodes n'hésita pas à organiser un soulèvement qui devait aboutir à la réunion du Transvaal à la colonie du Cap. Chamberlain, sans doute informé, laissa faire, mais la manœuvre échoua, malgré un raid de cavaliers « indépendants » (raid Jameson en janvier 1896). Krüger triompha. Jusque-là, on pourrait considérer que ces faits entrent dans la vieille opposition entre aventuriers de demain et patriarches d'hier pour la conquête du sol et du sous-sol. Mais Krüger, qui avait déjà été reçu par Bismarck à Berlin en 1884, était considéré comme un ami de l'Allemagne ; dès l'annonce de l'échec de Rhodes, Guillaume II félicita chaudement le président Krüger. Ainsi on débouchait sur une affaire de portée internationale. L'empereur allemand allait-il « protéger » le Transvaal contre la Grande-Bretagne ?

En vérité, la diplomatie allemande cherchait seulement à peser sur la Grande-Bretagne pour les négociations engagées à propos des colonies portugaises, des îles Samoa dans le Pacifique et des concessions en Chine. L'attitude allemande, notamment certains gestes plus spectaculaires qu'efficaces de Guillaume II, pouvait donner à penser à Krüger que la protection allemande lui était acquise, alors que fondamentalement aucun intérêt réel ne poussait les Allemands vers le vieux Krüger ; les intérêts économiques allemands étaient mêlés à ceux de Rhodes. Aussi, lorsque les négociations entre Londres et Berlin aboutirent en août 1898 et novembre 1899, la voie fut libre pour la revanche anglaise. Car si Rhodes a préféré démissionner après l'échec de 1896, son successeur à la tête de la colonie du Cap, Alfred Milner, a été choisi par Salisbury et Chamberlain pour affirmer fermement la suprématie britannique sur la zone, la foi impérialiste de Milner étant déjà bien connue de même que son efficacité d'administrateur financier après un séjour en Égypte entre 1889 et 1892. Très vite, les discussions sur les droits des étrangers au Transvaal tournèrent court pendant l'été 1899. Des troupes anglaises furent amenées en renfort et en octobre 1899 la guerre commença.

Dans l'opinion publique britannique, la vague d'orgueil impérialiste paraît à son zénith, au point que non seulement les conservateurs soutiennent à fond la politique tranchante de Milner, mais que parmi les libéraux, un groupe important, les libéraux-impérialistes, approuve la manière forte ; au début de la guerre, les opposants sont, semble-t-il, peu nombreux, on les trouve seulement parmi les groupes socialisants, les trade-unions et parmi les non-conformistes ; dans les journaux, la presse à bon marché joue du patriotisme, quoique le *Manchester Guardian*, *The Economist* ou le *Daily News* soient hostiles à la force. Pour tous, la guerre devrait être courte et victorieuse. Beaucoup la considéraient même comme une guerre juste, suivant l'argumentation développée par Milner dans un télégramme fameux, « la dépêche des Ilotes » envoyé à Chamberlain pour réclamer une action énergique (mai 1899). La Grande-Bretagne avait un « devoir » d'intervention pour assurer aux Uitlanders, souvent citoyens britanniques, « Ilotes du monde moderne », un juste traitement. En fait, les considérations économiques et politiques, les affaires comme le prestige impérial, les mines d'or comme la supériorité de la race anglo-saxonne se mêlaient étroitement. Aussi les élections législatives de 1900 marquèrent un réel déchaînement passionnel pour ou contre cette guerre.

La guerre dura trois ans ; elle fut pénible, coûteuse ; elle mit à nu les insuffisances militaires des Britanniques, puissants sur mer, mais peu à même de combattre une guérilla bien organisée où les forces de cavalerie jouaient un rôle essentiel. Comme l'énergie des Boers et leur bonne connaissance du terrain prolongeaient la guerre, du côté britannique on eut bientôt recours à des méthodes très contestables (camps de concentration) qui, comme pour les guerres de décolonisation plus tard, suscitèrent d'abord des troubles de conscience en Grande-Bretagne, puis des campagnes de presse, enfin des oppositions politiques, prémisses de changements politiques internes ; en quelques années, l'impact populaire de l'impérialisme était remis en question. Le choc était rude pour l'opinion publique anglaise. Une inquiétude nouvelle naissait parce que la Grande-Bretagne, défiée, restait seule ; d'une part, elle prenait conscience des risques de l'isolement, d'autre part, elle ressentait fortement les critiques portées contre elle par ses voisins, notamment par la presse allemande, nettement pro-boer (ce qui fut aussi souvent le cas de la presse française). Comment, dès lors, orienter la politique britannique ? Certes, au bout du compte, après avoir vaincu les Boers, l'Empire britannique s'agrandissait par le traité de Vereeniging (31 mai 1902) qui faisait entrer les États du Transvaal et d'Orange au sein des colonies britanniques, mais le coût en hommes, 22 000 morts britanniques, en argent (une importante augmentation de la dette publique), valait-il le soutien apporté à la satisfaction des intérêts économiques d'un certain nombre d'hommes d'affaires ? *La question de la validité de l'impérialisme était posée par les Britanniques eux-mêmes.*

Avec beaucoup d'habileté, Milner chercha après la victoire militaire à rallier ses anciens adversaires boers pour organiser avec eux une colonie prospère, avec l'aide financière de la métropole ; le rapide développement économique de l'Afrique du Sud, grâce à la réalisation d'un fort réseau ferroviaire, à l'emploi massif d'une main-d'œuvre immigrée (Indiens et Chinois) facilita le ralliement des Boers : l'Union sud-africaine verra le jour en mai 1910, nouveau dominion britannique. Mais un effet inverse naquit de la création de cette Union. La mise en valeur de ces territoires, comme d'ailleurs celle des autres dominions ou colonies, supposait un renforcement des liens commerciaux entre la métropole et elles. En un moment où les dominions plus anciens cherchaient à acquérir plus d'autonomie vis-à-vis de la tutelle juridique de Londres, ne fallait-il pas leur offrir des satisfactions économiques à défaut de répondre à leurs attentes politiques? Comme Milner, Chamberlain était persuadé qu'il convenait de modifier la législation douanière britannique afin d'accorder une «préférence impériale» aux échanges inter-impériaux. Ce choix aurait évidemment entraîné un renchérissement des prix des produits importés en Grande-Bretagne. Dès le printemps 1903, le débat fut engagé. Il devait peser lourd dans la campagne électorale qui, en 1906, allait consacrer la défaite des «impérialistes» face aux libéraux. Sans doute aussi le désenchantement né des difficultés de la guerre, qui faisait passer de l'excitation guerrière à un pacifisme plus large, pesait contre les tenants de l'impérialisme.

Par contre, à aucun moment, les autres «concurrents» en Afrique n'avaient cherché à profiter des difficultés anglaises pour les supplanter. Si la France n'avait guère d'intérêts à satisfaire en cette région, l'Allemagne officielle, plus directement concernée, ne quittait pas une ligne de conduite de stricte neutralité; Krüger faisait en vain le voyage à La Haye, à Berlin, et à Paris; acclamé par les foules, il n'était pas reçu par Guillaume II. Celui-ci, à plusieurs reprises, avait fait allusion au danger anglo-saxon pour les puissances continentales, lors de rencontres avec des diplomates français ou russes, mais ces sondages restaient sans lendemain. En tout cas, cet achèvement du partage de l'Afrique australe se réalisait sans que les impérialismes des grandes puissances en viennent à s'opposer. Peut-être la convergence ou l'alliance entre intérêts économiques allemands et britanniques en Afrique australe poussait-elle à la conciliation? Au même moment, on considérait que les milieux d'affaires allemands, notamment banquiers et armateurs, étaient plutôt favorables à une entente avec Londres. Le partage du monde n'était donc pas inconciliable avec le partage des affaires.

Les partages d'intérêts et leurs limites

DÉPENDANCE ET INDÉPENDANCE EN ASIE

Les exemples de pénétration étrangère en Asie allaient démontrer que la collaboration entre grandes puissances impérialistes n'était pas inconcevable et que la séparation en «domaines réservés» pouvait être remplacée sans dommages par d'autres méthodes. En Chine, comme en Asie occidentale ou en Perse, des partages d'un nouveau type s'élaboraient au début du XXe siècle.

Le continent asiatique était pour l'essentiel divisé en colonies, à quatre exceptions près, l'Empire chinois, l'Empire ottoman, l'Empire perse et l'Empire japonais[1]. Seul ce dernier, grâce à sa modernisation politique et économique, avait pu se débarrasser véritablement des ingérences étrangères et se doter de moyens militaires conséquents ; le Japon avait même commencé, en 1894, à entrer dans le groupe des puissances impérialistes (*cf.* p. 275). Par contre, les trois autres empires offraient bien des similitudes : ils étaient vermoulus, mal administrés, déjà largement pénétrés par les étrangers qui, pour s'imposer, profitaient à l'envie des continuelles difficultés de trésorerie de ces États. Cependant, les deux premiers posent un problème délicat aux Européens : leur territoire était considérable (l'Empire ottoman englobe alors presque toute la péninsule d'Arabie et la Mésopotamie), leur population, surtout en Chine, semblait difficilement «administrable» tant à cause du nombre que des conditions culturelles et nationales. En effet, l'intervention du capitalisme étranger dans ces États, surtout depuis 1880, avait secoué ou réveillé certains secteurs économiques, notamment dans les ports et pour les produits commer-

---

1. Siam et Afghanistan sont également formellement indépendants.

ciaux, d'où des modifications sociales sensibles dans certaines régions de ces empires ; en outre, des bourgeoisies locales, soit liées directement aux entreprises étrangères (les «compradores» pour reprendre un terme utilisé en Chine), soit imitant les étrangers en se lançant dans l'industrie (surtout dans les textiles), avaient le désir de moderniser leur pays, de le réformer, parfois avec l'appui des administrateurs traditionnels, eux-mêmes sensibilisés à la servitude dans laquelle leur État végétait vis-à-vis de l'étranger. Les uns et les autres voudraient, en tout cas, sortir de l'engrenage de leur dépendance ; mais dans des pays où l'économie agraire reste de très loin dominante, avec des masses rurales prisonnières de la misère et de la tradition, était-il possible de secouer le joug extérieur ?

Ainsi, une série de contradictions semble peser sur les rapports entre dominants et dominés : gouverner ces États reviendrait trop cher à une puissance étrangère, mais comment être sûr de rentrer dans ses fonds et de pouvoir user librement des avantages locaux (mines ou matières premières bon marché, main-d'œuvre abondante et sous-payée) ? Réciproquement, comment moderniser sans apports des capitaux et des techniques étrangers ? Les réponses les plus simples à ces problèmes seraient évidemment, pour les uns, de se servir des administrations locales pour gouverner sur place, mais alors comment être tranquillisé vis-à-vis des autres ambitions étrangères, et, pour les autres, de jouer habilement entre les convoitises étrangères pour sauvegarder l'indépendance ; mais n'est-ce pas jouer avec le feu ?

Finalement, en quelques années, deux orientations seront prises qui répondront aux précédentes questions : d'une part, un partage des affaires, souvent accompagné d'un partage des zones d'intérêts, laissera subsister des pouvoir locaux ; d'autre part, le passage vers la modernisation se fera par des révolutions modernistes, tolérantes envers les capitalistes étrangers parce qu'encore trop faibles pour s'en débarrasser. Ces États échappent ainsi à la colonisation sans éviter la dépendance, les impérialismes échappent aux antagonismes sans éviter les frictions.

L'exemple chinois est probant. Après la défaite contre le Japon, le dépècement de l'Empire chinois paraît inévitable. Le Japon s'est installé à Formose et dans la Corée ; les Russes et les Français, pour prix de leur précieux concours financier, se sont fait octroyer des avantages considérables, qui en Mandchourie, qui dans les trois provinces du Sud ; on semble alors se diriger vers un partage territorial, d'autant plus que des troupes allemandes sont débarquées dans le Shandong, en novembre 1897, pour « répondre » au meurtre de deux missionnaires allemands, ce qui aboutit à un traité en mars 1898, accordant à l'Allemagne une vaste concession et des constructions ferroviaires dans cette province. Le prétexte est bon pour les autres intervenants qui se font « préciser » en 1898 les limites de leur zone et leurs futures possibilités en matière de constructions ferroviaires (convention avec la Russie en mars, avec la France en avril-mai, avec la Grande-Bretagne en juin-juillet). Une répartition zonale semble se dessiner entre la Russie au nord, la France au sud, la Grande-Bretagne sur le bassin du Yang-Tsé-Kiang, l'Allemagne dans le Shandong (*cf.* les accords anglo-russe d'avril 1899 et anglo-allemand d'octobre 1900).

En réalité, si les autorités consulaires locales et si les gouvernements européens étaient fortement tentés de tracer des limites d'influence sur la carte de la Chine, il convient de retenir que les principaux acteurs de la pénétration étaient les commerçants, les industriels, les banquiers européens, et que, pour ceux-ci, les subdivisions territoriales ne seraient pas forcément les meilleures solutions. En particulier, lorsque le gouvernement chinois empruntait à l'étranger (entre 1894 et 1899, il empruntait pour près de 800 millions de francs-or, soit le quadruple des ressources annuelles du Trésor), il arrivait souvent que le syndicat bancaire chargé de l'émission fut international et que les principales banques européennes se garantissent mutuellement. Pour épauler les compagnies de travaux publics qui entreprenaient la construction des voies ferrées, la plus puissante banque « locale », la Hong-

Kong and Shanghai Banking Cy, dominée par les intérêts anglais, faisait alliance avec des banques françaises, belges ou allemandes ; lorsque la concession ferroviaire du Pékin-Hankéou était accordée à un groupe belge, c'est en réalité une entente entre la Société Générale de Belgique et des banques françaises menées par Paribas qui constituait la compagnie et procurait les fonds. Il serait donc dangereux de penser que les hommes d'affaires avaient une vision nationaliste et étroite de leurs intérêts ; en cas de difficultés lors de négociations avec les autorités chinoises ou entre partenaires européens, tel groupe pouvait s'adresser au gouvernement de son pays pour couvrir de l'autorité nationale la satisfaction de besoins privés ; mais comme souvent des citoyens d'une même nation étaient liés à des groupes concurrents, comment déterminer ce qui est intérêt national ? On serait tenté de penser que la pénétration du capitalisme étranger en Chine fut internationale, avec une nette prédominance financière pour la Grande-Bretagne.

Aussi, la proposition formulée par les États-Unis d'adopter en Chine le *principe de la porte ouverte* (note adressée aux puissances par le secrétaire d'État Hay en novembre 1899) devait-elle facilement rassembler, à une exception près, la Russie, l'unanimité des puissances participantes, de plus en plus gênées par la politique des zones d'influence. Dès juillet 1899, le directeur des affaires commerciales au Quai d'Orsay, Bompard, bien informé des questions économiques, concluait à la nécessité de laisser « la porte ouverte », d'autant plus que, dans le cas français, les intérêts des nationaux étaient disséminés dans toute la Chine. Certes, pour bon nombre de diplomates, en particulier pour ceux qui, en Europe, étaient quotidiennement préoccupés d'équilibres et d'alliances, la solution zonale paraissait la meilleure, mais finalement, au moment décisif, lorsque les Chinois relevaient la tête, n'était-ce point par une collaboration internationale que l'ordre allait être rétabli, avec même une milice internationale commandée par un général allemand ?

La révolte des Boxers, le siège des légations à Pékin et l'expédition internationale dirigée par le général allemand von Waldersee (juin-août 1900) deviennent ainsi très significatifs. Le mouvement des Boxers (nom lié à la pratique de la boxe par des ligues chinoises inspirées par des traditions de magie) apparaît aujourd'hui comme un réflexe de défense d'une société préindustrielle qui veut refuser la modernisation et qui s'attaque spécialement à ses formes étrangères. En 1899, ces paysans, organisés très militairement, se sont attaqués à des missionnaires dans les provinces méridionales proches de Pékin, puis ils agissent à Pékin même, sans doute avec la connivence ou la complicité de membres de l'entourage impérial ; en juin 1900, des incidents plus violents éclatent entre Boxers et soldats chinois d'une part, et représentants étrangers d'autre part. Une première intervention étrangère aggrave la situation, l'ambassadeur allemand est tué ; le 21 juin 1900, l'impératrice Cixi (Tseu-Hi) déclare la guerre aux puissances et bloque à Pékin les représentants étrangers ; le siège des légations (où se sont rassemblés environ 500 étrangers et 3 000 Chinois chrétiens) est moins meurtrier que spectaculaire. Il suscite légendes et racismes, mais surtout il est suivi par une intervention militaire internationale destinée à «délivrer» les Européens, qui, elle, laissera des traces plus durables car la répression est souvent féroce.

Vaincus, les Chinois doivent signer un nouveau traité avec les huit puissances étrangères qui ont envoyé des troupes à Pékin (protocole de septembre 1901) ; une nouvelle indemnité de guerre de 900 millions de francs doit être versée par la Chine, garantie par les douanes et la gabelle ; des troupes étrangères garderont en permanence le quartier des légations et les voies d'accès entre Pékin et la mer. En fait, en imposant un lourd tribut à la Chine qui manque déjà de fonds, les Puissances ont barre sur le gouvernement chinois qui, en plus, a été humilié, ce qui ne contribuera pas à améliorer les relations. Mais cette intervention unanime des Européens (auxquels Japonais et Américains se sont joints) manifeste bien la solidarité des positions face à la Chine ; elle peut aussi être comprise comme le maintien du *statu quo*, puisque nul ne veut, ou ne peut, en profiter pour partager le vieil empire : Delcassé, Bülow, Salisbury se déclarent tous hostiles à un partage. «L'essentiel est que les forces n'agissent pas isolément, mais qu'elles s'unissent et coopèrent, recevant une impulsion unique» (circulaire Delcassé en juillet 1900). «Nous ne désirons d'aucune façon le partage de la Chine, nous ne poursuivons aucun avantage particulier» (Bülow au Bundesrat).

En fait, seul le gouvernement russe répugne à cette solution : parce que son avance en Chine du Nord correspond à une pénétration plus politique qu'économique, voulue par le pouvoir étatique, mal étayée par un capitalisme russe encore insuffisamment solide, il serait très tenté par le partage, tout comme le Japon avait précédemment tenté et obtenu de s'assurer des zones d'exclusivité ; ne s'agit-il pas là d'impérialismes encore jeunes par rapport aux grandes puissances européennes ? On doit constater que dans les années qui suivent l'intervention militaire internationale, deux attitudes différentes prévalent en Chine parmi les impérialismes. D'un côté, des sociétés privées très puissantes financièrement, concentrées car dépendantes de quelques banques têtes de file, s'engagent dans de grosses opérations pour lesquelles elles font appel à des capitaux venus de différents pays ; en somme, entre en action un capitalisme véritablement international qui souvent néglige les avis ou les conseils des diplomates en poste. De l'autre côté, des responsables et des militaires voudraient assurer leurs possessions par une véritable conquête du terrain, en bref par la conquête coloniale type. Les hommes d'affaires français, belges, allemands, britanniques, américains appartiennent au premier groupe ; les dirigeants russes et japonais dominent dans le second ; aussi, en Chine, les divergences entre positions française et russe sont-elles renforcées à partir de 1901, et l'antagonisme russo-japonais à propos de la Mandchourie et de la Corée ne cesse-t-il de se manifester.

Toutefois, en un premier temps, les visées conquérantes des Russes sont stoppées par une sorte de concert européen. En novembre 1900, l'administration russe en Mandchourie avait obtenu secrètement des Chinois le droit d'y laisser des troupes ; les autres puissances, averties par des indiscrétions, interviennent alors pour obliger la Russie à promettre l'évacuation de ses troupes. Puis, comme les Japonais se voient menacés par les ambitions russes en Corée (une vaine négociation est menée avec les Russes par le Premier ministre japonais Itô pendant l'automne 1901), ils en viennent à chercher un contrepoids européen aux menaces russes : les propositions britanniques d'une alliance navale et d'un accord politique pour garantir le *statu quo* en Chine et en Corée sont finalement acceptées à défaut de trouver ailleurs des appuis (décembre 1901). Le 30 janvier 1902, une convention anglo-japonaise valable pour cinq ans est signée ; des deux côtés, on a beaucoup hésité à signer ; la décision britannique pour laquelle lord Lansdowne et Francis Bertie, nouvel adjoint de l'Under Permanent Secretary au Foreign Office, ont joué un rôle décisif, peut s'expliquer à la fois par la recherche d'une balance entre les forces navales en présence dans le monde, et par le souci de stopper la Russie, quand il en est encore temps ; celle-ci menace par son intransigeance de rompre l'équilibre consacré par la politique de la « porte ouverte » en Chine.

On a parfois souligné le changement intervenu dans la diplomatie britannique par la signature d'un tel acte, engageant en temps de paix la Grande-Bretagne à une éventuelle intervention armée ; il faut bien remarquer que la portée du traité était circonscrite puisqu'il s'agissait, avant tout, de garantir le *statu quo* en Asie extrême-orientale et de se prêter assistance en cas d'attaque de l'un des deux contractants par une coalition (sinon on garderait une neutralité bienveillante). Il importe surtout de préserver les situations acquises. La Russie paraît se résigner ; dans une déclaration commune du 16 mars 1902, les gouvernements français et russe prennent acte de la convention anglo-japonaise et se déclarent « satisfaits » de l'indépendance de la Chine et de la Corée, « qui doivent rester ouvertes au commerce et à l'industrie de toutes les nations » ; le 8 avril 1902, Saint-Pétersbourg s'engage définitivement à évacuer la Mandchourie avant la fin 1903. Le principe de la porte ouverte paraît toujours s'imposer, mais Russie et Japon l'accepteront-ils encore longtemps ?

LE BAGDADBAHN ET LA PÉNÉTRATION
DANS L'EMPIRE OTTOMAN

À l'autre extrémité de l'Asie, dans l'Empire ottoman, les mêmes questions se posent avec des protagonistes différents, mais, là aussi, le principe de la porte ouverte et de l'internationalisation des affaires paraît prévaloir.

Si l'intégrité de l'Empire ottoman n'était plus défendue par Londres depuis 1897, cela ne signifiait pas pour autant que les États européens fussent prêts à se partager cet empire ; en particulier, Paris et Berlin avaient clairement montré leur désir de maintenir en vie «l'homme malade» ; à côté des déclarations tapageuses de Guillaume II, se proclamant «protecteur de l'Islam» lors d'un voyage à Istanbul et à Jérusalem en 1898, les instructions données aux diplomates français précisaient de sauvegarder l'intégrité ottomane. Au fond, comme en Chine, les Puissances et les sociétés privées avaient avantage à laisser l'administration locale aux mains d'un pouvoir faible, mais national, pour mieux en tirer des concessions fructueuses ; la seule véritable question, pour ces impérialismes, était de savoir si, au-delà de l'indépendance formelle, mieux valait délimiter des zones privilégiées, telle la Russie en Arménie ou la Grande-Bretagne aux confins de la mer Rouge et du golfe Persique, ou bien participer à des entreprises communes. Les gouvernants ou les responsables politiques hésitaient, tandis que les hommes d'affaires étaient beaucoup plus portés à l'entente. On peut en trouver l'illustration dans l'affaire du *Bagdadbahn* où Français et Allemands furent directement mêlés.

Depuis 1892, chacun savait bien que le sultan Abdülhamid II voulait faire construire une voie ferrée qui, au travers de l'empire, permettrait de réaliser une réelle unité politique et militaire de territoires vastes, mais mal reliés entre eux. Comme des Allemands avaient déjà obtenu une concession pour une voie ferrée au centre de l'Anatolie, il était évident que la ligne transversale entre Istanbul et Bagdad devrait leur être confiée ; mais, dès le début, les Allemands, menés par la Deutsche Bank (dirigée par Siemens), savaient que pareille entreprise nécessiterait des collaborations financières et techniques étrangères, notamment celle de la puissante Banque impériale ottomane (BIO), où prédominait le poids bancaire français. Or, jusqu'en 1899, le Quai d'Orsay était hostile à toute collaboration entre les groupes allemand et français, malgré les bonnes dispositions de la BIO vis-à-vis de la Deutsche Bank. En avril 1899, un nouvel ambassadeur de France à Istanbul, Constans, inaugura une attitude de collaboration franco-allemande. Dès lors, l'entente entre les deux banques se fit facilement, même lorsque les Allemands se réservèrent la majorité dans l'affaire (60 % - 40 %) ; sans doute, un peu plus tard, Constans revint à une position « nationale », mais cela ne modifia pas la stratégie de la BIO qui, avec cohérence, détermination et persévérance, imposa son point de vue d'internationalisation (« Les réactions des diplomates font un peu penser à la mouche du coche », J. Thobie).

Le ministre des Affaires étrangères, Delcassé, adopta lui-même une position médiane entre ceux qui, à Paris, voulaient refuser toute entreprise conjointe avec les Allemands et ceux qui considéraient que, même en minorité, les Français doivent participer au futur Bagdadbahn. Delcassé voulait simplement l'absolue égalité des droits et des devoirs entre associés français et allemands ; pendant l'année 1902, l'évolution des pourparlers sembla répondre à ses vœux. Le co-impérialisme sembla possible, à condition que la France, disposant d'un grand pouvoir financier, se voie reconnaître sa juste place parmi les impérialismes. Aussi, lorsqu'en octobre-novembre 1901, Delcassé avait fait décider une intervention navale à Metellin (île de Mytilène), afin de forcer le sultan à honorer des engagements financiers et afin de défendre la situation des églises catholiques menacées de fermeture, ce geste résolu, mais individuel, n'avait entraîné aucune objection des autres puissances, notamment de Berlin ; cette action française à l'encontre du sultan correspondait à la volonté unanime des puissances étrangères : le pouvoir du sultan devait leur rester subordonné.

Au printemps 1903, lorsque le gouvernement ottoman accorda la concession de la ligne Istanbul-Bagdad à la

Société impériale du chemin de fer de Bagdad, dirigée par la Deutsche Bank et la BIO, les difficultés recommencèrent ; les financiers des deux pays comptaient obtenir un appui financier britannique ; or, pour satisfaire ceux qui, à Londres, étaient irrités par la « menace » allemande vers le golfe Persique, le gouvernement anglais et la City se dérobèrent ; comme les Russes n'avaient jamais été favorables à cette entreprise, les promoteurs se retrouvèrent donc seuls avec des soutiens minoritaires suisses, italiens et autrichiens. On a souvent écrit que les abstentions anglaise et russe avaient incité Delcassé à la fermeté (et que des pressions venues de Saint-Pétersbourg avaient forcé la main des Français) ; en réalité, comme l'a bien montré Jacques Thobie, l'attitude de Delcassé s'inscrit dans une perspective plus politique qu'économique, faisant dépendre une entreprise française à l'étranger de concepts nationalistes ; était-ce bien rationnel, puisque, dans le même moment, Delcassé faisait autoriser la cotation à Paris de titres unifiés de la Dette ottomane, destinés à financer partiellement le Bagdadbahn ? Au surplus, la BIO, « à titre privé », maintenait sa collaboration à l'entreprise ; non sans raison, à la Chambre, en novembre 1903, Caillaux souligna cette incohérence ; sur le plan politique, rupture avec le partenaire allemand, sur le plan économique et financier, collaboration. Qui désormais imposera son point de vue ? Delcassé, qui mêle impérialisme et vision nationale, Rouvier ou Caillaux, qui combinent impérialisme et internationalisme des affaires ?

COOPÉRATION OU CONCURRENCE, L'EXEMPLE FRANCO-ALLEMAND

Il est bien difficile de répondre à la question précédente, car sa formulation suppose que les hommes politiques responsables aient eu, sur le moment, une aussi claire conscience des faits et qu'ils aient pris leur décision en conséquence. Or les analyses précises faites par Raymond Poidevin à propos des ententes et des rivalités économiques franco-allemandes dans le monde démontrent qu'en cette période ni les choix des responsables

325

politiques ni les méthodes utilisées par les hommes d'affaires ne sont uniformes et rationnels. Pour les affaires financières (emprunts notamment), les exemples de participations communes franco-allemandes sont nombreux entre 1898 et 1906 : un chiffre voisin de 5,5 milliards de francs semble pouvoir être retenu pour ces placements de fonds conjoints, souvent réalisés aux côtés de banques anglaises ou américaines ; à s'en tenir aux seules entreprises franco-allemandes, toujours pour la même période, 2,5 milliards ont été fournis par les deux économies, surtout vers l'Europe balkanique (1,2 milliard, dont plus de 1 milliard en Roumanie).

Un tel phénomène se produit le plus souvent sans que les responsables politiques des deux pays, y compris Delcassé, manifestent de réelles oppositions à cette collaboration ; simplement, pour certaines zones, en Italie, au Maroc, dans l'Empire ottoman, l'insistance mise par le pouvoir politique à user de l'arme financière donne une certaine coloration à des réalisations initiées ou négociées par les banquiers. En fait, Delcassé semble alors avoir été particulièrement soucieux de soutenir les revendications des industriels français, nettement inférieurs à leurs concurrents allemands, en pratiquant, comme Hanotaux et tant d'autres ministres des Affaires étrangères, la pression de l'*emprunt lié*. À Berlin, la Wilhelmstrasse se montre favorable à la collaboration financière franco-allemande, ayant moins besoin d'aider au succès des industriels allemands, mais étant bien consciente des limites de l'Allemagne comme exportatrice de capitaux, l'intérêt de l'entente avec les banques françaises est clair. Sans doute les rivalités sont beaucoup plus marquées dans le domaine commercial : là, la progression allemande tend à devenir prépondérante sur de nombreux marchés ; sauf dans les colonies françaises, au Maroc et dans les protectorats, le commerce français subit la concurrence allemande et se soumet souvent à sa loi, au grand désespoir des consuls français. Cependant, ce triomphe allemand ne paraît pas désespérer les exportateurs français, souvent traditionalistes et timorés ; cette rivalité commerciale ne mène pas alors à un antagonisme politique.

Est-ce parce que les deux économies sont plus complémentaires que compétitives? On verra plus loin que la rivalité commerciale anglo-allemande, bien plus marquée sur le terrain économique, ne conduit pas non plus, à l'époque, vers un conflit politique; les exemples d'entente et de collaboration entre industriels de ces deux pays sont nombreux, y compris lors de la constitution des cartels internationaux; souvent, la rivalité commerciale anglo-américaine est plus vive, comme en Amérique latine; pourtant, là encore, des ententes s'ébauchent. Au fond, en ce début du siècle, la récente bonne conjoncture économique et le rapide développement du commerce international incitent plutôt les hommes d'affaires à la conciliation et à la participation conjointe.

Cependant, comme la puissance des entreprises vis-à-vis de l'extérieur dépend partout des structures économiques nationales, il n'est pas rare de constater que les dispositions des responsables économiques varient selon les secteurs d'activités. Ainsi, les banquiers français manifestent souvent peu de déférence vis-à-vis des vues gouvernementales, lorsque celles-ci jugent de la valeur « nationale » d'un prêt à l'étranger en fonction d'intérêts purement politiques; les diplomates se plaignent alors de l'excessif internationalisme des sentiments bancaires. Par contre, chez les industriels des deux pays, pour lesquels la concurrence est plus rude, les ententes plus délicates à nouer, l'appel à la protection gouvernementale et à « l'exclusivité » dans un pays étranger est chose plus courante; mais, on ne peut dire que Delcassé soit plus proche de ces derniers et Rouvier mieux disposé à l'égard des banquiers, auxquels il appartient, puisqu'il a quitté la présidence de la Banque française pour le commerce et l'industrie (fondée en 1901) pour diriger le ministère des Finances. Simplement, de par leur formation et de par leur fonction, ces hommes semblent exprimer des sensibilités différentes vis-à-vis du problème de l'expansion économique à l'extérieur.

Tous deux, néanmoins, sont parfaitement d'accord pour soutenir pleinement l'expansion française dans le monde, de même que les responsables politiques des

CHAPITRE X

Nouveaux choix et premiers craquements
La crise de 1904-1906

*Les constructions diplomatiques
du début du XXᵉ siècle*

LE SYSTÈME DE DELCASSÉ

L'expansion des puissances européennes hors de l'Europe avait singulièrement élargi le domaine de la diplomatie des grandes puissances ; cependant, le rapport des forces à l'intérieur du Vieux Continent continuait à dominer les stratégies et les tactiques des responsables politiques ; en effet, même sur les autres continents, les décisions procédaient de l'évaluation de puissances colonisatrices européennes qui se souvenaient toujours que leurs frontières, communes ou proches, étaient en Europe. Aussi, un peu à la manière de la génération de Bismarck, certains ministres étaient encore tentés de combiner des systèmes d'alliances en prenant l'Europe pour base. Peu à peu, un nouveau système diplomatique fut élaboré ; comme son principal initiateur fut Théophile Delcassé, il n'est pas exagéré de parler d'un système de Delcassé, tout comme on avait parlé d'un système de Bismarck, à la réserve près que le ministre français avait beaucoup moins de poids et de possibilités que le chancelier allemand, sans oublier qu'il resta beaucoup moins longtemps au pouvoir[1].

L'action de Delcassé porta dans trois directions principales : resserrer les liens avec l'allié russe (accord du 9 août 1899), dissocier l'Italie de la Triplice (accords commerciaux de novembre 1898 et politiques de juillet 1902), s'assurer l'amitié de la Grande-Bretagne («Entente cordiale» ou accord colonial d'avril 1904). La combinaison de Delcassé, jugée avec un certain recul, paraît obéir à un plan rationnel et cohérent : il faut construire un système qui fasse contrepoids à l'alliance germano-austro-hongroise en unissant trois puissances européennes, France, Grande-Bretagne, Russie, et en réduisant l'Italie à la neutralité ; comme au moment décisif, en août 1914, l'ensemble de la construction fonctionna bien, on peut avoir l'impression d'une habile préparation pour une guerre de revanche. En réalité, la politique de Delcassé a été réalisée progressivement et sans que les perspectives finales soient apparues dès les origines ; peut-être le souci de faire acquérir le Maroc à la France a-t-il été finalement déterminant pendant la période active de construction du système (1901-1904) ; de plus, le fonctionnement de ce système n'a pas toujours été opérationnel, surtout pendant la gestion de Delcassé, parce que chaque puissance conservait toujours une très large liberté de manœuvres pendant cette période. Delcassé a eu le grand mérite de savoir utiliser les circonstances au profit de la France ; il a pu mettre en place un cadre diplomatique qui, ensuite, s'est révélé adéquat devant la «menace» allemande en Europe ; la mesure réelle du rôle joué par Delcassé apparaît surtout en août 1914, comme le note Abel Ferry dans ses *Carnets secrets* (Ferry est alors sous-secrétaire aux Affaires étrangères) : «Voici que, soudain, je vis le petit nain (Delcassé) grandir, s'égaler à Bismarck. Il parlait, il évoquait tout son passé. Il me semblait que je voyais travailler la petite araignée dans les fils de laquelle l'Alle-

---

1. Sur l'action de Delcassé dans le monde extra-européen, voir chapitre IX, p. 298.

magne venait de se jeter. Pour la première fois, j'ai senti la guerre : je l'ai vue inévitable… Il m'apparut alors brusquement comme l'élément principal de la situation. L'Allemagne ne pouvait plus vivre dans le monde qu'il lui avait fait, trop étroit pour sa croissance, et je compris pour la première fois que, depuis Bismarck, nul n'avait eu sur les événements de l'Europe une influence égale à celle de ce petit homme, qui ne recevait pas les ambassadeurs français, ignorait le Parlement et vivait dans son œuvre » (daté du 30 juillet 1914, p. 25).

LA CONSOLIDATION DE L'ALLIANCE FRANCO-RUSSE

Lorsque Delcassé devient ministre des Affaires étrangères en juin 1898, l'alliance franco-russe a les apparences de la solidité. En réalité, en de nombreux domaines, les relations sont fraîches. En Chine et en Afrique, la politique du « chacun pour soi » prévaut ; les intérêts français et russes divergent dans les affaires ottomanes. De manière plus générale, les propositions russes d'un désarmement général (circulaire Mouraviev du 24 août 1898) sont jugées mal venues par le Quai d'Orsay ; enfin, les sondages financiers faits auprès de la bourse londonienne par Witte, au moment de la grande rivalité franco-anglaise en Afrique, indisposent les Français, qui, au surplus, dans le domaine économique, manifestent de l'humeur ou de la réserve devant les procédés russes. Un banquier de Saint-Pétersbourg, familier des Rothschild de Paris, écrit en septembre 1898 : « J'entends autour de moi les gens les plus sérieux émettre cet avis que c'est le commencement de la dislocation de l'alliance franco-russe. » Aussi l'action de Delcassé vise-t-elle d'abord à consolider l'alliance chancelante.

Cette consolidation commence pendant l'été 1899, notamment lors d'un voyage de Delcassé à Saint-Pétersbourg (août). Elle s'engage dans trois directions : sur le plan politique, un échange de notes entre les deux ministres des Affaires étrangères réaffirme les conditions politiques et militaires des accords antérieurs, tout en précisant que l'équilibre entre les forces européennes, ainsi que le maintien de la paix, doivent être le souci des deux diplomaties ; faut-il comprendre cette formule « d'équilibre » comme un engagement de soutenir le partenaire pour tout cas de « rupture d'équilibre » dû à l'action d'une puissance européenne ? Dans la réalité, chaque diplomatie entend réserver le futur. Politiquement, il s'agit de replâtrage plutôt que d'une novation ! Dans le domaine économique, Witte, n'ayant pas trouvé à Londres les secours financiers escomptés, se déclare prêt à satisfaire les demandes françaises, s'il obtient le soutien gouvernemental français pour le placement à Paris d'un nouvel emprunt d'État ; en 1899, il admet que les postes d'administrateurs dans les sociétés russes soient plus aisément laissés aux Français et que de nouvelles commandes industrielles soient passées aux entreprises françaises malgré leurs prix supérieurs ; en contrepartie, en mai 1901, le contrat pour un nouvel emprunt russe de 425 millions de francs est signé par les Rothschild. Le retour « au bon vieux temps » de l'idylle franco-russe est caractérisé par le second voyage de Nicolas II en France (au camp militaire de Châlons en septembre 1901).

Cependant, c'est dans le domaine militaire que les innovations paraissent les plus significatives. Witte utilise habilement les souhaits de certains militaires français de voir construire en Russie des lignes ferroviaires stratégiques pour faire honorer ses propres demandes financières ; ainsi, il consent à ce qu'une voie ferrée transaralienne non rentable (Orenburg-Tachkent) soit construite grâce à des fonds français, afin de justifier une nouvelle demande de fonds à Paris pour d'autres besoins ; or cette ligne doit servir à faciliter le transfert des troupes russes vers l'Asie centrale, donc à préparer un éventuel conflit anglo-russe en Asie ; l'alliance franco-russe prendrait-elle une allure antibritannique, ce qui en changerait considérablement la signification ? Les militaires français et russes semblent y pousser : en juillet 1900, les chefs d'état-major signent un protocole qui prévoit une concentration de 150 000 soldats français sur les côtes de la Manche en cas de conflit anglo-russe, et une offensive russe dans le Turkestan en cas de conflit anglo-français ;

l'initiative de cet accord semble venir du côté militaire français. Jusqu'au milieu de l'année 1901, Delcassé maintient cette «pointe anti-anglaise» de l'alliance franco-russe, car il est évident que la crise de Fachoda a souligné certaines faiblesses du dispositif militaire français. Mais à partir de 1902, lorsque commencent les premiers sondages pour un rapprochement anglo-français, les dispositions précédentes entrent en désuétude du côté français alors que pour les Russes, en Extrême-Orient, la tension grandit contre le Japon, allié de la Grande-Bretagne ; on a bien l'impression d'un décalage dans l'anglophobie des deux partenaires.

Au total, on peut parler d'un regain de l'alliance franco-russe plutôt que d'une rénovation, aussi bien en France, où les méfiances envers le tsarisme, perpétuel quêteur de fonds, n'ont pas disparu, surtout à gauche, qu'en Russie où les partisans d'une triple alliance continentale germano-russo-française n'ont pas renoncé (tel Witte). Alliance ne signifie pas alignement sur les vues du partenaire ; les Russes sont irrités par la propension de plus en plus nette des investisseurs français à vouloir profiter d'une crise économique sérieuse en Russie (1901-1903) pour imposer leurs vues et leurs méthodes à toute l'économie nationale, tandis que les Français rechignent sans cesse devant les initiatives russes plus osées que sages en Mandchourie et en Corée. Lorsque la guerre russo-japonaise éclate en février 1904, l'harmonie est loin d'être parfaite entre les deux conjoints du «mariage de raison».

LES ACCORDS FRANCO-ITALIENS

Il est vrai que pendant le même temps, l'Italie fait «des tours de valse» avec la France malgré ses engagements dans la Triplice. Sur ce plan, l'action de Delcassé a été importante bien qu'il ait, là encore, poursuivi une politique de rapprochement déjà esquissée par Hanotaux. Le tournant de la politique extérieure italienne se situa en 1896 : on a déjà noté le coup d'arrêt brutal du désastre d'Adoua pour l'expansion coloniale italienne (chap. IX, p. 309). Crispi dut quitter la présidence du Conseil et son successeur, le marquis Di Rudini, inaugura une nouvelle stratégie externe : recueillement en Afrique, retour vers les objectifs « nationaux » en Europe (littoral adriatique) et surtout attitude pacifique en général afin que l'économie italienne puisse se reconstituer après la grave crise économique et bancaire de 1893-1894 ; le ministre des Affaires étrangères, Visconti-Venosta, et le ministre des Finances, Luzzatti, étaient également partisans de se rapprocher de la France tant pour obtenir son éventuel soutien vis-à-vis des ambitions austro-hongroises dans les Balkans ou sur le littoral adriatique que pour élargir à la Bourse française les nouveaux appels de fonds à l'étranger.

Les problèmes économiques paraissent bien avoir été déterminants pour l'élaboration de cette nouvelle action diplomatique. En effet, les années 1889-1895 avaient été marquées par des déboires sérieux dans l'économie italienne : la production industrielle, qui avait rapidement crû auparavant, stagnait (taux annuel de progression 0,3 %, avec même un net recul dans la métallurgie et la mécanique) ; une crise agricole avait rudement secoué l'Italie méridionale ; deux des grands établissements bancaires italiens sombrèrent dans une violente secousse en 1893-1894. Pour relancer la croissance, l'État italien dut assainir les finances publiques (en particulier par une conversion des rentes d'État), pratiquer une politique de déflation, stabiliser la valeur de la monnaie, encourager le commerce avec l'extérieur, épauler les créations bancaires et industrielles : ainsi qu'en bien des États à économie en voie de développement, le rôle de l'État comme incitateur économique s'avéra fondamental. Par une politique extérieure appropriée, celui-ci devait notamment attirer vers l'Italie des capitalistes étrangers afin de suppléer la trop faible accumulation nationale. Crispi l'avait déjà compris, puisqu'il avait obtenu l'aide économique allemande par la constitution d'une nouvelle grande banque mixte (banque d'affaires et de dépôts), la *Banca Commerciale Italiana*, créée à Milan en novembre 1894, dont les trois quarts du capital social avaient été versés par les banques allemandes (unies avec quelques banques suisses et autrichiennes dans un Consortium pour les sociétés italiennes) ; de même, en février 1895, la banque de Gênes, en difficulté, avait été transformée en *Credito Italiano* grâce à un apport d'un autre groupe financier germano-suisse (groupe Warschauer). Mais à partir de 1896-1897, les besoins en capitaux nouveaux furent tels que la puissance allemande n'y suffisait plus, d'autant que les sollicitations internes allemandes se renforçaient ; une fois encore, le marché français attira les regards italiens ; pour en obtenir l'ouverture, il fallait évidemment offrir des concessions économiques et politiques.

Dès 1896, un premier pas avait été franchi. Hanotaux et le parti colonial français espéraient un rapprochement avec l'Italie dans la perspective d'un duel colonial contre la Grande-Bretagne. Une convention fut signée en septembre pour régler la situation des colons italiens en Tunisie : en échange de la reconnaissance officielle du protectorat français par l'Italie, ceux-ci bénéficieront d'un statut particulier ; ils pourront avoir leurs écoles, leurs institutions, ne pas être automatiquement naturalisés dès la seconde génération, en bref, conserver au maximum leur italianité ; dans un pays où les colons italiens étaient encore trois fois plus nombreux que les Français, la position politique de la France en fut renforcée. En même temps, les sondages italiens pour obtenir des concours commerciaux et financiers français se multipliaient, aussi bien auprès des banques françaises que par l'intermédiaire des diplomates.

Pourtant avant l'envoi de Camille Barrère à Rome comme nouvel ambassadeur de France à la fin de 1897, les négociations restèrent inefficaces devant l'intransigeance commerciale française. Alors le rôle personnel de Barrère (qui restera à ce poste jusqu'en 1924 !) devint déterminant. Celui-ci avait compris que les atouts financiers français n'étaient pas absolus et que d'autres influences pouvaient jouer en Italie, notamment auprès des politiciens italiens adversaires de l'équipe au pouvoir. Aussi Barrère, familier des «combinaisons» politiques italiennes, pressa-t-il le gouvernement français de ne pas trop mêler exigences politiques et réalités économiques ; Delcassé l'admit. En 1898, on négocia un nouvel accord commercial ; dans les deux pays, les tenants de la défense protectionniste agissaient, mais finalement, la voie du compromis fut retenue par les gouvernements : à l'exception des soieries et des vins qui restaient lourdement grevés, les tarifs des douanes françaises seront abaissés au minimum pour les produits italiens tandis que l'Italie accordera à la France la clause de la nation la plus favorisée (accord de novembre 1898). La guerre douanière qui avait débuté dix années auparavant cessa. De même, les banques françaises retournèrent aux affaires italiennes : en décembre 1898, le Comptoir national d'escompte et deux banques belges entrèrent au conseil du Credito Italiano qui désormais travailla davantage avec Paris, et, en février 1899, des liens nouveaux furent établis entre la Banca Commerciale Italiana et la Banque de Paris et Pays-Bas ; les banques allemandes qui voulaient investir dans de nouvelles branches industrielles (électricité notamment) vendirent des titres rachetés par des porteurs français. En fait, sur le seul plan économique, chacun entend participer à la croissance italienne : la collaboration franco-allemande est ici évidente.

LA « NEUTRALITÉ » ITALIENNE

Une telle situation n'est peut-être pas propice à la politique de Delcassé dans la mesure où il veut complètement détacher l'Italie de la Triplice ; toutefois, l'arme financière dont il dispose peut au moins lui permettre d'accentuer la « neutralité » italienne. On en a la preuve par l'accord secret du 1er juillet 1902.

Depuis le rétablissement de bonnes relations économiques entre les deux pays, l'atmosphère générale est à l'apaisement ; en décembre 1900, un échange de lettres entre les deux pays consacre le mutuel désintéressement colonial en Afrique du Nord : l'Italie pourra agir librement en Tripolitaine, la France au Maroc ; en avril 1901, une escadre italienne vient saluer le président de la République à Toulon. Mais Barrère et Delcassé voudraient mieux : puisque la France détient toujours 60 % de la dette extérieure italienne, pourquoi ne pas imposer un retrait de la Triplice avant d'accorder une nouvelle conversion des rentes ou de nouveaux emprunts ? Le « chantage » est si évident que les ministres italiens se cabrent : ils refusent de « lâcher » leurs alliés, mais ils sont prêts à des concessions mesurées. Ainsi, tandis que des négociations sont menées par Rome avec Berlin et Vienne pour renouveler la Triplice (ce sera chose faite le 28 juin 1902), *dans le plus grand secret* les gouvernements français et italien échangent des notes qui stipulent une neutralité italienne lors d'un conflit franco-allemand, soit si l'Allemagne est l'agresseur (cas déjà prévu dans les accords de la Triplice), soit si l'Italie juge que la France a été obligée de répondre à une provocation allemande. En contrepartie, les titres 3,5 % de conversion des chemins de fer italiens sont admis à la cotation en bourse parisienne. Bientôt, des voyages officiels (le roi Victor-Emmanuel à Paris en octobre 1903, le président Loubet à Rome en avril 1904) vont illustrer avec éclat ce renouveau de l'amitié des sœurs latines. Les militaires français, qui, contre les idées reçues en France sur la faiblesse militaire italienne, s'inquiétaient du poids éventuel du front des Alpes en cas de conflit, peuvent désormais être rassurés sur la « menace » italienne ; les perspectives stratégiques qui avaient joué un rôle certain dans le souhait d'une entente avec l'Italie trouvent une partielle satisfaction. La neutralité de Rome est suffisante. Bülow, qui affecte la sérénité devant ces « tours de valse » de l'Italie avec la France, a-t-il raison de ne point s'alarmer, ou bien Delcassé a-t-il vraiment réussi à briser la Triplice ?

La réalité était à mi-chemin : depuis 1902, l'Italie était parvenue à équilibrer les risques et les engagements. Vis-à-vis de l'Allemagne, elle conservait de bonnes relations politiques marquées par d'autres visites illustres en 1904 (Guillaume II à Naples, le Premier ministre Giolitti à Hambourg) et par la pérennité de la Triplice (elle sera prolongée en 1907 et 1912) ; dans le domaine économique, les relations commerciales et financières avec l'Allemagne demeuraient importantes. Vis-à-vis de la France, malgré l'insistance de Delcassé et de Barrère qui usaient et abusaient de l'arme financière pour obtenir davantage sur le plan politique (notamment pendant les négociations pour la conversion de la rente italienne en 1903-1904), les positions italiennes subsistaient : de l'amitié, mais pas d'alliance. Les diplomates français, Barrère surtout, reprochaient souvent aux hommes d'affaires français de ne pas assez les soutenir dans leur combat politique et de s'entendre trop facilement avec leurs collègues allemands, mais, ce faisant, n'était-ce pas analyser maladroitement la situation économique en Italie ? En effet, avec le temps qui s'écoulait, la croissance économique dans la péninsule donnait au gouvernement de Rome plus de liberté d'agir, car il disposait maintenant d'une plus solide armature financière ; l'Italie de Crispi avait voulu jouer à la grande puissance sans en avoir les moyens ; celle de Giolitti était en train, au moins, d'acquérir les moyens de l'indépendance réelle. Dans ces conditions, les contraintes que la France (ou l'Allemagne) pouvait imposer à l'Italie se réduisaient.

La « neutralité italienne » était à la mesure des réalités économiques et politiques du moment : trop faible encore pour être impérialiste, l'Italie était déjà trop forte pour sombrer dans la clientèle d'un Grand. Là se situent les limites de la politique « volontariste » de Delcassé ; pour celui-ci, l'économie et la finance étaient des instruments au service de l'action politique ; mais à quelles lois obéissent ces instruments ?

AUX ORIGINES DE L'ENTENTE CORDIALE : LA GRANDE-BRETAGNE S'INTERROGE

Delcassé avait eu le grand mérite d'utiliser les circonstances pour obtenir la neutralité italienne. Sa politique vis-à-vis de la Grande-Bretagne allait révéler le même pragmatisme. La guerre anglo-boer avait laissé des traces profondes en Grande-Bretagne : elle avait fait apparaître certaines faiblesses militaires, elle avait souligné l'isolement diplomatique anglais, elle avait révélé l'ampleur de l'anglophobie de certains voisins. À la fin de la guerre, les responsables anglais avaient pris conscience de l'urgence de certains changements ; sur le plan militaire, il convenait de modifier la défense nationale, d'où la création en décembre 1902 par le nouveau Premier ministre, Arthur Balfour, d'un *Committee of Imperial Defence* chargé de coordonner les moyens militaires *et* politiques de défense. Sur le plan diplomatique, si la nécessité de sortir de l'isolement ralliait bon nombre de suffrages, l'incertitude demeurait quant au choix d'un ami, sinon d'un allié en Europe : fallait-il se rapprocher de l'Allemagne ou de la France (pour l'Extrême-Orient, le choix était déjà réalisé avec l'alliance japonaise) ? Les vues des ministres anglais étaient embarrassées : l'opinion publique anglaise avait été choquée par la presse et l'empereur allemand, la croissance de la flotte de guerre allemande commençait à inquiéter l'Amirauté, mais fallait-il pour autant répondre à des propositions françaises alors que les frictions subsistaient avec la France à propos de maints territoires coloniaux ?

Le Foreign Office et le parti conservateur hésitaient ; finalement, en 1903, Balfour, Chamberlain, jusque-là partisans d'un accord avec l'Allemagne, lord Lansdowne, ministre des Affaires étrangères et bon nombre de hauts fonctionnaires (en particulier lord Cromer, haut-commissaire en Égypte) se résolurent à un rapprochement avec la France auquel Delcassé et son ambassadeur à Londres, Paul Cambon, étaient prêts à souscrire. Pourquoi ces choix réciproques ? Jusqu'où voulait-on aller ?

Du côté britannique, on peut parler de la politique du moindre mal, jointe peut-être à une médiocre évaluation de la portée réelle d'une telle politique. En 1903, «les menaces» directes pour la Grande-Bretagne se situent d'abord en Extrême-Orient où le probable conflit russo-japonais risque d'entraîner Londres dans de dangereuses complications avec en particulier une éventuelle lutte armée au nord des Indes ; la sécurité de la route des Indes serait très amoindrie si, en Méditerranée, flottes française et russe s'épaulaient ; or la défense de l'Empire des Indes reste au cœur des préoccupations du *Committee of Imperial Defence*. Il apparaît nettement que ces antagonismes lointains sont susceptibles de mener à des complications européennes : la France soutiendra-t-elle son alliée russe ? L'Allemagne n'usera-t-elle pas des besoins russes pour se rapprocher de Saint-Pétersbourg, afin de mieux peser ensuite sur Londres ? Les rapports des experts, des diplomates, des hommes politiques britanniques fourmillent de conclusions nuancées, fondées sur des analyses de géopolitique qui, en définitive, mènent vers une idée fondamentale : une bonne entente avec la France, acquise au prix de concessions limitées dans le domaine colonial, servira de frein aux ambitions allemandes ou russes. Grâce à la « neutralisation » de la flotte française ainsi obtenue, l'Amirauté britannique pourra plus facilement maintenir la règle du *Two Powers Standard*, appliquée à l'Allemagne et à la Russie ; en outre, en évitant de signer avec la France un engagement précis relatif aux affaires européennes ou aux questions militaires, on gardera toute possibilité de se dégager ensuite. À pas comptés et à reculons, la Grande-Bretagne marche vers l'Entente cordiale.

Delcassé est plus résolu ; dès les premiers sondages discrets des Britanniques (fin 1902), le ministre français a vu les avantages à tirer de cette entente. Tout d'abord, les concessions que la Grande-Bretagne sera obligée de faire en matière coloniale seront utiles pour achever le partage colonial ; à cet égard, le cas du Maroc est déterminant. Là, le sultan, désargenté, est aux abois ; en 1902, il a une absolue nécessité de crédits extérieurs ; la Banque de Paris et Pays-Bas est prête à « soutenir » le prince marocain fût-ce au prix d'un emprunt international avec participation anglaise et espagnole. Or Delcassé s'oppose à cette internationalisation tant qu'un accord politique n'aura pas préservé les « droits » de la France sur le Maroc. En négociant avec Londres, il parviendra à obtenir la reconnaissance de la primauté française au Maroc, quitte ensuite à laisser les banquiers français offrir des parts minoritaires à leurs partenaires anglais, et surtout à abandonner en contrepartie des « droits » en Égypte. Lord Cromer croyait que « l'échange Maroc-Égypte » (abandon réciproque des prétentions) servait mieux la Grande-Bretagne ; en fait, il octroyait le Maroc à la France contre la reconnaissance d'un renoncement déjà réalisé. Les désistements mutuels dans les entreprises coloniales, très difficilement obtenus d'ailleurs, qui aboutissaient à délimiter des «zones» coloniales, correspondaient bien aux vues des groupes coloniaux français (la négociation sur le contentieux colonial avait été ébauchée par Eugène Étienne lors d'une visite à Londres en juin 1903); Delcassé leur restait ainsi fidèle, tout comme il retrouvait les vues anglophiles de son «maître» Gambetta. Mais surtout, les desseins de Delcassé en Europe étaient servis par l'Entente cordiale.

Jusqu'en 1901, Delcassé était plutôt enclin à chercher un appui allemand pour faire pression sur la rivale coloniale britannique; des sondages en ce sens avaient été faits à Berlin qui, à son tour, avait usé de ces propositions pour amener Londres à plus de compréhension. Mais, dès lors que la Grande-Bretagne s'engage vers la France, pourquoi ne pas saisir l'occasion pour modifier les équilibres européens au profit de la France? Autrement dit, Delcassé voit s'ouvrir devant lui de nouveaux horizons en Europe même: si la diplomatie française peut faire marcher *ensemble* l'allié russe et le futur allié britannique, l'adversaire allemand ne pourra plus compter que sur l'Autriche-Hongrie, puisque déjà la neutralité italienne est acquise; alors l'Allemagne ne pourra plus s'opposer à l'expansion française hors d'Europe et peut-être devra-t-elle envisager des «concessions» en Europe; ne pourra-t-on, un jour prochain, reposer la question des provinces perdues avec de meilleurs atouts? En somme, grâce à des moyens diplomatiques, sans conflit armé, de substantiels avantages sont escomptables; dans ces conditions, le nœud du système de Delcassé apparaît bien: conserver l'alliance russe *et* obtenir le soutien britannique. Est-ce possible?

L'ACCORD COLONIAL D'AVRIL 1904

À la fin de l'année 1903, les circonstances semblaient des plus favorables; grâce aux deux voyages des chefs d'État, le roi Édouard VII à Paris en mai, le président Loubet en juillet, les opinions publiques des deux pays avaient été bien orientées (voici un nouvel exemple sur le bon usage de la presse, des fonds secrets et des brigades d'acclamations pour préparer l'action diplomatique). Surtout,

Paris parut seul en mesure de faire pression sur Saint-Pétersbourg pour freiner les ambitions territoriales russes en Extrême-Orient ; en effet, la Russie et le Japon avaient alors un véritable dialogue de sourds quant à l'avenir de leurs possessions en Mandchourie et en Corée ; la pression française était jugée efficace par Londres pour éviter la guerre, que tous les experts prévoyaient facilement victorieuse pour la Russie, et qui placerait la Grande-Bretagne dans une situation délicate. Delcassé ne laissait-il pas entendre en février 1904 qu'il avait l'accord de son homologue russe, Lamsdorff, pour une politique pacifique ? Tandis que Guillaume II poussait son impérial cousin, Nicolas II, à ne pas transiger sur ses intérêts en Asie, la France apparaissait comme la seule véritable garante de la paix ; Londres avait donc besoin de Paris.

Le brutal déclenchement de la guerre russo-japonaise par une attaque nipponne, sans déclaration de guerre, le 8 février 1904, ne modifia pas immédiatement les données du problème ; en effet, si une partie de la flotte russe fut aussitôt coulée, personne n'envisageait une issue favorable pour le Japon avant les premières véritables défaites navales russes en haute mer (avril et août 1904). Simplement, Delcassé, qui avait bien marqué dès le début du conflit l'intention française de rester neutre (ce qui correspondait aussi aux décisions britanniques de laisser le Japon se battre seul, en application des termes précis de l'alliance de 1902), devait se hâter de conclure les négociations engagées alors que Londres avait encore besoin du soutien diplomatique de Paris.

Aussi Paul Cambon, qui, à Londres, conduit avec dextérité les ultimes négociations coloniales, finit-il par signer le 8 avril 1904 l'accord franco-britannique. Le désistement mutuel sur le Maroc et l'Égypte est affirmé ; les droits de pêche française sur Terre-Neuve sont « échangés » contre de petites compensations territoriales en Afrique noire (îles de Loos, nouvelles limites en Nigeria, en Gambie) ; le Siam est divisé en deux zones d'influence ; un condominium est établi aux Nouvelles-Hébrides. Le contenu précis de cette entente est limité, mais la portée politique en est grande. En effet, plus que la lettre compte l'esprit de « l'Entente cordiale » : pour les diplomates allemands, notamment pour von Holstein qui avait toujours cru un pareil rapprochement irréalisable, non seulement la surprise est grande, mais on se persuade facilement que des clauses militaires secrètes accompagnent ces engagements coloniaux. En octobre 1904, l'arrivée à la tête de l'Amirauté britannique de l'amiral Fisher, déjà connu pour ses vues offensives et rénovatrices, ne va-t-elle pas dans le même sens ?

En bref, comme l'avait espéré Delcassé et comme les responsables britanniques ne l'avaient peut-être pas pressenti, cet échange de déclarations limitées inaugurait une situation diplomatique nouvelle. Cependant, le temps des crises qui commençait au même moment avec la guerre russo-japonaise allait mener beaucoup plus loin que prévu et Delcassé, et les Britanniques, et tous les autres. En réglant à l'amiable de vieux conflits lointains, les deux États semblaient ainsi vouloir transformer les équilibres en Europe ; incontestablement, l'Allemagne pouvait avoir l'impression que sa situation en Europe était nettement détériorée.

Le temps des crises et des choix (1904-1906)

LES TROIS DONNÉES NOUVELLES

• *La guerre russo-japonaise* marque un changement important dans les relations internationales contemporaines[1]. Deux puissances montantes, à l'économie en expansion, avec des forces armées modernisées, se heurtent : les combats, qui utilisent des techniques et des moyens nouveaux, durent pendant près de dix-huit mois, menaçant à plusieurs reprises d'entraîner des complications internationales sérieuses ; en somme, il s'agit véritablement d'une guerre du XXe siècle. Mais, plus encore,

---

1. Sur la guerre elle-même et ses effets internationaux directs, voir plus loin, p. 347.

cette guerre sert de révélateur à plusieurs phénomènes importants pour comprendre l'accélération de l'évolution jusqu'à la Première Guerre mondiale. Tout d'abord, l'initiative des opérations militaires et le règlement diplomatique du conflit relèvent de pays jeunes, en dehors des dirigeants européens traditionnels ; la victoire d'une puissance asiatique est ressentie comme une bouleversante novation en Asie et hors d'Asie. En outre, en Europe, les conséquences indirectes de cette guerre lointaine sont marquées : la Russie tsariste, secouée par les défaites militaires, ébranlée par la révolution en 1905-1906, semble ne plus devoir jouer son rôle traditionnel en Europe, ce qui incite les autres puissances européennes à des tentatives de modifications des équilibres existants. En bref, l'ébranlement de cette guerre conduit à une large remise en cause des stratégies antérieures.

• Mais, de plus, ce choc survient à un moment où les effets de *la croissance économique mondiale*, commencée vers 1895, modifient les positions dans le domaine des relations économiques internationales. Vers 1905, plusieurs mutations interviennent. La Grande-Bretagne, dont les exportations de capitaux avaient fléchi, puis stagné après les années 1880, connaît à nouveau une exportation massive de ses capitaux, notamment vers l'Amérique du Nord. Plus que jamais, ce pays occupe la place de régulateur dans l'économie mondiale ; son concours s'avère fort précieux pour les pays en voie de développement ; par des emprunts autorisés par le gouvernement, il finance la moitié de l'effort de guerre japonais ; on peut ajouter que cette situation s'accompagne d'une réelle croissance industrielle interne en Grande-Bretagne ; la puissance économique britannique se renforce. De même, en France, vers 1905, les exportations de capitaux semblent atteindre un niveau encore inégalé, si l'on retient les calculs de Maurice Lévy-Leboyer sur la balance des paiements de la France (entre 1901 et 1906 compris, le total cumulé des sorties de capitaux s'élevait à plus de 8 milliards de francs-or, soit autant qu'entre 1888 et 1901) ; les moyens d'action financiers de la France vis-à-vis de l'extérieur paraissent à leur apogée ; peut-être ce fait est-il à mettre en rapport avec le développement économique interne qui tend à s'accélérer et qui renforce la France. À sa manière, derrière une forte barrière protectionniste, la France n'est-elle pas en passe de rivaliser avec ses voisines britannique et allemande ?

Il reste cependant que le dynamisme allemand, déjà marqué précédemment, persiste ; le commerce allemand en particulier remporte des succès significatifs dans presque tout le monde, suscitant envie et mécontentement chez ses concurrents. Or si cette rude concurrence allemande n'est pas nouvelle, elle s'accompagne souvent avant 1905 de campagnes de presse alarmistes dans les pays voisins ; le rôle du commerce allemand préoccupe l'esprit des responsables politiques de tous les pays. On a l'occasion de s'en apercevoir lors des négociations relatives aux nouveaux traités de commerce que l'Allemagne doit signer, après la mise en vigueur d'un nouveau tarif douanier plus protecteur, adopté le 25 décembre 1902. En 1904, sept nouveaux traités de commerce règlent les relations commerciales entre l'Allemagne et divers pays d'Europe (Italie, Russie, et Autriche-Hongrie notamment). Les rivalités commerciales sont ainsi à l'ordre du jour, y compris même en Grande-Bretagne, où Chamberlain propose, depuis 1903, de substituer la *préférence impériale au libre-échange* ; elles suscitent débats et combats, elles alimentent souvent des réactions nationalistes dans la presse ; en lui-même, ce renforcement de la tendance protectionniste n'est pas suffisant pour mener à de réels affrontements, mais il s'ajoute à une atmosphère déjà embrumée par la rivalité navale anglo-allemande.

• La guerre russo-japonaise a fortement contribué à accélérer *la course aux armements navals*. On a déjà vu dans quelles perspectives Tirpitz avait conseillé le développement rapide de la flotte de guerre allemande ; sa «théorie du risque» procédait de l'idée que la réaction britannique à l'égard du renforcement naval allemand surviendrait trop tard et que l'Allemagne posséderait, alors, une flotte suffisante pour obliger l'adversaire «à causer». En réalité, en 1904, la nomination de lord Fisher à la tête de l'Amirauté et l'Entente cordiale ont modifié rapidement la conjoncture navale, tandis que les premiers combats en Extrême-Orient ont révélé les mutations qualitatives de la guerre navale moderne. Ainsi, l'attaque brusquée des Japonais contre la flotte russe à Port-Arthur a ravivé le «complexe de Copenhague» parmi les responsables allemands (en 1807, le bombardement «préventif» et inopiné de la flotte danoise par les Britanniques avait beaucoup contribué à écarter toute menace contre les îles Britanniques); ne faut-il pas modifier les plans de guerre allemands en conséquence? Ensuite, les longs déplacements des escadres russes de la Baltique vers les mers de Chine ont posé le problème des convois, des points d'appui, du rôle des submersibles; enfin, la bataille navale de Tsushima a prouvé le rôle définitif des très grosses unités et l'excellence de l'armement nippon, souvent «made in England» (la firme Armstrong a armé huit des douze cuirassés nippons); techniquement, la jeune flotte allemande n'est-elle pas déjà surclassée?

Les experts allemands sont forts inquiets, d'autant plus qu'ils semblent connaître les plans anglais prévoyant, au début de 1905, de construire un nouveau cuirassé encore plus lourd et aux blindages plus épais, le *Dreadnough*; aussi, en 1906, une nouvelle loi est votée par le Parlement allemand pour renforcer le réarmement naval avec de plus grosses unités et pour rendre le canal de Kiel accessible à celles-ci, sans oublier qu'un complément de crédit, voté dès 1905, devait accélérer la construction des sous-marins. Réciproquement, la Grande-Bretagne paraît prête à sacrifier les sommes nécessaires à la construction de nombreux *Dreadnough*. En mars 1906, la presse anglaise réserve le meilleur sort à un roman d'anticipation de Le Queux décrivant l'invasion de l'Angleterre par l'Allemagne en 1910! En somme, en 1905-1906, la vision de l'avenir de l'Allemagne semble bien correspondre à la prévision écrite en 1899 par un historien berlinois, bien en cour, défenseur de la *Weltpolitik* et de l'armement naval, Hans Delbruck: «Nous pouvons poursuivre cette politique avec l'Angleterre ou sans l'Angleterre. Avec l'Angleterre cela signifie la paix; contre l'Angleterre cela signifie par la guerre» (*Die preussischen Jahrbücher*, novembre 1899). En 1905-1906, le choix paraît encore possible; c'est pourquoi l'Allemagne va s'efforcer de «clarifier» la situation.

LA VICTOIRE JAPONAISE

Les années 1904-1906 sont dominées par trois événements majeurs, en apparence distincts, mais en réalité profondément liés entre eux, au moins pour ce qui concerne les relations internationales : la guerre russo-japonaise, la révolution en Russie, la première crise marocaine.

Depuis l'automne 1903, les deux jeunes impérialismes nippon et russe étaient bien décidés à ne pas transiger dans leurs volontés d'expansion; les inutiles discussions menées entre octobre 1903 et février 1904 étaient davantage des préparatifs pour convaincre la communauté internationale de son bon droit qu'une recherche réelle de la paix par la conciliation. À Tokyo comme à Saint-Pétersbourg, des clans, formés de militaires, d'aventuriers et de fonctionnaires «intéressés», étaient prêts à en découdre; ils finirent par convaincre les deux empereurs de l'importance vitale de la Mandchourie pour leur empire; en outre, les «experts» envisageaient une guerre courte, avec un net avantage pour les Russes. Toutefois, alors que cette guerre ne sera jamais populaire en Russie (elle mérite le nom de «guerre coloniale» pour les Russes), au Japon, le sentiment national participa pleinement à ce conflit proche.

Les opérations, commencées en février 1904 par une initiative japonaise, se déroulèrent en plusieurs épisodes distincts et significatifs. Après des succès locaux dans le sud de la Mandchourie, au printemps 1904, les Japonais durent affronter à l'automne le gros des armées russes, lentement acheminées par le Transsibérien; en rase campagne, l'incapacité du haut commandement russe devint alors évidente et, en janvier 1905, la base navale de Port-Arthur dut se rendre; en mars 1905, une autre défaite terrestre devant Moukden marqua un nouveau recul russe, tandis qu'en mai la flotte de la Baltique, ayant enfin accompli son tour du monde par le cap de Bonne-Espérance, vint se faire écraser par la flotte nipponne près de l'île de Tsushima.

Les expéditions russes ayant ainsi toutes échoué, les Japonais n'étaient évidemment pas en mesure d'envahir vraiment l'Empire russe, ce qui entraînerait pour eux une guerre fort longue et très coûteuse. Par ailleurs, le tsarisme chancelait à l'intérieur ; aussi, la médiation du président Théodore Roosevelt, rendu anxieux par la poussée impérialiste japonaise, fut acceptée par les deux belligérants (juin 1905). Des négociations menées aux États-Unis pendant l'été 1905 aboutirent le 8 septembre 1905 à la paix de Portsmouth (ville de Virginie). La Russie abandonnait toutes prétentions sur la Corée, toutes installations militaires et civiles en Mandchourie méridionale ; l'île de Sakhaline, laissée à la Russie par le Japon en 1875, fut divisée en deux. Ainsi, un partage des zones d'influence qui n'avait pu être décidé pacifiquement était obtenu par la force des armes ; la Mandchourie, bien que théoriquement partie de l'Empire chinois, était partagée entre les deux impérialismes ; la Corée devenait un protectorat japonais en novembre 1905. La Chine n'avait pas eu voix au chapitre ; bien plus, quelques semaines plus tard, un accord sino-japonais reconnaissait au Japon les « droits » attribués auparavant aux Russes en Mandchourie, ainsi que des avantages supplémentaires (nouveaux ports ouverts, voies ferrées à construire). De ce point de vue, la victoire japonaise s'inscrivait bien dans le temps des impérialismes ; mais en même temps, la victoire des « Jaunes » inquiétait les Européens et les Américains et soulevait bien des espoirs chez des Asiatiques. Prémisse d'une décolonisation ? Pas à l'époque.

LA RUSSIE TROUBLÉE ET LES CALCULS DES PUISSANCES

Les liens entre les défaites militaires russes et le mouvement révolutionnaire en Russie sont bien connus ; les combats n'avaient jamais suscité l'enthousiasme national en Russie, mais, au contraire, les difficultés militaires et, plus encore, l'incurie des autorités en Extrême-Orient et en Sibérie avaient contribué à hâter l'explosion révolutionnaire. Celle-ci procède essentiellement des conditions politiques, économiques et sociales internes; la guerre contre le Japon n'a pas créé la révolution, elle l'a aidée à se développer en prouvant l'impuissance gouvernementale et en paralysant l'armée, instrument traditionnel du maintien de l'ordre en Russie. Cependant, pour l'évaluation de la puissance russe, élément fondamental des relations internationales à ce moment, les effets de la guerre et de la révolution se conjuguent; en quelques mois, surtout pendant l'année 1905, les criantes faiblesses de l'empire tsariste apparaissent : son armée de terre est moralement atteinte, sa flotte de guerre est à moitié détruite et gangrenée par la révolution, la politique d'expansion en Asie est mise en doute dans les milieux politiques russes. L'autorité de l'empereur, symbole de l'Ordre, est contestée; les finances publiques, déjà en difficulté, sont au bord de la banqueroute; le corps social semble sur le point de se désagréger à cause des minorités allogènes, remuantes et disposées à acquérir plus de libertés; enfin, l'avenir politique russe est indécis avec des hommes politiques qui, par affinités doctrinales, penchent, qui vers la monarchie à la prussienne, qui vers le libéralisme britannique, qui, plus rarement, vers le radicalisme français. Pour beaucoup, la Russie est devenue un colosse aux pieds d'argile.

Les tactiques des autres puissances vont naturellement être élaborées à partir de ce changement important. En Europe, les attitudes des principaux États intéressés dépendent de quatre facteurs essentiels : les considérations militaires, les points de vue financiers et économiques, les réalités géographiques, les concepts idéologiques. Les militaires partent d'une constatation claire : pour quelques années, l'armée russe est incapable d'une action importante; dès lors, pour ceux qui, tels les Français, avaient fondé leur stratégie sur une alliance avec les forces russes, un choix est à faire : ou bien chercher ailleurs un appui militaire, ou bien aider au redressement accéléré de la puissance russe; au contraire, la liberté de manœuvre des adversaires potentiels paraît augmentée : ainsi, l'Autriche-Hongrie dans les Balkans, la Grande-Bretagne en Asie, peuvent s'enhardir et satisfaire de vieilles revendications. Mais la témérité n'est pas de mise ici, car la Russie n'est pas abattue, même si elle est atteinte ; ses réserves en hommes demeurent, ses moyens naturels (charbon, fer, bois) également ; les réalités géographiques subsistent.

La vivacité de son développement économique, un instant ébranlé par une crise en 1901-1903, fait de la Russie un pôle de croissance assuré : ne vaut-il pas la peine d'utiliser sa faiblesse politique momentanée, pour profiter au maximum des gains futurs, lorsque la prospérité sera revenue ? Les prêts d'aujourd'hui, destinés à sauver la Russie de la banqueroute, seront les gages de fructueux rendements pour demain, à condition de prendre quelques risques ; les hommes d'affaires, français, allemands, britanniques et même les politiques, supputent l'avenir. Enfin, pour les adversaires de la Triplice comme pour les « Alliés », les considérations idéologiques s'imposent : la mise en question du tsarisme correspond à un affaiblissement de l'Ordre et à une volonté de démocratisation. Guillaume II, qui tient la révolution en horreur, a toujours manifesté la solidarité monarchique qui le rapprochait de Nicolas II ; faut-il donc « abaisser » la Russie tsariste ou au contraire s'en faire un allié reconnaissant ? Le doute n'est pas permis pour l'empereur allemand, d'autant plus que les « révolutionnaires » russes se réclament des régimes libéraux de l'Occident ; leur triomphe serait un danger pour l'Empire allemand lui-même. Réciproquement, alors qu'une lutte sévère oppose le tsarisme à la Russie révolutionnaire qui veut liberté et démocratie, est-il possible à la France républicaine d'oublier ses origines et son passé tout proche au nom de l'efficacité militaire, illusoire, ou de revenus financiers supérieurs ? La politique extérieure est mise en question par la politique intérieure. Les réponses à toutes ces interrogations ne sont pas simples ; elles expliquent les tâtonnements, les hésitations des divers protagonistes devant le problème russe.

Depuis les premiers revers russes en Mandchourie, Guillaume II et la diplomatie allemande paraissaient mener le jeu diplomatique ; leur tactique était simple : offrir aux Russes le maximum d'aide possible dans le cadre de la neutralité, pour faire ressortir la mollesse de l'appui apporté par l'allié français, très empressé de proclamer sa neutralité. Dès 1904, des bateaux de commerce allemands transportèrent le ravitaillement pour l'armée russe d'Extrême-Orient ; des participations allemandes aux emprunts russes à court terme furent encouragées par les autorités politiques. Surtout, en octobre 1904, Berlin tenta d'exploiter à fond la « méprise » de la flotte russe de la Baltique qui, en mer du Nord, avait tiré sur des chalutiers britanniques par temps de brouillard, les prenant pour des croiseurs japonais, ce qui avait suscité une « intense émotion » à Londres (incident du Dogger-bank le 21 octobre 1904). Alors que Delcassé multipliait les offres de médiation et de conciliation pour sauver *et* l'alliance russe *et* l'Entente cordiale, Guillaume II écrivit à Nicolas II pour l'inciter à un accord continental contre la Grande-Bretagne ; Nicolas II sembla prêt à accepter, car cette alliance continentale servirait bien ses vues. Finalement, une commission internationale, réunie à Paris (de décembre 1904 à janvier 1905), réglera l'incident à l'amiable, mais l'affabilité allemande avait été très appréciée en Russie. Certes, en décembre 1904, Nicolas II, pressé par son allié français, avait confirmé « l'amitié indéfectible » des deux nations alliées, mais tout était encore possible.

La défaite russe devant Moukden en mars 1905 et les premiers craquements internes en Russie eurent un effet surprenant pour les « traditionnelles » relations franco-russes : brutalement et sans ménagement, contre les vœux de Delcassé, les banques françaises rompirent un accord déjà réalisé pour le placement en France d'un nouvel emprunt aux intérêts pourtant extrêmement fructueux (mi-mars 1905) ; la presse française, bien que de plus en plus largement arrosée par l'ambassade russe, commença à manifester de la réserve, puis formula des critiques envers l'allié russe. Que restait-il de la solidarité franco-russe et quelle valeur accorder au système diplomatique de Delcassé dès lors qu'une de ses pièces essentielles était défaillante ? Habilement, la diplomatie allemande va profiter de cette conjoncture pour tenter une manœuvre de grand style : d'une part, user de l'isolement momentané de Nicolas II pour le mener vers une alliance « continentale », d'autre part, obliger la France, qui n'a plus le soutien de l'armée russe, à un règlement négocié avec l'Allemagne, afin de prouver la vanité du « système » de Delcassé qui, depuis deux ans, tente d'isoler l'Allemagne.

LA QUESTION MAROCAINE

Le levier de cette politique se trouvait au Maroc ; le 31 mars 1905, à Tanger, ce fut le fameux « discours » de Guillaume II sur l'intégrité de l'Empire chérifien. La question marocaine occupait les chancelleries depuis plusieurs années. En 1880, un premier accord international, signé à Madrid par les puissances européennes et par le sultan, avait réservé les droits d'installation et de commerce des Européens dans le Maroc ; l'Empire chérifien devenait ainsi un champ d'action des entrepreneurs, missionnaires, aventuriers de tous pays ; mais, en fait, la partie se circonscrit rapidement entre quatre protagonistes principaux : les deux « voisins », espagnol au nord (qui possède déjà des petites garnisons sur les côtes septentrionales) et français à l'est (qui « pacifie » des oasis en venant des territoires algériens), les deux grands « commerçants » britannique (également préoccupé par le voisinage de Gibraltar) et allemand. Bismarck et ses successeurs ont bien mesuré le rôle du Maroc pour la diplomatie allemande : « Le Maroc sera pour nous un objet de compensation. Plus nous y créerons d'intérêts, plus cette compensation aura de prise. »

Jusqu'au début du XXe siècle, avec un bonheur inégal, les intervenants européens, souvent représentés par des consuls actifs et entreprenants, avaient manifesté un appétit limité pour les richesses ou les possibilités marocaines. Puis, vers 1900, les Français ont pris la tête du mouvement de pénétration au Maroc, pour des motifs qui tiennent aussi bien à des considérations stratégiques militaires (unifier l'Afrique du Nord) qu'à des besoins économiques. Toutefois, deux groupes financiers français s'opposent afin d'acquérir la première place au Maroc après avoir obtenu le désengagement britannique dans cette zone. D'un côté, la Banque de Paris et Pays-Bas, vraie puissance financière, d'un autre côté le groupe industriel Schneider, épaulé par une petite maison de banque locale (Gautsch) qui pour l'occasion a créé une Compagnie marocaine, où entre à son tour en 1904 une nouvelle banque d'affaires, la Banque de l'Union parisienne. À trois reprises entre 1902 et 1904, les deux groupes rivalisent d'offres et de manœuvres tortueuses devant les demandes de plus en plus pressantes d'un sultan du Maroc, Abd-el Aziz, financièrement aux abois. Cette rivalité entre banques fut en définitive tranchée par Delcassé qui finit par opter pour Paribas. L'accord financier avec le sultan de juin 1904 permit à Paribas de réaliser un confortable bénéfice (le Maroc recevra 48 millions de francs pour un emprunt de 62 millions à 5 %… et en fait 10 millions seulement lui parviendront, compte tenu du remboursement de dettes antérieures) ; il consacrait le contrôle financier de la France sur le Maroc. Dans ce cas, Delcassé « a imposé la primauté du politique sur le financier, contraint les milieux d'affaires à se placer, bon gré mal gré, sous sa houlette et à servir avant tout les objectifs de la diplomatie française » (Pierre Guillen). En somme, la diplomatie et la banque françaises marchaient de concert pour acquérir le Maroc ; Delcassé usait de l'arme financière au profit des visées annexionnistes françaises, des banques usaient de la tutelle gouvernementale à leur profit.

Vis-à-vis des Puissances européennes concurrentes, Delcassé a manœuvré habilement pour obtenir les désistements italien (juin 1902), britannique (avril 1904), espagnol (accord secret du 3 octobre 1904 qui réservait le versant nord à l'Espagne), tout en sauvegardant les droits économiques et commerciaux de chacun. Toutefois, Delcassé n'a pas cherché à user de la diplomatie pour obtenir l'adhésion allemande ; pensait-il réellement que le désintéressement allemand, évident devant la faible attirance du Maroc pour les financiers et industriels allemands, était acquis malgré les déclarations tapageuses des pan-germanistes ? Il semble surtout que Delcassé ait visé à faire pression sur l'Allemagne pour manifester claire-ment le rapport des forces issu des engagements nouvelle-ment signés ; le Maroc est un objet réel de préoccupations pour Delcassé, mais l'isolement allemand doit apparaître à tous. En tout cas, cette manœuvre de Delcassé tend à susciter une riposte allemande puisqu'il n'a même pas res-pecté les usages diplomatiques, qui consistent à offrir une négociation compensatrice à celui auquel on veut imposer sa solution.

LA PREMIÈRE CRISE MAROCAINE, LE DÉPART DE DELCASSÉ ET L'HEURE DES CHOIX

L'occasion d'un voyage de Guillaume II à Tanger fut utilisée par le chancelier Bülow ; comme l'a démontré Pierre Guillen, un montage par la chancellerie allemande des propos échangés entre l'empereur allemand et un oncle du sultan, et non un réel discours de Guillaume II, servit à faire valoir « les droits » allemands sur le Maroc ; en l'espèce, Berlin réclama l'application de la « porte ouverte », « sans annexion ni monopole » (pourquoi ne pas appliquer au Maroc ce qui vient de se faire en Chine ?). Simplement, puisque la France ne pouvait plus compter sur la Russie, et comme on supposait à Berlin que Londres ne soutiendrait pas Paris à fond, Bülow semblait prêt à envisager des mesures fortes, comme si de puissants intérêts allemands au Maroc justifiaient cette attitude. Brutalement, on prit conscience à Paris des dangers de la politique de Delcassé qui reposait, à la fois, sur le partage des terres sans partage des affaires et sur une construction de systèmes diplomatiques antagonistes. La guerre en Europe serait-elle en vue ?

Pour la première fois depuis longtemps, on sembla le penser sérieusement dans certains milieux. Ainsi, à Londres, tandis que lord Landsdowne faisait savoir à Paris qu'il était disposé à soutenir diplomatiquement les prétentions françaises sur le Maroc, le *Committee of*

Imperial Defence commença à préparer des plans d'intervention en Europe et lord Fisher envisagea une guerre navale contre l'Allemagne. Dans les deux pays antagonistes, les militaires furent consultés par les responsables politiques ; certains organes de presse écrivirent des articles alarmés. Cependant, tant à Paris qu'à Berlin, la majorité des dirigeants penchait vers la conciliation et la négociation ; Delcassé, dont les initiatives étaient jugées trop personnelles et dangereuses, fut largement critiqué par le personnel politique français ; aussi, assez facilement, et sans que l'opinion publique ait vraiment soutenu «le patriote», objet de l'inimitié allemande, le ministre des Affaires étrangères français fut-il forcé par le président du Conseil Rouvier de résilier ses fonctions, après avoir été isolé au Conseil des ministres (6 juin 1905).

Plus tard, les défenseurs de Delcassé, souvent inspirés par des idées nationalistes, feront de cette démission une affaire patriotique, premier pas dans l'inéluctable marche vers la guerre voulue par l'Allemagne. En réalité, sur le moment, la politique conciliante menée par Rouvier correspondait bien à la volonté encore dominante en France ; dès le 8 juillet 1905, par un échange de lettres entre les deux diplomaties, on aboutit à l'acceptation conjointe d'une conférence internationale pour régler la question marocaine ; les problèmes coloniaux et les conflits entre intérêts économiques devaient pouvoir se régler pacifiquement, même avec l'Allemagne. L'accord réalisé avec la Grande-Bretagne à propos de territoires lointains pouvait aussi s'accomplir avec l'Allemagne. La ligne conciliatrice Rouvier prévalait.

Seulement, cette attitude pacifique, également justifiée par l'état des forces militaires françaises, ne tiendra pas si les antagonismes se déplacent vers l'Europe, notamment si l'Allemagne, enhardie par le premier succès du «renvoi» de Delcassé, veut accentuer sa pression. Aussi, lorsque la diplomatie allemande redoubla ses efforts pour obtenir l'alliance russe, les relations franco-allemandes vont-elles à nouveau se tendre. Guillaume II, qui souhaitait toujours jouer un rôle personnel dans la diplomatie allemande, avait obtenu de retrouver Nicolas II lors d'une croisière en Baltique, en juillet 1905. Les deux souverains se rencontrèrent à Björkö, dans le golfe de Finlande, le 24 juillet 1905 ; dans le plus grand secret, le tsar accepta de signer un projet d'alliance défensive présenté par l'empereur allemand. Cet accord prévoyait qu'en cas d'attaque d'un des deux signataires par une puissance européenne, son allié l'aiderait *en Europe* de toutes ses forces ; le traité entrerait en vigueur dès la conclusion de la paix avec le Japon ; après cette entrée en vigueur de l'alliance germano-russe, le tsar ferait tous ses efforts pour associer la France à cette alliance. Sans aucun doute, le traité en question visait surtout la Grande-Bretagne, vis-à-vis de laquelle le tsar et une grande partie des dirigeants russes conservaient une hostilité marquée ; mais, pour l'Allemagne, le but principal était, sans doute, moins de s'engager contre les Britanniques que de vider de sa substance toute la construction élaborée par Delcassé depuis des années.

En effet, même si le traité de Björkö n'est pas en contradiction formelle avec l'alliance franco-russe, aucun observateur ne peut s'illusionner : désormais la Russie ne peut plus soutenir la France contre l'Allemagne. Dès lors, ou bien la France s'aligne sur la Russie dans cette alliance « continentale » dirigée contre la Grande-Bretagne (ce qui signifie la fin de l'Entente cordiale), ou bien l'alliance franco-russe n'est plus qu'un pacte sans vie réelle. À ce moment, de manière indirecte, un choix est offert à la France ; la conciliation dont celle-ci a fait preuve à propos du Maroc permet d'espérer en un changement d'attitude de Paris ; la Wilhelmstrasse s'efforce d'exploiter au maximum la faiblesse russe et le pacifisme français, donnant le rôle du « vilain » à la Grande-Bretagne. Comme la paix conclue avec le Japon le 5 septembre 1905 est ratifiée par le Japon en octobre, c'est donc à l'automne que les dirigeants français doivent se décider ; justement, Berlin manifeste la plus grande compréhension vis-à-vis des prétentions françaises au Maroc : l'Allemagne admet le 28 septembre que la future conférence internationale ne traitera pas des confins algéro-marocains. Du système de Delcassé isolant l'Allemagne va-t-on passer au système continental isolant la Grande-Bretagne ? Quel sera le choix de Rouvier ?

« L'impérialisme financier de la France paraît devoir être dorénavant pour notre pays la formule exacte de sa puissance. Notre diplomatie, déçue par les résultats de la politique sentimentale pratiquée jusqu'à ce jour, a le devoir de s'appuyer de plus en plus sur les considérations et les intérêts d'ordre économique, dont la satisfaction procure, aujourd'hui, les autres avantages et tient lieu de tous les autres succès » (*Le Temps,* juillet 1905). Cet article, sans doute inspiré par Rouvier, aurait pu mettre en garde les diplomates allemands quant à l'éventualité d'un changement de stratégie dans la diplomatie française. Certes, Delcassé n'est plus là, mais son « système » convient parfaitement aux desseins extérieurs de la France pourvu qu'il soit manipulé avec souplesse et réalisme. En effet, même Rouvier, prêt à la conciliation avec l'Allemagne, ne peut « oublier » la question de l'Alsace-Lorraine, ni les avantages de l'Entente cordiale. Les milieux politiques, les hommes d'affaires et l'opinion publique en France sont en majorité hostiles à l'usage de la force, ils veulent éloigner le spectre de la guerre, mais les mêmes sont déterminés à sauvegarder leur liberté d'action en Europe et hors d'Europe. Or se lier à l'Allemagne et à la Russie dans une alliance continentale, ce serait se ranger *derrière* l'Allemagne, dont la puissance et le dynamisme paraissent alors écrasants. Le réalisme consiste donc à utiliser au mieux des intérêts français la crainte montante que la Grande-Bretagne manifeste vis-à-vis de l'Allemagne ; l'abaissement momentané de la Russie est compensé par le soutien britannique, ce qui maintient les équilibres en Europe. Aussi, grâce à cette position « centrale », des avantages concrets peuvent être obtenus ; la France peut profiter de ces circonstances pour développer ses entreprises à l'étranger sans prétendre à l'exclusivité dans une région ou une zone, ce qui conduirait vite à des conflits dangereux. Expansion et pacifisme ne sont pas contradictoires dans le cas français.

Les tensions internes et les choix de politique extérieure

Ces deux tendances sont sans doute à relier avec les changements intervenus dans la politique intérieure française, tout comme les vicissitudes des politiques intérieures britannique, allemande, russe ou italienne marquaient le contexte international.

Au début du XXᵉ siècle, la France avait connu des combats politiques intenses qui avaient abouti à des reclassements politiques significatifs et à des transformations sensibles dans les mentalités. L'affaire Dreyfus avait partagé la France en deux camps antagonistes. Elle avait poussé les « intellectuels » — mot nouveau à l'époque — à entrer dans la mêlée, introduisant un élément nouveau dans la vie politique, l'engagement des clercs, et par voie de conséquence la politisation des revues « littéraires ». « Ainsi se trouvèrent posées dès 1899 les règles principales d'un jeu de société appelé à ne plus connaître désormais que des variantes diversement colorées, au gré des hégémonies idéologiques » (Pascal Ory). Les droites adoptaient le nationalisme, parfois l'antisémitisme, une hostilité délibérée vis-à-vis de la République « laïque » ; sacralisant l'armée, elles se tournaient vers un patriotisme agressif exprimé par des ligues — Ligue des patriotes de Déroulède, Action française — par des écrivains — Maurice Barrès, Charles Maurras ; pourtant, en Alsace-Lorraine, lieu symbolique, les attitudes des populations allaient plutôt alors vers la détente vis-à-vis du pouvoir allemand. *A contrario*, les gauches se voulaient antinationalistes, anticléricales, antimilitaristes tout en restant patriotes. Or, aux élections de 1898 et surtout de 1902, la poussée à gauche, vers les radicaux notamment, fut suffisante pour que la loi de séparation de l'Église et de l'État (1901), la loi du service militaire ramené à deux ans (1905), l'épuration dans les cadres de l'armée (affaire des fiches) marquent les étapes d'une véritable mutation politique intérieure. Les luttes sociales devaient bientôt accentuer les déchirures, renforçant le poids des socialistes français et notamment le rôle de Jean Jaurès. Certes, en apparence, les diplomates français semblaient à l'écart de ces luttes politiques, mais en réalité nul ne pouvait faire abstraction de ce contexte intérieur.

De même, en Grande-Bretagne, les élections de 1906 devaient modifier sensiblement les données. En 1903, Joseph Chamberlain, simple ministre des Colonies mais leader incontesté des conservateurs-impérialistes, avait rompu avec son parti en cherchant à faire prévaloir la préférence impériale dans le système commercial britannique. Désormais, un intense combat politique opposa à l'intérieur des deux partis traditionnels, conservateurs et libéraux, les partisans d'une politique de fermeté et les tenants d'une ligne conciliatrice, capable de maintenir la paix ; pour les premiers, c'était toute la philosophie de l'Empire britannique qui était en jeu ; on devait tout lui sacrifier, y compris les risques de guerre ; pour les seconds, le maintien de la paix permettrait de dégager des moyens financiers suffisants pour tenter de régler les criants problèmes sociaux (d'où les premiers succès électoraux des travaillistes). « Les critiques de l'État libéral victorien, venues de la gauche, de la droite et des libéraux eux-mêmes laissaient une marque profonde dans les esprits » (K. Morgan). Dans ces conditions, jusqu'où pouvait-on s'intégrer dans le système des alliances en Europe ? Certes, là encore, les décideurs en politique extérieure affectaient d'ignorer « les pressions de la rue », mais lorsque la presse patriotique s'emparait des tendances patriotiques pour accentuer son emprise, ne mettait-elle pas son pouvoir au service d'une certaine orientation politique à l'extérieur ? Alors que la progression de la puissance économique britannique devenait évidente, sortant de la dépression, le Royaume-Uni se trouvait placé devant « l'alternative du beurre ou des canons » (Roland Marx).

Maintenir les accords diplomatiques existants sans leur donner un tour agressif, c'était éviter les aventures d'une déstabilisation en Europe. En effet, si l'Allemagne se disait prête à s'entendre avec la France, donc à changer de cap, en Grande-Bretagne la nouvelle équipe gouvernementale, dirigée par le libéral Campbell-Bannerman, avec

Édouard Grey au Foreign Office (décembre 1905), maintenait fermement l'Entente cordiale avec la France. Grey, qui va occuper son poste jusqu'à la guerre de 1914, et qui va imposer sa politique, est un partisan résolu de l'entente avec la France, voire même d'un rapprochement avec la Russie, tant ses craintes sont vives devant une Allemagne puissante sur mer et volontiers omnipotente sur le continent européen. En cette période de choix pour la diplomatie française, Londres fera tout son possible pour conserver de bons rapports avec Paris, allant jusqu'à engager des entretiens d'état-major après que les élections de janvier 1906 ont assuré le succès des libéraux ; comment, dès lors, la France entrerait-elle dans le jeu allemand caractérisé par sa pointe anti-anglaise ?

De même, après les hésitations et compromissions de l'été 1905, la Russie revient à ses engagements traditionnels à la fin de cette année 1905. Là, « le retour aux sources » obéit moins à un choix délibéré qu'à une absolue détresse financière. Lorsque Nicolas II a averti ses ministres de l'accord signé à Björkö, ceux-ci, notamment Lamsdorff et Witte, ont vite réalisé que le ménage à trois, Allemagne, Russie et France, serait irréalisable. Dès octobre 1905, Rouvier a nettement refusé cette proposition ; dans ces conditions, en novembre, Nicolas II a écrit des lettres embarrassées à Guillaume II pour abandonner, de fait, l'accord de Björkö. Aussi, l'Allemagne reprend ses distances avec la Russie dès la fin de l'année 1905.

À ce moment d'ailleurs, la situation intérieure russe est très difficile ; Nicolas II a accordé une Constitution libérale, en octobre 1905, mais les troubles persistent en Russie et les moyens des finances publiques sont réduits à néant ; l'entrée de la Russie dans un régime constitutionnel, avec une Douma légalement capable de surveiller la diplomatie, ne va-t-elle pas changer la stratégie tsariste ? Curieusement, en oubliant les correspondances idéologiques qui devraient unir radicaux français et libéraux russes (surtout les K D), c'est le gouvernement français qui va « sauver de la banqueroute » l'allié tsariste, alors que celui-ci vient de mater par la force la vague révolutionnaire (décembre 1905). Mais la note à payer par la

Russie est lourde : en dehors des forts profits financiers réservés aux banques et aux créanciers français dans le futur grand emprunt (1 250 millions de francs), un tribut politique lui est imposé ; lorsque Kokovtzov, ministre russe des Finances, vient quémander l'appui du gouvernement français en janvier 1906, Rouvier n'hésite pas à subordonner cette aide à un alignement complet de la Russie sur les positions françaises à propos du Maroc ; l'emprunt pourra avoir lieu seulement *après* satisfaction des vues françaises par la conférence internationale d'Algésiras. Le gouvernement russe, qui ne peut compter sur d'autres ressources financières externes, doit en passer par la volonté française. Il se soumet.

Jamais les rapports entre alliés n'ont été aussi inégaux ; jamais peut-être l'arme financière détenue par la France n'a pesé aussi lourdement. La Russie est contrainte de conserver l'amitié française ; réciproquement, la France républicaine lie son sort à la Russie tsariste qui n'hésite pas à dissoudre la première Douma et à se lancer dans la réaction. Peut-on, sans dangers futurs, mener une politique extérieure qui veut ignorer la politique intérieure du partenaire ?

LA CONFÉRENCE D'ALGÉSIRAS

La conférence d'Algésiras, qui se déroule du 14 janvier au 7 avril 1906 pour régler la question marocaine, est donc l'occasion pour la France de mesurer l'utilité de ses alliances et son poids spécifique sur l'échiquier international. Onze nations européennes y participent, plus les États-Unis et le Maroc. En fait, deux tendances s'y opposent ; d'un côté l'Allemagne, raidie, réclame l'application du principe de la porte ouverte au Maroc avec internationalisation de l'ouverture économique et financière, sans partage des terres marocaines (en bref la solution qui a prévalu en Chine et dans l'Empire ottoman) ; de l'autre côté, la France, souple, s'efforce de se faire reconnaître des « droits » particuliers au Maroc, notamment en matière financière et pour le maintien de l'ordre, sans prétendre pourtant à l'exclusivité au Maroc.

En apparence les vues allemandes semblent l'emporter lorsque l'acte final de la conférence est signé en avril : l'intégrité marocaine est affirmée, la souveraineté du sultan est confirmée, la liberté du commerce et l'égalité dans la mise en valeur du Maroc sont garanties à tous les États. En réalité, la diplomatie française marque des points : la police des ports sera placée sous la compétence d'officiers français et espagnols et, surtout, dans la Banque d'État nouvellement créée pour réformer l'économie marocaine, les trois parts accordées à la France placent celle-ci à la tête d'un groupement où se retrouvent les «alliés» des banques françaises et qui permettront aux financiers français d'avoir barre sur l'aménagement futur du Maroc. En somme, internationalisation de la mise en valeur du Maroc mais avec prépondérance française. À condition d'agir avec doigté et mesure, la route est ouverte pour la pénétration française au Maroc (l'Espagne obtient une zone réservée dans la partie septentrionale du Maroc). Le déroulement même de la conférence pouvait en outre satisfaire les Français : non seulement les alliés britannique et russe avaient fidèlement soutenu les points de vue français, mais seule l'Autriche-Hongrie avait paru partager les thèses allemandes ; l'isolement allemand apparaissait évident. En somme, après le succès initial du renvoi de Delcassé, la pression allemande avait finalement échoué puisque les systèmes d'alliances demeuraient.

Conclusions

Beaucoup de bruit pour rien ? Certainement pas. Car de cette première crise internationale on pouvait retenir plusieurs enseignements. Tout d'abord les bruits de guerre en Europe, la guerre d'Extrême-Orient, les alarmes répétées dans la presse, notamment à l'automne 1905, les secousses révolutionnaires en Russie, la longueur du règlement marocain avaient secoué les opinions publiques des grandes puissances. Certes, en des moments délicats comme le renvoi de Delcassé, la modération avait prévalu, mais souvent, soit par goût du sensationnel, soit sur «inspiration» d'un bailleur de fonds, la presse avait alerté l'opinion; une atmosphère tendue avait empoisonné les relations internationales; elle devait laisser des traces, d'autant plus que les problèmes de politique extérieure devenaient de plus en plus des moyens de peser sur l'évolution politique intérieure.

Ainsi, en Grande-Bretagne, libéraux et conservateurs rivalisaient de «patriotisme» au moment des élections de 1906, tandis qu'en Allemagne le chancelier Bülow n'hésitait pas à reprendre la tactique bismarckienne des dangers externes et de la sauvegarde nationale pour contrer le Reichstag réticent ou hostile (en décembre 1906, il peut dissoudre le Reichstag et obtenir au début de 1907 un relatif succès électoral qui stoppe la poussée socialiste). De même en France, vers 1905-1906, le bloc des gauches commence à se fissurer, même si les radicaux obtiennent une large avance aux élections de mai 1906 : peut-on assimiler la majorité radicale à la jeune SFIO où domine l'antimilitarisme et où le concept traditionnel de patrie est mis en question ? On peut se demander si dès ces années, dans les grandes puissances démocratiques, les partis politiques du centre et de la droite ne sont pas tentés d'utiliser la fibre patriotique et nationale contre «le péril» socialiste; par exemple, dès le début 1906, Guillaume II mêle intimement la question de la lutte intérieure contre les socialistes allemands avec le sort de la guerre extérieure «qui viendra ensuite» (lettre à Bülow). En bref, politique intérieure et politique extérieure se rencontrent davantage.

Pourtant les responsables des décisions diplomatiques se veulent à l'écart des vicissitudes internes; Grey, von Bülow, Delcassé puis Rouvier, agissent avec une grande liberté de manœuvre, accordant peu à leur Parlement respectif (ce qui entraîne une offensive des gauches en Europe contre la diplomatie secrète). Cependant, l'environnement politique, économique, idéologique ne manque pas de les influencer. Deux tendances opposées divisent les cercles qui entourent les décideurs. Schématiquement, on peut distinguer les *internationalistes* et les *nationalistes*. Les premiers, fort nombreux au sein des milieux d'affaires, notamment parmi les banquiers, prêchent la conciliation et l'entente, favorables en somme au partage des affaires : dans la City de Londres, parmi les banquiers proches de Rouvier, chez un Ballin, président de la Hambourg-Amerika Linie, on retrouve ces idées. Par contre, dans les cercles de l'administration centrale, parmi les militaires et chez nombre d'industriels règne un état d'esprit dominé par le concept de la puissance et de la force nationales ; là, les calculs procèdent surtout de l'évaluation du rapport des forces militaires. Ainsi, au sein du Foreign Office, Charles Hardinge, Permanent Under Secretary, ou Eyre Crowe, spécialiste des questions allemandes, sont avant tout préoccupés par la menace navale allemande, ce qui mène le Foreign Office vers des vues pessimistes quant au futur. En Allemagne, même si les pangermanistes sont jugés excessifs par Bülow et par les responsables de la Wilhelmstrasse, il reste que l'éventualité d'un conflit armé paraît probable, sinon inévitable, dans ces milieux. Enfin, en France, le départ de Delcassé n'a pas modifié l'état d'esprit des fonctionnaires du Quai d'Orsay, prêts certes à négocier avec Berlin, mais de plus en plus persuadés que l'Allemagne est décidée à tout pour rompre l'Entente cordiale.

En définitive, en 1905-1906, les décideurs ont fini par écouter les avis des internationalistes, peut-être parce que les préparatifs militaires ne sont pas achevés à leurs yeux, peut-être aussi parce que les enjeux n'étaient pas suffisants, sans doute enfin parce que sur l'échiquier européen les positions des uns et des autres paraissent encore fluides : en Grande-Bretagne, les partisans d'une entente avec l'Allemagne demeurent nombreux, en Russie, une politique germanophile conserve de nombreux adeptes. Des choix ont été faits entre 1903 et 1906. Seront-ils durables ?

dans l'origine de cette guerre (article 231 du traité) ; dès lors, et pendant longtemps, l'histoire de cette période a été faite soit pour prouver la justesse des rédacteurs du traité, soit pour démontrer que le droit du plus fort ne détermine pas *ipso facto* la vérité historique ; rarement l'histoire a été mise aussi clairement et aussi pleinement au service de la politique. Si l'on ajoute que la Seconde Guerre mondiale semble procéder de la première, on conçoit que pour tous les hommes du XXᵉ siècle, la « Kriegschuldfrage » (la question de la responsabilité de la guerre) demeure fondamentale et vivante. Ainsi, lorsqu'en 1961, un historien de Hambourg, Fritz Fischer, publia un gros livre (*Griff nach der Weltmacht*, traduit et publié en français en 1970 sous le titre *Les Buts de guerre de l'Allemagne impériale*) qui tendait à démontrer que les dirigeants allemands avaient volontairement mené leur pays à la guerre, les réactions en Allemagne furent passionnées, violentes, au point que l'on a pu parler d'« affaire Dreyfus allemande » (J. Droz). Faut-il donc à nouveau ici se laisser enfermer dans la question des responsabilités directes ou indirectes de la guerre de 1914-1918 ?

Il serait illusoire de le faire. En effet, toute analyse sérieuse conduit à mettre côte à côte et ensemble un certain nombre de facteurs profonds qui ont été susceptibles de créer un état général de tension ; déterminer ensuite lequel de ces facteurs est primordial relève du choix idéologique plus que de l'étude historique. De même, chercher parmi les responsables de l'époque des « fauteurs de guerre » plus caractérisés serait oublier que tous ces hommes ont été intimement persuadés qu'ils *répondaient* aux réactions ou provocations de leur antagonistes et qu'ils s'estimaient *contraints* de relever le gant ; de la même manière, ils ont le plus souvent fini par conclure que la solution guerrière était un moindre mal, et qu'il « fallait en finir », là encore persuadés que cette guerre serait courte, compte tenu de la formidable puissance destructrice des armements du temps. En somme, il convient de rechercher non les responsabilités, mais les causes de cette terrible guerre qui met fin à un certain monde.

Dans cette ultime période, entre 1907 et 1914, la marche

quasi inexorable vers une guerre générale paraît obéir à une fatalité toute-puissante ; en réalité, comme en une tragédie classique, la pièce se déroule avec une terrible logique. Après quelques années d'incertitude entre 1907 et 1911, pendant lesquelles on assiste tout à la fois à la consolidation des blocs existants en Europe et à des tentatives de conciliation entre ces blocs, un nouvel accès de crise secoue les relations internationales en 1911-1912 ; la crise d'Agadir et ses suites directes peuvent être retenues comme le moment où se fixent définitivement alliances et stratégies. Ensuite, soit au travers des guerres balkaniques de 1912 et 1913, soit tout simplement avec l'accélération des préparatifs militaires, « la guerre est en vue » ; il suffit en 1914 d'un nouvel incident, un attentat à Sarajevo contre l'archiduc héritier d'Autriche-Hongrie, François-Ferdinand, pour que les mécanismes conduisant à la guerre soient enclenchés. Mais au-delà de cette périodisation simple, que de faits contradictoires, difficilement conciliables, puisque par exemple dans la toute dernière année de paix (relative), tandis que l'ombre de la guerre s'étend, on assiste à de nouveaux accords qui semblent préparer un partage pacifique de l'Empire ottoman entre *toutes* les grandes puissances.

De la consolidation des Blocs à la conciliation entre les Blocs

L'ACCORD ANGLO-RUSSE (AOÛT 1907)

Le système des relations internationales en Europe issu de la crise de 1904-1906 était encore incomplet. D'un côté l'alliance austro-allemande, de l'autre l'alliance franco-russe constituaient des bases en apparence solides ; plus fluctuantes paraissaient la Triplice d'une part, car la neutralité italienne tendait à s'affirmer, et l'Entente cordiale d'autre part, puisque les Britanniques marquaient de la réticence à se lier étroitement avec la France. Mais surtout, le point faible d'un des Blocs résidait dans l'hostilité qui continuait d'opposer les deux puissances amies de la

France, la Grande-Bretagne et la Russie ; la tension entre elles avait été vive pendant la guerre russo-japonaise notamment lors de l'affaire du Doggerbank (*cf.* p. 351). Or, dès le 31 août 1907, Londres et Saint-Pétersbourg signèrent un accord à propos de leurs litiges asiatiques ; désormais une réelle harmonie semblait réalisable entre France, Russie et Grande-Bretagne. Comment était-on parvenu à une pareille transformation, à cette *Triple Entente* ?

Deux responsables politiques ont joué un rôle déterminant dans ce changement, Grey pour la Grande-Bretagne, Isvolsky pour la Russie. Le premier est depuis longtemps convaincu de la nécessité d'un accord asiatique avec la Russie ; le coût de la défense militaire de l'empire des Indes devient trop lourd ; en outre, en Europe, l'abaissement excessif de la Russie ne peut qu'encourager les ambitions allemandes ; en tendant la main aux Russes, on les empêchera de trop sacrifier à l'Allemagne ; par la Triple Entente on établira une réelle sécurité en Europe et on fera disparaître une menace grave sur l'empire des Indes. Justement, du côté russe, le nouveau ministre des Affaires étrangères, Alexandre Isvolsky, choisi pour remplacer Lamsdorff en mai 1906, est prêt à des arrangements avec la Grande-Bretagne. Plusieurs considérations influencent Isvolsky : tout d'abord, des négociations antérieures ont montré que la bourse anglaise serait ouverte à la Russie seulement après un accord politique ; de plus, Isvolsky, qui veut orienter la politique extérieure russe vers les Balkans et les Détroits, est disposé à régler le contentieux asiatique, aussi bien avec le Japon (ce sera chose faite par un accord de juillet 1907) qu'avec la Grande-Bretagne pour avoir les mains libres en Europe. Enfin, l'accord « colonial » qui pendant de longs mois est négocié avec l'ambassadeur anglais à Saint-Pétersbourg, Nicholson, comporte des clauses appréciables pour la Russie : si celle-ci abandonne toutes prétentions sur l'Afghanistan et reconnaît les intérêts britanniques sur le Tibet (qui doit cependant rester vassal de la Chine), elle obtient un partage de la Perse en bonne et due forme : tandis que la partie méridionale, autour du golfe Persique, entre dans la sphère d'influence britannique, la partie septentrionale lui est reconnue, séparée de la partie britannique par une zone « neutralisée ». Ce mutuel « désintéressement » (auquel les Perses n'ont évidemment pas été conviés) permettra aux représentants locaux des deux puissances de mener à leur guise la pénétration dans ce pays en usant des révoltes ou rebellions locales (en 1910, les Russes occupent militairement leur zone, occupation qui durera jusqu'en 1914).

Au total, bien que dans les deux pays des hauts fonctionnaires et certains hommes politiques soient mal disposés envers ce rapprochement anglo-russe et bien que d'incessantes frictions souvent dues au zèle des subordonnés locaux, notamment en Perse (1910-1912), aient obscurci l'entente anglo-russe, à partir de 1907-1908 les relations entre les deux pays iront peu à peu en s'améliorant; le partage en zones d'influence en Asie et la consolidation mutuelle en Europe devant les initiatives allemande et austro-hongroise expliquent cet important changement; on notera enfin que la City trouve dans le développement économique en Russie de nouveaux motifs de satisfaction, en particulier lorsque les grandes sociétés pétrolières s'intéressent au nouveau boom de « l'or noir caucasien », surtout à partir de 1910-1912.

LA CRISE BOSNIAQUE (1908-1909) ET LE PROBLÈME SERBE

La première crise internationale sérieuse fut liée à une modification de la situation en Europe, lorsque le 5 octobre 1908 le gouvernement austro-hongrois proclama l'annexion de la Bosnie-Herzégovine, tandis que le prince Ferdinand de Bulgarie, en s'érigeant lui-même « tsar » de Bulgarie, répudiait tout lien, même théorique, avec la Porte; ces deux actes étaient en apparence unilatéraux puisqu'ils ne procédaient pas d'une conférence internationale ou de négociations entre puissances; ils étaient contraires aux stipulations du congrès de Berlin de 1878. Pourtant Aloïs d'Aerenthal, le ministre des Affaires étrangères de Vienne, pouvait estimer qu'il avait bien préparé son affaire et qu'il risquait peu; n'avait-il pas obtenu auparavant l'accord de la principale puissance intéressée, la Russie ?

Lorsque la diplomatie tsariste avait décidé de mener une politique active en Asie, elle avait facilement admis de conserver le *statu quo* dans les Balkans : un échange de notes entre les ministres autrichien et russe des Affaires étrangères l'avait reconnu en avril 1897 et, en octobre 1903, lors d'une entrevue de Nicolas II avec François-Joseph à Murzsteg, un accord en bonne et due forme avait consacré cette entente. Or, presque au même moment, un changement politique important était survenu en Serbie : une conspiration militaire remplaçait Milan Obrenović par son rival Pierre Karageorgevic (juin 1903), favorable à l'alliance avec la Russie et la France. La Serbie entrait alors dans une ère de libéralisation démocratique, le nouveau roi laissant gouverner son ministre Pasic tandis que les militaires serbes s'efforçaient de réorganiser l'armée par l'achat de matériels nouveaux ; comme malgré des progrès économiques, les finances publiques serbes étaient depuis longtemps obérées, pour acquérir du matériel de guerre il fallait des crédits externes ; jusqu'en 1904, les banquiers français et allemands s'accordaient à les fournir ensemble. Toutefois, le gouvernement austro-hongrois, qui voulait conserver son autorité sur Belgrade, n'hésitait pas en 1905 à faire pression pour que ces commandes militaires fussent passées aux usines Skoda (alors en difficulté) et pour dissocier la collaboration financière germano-française ; buts politiques et intérêts économiques se rejoignaient.

Pendant l'automne 1906, une compétition serrée opposa Schneider et Skoda avec le net soutien des gouvernements respectifs ; comme Schneider, épaulé par la banque française, l'emportait, la réaction autrichienne fut immédiate : en novembre 1906, l'entrée du bétail vivant serbe fut interdite dans l'empire ; « la guerre des porcs » commençait ; elle durera jusqu'en 1911. Ce nouvel exemple de guerre douanière qui répond à des considérations politiques *et* économiques devrait logiquement se clore par la défaite serbe puisque la Serbie expédie 93 % de ses exportations vers l'Empire austro-hongrois ; pourtant, en orientant ses ventes par Salonique vers les autres États européens, notamment vers l'Allemagne, la Serbie pourra éviter la ruine ; mais désormais, autant par intérêt bien compris que par réaction nationale, les ponts furent coupés entre Vienne et Belgrade. La Serbie va-t-elle constituer autour d'elle une union des Slaves du Sud ?

Pour couper court à ce danger, d'Aerenthal proposa en 1907 deux mesures à l'empereur : d'une part, créer une voie ferrée nouvelle qui joindra le réseau autrichien à Salonique via le territoire bosniaque, d'autre part, pour éviter toutes menaces d'un empiétement serbe vers la Bosnie-Herzégovine (où le peuplement serbe est conséquent) (voir tableau 6, page 97), annexer ces provinces à l'empire. Dès janvier 1908, la décision de construire la voie ferrée fut annoncée mais les dirigeants austro-hongrois hésitèrent sur le second point, jusqu'au moment où la révolution jeune-turque, en redonnant de la vitalité à l'Empire ottoman, risqua de reposer la question de la suzeraineté ottomane sur ces deux provinces (juillet 1908). En septembre 1908, Vienne décida d'agir et de soutenir la volonté d'indépendance totale de Ferdinand de Bulgarie. Que fera la Russie ?

Isvolsky, qui dès février 1908 avait été fermement prévenu par le Premier ministre russe Pavel Stolypine d'exclure toute solution belliqueuse en politique extérieure, voulut profiter du « besoin » autrichien pour obtenir des compensations par une négociation bien conduite. Une sorte de troc lui semblait possible : pour prix de l'acceptation russe, il demandera une révision du statut des Détroits de telle sorte que les marines de guerre des États riverains de la mer Noire puissent en tout temps franchir librement les Détroits, ceux-ci restant par ailleurs fermés aux autres flottes de guerre ; le ministre russe s'estimait d'autant plus fondé à présenter cette demande qu'il pensait avoir obtenu l'acceptation anglaise à cette revendication lors d'une entrevue entre Nicolas II et Édouard VII qui avait eu lieu à Reval en juin 1908 (en fait, les Britanniques, toujours inquiets d'un possible rapprochement germano-russe, avaient manifesté de bonnes dispositions en général, sans s'engager vraiment). Le 2 juillet 1908,

Isvolsky proposa ce marché à d'Aerenthal. Celui-ci, pour montrer sa « bonne volonté », proposa une entrevue « privée » dans la propriété de l'ambassadeur autrichien en Russie, à Buchlau. Isvolsky y vint le 15 septembre 1908 et accepta les propositions de son collègue sur la Bosnie sans demander un accord en forme engageant la réciprocité autrichienne pour les Détroits, puisque d'Aerenthal n'y faisait point obstacle. Dès lors, le jeu du ministre autrichien fut simple ; pendant qu'Isvolsky, trop confiant, faisait une tournée des capitales européennes pour obtenir un consensus sur le nouveau statut des Détroits, d'Aerenthal annonçait brutalement l'annexion de la Bosnie-Herzégovine sans évoquer la moindre contrepartie ; aux yeux de tous les diplomates, Isvolsky était proprement « roulé ».

LE BLOC DES EMPIRES CENTRAUX
CONSOLIDÉ ET FISSURÉ

En fait, la manœuvre de D'Aerenthal avait un autre but, plus large, celui de redonner plus de vigueur à l'alliance austro-allemande tout en secouant la Triple Entente. En effet, Isvolsky, dépité, devait demander secours à ses « alliés » qui, dans un premier temps, refusèrent de s'engager pour une question secondaire, puis tentèrent avec mollesse d'obtenir au moins des « apaisements » par une pression de l'Allemagne sur son alliée (fin janvier 1909). Or, sous des allures paternes, Bülow répliqua en fait par un soutien complet à Vienne ; des conversations entre les états-majors des Empires centraux eurent lieu et, surtout, par une note assez raide, qui fut comprise à Saint-Pétersbourg comme un véritable ultimatum, l'Allemagne enjoignit à la Russie de donner son assentiment immédiat aux changements intervenus (mars 1909). Trois jours plus tôt, l'Autriche-Hongrie avait envoyé un ultimatum à la Serbie où de violentes manifestations avaient eu lieu contre l'annexion et où l'armée était presque sur le pied de guerre. La Russie et la Serbie durent s'incliner. Alors que sur les plans économique et même politique, antérieurement l'Allemagne et l'Autriche-Hongrie avaient paru porter une appréciation différente à propos des questions serbe et bosniaque, elles sortaient de cette crise plus liées ; l'alliance entre elles en était consolidée, car Berlin avait pleinement soutenu Vienne en un moment délicat.

Cependant, le bilan de la crise bosniaque n'était pas complètement positif pour les Empires centraux. Tout d'abord, le troisième partenaire de la Triplice, l'Italie, y vit une raison supplémentaire de se défier de Vienne qui l'avait placée devant le fait accompli ; or cela survenait alors que l'agitation irrédentiste en Italie avait plutôt tendance à reprendre et alors que les militaires autrichiens inclinaient à préparer une solution de force pour en finir avec « l'agitation » italienne. Surtout, l'Italie qui considérait la péninsule Balkanique comme une zone privilégiée de son développement extérieur non seulement ne tirait aucun profit de la crise, mais elle se sentait même comme chassée de la Dalmatie. La riposte italienne vint en octobre 1909 : Victor-Emmanuel et Nicolas II se rencontrèrent en Italie, à Racconigi, et signèrent un traité secret ; Italie et Russie s'accordaient sur le maintien de l'intégrité de l'Empire ottoman, sur le soutien aux nations balkaniques, se donnaient l'assurance de se consulter en cas de nouvelle initiative autrichienne, enfin la Russie reconnaissait les « droits » italiens sur la Tripolitaine. On ne pouvait dire que la Triplice ait encore beaucoup de réalité pour l'Italie bien que formellement elle ait été renouvelée en 1907 ; cependant, l'Italie ne cherchait pas à rompre, tirant profit de la bonne entente avec Berlin pour son économie et escomptant un jour monnayer sa « fidélité » à propos de la Tripolitaine. L'Italie demeurait bien ancrée dans la neutralité.

TENSION ET DÉTENTE EN 1909 ET 1910

La Serbie et la Russie sortaient fort mécontentes de cette crise bosniaque. La première avait dû accepter l'humiliation imposée, mais une union nationale s'était faite contre le trop puissant voisin ; dépités de voir les chefs politiques admettre pareil recul, des chefs militaires créaient des sociétés secrètes, notamment le colonel Apis avec son association «Union ou Mort» ; celles-ci se fixaient comme objectif de réaliser l'union des Slaves du Sud par tous les moyens. Le terrorisme va bientôt devenir un moyen efficace de peser sur les questions internationales. Les États faibles ne vont-ils pas y trouver la capacité de contre-balancer la puissance des Grands ? À condition que les Grands acceptent d'utiliser les incidents créés...

La Russie ne s'opposerait plus désormais à des actions violentes, car si elle aussi avait dû s'incliner, et si Isvolsky lui-même n'était plus qu'un ministre en sursis, le désir de prendre une revanche était latent chez bien des responsables. Certes, le désintéressement de Paris et de Londres pendant la crise n'avait pas été apprécié en Russie, mais comme finalement le coup le plus rude était venu de Berlin, il ne pouvait être question pour les Russes de quitter la Triple Entente ; simplement parce que le redressement financier et militaire n'avait pas encore porté ses fruits, la patience s'imposait aux responsables russes.

Dans le personnel dirigeant russe s'opposent désormais deux tendances principales : d'une part, ceux qui, surtout motivés par des vues pessimistes sur la situation économique et financière interne, préconisent une politique extérieure pacifique qui suppose de bons rapports avec l'Allemagne, et d'autre part, ceux qui, pour des raisons diverses, pensent que le destin futur de la Russie sera conditionné par le sort des Détroits et plus largement par celui de l'Empire ottoman ; pour ces derniers, la préparation militaire, diplomatique, politique à un conflit avec l'Autriche épaulée par l'Allemagne est indispensable. Le tsar Nicolas II n'a pas encore choisi entre ces deux voies, ce qui peut expliquer par exemple l'entrevue cordiale entre Nicolas II et Guillaume II à Potsdam en novembre 1910 ; mais si un accord peut alors être conclu entre les gouvernements allemand et russe concernant le chemin de fer de Bagdad et la pénétration russe en Perse, Saint-Pétersbourg se dérobe devant une proposition allemande de garantir le *statu quo* dans les Balkans, et d'affirmer une stricte neutralité face au différend anglo-allemand. La détente s'applique difficilement à l'Europe.

Peut-on alors considérer que la cassure entre les deux blocs est définitive en Europe ? Ce serait aller trop vite. En cette année 1909, deux négociations différentes semblent témoigner que les ponts ne sont pas rompus entre l'Allemagne d'une part, la Grande-Bretagne et la France d'autre part. La rivalité navale anglo-allemande a atteint un degré plus élevé lorsque l'Allemagne a voté une nouvelle loi navale en 1907 ; à partir de ce moment, outre-Manche, les partis politiques et l'opinion publique alertée par la presse et par les brochures d'anticipation sur la guerre future considèrent cette question comme fondamentale pour la sécurité britannique. Au Foreign Office, Grey et la majorité des fonctionnaires ne croient guère à une solution négociée avec Berlin, mais au gouvernement, des ministres comme Lloyd George, Churchill, McKenna, surnommés les « économistes », prêchent la conciliation pour des raisons budgétaires. En 1908, des contacts préparés par l'armateur allemand Ballin et le banquier londonien sir Ernest Cassel, semblent donner quelques satisfactions, car à Berlin, si Tirpitz soutenu par Guillaume II n'entend pas ralentir le programme de construction, le chancelier Bülow et une partie du Parlement seraient prêts à un ralentissement pourvu que Londres fasse des concessions politiques. Des deux côtés, la majorité des politiques voudrait diminuer les frais et les enjeux, mais les militaires et les « navalistes » affirment que la sécurité impose *d'abord* de continuer. Lorsqu'en juillet 1909 Bülow est remplacé au poste de chancelier par Theobald Bethmann-Hollweg, ce dernier tente, à nouveau, de nouer une conversation — marchandage avec Grey ; mais ses propositions, qui portent sur une réduction très limitée du programme naval et qui présentent ensuite un pacte de non-agression, sont comprises par le Foreign Office comme des manœuvres pour disloquer l'Entente cordiale. On continue à discuter sans conviction pendant que les opinions publiques sont de plus en plus inquiètes ; en outre, dans les deux pays, peut-on facilement réduire les activités navales, un des moteurs du développement économique ? Jusqu'en 1911, les ponts ne sont pas rompus, mais le malaise croît ; la méfiance prévaut.

Il en va de même dans le rapprochement économique et financier franco-allemand. Les entreprises communes franco-allemandes ne sont pas nouvelles ; une sorte de complémentarité économique existe entre la puissance industrielle allemande et la force financière française. Raymond Poidevin a pu montrer dans le détail combien d'ententes existaient avant 1906 entre les firmes des deux pays, même si la rivalité commerciale tendait à croître. Cependant, à partir de 1906, lorsque la conférence d'Algésiras a clos l'affaire marocaine, un climat nouveau, plus propice aux ententes, semble s'imposer ; outre les ententes financières où les banques des deux pays continuent de mêler leurs fonds (dans l'Empire ottoman les bonnes relations Banque impériale ottomane-Deutsche Bank persistent), des filiales de sociétés allemandes s'implantent en France ; les sidérurgistes des deux pays renforcent leurs achats et leurs liens, les uns achetant plus de fer en France, les autres plus de coke en Allemagne ; le commerce entre les deux États fait un bond en avant. Pour un certain nombre d'hommes d'affaires et pour certains hommes politiques (Rouvier, Doumer, Caillaux, Étienne en France), le moment paraît propice pour déboucher de ces accords économiques partiels vers une plus large entente consacrée par un accord entre gouvernements ; en Allemagne, Bülow et ceux qui songent à s'ouvrir largement la bourse parisienne y sont disposés.

Dans ces conditions, sur des ouvertures venues de Berlin, un nouvel accord sur le Maroc est signé le 9 février 1909 : l'Allemagne reconnaît les intérêts politiques particuliers de la France, la France promet de sauvegarder l'égalité économique dans un Empire chérifien qui restera indépendant ; cet accord est destiné à consacrer un nouvel état d'esprit et à encourager un peu partout des entreprises communes. Les gouvernements des deux États sont loin d'oublier le contentieux politique, mais de part et d'autre on semble disposé à faciliter une détente économique. Les Allemands espèrent obtenir une meilleure part au Congo, au Maroc, dans l'Empire ottoman, les

Français permettront-ils vraiment la réalisation du Bag-dadbahn, mal vu des Britanniques? Si la concurrence entre Français et Allemands persiste dans cet empire, elle ne paraît pas supérieure aux difficultés qui y opposent Français et Anglais, aussi bien dans leurs projets de voies ferrées que dans leurs pourparlers de fusion entre banques; c'est plutôt la règle du chacun pour soi; en Turquie domine «un impérialisme de style chauvin qui conserve d'ailleurs par rapport aux grandes alliances une certaine autonomie de réaction» (J. Thobie). En somme, vers 1909-1910, bien des virtualités paraissent encore possibles, mais la relative faiblesse des associations communes au Maroc, en Afrique et surtout les violents remous qui, en 1910, accueillent la mise en application du nouveau tarif douanier français, encore plus restrictif et sélectif, sont de bien mauvais augure. Les gouvernements des deux pays ne seront-ils pas tentés de suivre ceux qui, soit par nationalisme doctrinal, soit par défense des intérêts des producteurs nationaux, soit encore pour répondre aux sollicitations intéressées de telle ou telle firme, défendent le principe du refus d'entente avec les entreprises de l'autre pays? «À la fin de 1910, la politique de rapprochement économique et financière ne paraît pas encore condamnée, mais elle a engendré déjà bien des déceptions qui aggravent la pression nationaliste» (R. Poidevin).

Au total, pendant ces années 1906-1910, on peut avoir le sentiment que les jeux ne sont pas faits, que des solutions négociées sont encore possibles; toutefois, d'un côté de la balance, celui de la conciliation, on peut y porter seulement des gestes de bonne volonté, des bons sentiments et beaucoup d'espérances, de l'autre côté, des accords signés qui renforcent les blocs, avivent les ressentiments, engendrent la suspicion. Et puis surtout, tandis que hors d'Europe on semble encore pouvoir parvenir à surmonter les antagonismes, en Europe même, d'inquiétantes menaces militaires sont réapparues et des conflits se sont ranimés dans les Balkans. La vieille Europe est agitée.

La déstabilisation de l'Europe

Une phrase revient très souvent dans les rapports des dirigeants politiques à propos de la situation internationale : pour sauvegarder la paix, il faut conserver les équilibres entre puissances en Europe ; Grey comme Bülow, Isvolsky comme d'Aerenthal, évoquent volontiers le mot *équilibre*. Cette rencontre n'est pas fortuite ; en effet, jamais l'Europe n'a paru plus proche d'une déstabilisation générale. En apparence, le principal facteur susceptible de bouleverser les données se trouve dans la course aux armements, qui ne cesse plus désormais, notamment avec le vote de nouvelles lois navales ; chaque État considère que la progression militaire de son voisin conduit fatalement à un futur déséquilibre, à moins qu'il n'y réponde par le même moyen ; comme on l'a vu, la rivalité navale anglo-allemande empoisonne les relations entre ces deux États ; France, Italie, Autriche-Hongrie, Russie, sont également anxieux de ne pas être distancés sur terre et sur mer. Est-ce donc cette course générale aux armements en Europe qui pousse les responsables politiques à consolider les alliances et à rester les yeux fixés sur l'Europe ? En réalité, cette fièvre militariste, malgré son évidente portée, est seulement la traduction d'un phénomène d'une plus grande ampleur : *la déstabilisation économique, sociale et politique de l'Europe.*

Le nationalisme et la déstabilisation de l'Europe au début du XXᵉ siècle

Les rivalités grandissantes entre Puissances ne doivent pas masquer un autre phénomène concomitant : dans les États plus petits les modifications sociales liées aux transformations économiques accélèrent ou entraînent un « renouveau nationaliste » qui modifie les données antérieures. Dans certains cas, ces nationalismes suscitent plutôt des tendances autonomistes sans effets majeurs sur les relations internationales ; dans d'autres cas, ils peuvent être à la base de nouveaux conflits si les Puissances veulent s'en préoccuper.

Dans le nord de l'Espagne, en Catalogne et au Pays basque, l'industrialisation et le développement commercial, très rapides à la fin du siècle, avaient conforté un sentiment autonomiste préexistant. Les cadres locaux, tout comme les milieux populaires, se sentaient et se voulaient différents du reste du royaume castillan, jugé par eux «arriéré». Toutefois, leur situation géographique particulière n'entraîna pas une capacité de jouer sur des affinités avec des peuples voisins (en France) pour créer un véritable problème international. En Belgique, l'opposition Flamands-Wallons offrait déjà davantage matière à intrigues internationales. Le mouvement flamand devenu plus combatif en voulant rattraper le retard économique et accéder au pouvoir politique suscita un réflexe défensif chez les Wallons. Certes, jusqu'en 1914, le courant «belgiciste» unitaire demeura majoritaire, mais les autorités françaises eurent tôt fait de voir l'action occulte des Allemands dans le renouveau flamand, cherchant à combattre celui-ci par une propagande profrançaise plus soutenue. La neutralité belge restait la meilleure solution pour éviter des choix douloureux, mais était-elle encore possible alors que la situation géographique de ce petit pays le plaçait au beau milieu d'un possible affrontement franco-allemand?

Le cas irlandais paraissait un exemple plus détonnant. Les réformes du statut de la propriété de la terre, admises par les gouvernements britanniques après la guerre agraire du début des années 1880, avaient mis fin à une sorte de colonialisme entre la vieille aristocratie anglo-irlandaise et les fermiers irlandais (lois de 1881 et 1903). Cependant, la jeune génération, qui exprimait la «renaissance irlandaise» au début du siècle, se radicalisait autour de la question nationale : retour à la langue et à l'éducation gaéliques, boycott des institutions britanniques, création de nouveaux partis tel le Sinn Fein («Nous-mêmes»). La campagne pour l'autonomie politique (*Home Rule*) était maintenant dépassée par la revendication de l'indépendance pour la catholique Irlande; cela suscitait un climat de guerre civile dans la partie nord-est de l'île (Ulster) peuplée de protestants. La loi sur le *Home Rule* votée par la Chambre des communes en 1912, applicable en 1914 malgré l'opposition des Lords, venait bien tard ; le temps de la violence paraissait très proche. Un éventuel adversaire de la Grande-Bretagne pourrait-il user de cette explosive Irlande ?

Ce sont cependant les tensions nationales dans l'Est européen qui paraissent les plus actives au début du XXe siècle. Plusieurs facteurs contribuent à accentuer les protestations nationales. Tout d'abord, les sociétés locales, encore largement rurales, subissaient une double transformation ; d'une part, la poussée démographique, même ralentie par les vagues d'émigration, rendait plus pesant le déséquilibre entre grandes propriétés et prolétariat paysan, d'où des mouvements revendicatifs parfois violents (en Croatie en 1903, en Roumanie en 1907) ; d'autre part, l'industrialisation, même limitée à quelques bassins miniers ou à quelques grandes villes, avait fait naître un prolétariat urbain et une bourgeoisie qui aspiraient à jouer un rôle plus adapté à la mesure de leur influence économique (*cf.* la bourgeoisie tchèque). Le développement de l'instruction primaire, inégal mais réel, donnait naissance à une catégorie sociale particulière, « l'intellig(u)entsia », c'est-à-dire des « techniciens » souvent déclassés sociaux par rapport à leur savoir ; elle faisait entrer un nombre grandissant d'hommes — les femmes restaient exclues du jeu politique — dans le système de représentation démocratique (le suffrage universel est établi en 1907 pour toute l'Autriche) ; la traditionnelle désignation des notables locaux était de plus en plus contestée. Ces hommes nouveaux cherchaient des valeurs auxquelles ils pourraient rattacher leur action ; l'idéal national en était un, primordial, surtout lorsqu'on constatait que le pouvoir central voulait imposer la langue et la culture du peuple dominant, faisant de l'école primaire un enjeu majeur (l'allemand en Posnanie, le hongrois en Transylvanie, le croate en Bosnie, etc.). Cet idéal national se mêlait parfois à une spécificité religieuse (catholiques contre orthodoxes en Pologne), se nourrissait d'une histoire « nationale » mythifiée ou élargie à une solidarité ethnique (néoslavisme). Brochant sur le tout, des ambitions personnelles pouvaient contribuer à fabriquer des « héros » nationaux rassembleurs d'énergies nouvelles.

Ces protestations nationales diffèrent selon le statut juridique des protestataires. Ici la revendication vise à obtenir l'égalité des droits avec les peuples dominants ; là elle cherche à obtenir une réelle indépendance politique. Leur poids sur les relations internationales différera donc d'un cas à l'autre. En outre, selon que l'État dominateur, contesté de l'intérieur par des mouvements d'opposition paraît entré en décadence, la portée des nationalismes aura des effets variables. En somme, si la vague nationale semble partout s'enfler, elle agite à des degrés divers cette vaste partie de l'Europe. En simplifiant les données, on pourrait distinguer trois zones majeures d'instabilité où les fractures nationales sont susceptibles de séismes de plus ou moins fortes amplitudes : l'Empire russe, l'Empire d'Autriche-Hongrie, la Macédoine.

La révolution russe de 1905 a considérablement activé le processus national en Pologne, dans les pays Baltes, en Finlande, en Ukraine, chez les peuples du Caucase, voire chez les peuples musulmans dispersés dans toute la Russie. Un instant satisfaits de la prise en considération de leurs revendications autonomistes ou égalitaires par un pouvoir aux abois, ils en ressentent davantage le retour à une certaine politique de russification après 1907. Le pouvoir autocratique redevient le symbole de fermeture, mais pour autant faut-il aller jusqu'à la volonté de sortir d'un État russe qui serait capable de se démocratiser ? Les Juifs de Russie, spécialement visés par une vague d'antisémitisme renforcé, s'organisent plus pour se défendre et agir dans le cadre politique de l'empire que pour émigrer vers la terre promise. Le degré inégal de conscience nationale se traduit par des réactions d'indépendance variables. En outre, les relations avec les « nationaux » voisins, souvent frères ennemis comme dans le Caucase (Arméniens et Turcophones) ou en Russie d'Europe (Tatars de la Volga, Ruthènes-Ukrainiens contre Polonais) contribuent à compliquer les problèmes. De toute manière, l'État russe avec sa puissante armée-police ne peut être attaqué de front, sauf à obtenir des appuis à l'extérieur. Or quelle puissance européenne voudrait soutenir les agitations nationales en Russie, soit au nom d'un idéal humanitaire, soit par intérêt bien compris ? Les deux empires limitrophes (ottoman, austro-hongrois) sont eux-mêmes trop gangrenés de l'intérieur pour oser s'engager sur ce terrain miné.

En Autriche-Hongrie, les enjeux et les moyens diffèrent entre les populations qui revendiquent leur droit de faire reconnaître leur spécificité nationale. En gros, les populations soumises à l'autorité de Vienne (Tchèques, Polonais et Ruthènes de Galicie, Slovènes) subissaient moins la loi du peuple dominant que ceux qui dépendaient de Budapest (Slovaques, Serbes, Roumains de Transylvanie, Croates). Les Hongrois, avides d'égaler les Autrichiens grâce à une rapide modernisation qui bénéficiait surtout à leur capitale Budapest, rivale de Vienne en tous domaines, forts d'un réseau ferré développé et centralisé, n'hésitaient pas à « magyariser » les régions de leur périphérie ; leur politique d'assimilation, notamment dans le domaine scolaire, suscitait les protestations des députés élus par les non-Hongrois. Mais dans l'une et l'autre partie de l'Empire dualiste les opposants n'envisageaient pas tellement de sortir de cet empire. Ainsi la majorité des Tchèques ne préconisait pas la création d'un État tchèque indépendant ; le leader du parti Jeune-Tchèque Karel Kramar déclarait en 1913 : « Un État tchèque indépendant au centre de l'Europe, sur la trajectoire de l'expansion étatique et économique de la Germanie, ne peuvent y songer en Bohême que des enfants politiques sans maturité » ; il ajoutait : « Nous ne voulons pas l'austro-slavisme, nous ne voulons pas une Autriche slave, nous voulons seulement une Autriche juste à l'égard des Slaves. » On peut, peut-être, expliquer cette attitude par la nature même des nations d'Europe centrale et orientale : « Ce sont d'abord des *Kulturnationen*, fondées sur une civilisation et sur une culture nationales » (Bernard Michel). Si le prince (empereur, roi) laisse s'exprimer cette culture, il devient possible de lui obéir pour le reste. Ainsi, dans la mesure où Vienne laissait la noblesse polonaise originaire de Galicie participer à l'administration impériale jusqu'aux sommets de la hiérarchie et que le très catholique empereur avait abandonné la direction de la culture, universités comprises, aux évêques polonais, pourquoi le « polonisme » local aurait-il cherché à sortir de l'empire ? Par comparaison, les Polonais sujets de l'empereur allemand ou sujets du tsar avaient beaucoup plus à se plaindre et à envier leurs frères de Galicie. Sur quelles bases fonder une Pologne avec de telles divergences de situation ?

Sans nul doute, dans la plupart des régions minoritaires une nouvelle génération de leaders « nationaux » (Dmowski, Pilsudski pour la Pologne, Masaryk et Kramar pour la Bohême, Radić en Croatie) était prête à accentuer les revendications en s'appuyant sur des partis de masse, mais ils ne pouvaient compter sur les seules forces internes pour modifier sensiblement la carte européenne des nations. Les organisations polonaises secrètes militarisées séduisaient les jeunes activistes, mais « pour 90 % des Polonais de l'époque, l'indépendance, voire l'unité, reste une utopie » (Henry Rollet). Le coût d'un changement général ne serait-il pas trop élevé ? Voici la conclusion d'un conférencier français en 1907 exposant la situation polonaise : « L'heure est au loyalisme… c'est un loyalisme provisoire. Il est vrai qu'il n'y a, paraît-il, que le provisoire qui dure. »

Les petits États déjà indépendants du Sud-Est européen, Serbie, Monténégro, Bulgarie, Roumanie, Grèce pourraient davantage ébranler l'édifice européen en se disputant les dépouilles européennes de l'Empire ottoman. Voici surgir la redoutable question de la Macédoine ! À l'époque, les différents États qui bordent les restes encore « turcs » de l'Empire ottoman soutiennent, souvent par leur presse ou par intellectuels interposés, qu'ils ont encore des frères soumis au joug musulman pour justifier une politique active dans la région. Seulement, chacun voit un rameau de *son* propre peuple dans les Macédoniens ; or comment délimiter des territoires où chaque peuplement se mêle aux voisins, sans omettre la présence de 500 000 Turcs ? Les Macédoniens veulent-ils eux-mêmes former une nation ? Relisons les propos d'un autre conférencier français en 1907 : « Les revendications de ces populations ne sont pas ethnographiques, historiques ni même religieuses — car dans tout l'Orient les religions ne sont que le cadre des nationalités —, elles sont surtout sociales et avant tout sociales. La question macédonienne, avant d'être une question de nationalité, est une question sociale. Je veux dire que c'est la misère des paysans réduits par les beys turcs à la condition de serfs corvéables et taillables à merci qui fait la situation intolérable de la population chrétienne de Macédoine. Ces paysans si malheureux, si pauvres, n'ont pas la liberté d'esprit nécessaire pour entrer dans des discussions ethnographiques et pour se demander s'ils sont Serbes, Grecs ou Bulgares. Ils ne savent qu'une chose, c'est qu'ils voudraient être affranchis, n'être plus Turcs et ne plus vivre sous un régime arbitraire. Les discussions ethnographiques sont réservées à une élite plus instruite et plus intelligente dans chacune des races, bulgare, grecque, serbe, valaque. La masse accepterait volontiers d'être encore plus heureuse, d'être tout simplement macédonienne » (René Pinon).

On peut conclure que l'agitation nationale, variable selon les pays, traduit une volonté quasi générale en Europe de voir reconnaître une égalité de droits entre les populations qui la composent et une liberté d'expression et de diffusion de ses diverses cultures. Mais, pour autant, ces fièvres nationales ne semblent pas en mesure de conduire à des crises majeures, belligènes, à moins que les grandes puissances n'aient la volonté, pour d'autres motifs et pour d'autres objectifs, d'user à leur profit de ces volontés de changement.

CROISSANCE ÉCONOMIQUE ET CONCURRENCES « NATIONALES »

La croissance économique générale ébranle la vieille Europe ; le fait peut sembler paradoxal, pourtant il obéit à sa propre logique. Depuis 1895, on le sait, avec des rythmes différents, l'économie européenne a connu une poussée considérable, qui tend à s'accélérer après 1907-1908. *A priori*, cette bonne disposition devrait permettre à chacun de trouver une bonne place pour son propre développement; à tout le moins, elle devrait faciliter les ententes entre firmes concurrentes; de fait, en de très nombreux cas, industriels, commerçants, banquiers de divers pays, concluent des accords significatifs; la tendance à la constitution des cartels internationaux s'affirme; on a noté l'exemple du rapprochement franco-allemand. Cependant, deux facteurs négatifs, liés à la croissance globale, aboutissent à accentuer les disparités et conduisent vers la déstabilisation européenne; le premier est en rapport direct avec les niveaux nationaux du développement économique, le second provient des effets sociaux internes dus eux-mêmes aux transformations économiques.

Même si toutes les économies nationales progressent alors en Europe, des rythmes différents sont repérables selon les secteurs d'activités et selon les États. Par exemple, quand on considère la spécialisation internationale des exportateurs, on constate que, vers 1910, la France conservait une bonne place pour l'habillement, les tabacs-alcools, le matériel de transport moderne (bicyclettes et surtout automobiles), tandis que l'Allemagne dominait le marché du matériel électrique, des produits chimiques, des équipements agricoles, bien que la Grande-Bretagne soit en passe de lui damer le pion, grâce à un renouvellement de sa production chimique (Imperial Chemical Industries contre IG Farben) tout en conservant sa suprématie pour les machines textiles. La concurrence étrangère était donc différemment ressentie selon la nature des industries; la lutte paraissait particulièrement âpre pour les exportations de matériel de guerre entre Krupp, Skoda, Schneider, Vickers, Armstrong. Si le secteur bancaire donnait le plus souvent l'impression de pouvoir facilement conclure des ententes internationales, il devait sans doute à la nature de ses opérations de pouvoir éviter les affrontements et de préférer le partage des risques et des profits. L'exemple belge, récemment analysé par Marie-Thérèse Bitsch, montre une réelle interpénétration d'intérêts allemands et français dans des sociétés financières, voire aussi dans des industries. Toutefois, outre la difficulté de bien mesurer le «jeu triangulaire» entre les trois partenaires faute de statistiques suffisamment fiables et complètes, il semble que des dissymétries existent entre la stratégie des firmes à dominante allemande ou française, entre les participations effectives dans les conseils d'administration des nationaux des deux États, avec en prime un rôle souvent particulier des Belges eux-mêmes. De toute manière, la vie des entreprises à capitaux et dirigeants mêlés dépend surtout du contexte politique global et des orientations politiques de la Belgique «neutre».

Mais, et voici le point central, au niveau d'ensemble de l'économie d'un pays, une sorte de classification se réalisait, donnant naissance à une impression globale, justifiée ou non, ressentie par les contemporains ; dynamique dans presque tous les domaines industriels, en plein essor démographique et technologique, *l'Allemagne prenait figure de leader économique européen* ; le mythe de l'Allemagne dominatrice, hégémonique, ne pouvait que s'en trouver conforté chez ses rivaux anglais ou français. Or il ne s'agissait pas que d'un mythe, comme le montrent les données quantitatives de la rivalité commerciale anglo-allemande (tableau nº 11). Réciproquement, la puissance financière de la France, grâce à une Bourse parisienne qui se présentait comme la mieux offrante pour les prêts et les emprunts européens, irritait ou indisposait ceux pour lesquels l'accès à cette Bourse était limité ou interdit, en particulier dans les Empires centraux. Là encore, l'analyse quantitative éclaire la «rivalité financière» franco-allemande, évidente en Europe (tableau nº 12). Les uns exécraient le commerçant allemand, les autres le banquier français.

Tableau 11. La rivalité commerciale anglo-allemande

	1890	1900		1913		dont en Europe	
	A	A	B	A	B	A	C
Exportations britanniques	8,19	8,92	+ 8 %	15,97	+ 79 %	6,54	(41 %)
Exportations allemandes	4,05	5,78	+ 42 %	12,30	+ 112 %	9,22	(75 %)
A En milliards de francs-or.							
B Pourcentage d'augmentation par rapport au chiffre précédent.							
C Pourcentage par rapport à toutes les exportations.							

Tableau 12. La rivalité financière franco-allemande en 1913

	Total	Europe	dont Russie	Europe centrale et orientale*	Empire ottoman	Amérique du Nord	du Sud
Investissements français	43	25,2	12,3	6	2,6	2,0	4,9
Investissements allemands	29	15,6	4,1	7,2	0,85	4,6	4,8
* Autriche-Hongrie, États balkaniques, Italie (en milliards de francs-or).							

Contrairement aux idées reçues, une phase de croissance ne conduit pas vers une atténuation des concurrences ; elle se marque par une recherche de l'efficacité maximale, afin de mieux participer aux bénéfices de la croissance. Cela signifie un renforcement des grandes sociétés, une tendance à la constitution de monopoles. Au stade du développement où en est encore l'Europe, dans ce continent où les nations sont œuvre récente, la réalisation du monopole tend à se modeler sur l'espace national. Même les plus grandes firmes à caractère multinational ou transnational sont revêtues d'étiquettes « nationales » (*cf.* l'allemand Krupp contre le français Schneider ou l'anglais Vickers) ; non seulement les industriels de l'armement font souvent appel à l'intérêt national pour enlever un marché à leurs concurrents, mais les autres hommes d'affaires, qui ont construit leurs entreprises dans des marchés nationaux strictement protégés, fondent leur stratégie sur des concepts nationaux. Cette disposition ne conduit pas nécessairement vers des conséquences bellicistes, mais elle aboutit à préférer le partage en zones d'intérêts. Ainsi, au sein des cartels internationaux, les associés se réservent des zones privilégiées («home market» du cartel des rails). Ce n'est donc pas un hasard si, en cette période, pratiquement aucun homme d'affaires ne pense à constituer une union économique européenne englobant plusieurs grandes puissances : lorsqu'un Walter Rathenau, président de la principale firme électrique allemande (AEG), envisage une union douanière en Europe, c'est pour réunir dans un Mitteleuropa allemand des États faibles ou petits, qui graviteront forcément autour de l'Allemagne (juillet 1912). La communauté économique européenne n'est pas en vue.

Dans les États plus neufs économiquement, comme l'Italie, la Russie, l'Autriche-Hongrie, on a souvent peine à supporter la présence ou la tutelle des capitalismes étrangers ; des nationalismes industriels naissent et se développent, capables de susciter des campagnes de presse ou de créer des groupes politiques favorables aux idées nationalistes. Le fait n'est pas nouveau, mais, dans la mesure où ces États commencent à parvenir, sectorialement, à la maturité économique, ce nationalisme économique tend également à chercher des zones réservées au-dehors des frontières ; il vient encore compliquer les relations internationales. Ainsi, en Italie, des industriels, banquiers, commerçants, soutiennent ou activent une politique d'intervention active. En mars 1906, un petit noyau a créé un Istituto Coloniale qui, par la presse et à la Chambre, joue le rôle d'un «parti colonial». Ce n'est pas un hasard si le marquis Di San Giuliano, ministre des Affaires étrangères en 1905-1906 et surtout 1910-1914, en est le vice-président. Or les hommes de l'Istituto ont «la hantise de l'avenir dans un monde en proie à la guerre économique», ils veulent «relever le défi de l'histoire et refuser le sort d'une nation de seconde zone » (Daniel Grange). Représentant les forces émergentes de la société industrielle italienne, ils sont en relations étroites avec un État fortement interventionniste, dans une société où le nationalisme se renforce nettement, mais suivant son principal théoricien du moment, Enrico Corradini, qui entend substituer un nationalisme impérialiste expansionniste au « chétif » irrédentisme national des provinces encore soumises à l'Autriche. De même, les industriels et les grands propriétaires du sud de la Russie, exportateurs de fonte, d'acier et de céréales, soutiennent les vues annexionnistes ou revendicatrices du gouvernement russe sur les Détroits et le libre accès à la Méditerranée. À l'intérieur de l'Autriche-Hongrie, si les banquiers et les industriels tchèques veulent leur autonomie, voire leur indépendance, tous les cercles économiques dynamiques de l'empire considèrent que la péninsule Balkanique, Serbie comprise, doit entrer complètement dans l'orbite économique austro-hongroise. Ne va-t-on pas dès lors vers des zones réservées en Europe même ?

En bref, la croissance économique européenne a pu susciter une certaine spécialisation internationale du travail, mais dans une Europe encore largement tributaire du concept d'État-nation, les inégalités sectorielles du développement ont surtout excité les craintes d'autrui et, chez certains, le souhait de se constituer des zones privilégiées ; le renforcement général du protectionnisme, va dans le même sens, celui du cloisonnement. L'accentuation des concurrences mène vers des déséquilibres.

NATIONALISMES ET CONFLITS INTÉRIEURS

Les changements sociaux, suscités par la croissance en Europe, secouent les traditionnels cadres du pouvoir politique et administratif. Dans bon nombre de pays européens, à la fin du XIXe siècle, interviennent des luttes politiques vives, qui, au-delà des appellations de partis, opposent les représentants des catégories sociales, depuis longtemps à la tête de l'État et des administrations, à ceux que Gambetta avait appelé les « couches nouvelles » de la société. L'opposition entre les notables, aristocrates, grands propriétaires, d'une part, et la petite et la moyenne bourgeoisie appuyées par le monde ouvrier et paysan, d'autre part, prend des formes diverses selon la nature du régime, mais elle existe partout. Or les divers radicalismes qui forment les gauches européennes sont, au début du XXe siècle, largement atteints par les tendances socialistes, internationalistes et axées sur la lutte des classes à l'intérieur des États ; la « menace » socialiste paraît s'étendre partout en Europe. Comment y répondre ? Comment y résister en cherchant à s'appuyer sur le concours du plus grand nombre, puisque le suffrage universel masculin tend à atteindre tous les États d'Europe ?

C'est ici que le ressort du nationalisme intervient ; quel meilleur instrument d'unité nationale, transcendant les classes sociales, peut-on trouver que l'idéal patriotique, facilement transformé en une défense inconditionnelle de la nation ? Tous les nationalismes qui prolifèrent dans les premières années du XXe siècle ne sont pas identiques en leur forme, mais ils ont bien des points communs ; ils veulent susciter une mystique, fondée sur quelques axiomes simples : placer au-dessus des partis la défense nationale, l'armée ou la marine qui les incarnent ; considérer la nation ou la race comme un bien suprême, auquel il faut tout sacrifier ; défendre l'intégrité des territoires conçus comme « attribués » par la géographie ou l'histoire à cette nation ou à cette race, ou bien, le cas échéant, si des parties sont encore séparées de la patrie, tout subordonner à l'achèvement de l'unité nationale. La presse à grand tirage, le livre bon marché, permettent de diffuser ces idées simples dans les masses en s'appuyant sur le culte de la patrie propagé dans les écoles primaires.

La défense de la nation devient en même temps défense de l'ordre ; en effet, les groupes sociaux détenteurs habituels du pouvoir politique et administratif (notamment dans les armées) se prétendent dépositaires naturels de l'idéal national. Ainsi, l'aristocratie terrienne, qui accapare les hauts postes de fonctionnaires dans les Empires centraux, dans le Sud-Est européen et en Russie, entend justifier son maintien à la tête de l'État par son « destin

390

national» ; en ces pays, elle peut d'ailleurs s'appuyer sur les dynasties régnantes qui sont de véritables symboles de la nation. Dans les États occidentaux, Grande-Bretagne, France, où l'évolution démocratique est plus poussée et où la bourgeoisie a depuis plus longtemps imposé sa participation au pouvoir politique, les nationalistes essaient davantage de s'appuyer sur des corps privilégiés, tels l'armée, la flotte, la diplomatie, tout en cherchant à personnaliser l'idéal politique sur des hommes politiques jugés défenseurs de l'ordre.

L'analyse de ces mouvements a été spécialement conduite dans l'historiographie allemande récente, lorsque celle-ci a posé le problème du *social-impérialisme*. Même si les historiens allemands se divisent encore sur la nature exacte et le moment de ce social-impérialisme, on pourrait retenir les thèses présentées par Boehme comme assez représentatives de cette recherche historique allemande : «L'impérialisme pourrait se définir comme la tentative de la part du pouvoir politique et des groupes sociaux qui le soutenaient de régler les conflits sociaux non par des réformes profondes, mais par une idéologie de grandeur et d'expansion coloniale en vue de conserver le *statu quo* à l'intérieur», et encore : «L'impérialisme allemand pourrait se définir comme la tentative de capter politiquement au moyen de slogans nationalistes et d'une théologie coloniale une mutation fondamentale des structures sociales qui était en train de s'effectuer à la suite de la révolution industrielle.» Simplement, vers 1910, alors que le partage colonial est à peu près terminé, n'est-il pas logique de concentrer l'attention des masses vers la défense des zones réservées, ou à réserver, *en Europe même*? L'Allemagne, qui est venue trop tard à l'expansion coloniale, ne vise-t-elle point à créer à l'intérieur de l'Europe un Mitteleuropa au même titre qu'un Mittelafrika? Le social-impérialisme peut changer d'objectifs sans changer de dessein.

Sur ce problème, les recherches historiques à propos des autres cas européens sont moins avancées, mais, un peu partout, on peut retrouver des exemples probants. En Grande-Bretagne, chez les conservateurs, des hommes comme Milner, Maxse, Garvin, qui veulent déborder Balfour, incarnent le social-impérialisme dans une période politiquement très agitée ; leurs revendications nationalistes, protectionnistes, leur constant soutien pour le renforcement de la puissance navale, leur emprise sur la presse, leur rôle dans le développement des ligues et des mouvements de jeunesse en font le contrepoint évident aux radicaux qui soutenaient la nécessité d'une politique extérieure de conciliation et d'une politique intérieure de réformes profondes. Ces conservateurs ne sont pas seuls à partager un idéal qui pénètre également chez les libéraux ; sans doute, comme l'empire colonial se situe hors d'Europe, cette mystique nationale-impérialiste peut, dans ce cas, montrer quelque tendance à la conciliation à propos de l'Europe, mais, de même que l'attention des hauts fonctionnaires, souvent du même niveau social, est de plus en plus accaparée par les affaires européennes, de même les ligues impériales renforcent leur germanophobie et leurs tendances militaristes ; ainsi, la *National Service League* animée par lord Roberts, qui prône l'établissement de la conscription, peut jouer un indéniable rôle politique au travers des quotidiens qu'elle inspire, du *Times* au *Daily Mail* ; son audience dépasse les clivages politiques habituels.

En effet, la mystique nationaliste est capable de transcender les divisions politiques classiques, les choix idéologiques antérieurs. Ainsi, en France, le retournement spectaculaire d'un Péguy après 1906 est éclairant, de même que la transformation rapide d'un Poincaré, honnête leader du centre, en un défenseur de la nation française ; sur ce dernier point, au-delà des querelles polémiques d'après 1918, il conviendrait sans doute de reprendre l'analyse en profondeur des mutations politiques et administratives intervenues en France vers 1910-1912, aussi bien à propos de la rivalité Caillaux-Poincaré que des changements dans l'état-major qui entourent la démission du général Michel de son poste de vice-président du Conseil de guerre en 1911, suivie du choix du général Joffre comme chef d'État-Major général. Quelle est la part des calculs politiques dans l'organisation par

certains groupes, dont l'Action française, du « réveil national », indiscutable vers 1910-1912 ? Pourquoi le renouveau nationaliste français est-il surtout un produit de
la société parisienne ? Si la bourgeoisie (spécialement la
jeunesse bourgeoise) paraît assez largement atteinte par
cette poussée chauvine et même par une certaine attirance
pour la guerre, les actions entreprises par les groupes
nationalistes ne poussent pas forcément les dirigeants
vers des idées bellicistes. On pourrait retenir le jugement
de Jean-Jacques Becker : « Le renouveau nationaliste en
France dans les années qui précèdent la guerre est donc
un phénomène indéniable, complexe, difficile à situer
dans le temps et limité. » Pourtant, chez l'autre, en Allemagne, on retient surtout les manifestations tapageuses
du chauvinisme français, tout comme en France le pan-
germanisme est tenu comme une mentalité moyenne de
l'Allemand.

En Russie, la liaison entre le nationalisme et la défense
de l'ordre « rétabli » est évidente pour qui étudie l'évolution
politique de ce pays entre 1907 et 1914 ; la mystique nationaliste, panslaviste chez les uns, russificatrice chez d'autres,
pénètre largement les dirigeants et les partis sur lesquels le
tsarisme reconstitué tente de s'appuyer à la Douma. C'est
sans aucun doute à propos de la politique extérieure et de la
nécessité pour la Russie d'assumer ses « responsabilités »
sur les Détroits et le Sud-Est européen que se constitue une
sorte de consensus national, consolidant le tsarisme ; même
le parti KD, traditionnel représentant de la bourgeoisie
russe, est pénétré par l'idéologie nationaliste qui atteint
aussi certains socialistes-démocrates. Des analyses récentes
faites sur le cas italien semblent également démontrer que
la poussée impérialiste des années 1909-1914 comporte
bien des aspects du « social-impérialisme », y compris parmi
les cercles catholiques. Ainsi, dans tous ces États européens, un *danger* externe sert de moyen pour consolider le
pouvoir en place : le « danger allemand » est évoqué en
Russie, en France, en Grande-Bretagne, le « danger russe
ou slave » en Autriche-Hongrie, en Allemagne. Comment,
dans un tel climat, pourrait-on procéder encore à des partages, tout en suivant le chemin de la conciliation ?

La crise d'Agadir et le recours
à la menace militaire

Depuis la crise de 1905-1906, la question marocaine a sensiblement évolué. Si les vues générales française et allemande à propos du Maroc restent identiques (l'acquérir pour les premiers, en faire un objet de marchandage pour les seconds), les composantes financière, industrielle, minière et politico-administrative de cette question ont changé, les deux dernières gardant toute leur virtualité conflictuelle ; surtout à propos de la pénétration politique française au Maroc, on peut s'attendre à un conflit avec l'Allemagne si les responsables français emploient un style direct au lieu des périphrases, c'est-à-dire s'ils interviennent trop directement, réduisant à néant les apparences sauvegardées par l'accord de février 1909. Or en avril 1911, deux ministres français, Cruppi (Affaires étrangères) et Bertaux (Guerre), influencés par un petit groupe « d'activistes », où les militaires qui ont servi au Maroc jouent un rôle signalé, décident de faire marcher sur Fès une colonne militaire ; celle-ci est appelée à sauver des Européens menacés et soit-disant pour répondre à une demande du sultan. La décision française qui émane d'un petit groupe résolu constitue un changement complet d'orientation dans la tactique française vis-à-vis du Maroc ; « la diplomatie de l'aventure » (Jean-Claude Allain) succède au patient cheminement suivi précédemment par Clemenceau et Pichon. En effet, qui pourrait croire à la passivité allemande devant cette volonté de s'emparer du Maroc ?

Dès le début mai, Alfred Kiderlen-Wächter, le secrétaire d'État allemand (équivalent du ministre des Affaires étrangères), a proposé un plan à Guillaume II pour répondre au défi français : prendre des gages au Maroc pour une négociation future qui obligerait la France à concéder « ailleurs » des avantages à l'Allemagne ; le moyen de s'engager serait de faire stationner un bateau de guerre allemand au sud du Maroc « afin de protéger les commerçants allemands », ce qui serait une significative menace de s'implanter au Sud marocain ; les Français devraient alors offrir des compensations. Guillaume II accepte cette tactique ; le 1er juillet 1911, la canonnière *Panther* vient jeter l'ancre en rade d'Agadir. L'épreuve du « bluff » s'engage au moment même où un nouveau ministère, dirigé par Joseph Caillaux, est constitué avec De Selves aux Affaires étrangères ; le terme de bluff convient, car les fonctionnaires de la Wilhelmstrasse sont persuadés que cette réaction à une initiative française obligera Paris à négocier et ils tiennent les dispositions conciliantes de Caillaux pour acquises. Avec prudence, Caillaux évite de suivre les propositions de réponse « musclée » (envoi d'une canonnière française sur la côte sud-marocaine), mais il prépare une riposte économique et financière à la fois sur le terrain au Maroc et en Allemagne même (jeux de Bourse sur les valeurs allemandes et manipulations sur les fonds placés à court terme en Allemagne) ; les banquiers proches de Caillaux sont ainsi des auxiliaires utiles de sa diplomatie. Caillaux, par ailleurs, fait sonder les dispositions des alliés anglais et russe. Cependant, en un premier temps, Paris ne fait aucune offre de compensation à Berlin.

Vers le 20 juillet, les enchères vont donc monter d'un cran, car Kiderlen-Wächter annonce les buts allemands (l'Allemagne doit obtenir une compensation au Congo) et menace d'utiliser les moyens militaires pour obtenir satisfaction. Aussitôt, les Britanniques, jusque-là modérés, se montrent résolus à soutenir pleinement la France (discours de Lloyd George le 21 juillet) ; des contacts entre les états-majors français et anglais ont lieu ; l'espoir allemand de dissocier France et Grande-Bretagne s'éloigne. L'atmosphère s'assombrit ; les menaces d'une guerre proche sont répercutées dans la presse.

En fait, Caillaux a pris des contacts avec la diplomatie allemande par l'intermédiaire d'un homme d'affaires, Fondère, en dehors des rouages habituels de la diplomatie et sans en informer De Selves ; il serait prêt à des arrangements au Congo, mais il voudrait obtenir un accord de portée générale ; Kiderlen semble s'y dérober. Aussi, les négociations sont dans l'impasse, ce qui renforce, chez De Selves et les fonctionnaires du Quai d'Orsay, la détermination d'une riposte française résolue. Fin août, le raidissement est net des deux côtés ; l'arme financière est maniée avec force par les banquiers français au début de septembre (crise boursière à Berlin), mais, surtout, la presse des deux pays est agitée par de vigoureux articles patriotiques, tandis que l'on consulte de plus en plus les militaires. Les responsables politiques veulent-ils vraiment en arriver au risque réel d'une guerre ? On peut en douter, car les experts estiment, de part et d'autre, que la préparation militaire est insuffisante ; cependant, l'alarme dans l'opinion publique est si vive qu'elle va laisser des traces durables. En outre, l'appel aux chefs militaires, le rôle des préparatifs militaires dans l'évaluation de la situation, modifient les conditions habituelles des relations internationales ; à partir de septembre 1911, la solution par le recours à la guerre n'est plus tenue comme une utopie ou comme un danger mythique ; *véritablement la guerre est en vue.*

LES LIMITES DE L'ACCORD FRANCO-ALLEMAND
DE NOVEMBRE 1911

Dans ces conditions, même si la détente intervient fin septembre, et même si, finalement, les négociations entre Caillaux et Jules Cambon d'une part, Kiderlen-Wächter d'autre part, aboutissent en octobre à un accord, après un long marchandage sur les compensations offertes aux Allemands dans les régions Congo-Cameroun, il reste que cette crise a durement affecté les relations internationales. Le compromis obtenu paraît équitable en analysant les clauses de l'accord franco-allemand, définitivement acquis le 4 novembre 1911 : contre la reconnaissance des « droits » politiques français sur le Maroc, où demeure le principe de l'égalité entre tous pour la pénétration économique, l'Allemagne obtient la cession de 15 000 km^2 au Cameroun et de 25 000 km^2 au Moyen-Congo et en Oubangui (qui lui permettent d'accéder aux fleuves Congo et Oubangui) (*cf.* carte 5, p. 170). Ainsi, le partage des terres et des affaires paraît encore possible en Afrique entre grandes puissances européennes (les autres États signataires de la convention d'Algesiras ratifieront l'accord à la fin de l'année ou en 1912, y compris l'Espagne qui conserve sa zone au Maroc).

Une preuve complémentaire de ces heureuses dispositions d'esprit est donnée par le début des négociations anglo-allemandes à propos d'un éventuel partage des colonies portugaises d'Afrique ; reprenant une discussion qui avait théoriquement abouti en 1898, Grey fait savoir à Berlin qu'il ne mettra pas d'obstacle à l'obtention par l'Allemagne d'une «place au soleil en Afrique» (novembre 1911). Londres semble même admettre la constitution d'un Mittelafrika allemand. Les tractations aboutiront, en fait, seulement en mai 1913, mais elles témoignent d'une volonté de conciliation, dès l'instant où les intérêts en cause sont éloignés de l'Europe. Les discussions ultérieures à propos de l'Empire ottoman, qui se terminent par une série d'accords entre le sultan et les puissances d'une part, et entre les puissances elles-mêmes d'autre part (de juillet 1913 à juin 1914)[1], la neutralité des grandes puissances devant la révolution et la désagrégation chinoises (1911-1914), confirmeront cette tendance générale.

Par contre, au passif de la crise, on peut retenir deux effets durables. Tout d'abord, l'excitation des opinions publiques laisse des traces tangibles ; chez certains, la solution pacifique apparaît comme une lâcheté ou comme une occasion manquée. En Allemagne, le ministre des Colonies, interprète des rancœurs des milieux coloniaux allemands qui espéraient beaucoup plus en Afrique, donne sa démission ; surtout, les ligues nationalistes, regroupées derrière l'héritier au trône, le Kronprinz, déchaînent de violentes campagnes d'agitation. Celles-ci sont d'autant plus fortes que la perspective des élections au Reichstag en janvier 1912 domine la vie politique allemande. Depuis 1909-1910, libéraux et socialistes allemands s'organisent

---

1. La guerre commencera avant que tous les accords aient été conclus ou ratifiés.

pour obtenir une réelle démocratisation de l'Allemagne ; en face, les conservateurs usent de la «menace» étrangère pour s'efforcer de maintenir leurs positions avec l'appui d'un certain nombre d'industriels, inquiétés par la poussée revendicative des socialistes. Les élections au Reichstag marquent une poussée à gauche, spécialement dans les villes ; elles accroissent la tension nationaliste parmi les groupes de droite : le général Keim, ancien leader du *Flottenverein*, écarté de la direction de cette association par le gouvernement parce que jugé trop «impérialiste», fonde une nouvelle association, le *Wehrverein* qui veut populariser l'idée de la guerre et tout faire pour obtenir une augmentation des forces militaires ; les associations d'industriels (*Bund der Industriellen*), d'agriculteurs (*Bund der Landwirte*) sont également contaminées par le virus ultranationaliste. Ainsi, l'effet le plus durable de la crise est de rendre possible la mobilisation du nationalisme allemand, au point que, pour certains historiens allemands, toute la crise d'Agadir n'aurait été qu'une «habile» préparation des élections au Reichstag ; en tout cas, celui-ci, porté par la vague chauvine, n'hésite pas à voter, en mai 1912, une nouvelle augmentation des effectifs militaires du temps de paix.

LES PRÉPARATIFS MILITAIRES

On aborde ici le second effet de la crise : l'accélération générale des préparatifs militaires. Celle-ci se réalise sur deux plans : d'une part, dans chaque grand pays, les dirigeants, inquiétés par la faiblesse des moyens révélée lors de la tension de l'été 1911, sont disposés à accroître effectifs et matériels selon les vues des chefs militaires ; ceux-ci prennent davantage de poids dans l'élaboration des décisions ; d'autre part, des rencontres entre chefs militaires des États alliés ou amis se multiplient ou se régularisent.

Sur le premier plan, en France, dès le printemps 1912, une campagne de presse s'en prend au service militaire de deux ans (loi de 1905), qui ne donne pas des effectifs suffisants à la France ; on réclame les trois ans de service pour accroître l'armée de métier à l'opposé des propositions de ceux qui préféreraient l'organisation de vastes réserves (le général Michel ou Jean Jaurès) ; par contre, les mêmes organes de presse approuvent les ministres de la Guerre Messimy et Millerand qui, en 1911-1912, accordent au Grand Quartier général remodelé une large autonomie de manœuvre et qui se préoccupent des matériels. Il semble bien d'ailleurs qu'en ce printemps 1912, l'agitation militariste soit un relais commode pour consolider une mutation politique, qui consiste à rassembler autour de Raymond Poincaré tous ceux qui s'opposent à la politique « réformatrice » de Caillaux ; en tout cas, Caillaux, auquel le centre et la droite reprochent d'avoir négocié secrètement avec l'Allemagne pour aboutir à un accord médiocre, a été écarté du pouvoir dès la fin 1911.

Les autres États européens sont également préoccupés par le nombre de leurs effectifs (sauf en Russie) et par l'état de leur matériel face à leurs éventuels rivaux. Ainsi, en Grande-Bretagne, les bruits de guerre ont ravivé la lancinante rivalité navale avec l'Allemagne. Certains libéraux espèrent encore pouvoir négocier un ralentissement de la préparation navale allemande ; ils approuvent la tentative faite par le ministre de la Guerre, Haldane, d'obtenir cette concession lors d'une mission effectuée à Berlin en février 1912, avec l'accord du cabinet et sur proposition de Bethmann-Hollweg. Seulement, cette mission est un échec, car au moment même où Richard Haldane arrive à Berlin, une nouvelle loi navale allemande est promulguée. Tirpitz, décidé à poursuivre sa politique, conserve l'appui de Guillaume II : les Allemands veulent surtout monnayer leurs éventuelles concessions dans le domaine de l'armement naval par la signature d'un accord de neutralité réciproque. Or Grey n'est pas disposé à donner un tel gage qui compromettrait sa liberté d'action ; en avril 1912, les négociations s'enlisent ; la course aux armements reprend. Désormais, l'argument du plus fort prévaudra ; des lois navales en Autriche-Hongrie, en Russie, un renforcement des équipements lourds presque partout en Europe, en sont d'autres signes caractéristiques.

De même, les entretiens entre responsables militaires des deux blocs. Dans les Empires centraux, les relations entre les états-majors étaient traditionnelles, actives, renforcées depuis le renouvellement de la Triplice en décembre 1912; mais entre la France et la Grande-Bretagne ou entre la Grande-Bretagne et la Russie, les liens étaient assez lâches. Certes, des rencontres régulières annuelles entre Français et Russes avaient abouti à une organisation commune des plans en cas de guerre (date et moyens de concentration des troupes, objectifs à atteindre), complétée par l'accord naval de juillet 1912, mais il restait à obtenir la collaboration conjointe des Britanniques. Des contacts entre Amirautés française et anglaise avaient eu lieu pendant la crise. Avec habileté, en usant du désir anglais de concentrer l'essentiel de leur flotte de guerre dans les mers proches des îles Britanniques, les Français proposèrent en mai 1912 un accord de coopération qui répartirait les tâches : la flotte française garantirait la Méditerranée, la flotte britannique l'océan et les mers du Nord. Le cabinet anglais ayant accepté, en octobre 1912, une étape complémentaire fut franchie par un échange secret de lettres qui prévoyaient des consultations techniques régulières entre les deux Amirautés et une concertation automatique en cas de danger immédiat. Les dirigeants britanniques, bien que réticents et désireux de ne pas trop s'engager, mettaient ainsi le doigt dans l'engrenage d'une *véritable alliance militaire*.

Au printemps 1914, ils iront même encore plus loin puisqu'ils accepteront la demande franco-russe d'élargir les conversations navales aux Russes. Si l'on ajoute que, dans les dernières négociations touchant à de nouveaux emprunts d'État russes, les Français n'ont pas hésité à réclamer avec insistance, pour prix de leur coopération financière, l'accélération des constructions ferroviaires destinées à faciliter la concentration des troupes russes aux frontières occidentales et une augmentation des effectifs russes du temps de paix (négociations d'août-octobre 1913, avec acceptation finale des Russes), on peut conclure à la prééminence des facteurs militaires dans les relations de la Triple Entente.

Dans un camp comme dans l'autre, on veut sans doute encore éviter la guerre, mais on s'y prépare intensément.

De même que la rivalité navale anglo-allemande n'a pas cessé après 1912, de même la course au renforcement des effectifs s'est accélérée entre l'Allemagne et la France en 1912-1913. En Allemagne, la loi de juin 1912 a paru insuffisante aux chefs militaires, qui redoutent la guerre sur deux fronts ; avec insistance, ils réclament une substantielle augmentation des crédits et des effectifs. Au printemps 1913, le *Wehrverein*, qui compte 300 000 adhérents, redouble d'agitation dans tout le pays ; finalement, le Reichstag vote, en juillet 1913, une nouvelle loi qui fera passer les troupes d'active de 620 000 hommes à 750 000 hommes à la fin 1913, et à 820 000 hommes fin 1914. Du côté français, les dirigeants n'ont pas attendu le vote de la dernière loi pour y répondre ; dès la fin février 1913, le cabinet, présidé par Aristide Briand, se rallie aux vues de ceux qui préconisent les trois années de service militaire ; en juin 1913, la Chambre, après des débats houleux où se mêlent vues stratégiques et calculs politiques, vote la loi dite « des trois ans » ; comme en Allemagne, l'opinion publique est travaillée par d'ardentes campagnes de presse, d'autant plus que l'élection à la présidence de la République de Poincaré, au début 1913, semble poser une question de régime et que des élections législatives doivent avoir lieu en avril 1914.

Les questions militaires sont ainsi partout à l'ordre du jour. Comment, dans un tel contexte, continuer des collaborations économiques ou financières entre Français et Allemands ? Depuis Agadir, les relations économiques entre les deux pays sont entrées dans « une ère de difficultés » (R. Poidevin). La question d'Alsace-Lorraine semble également renaître de ses cendres. Certes, se préparer à la guerre peut être tenu comme une simple mesure défensive, de sauvegarde, mais les grandes puissances ne seront-elles pas tentées de suivre les méthodes expéditives de puissances plus faibles, qui volontairement ont franchi le pas ?

L'emploi de la force : guerre italo-turque et guerres balkaniques

La crise d'Agadir a eu un autre effet : pendant que la France et l'Allemagne étaient préoccupées, l'heure sembla venue pour l'Italie, dirigée par Giovanni Giolitti, de répondre aux aspirations expansionnistes de nombreux groupes italiens (nationalistes, catholiques, impérialistes désireux d'assurer un exutoire à une population trop forte). La manœuvre semblait devoir être rapide et facile, puisque le désintéressement des Puissances était acquis et que le sultan ottoman, suzerain de la Libye, manquait de forces militaires modernes ; en regard, les armées et la flotte italiennes modernisées et l'expansion économique indéniable faisaient de l'Italie une puissance montante ; l'impérialisme colonial italien, simple partie d'un impérialisme plus général, reprenait vie. Le 29 septembre 1911, l'Italie déclara la guerre à l'Empire ottoman et, en quelques semaines, un corps expéditionnaire s'empara des villes côtières, de Tripoli à Tobrouk ; tout paraissait facile. En réalité, une guerre longue commençait, car les tribus locales sénoussis, aidées par des officiers turcs et venant de l'intérieur désertique, commencèrent une guérilla difficile à combattre.

Dès lors, la question de la Tripolitaine prend une autre résonance. Tout d'abord, l'opinion italienne, partiellement, et l'opinion internationale, en général, s'interrogent et critiquent cette guerre sans issue. Ensuite, la faiblesse militaire turque, que peuvent masquer les exploits des cavaliers sénoussis, incite d'autres compétiteurs à entrer en lice, tandis qu'elle suscite chez les dirigeants Jeunes-Turcs une volonté renforcée de se réformer et de se moderniser. Le renouveau nationaliste turc se fortifie d'autant plus que, pour tenter de vaincre, les Italiens portent la guerre en Méditerranée orientale à partir de février 1912 (débarquements dans les îles de la mer Égée, raids vers les Détroits) et s'attaquent à la Turquie elle-même. En outre, cette nouvelle action militaire italienne, qui s'accompagne de « bavures » militaires en Méditerranée (arraisonnement de bateaux français transportant des ressortissants turcs), inquiète les autres puissances. Poincaré manifeste son mécontentement. Allemands, Anglais et Autrichiens s'interrogent, tandis que la Russie se décide à profiter des circonstances. La guerre italo-turque, qui va se terminer finalement par une paix négociée à Lausanne entre juillet et octobre 1912, sert en réalité de révélateur aux ambitions et aux vues des diverses puissances. L'Empire ottoman cède à l'Italie son autorité politique sur la Libye (mais l'Italie devra continuer à « pacifier » ce pays jusqu'en 1914) ; l'Italie, installée à Rhodes et dans les îles du Dodécanèse, promet de les évacuer, mais en fait, elle attend la suite. L'heure du règlement de la question d'Orient semble venue ; à chacun d'en tirer les conclusions.

LA PRÉPARATION DES GUERRES BALKANIQUES :
LE CHOIX RUSSE ET LA RATIFICATION FRANÇAISE

Les premiers intéressés sont évidemment les États balkaniques. Si la Roumanie n'a pas de revendications nationales à faire valoir sur les restes de l'Empire ottoman d'Europe, la Grèce, le Monténégro, la Serbie et la Bulgarie sont prêts à réaliser enfin leur unité en délivrant leurs « frères » du joug colonial turc. L'Albanie musulmane, qui a obtenu quelques concessions en 1911 (écoles et administrations autonomes), aspire aussi à son indépendance. Seulement cette convergence dans la décolonisation s'accompagne de vieilles et profondes divergences quant au découpage futur des terres libérées, en Macédoine où plusieurs siècles d'autorité ottomane ont entraîné un intime mélange des populations de race et de religion différentes ; en particulier l'antagonisme serbo-bulgare paraît insurmontable malgré leur commune appartenance slave. Cependant, ne pourrait-on concevoir une solution négociée entre ces deux États, pourvu qu'une tierce puissance joue le rôle d'arbitre ? Au nom du slavisme, le « grand frère slave » ne serait-il pas disposé à pareil emploi ?
Les responsables russes sont divisés sur la politique à

suivre. Jusqu'à sa mort en novembre 1911, Stolypine, le Premier ministre, est hostile à toute aventure extérieure, mais sa disparition laisse le champ libre aux diplomates en poste, d'autant plus que Sazonov, son beau-frère, qui a succédé à Isvolsky, est malade et indécis. D'un côté, certains diplomates, tel Tcharykov, ambassadeur à Constantinople, poussent à profiter des difficultés turques pour reposer la question des Détroits, en proposant à la Porte une alliance « protectrice » qui garantirait le *statu quo* dans les Balkans, pourvu que le libre passage des Détroits soit acquis pour la flotte russe. Cette curieuse défense de l'intégrité de l'Empire ottoman rejoindrait les vues officielles française et allemande, mais elle signifierait l'abandon de toute aide aux frères slaves. À l'opposé, d'autres diplomates, dont le représentant russe à Belgrade, Hartwig, apportent un ardent soutien à l'expansion des jeunes États balkaniques, afin de constituer ensuite une « solide clientèle » dans le Sud-Est européen et de prendre une revanche contre l'Autriche. Que choisir ?

De toute manière, Saint-Pétersbourg ne peut agir seul, sans avoir l'assurance d'un soutien de son allié français en cas d'une réaction des Empires centraux. Aussi, profitant de la crise d'Agadir (et malgré sa relative passivité dans cette affaire), la diplomatie russe demande un blanc-seing de la France pour d'éventuels changements à propos des Détroits (octobre 1911) ; le Quai d'Orsay, préoccupé du seul Maroc et encore fidèle au *statu quo* dans cet Orient troublé, refuse cet engagement. En outre, Constantinople fait la sourde oreille à cette proposition russe. Dès lors, la seconde solution s'impose, d'autant plus qu'elle peut être menée sans en avertir la France en un premier temps ; lorsque la Serbie, la Bulgarie et la Grèce se seront accordées, la France, qui possède dans ces pays de sérieux intérêts économiques et financiers (commandes de matériels et emprunts d'État), sera bien forcée de suivre les initiatives russo-balkaniques.

À l'automne 1911, pendant la guerre italo-turque, dirigeants serbes et bulgares, patronnés par les ambassadeurs russes dans ces pays, négocient les conditions du futur partage ; l'entremise russe permet de faire progresser la dis-

cussion et surtout, au printemps 1912, plusieurs considérations poussent aux concessions mutuelles. Le gouvernement Jeune-Turc entreprend une remise en ordre
intérieure, marquée par l'envoi de colons turcs dans les
provinces européennes de l'empire ; cette « turquifica-
tion » et le renforcement de l'administration locale soulè-
vent des réactions hostiles chez les chrétiens de l'empire,
notamment en Macédoine ; aussi les groupes nationalistes
des États voisins soulèvent-ils la question de la solidarité
active et immédiate envers les frères menacés. Comme les
dirigeants de ces États ont un pouvoir souvent mal assuré
et qu'ils craignent des coups d'État où les militaires joue-
raient un rôle décisif, mieux vaut, pour eux, se placer à la
tête du mouvement d'indépendance nationale. Justement,
en Grèce, c'est le héros de la lutte contre les Turcs en
Crète, Constantin Venizélos, qui, depuis 1910, dirige le
pays ; ailleurs, les sociétés secrètes, ultranationalistes, sont
redoutées par le gouvernements. Comme en bien des
États qui accéderont plus tard à l'indépendance, les cadres
militaires dans les Balkans sont alors la seule vraie force
politique capable de s'imposer aux hommes traditionnels.

Dans ces conditions, le 13 mars 1912, Serbes et Bulgares
signent un accord : officiellement, il s'agit d'une alliance
défensive contre autrui, mais un accord secret prévoit le
partage de la Macédoine pour le cas où des difficultés
intérieures ou extérieures mettraient en cause le *statu quo*.
Une partie intermédiaire de la Macédoine reste pourtant
inattribuée, mais la Russie se voit reconnaître le rôle d'arbitre en ce domaine, tout comme sur l'opportunité d'agir.
Le 29 mai 1912, Bulgares et Grecs signent une autre
alliance contre les Turcs ; le Monténégro fait en outre
savoir qu'il se joindrait à ses voisins. Une véritable *Ligue
balkanique* est constituée.

En avril, Isvolsky dévoile partiellement la teneur de
ces accords à Poincaré. À son tour, la diplomatie française va devoir choisir : ou bien continuer à défendre l'intégrité de l'Empire ottoman, mais avec le risque de voir
la Russie et les États balkaniques s'éloigner de Paris, ou
bien se rallier aux machinations russo-balkaniques, au
risque de perdre les avantages d'une forte pénétration

économique et financière dans l'Empire ottoman. N'est-on pas, justement, en train d'y préparer de vastes plans de mise en valeur, y compris par un partage des affaires avec les firmes allemandes (omnium des valeurs françaises en Turquie mené par Caillaux) ? Comme en Russie, les responsables français sont divisés, hésitants : pour les uns, comme l'ambassadeur Bompard ou les dirigeants de la Banque impériale ottomane, l'unité de l'Empire ottoman doit être sauvegardée, mais pour d'autres, Cambon, Poincaré lui-même, mieux vaut accepter un éventuel partage, quitte à obtenir des zones réservées en Asie, en particulier en Syrie. «Généralistes» et «Syriens» (J. Thobie) s'opposent.

Finalement, après avoir temporisé, Poincaré, Premier ministre depuis janvier 1912, décide de laisser les desseins russes s'accomplir, même lorsque Sazanov le met totalement au courant des termes exacts des accords entre puissances balkaniques, pendant un voyage qu'il fait à Saint-Pétersbourg en août 1912. Plusieurs considérations semblent avoir mené Poincaré à ce changement de ligne politique : tout d'abord, les intérêts économiques et politiques de la France dans les jeunes États balkaniques méritent attention, mais surtout, dans cette Europe en mutation, le moindre affaiblissement de la Triple Entente aurait des conséquences désastreuses sur le plan de la coopération militaire ; or la «menace» allemande est jugée désormais comme insurmontable par la conciliation ou par les seules forces françaises ; seul l'équilibre des forces militaires entre blocs peut préserver la paix précaire. «Une nation pacifique qui ne saurait pas se faire respecter, serait à la merci du hasard» (discours de Poincaré à Nantes le 26 octobre 1912). Enfin, à tout prendre, dans l'Empire ottoman divisé, la France ne pourra-t-elle trouver satisfaction pour ses intérêts par l'obtention de zones réservées ? Au fond, on retrouve ici une perspective générale du développement des intérêts extérieurs entre puissances capitalistes : Poincaré n'appartient pas au groupe de ceux qui admettent des partages d'intérêts par entente ou condominium ; il est bien un tenant de la règle du «chacun chez soi».

À l'automne 1912, lorsque les États de la Ligue balkanique ont terminé leurs préparatifs diplomatiques et militaires, ils décident de passer à l'action, malgré les tardifs
conseils de prudence de Sazonov ; après avoir vainement
exigé l'autonomie pour la Macédoine, ils déclarent la
guerre à l'Empire ottoman le 18 octobre 1912. Depuis six
semaines, les grandes puissances des deux blocs, qui
connaissent la détermination des petits États, ont surtout
cherché, par des propositions de garantie de *statu quo*, à
neutraliser les réactions du bloc adverse (car on pense à
un succès turc ou à une guerre longue et il convient d'agir
en conséquence). Or, en trois semaines, la guerre connaît
son dénouement : les Serbes prennent la Macédoine, les
Grecs la région de Salonique, les Bulgares la Thrace ; il
s'agit d'une véritable guerre de libération nationale pour
ces peuples.

Le sultan, toutefois, espère que les grandes puissances lui
permettront de se sauver d'un désastre total ; en effet, la
rapidité des succès balkaniques a surpris les Grands,
d'autant plus que les conquêtes faites ou possibles posent
de sérieux problèmes d'équilibre : les Bulgares menacent
Constantinople, les Serbes sont prêts d'atteindre l'Adriatique, ce que ni la Russie, pour les premiers, ni l'Autriche-
Hongrie, pour les seconds, ne veulent admettre. Aussi, dès
novembre 1912, la proposition d'une conférence internationale pour régler les problèmes du Sud-Est européen rallie-
t-elle les suffrages des Grands, des Ottomans et, avec plus
de réserves, des vainqueurs. Des négociations commencent
à Londres en novembre après la signature d'un armistice :
c'est l'occasion pour les puissances de reconnaître une
Albanie autonome, sous souveraineté turque, avec des
frontières encore indécises. Cependant, une révolution de
palais ayant amené un durcissement chez les Turcs, ceux-ci
reprennent la lutte en février 1913 ; en vain, car la victoire
reste aux Balkaniques, malgré de fortes pertes chez les
Alliés, notamment en Bulgarie. En avril-mai, les discussions reprennent à Londres pour aboutir le 30 mai à un

règlement : la Turquie cède tous ses territoires européens situés au nord-ouest de la ligne Enos-Midia, fort proche de Constantinople ; elle abandonne aussi la Crète et sa souveraineté sur l'Albanie. (*cf.* carte 4, p. 139).

Il restait cependant à construire une paix durable entre les vainqueurs ; or non seulement on n'y parvint pas, mais trois semaines après les préliminaires signés à Londres le 26 juin 1913, une deuxième guerre balkanique commençait, à l'initiative de la Bulgarie. Celle-ci, estimant qu'elle avait supporté le plus gros de la lutte, réclamait une plus forte partie de la Macédoine, ce que ne voulait accepter ni la Serbie ni la Grèce, qui signaient une alliance défensive dès le 1er juin 1913. En brusquant les choses, Sofia voulut tirer les bénéfices de la surprise. En fait, les Bulgares réalisèrent contre eux l'unanimité des Balkaniques effrayés par la puissance militaire bulgare : non seulement Serbes et Grecs se trouvèrent unis, mais la Roumanie voulut en profiter pour limiter les ambitions de son trop ardent voisin et la Turquie s'empressa de reprendre la lutte, afin de récupérer des territoires en Thrace. Une fois encore, la guerre fut brève ; au bout d'un mois, la Bulgarie devait demander l'armistice.

Le 10 août 1913, la paix de Bucarest mettait un terme aux affrontements : la Serbie, la Grèce et la Roumanie arrondissaient leur patrimoine, la Turquie récupérait Andrinople. Au total, en moins d'une année, la Grèce avait acquis 1,6 million d'habitants, la Serbie 1,2 million, la Bulgarie 400 000. Néanmoins, les aspirations à une totale unité demeuraient vivantes à propos de certaines provinces : Macédoine, Thrace, Bosnie, Dobroudja, étaient encore objets de revendications et de convoitises. Ces « déséquilibres » allaient laisser bien des rancœurs, permettre bien des manipulations de la part des grandes puissances (qui parviennent tout de même à fixer les frontières albanaises en août 1913).

Les Grands, en effet, d'abord surpris, ont vite vu quels avantages ils pouvaient retirer de ces rivalités. La Russie, qui avait cru pouvoir faire entrer Serbie et Bulgarie dans sa clientèle, opte pour la Serbie, car la Serbie paraît la mieux capable de freiner l'adversaire essentiel, l'Autriche-Hongrie ; en outre la Bulgarie, trop forte, constitue une menace potentielle sur les Détroits. Réciproquement, l'Autriche-Hongrie fait entrer la Bulgarie dans le camp des Empires centraux pour faire pièce aux ambitions d'une Serbie, qui risque de devenir le pôle attractif de tous les Slaves du Sud, y compris de ceux qui habitent dans l'Empire des Habsbourg. Du coup la Roumanie, jusque-là tournée vers les Empires centraux, hésite à maintenir cette orientation, puisqu'un contentieux existe désormais avec la Bulgarie ; de son côté, la Grèce, mécontente du tracé de ses frontières avec la nouvelle Albanie, dont la création a surtout été due aux pressions autrichienne et italienne, a tout à gagner à demeurer du côté serbe et russe, donc du côté de la Triple Entente.

Par contre, dans l'Empire ottoman, les chefs militaires qui ont de plus en plus l'autorité politique réelle et qui ont pris conscience de leur retard dans la modernisation de leur pays, pensent avantageux de se tourner vers les « maîtres » dans le domaine militaire, les Allemands ; en outre, ils n'oublient pas que la principale menace sur les Détroits vient de la Russie. Leur politique extérieure devrait donc s'orienter vers Berlin : effectivement, en novembre 1913, un général allemand, Liman von Sanders, devient commandant de la garnison de Constantinople. Tous ces regroupements ne renforcent-ils pas le danger de guerre, dans la mesure où ces ardents petits États, assurés d'avoir des protecteurs, pensent à nouveau à l'action directe ?

La réponse à cette question dépend en définitive de la stratégie suivie par les grandes puissances : ou bien celles-ci estiment que le sort des peuples du Sud-Est européen ne vaut pas une conflagration générale en Europe, compte tenu des autres enjeux, ou bien le destin du Sud-Est européen n'est qu'un facteur parmi ceux qui conduisent au renforcement des blocs hostiles. Dans la première éventualité, on cherchera à « neutraliser » cette zone poudrière ; dans la seconde, on laissera grandir les antagonismes, tout en sachant qu'ils déboucheront vers la guerre. Les courtes, tranchantes guerres balkaniques serviront-elles d'exemples à éviter ou d'exemples à suivre ?

EN GUISE DE CONCLUSION
LA CRISE FINALE DE L'ÉTÉ 1914

« L'engrenage »

LE TEMPS DE LA RÉFLEXION

Le 28 juin 1914, l'héritier du trône impérial austro-hongrois, l'archiduc François-Ferdinand, est assassiné à Sarajevo par des terroristes bosniaques immédiatement arrêtés ; la responsabilité de l'attentat est aussitôt portée au passif de la Serbie, puisque les auteurs de l'attentat, venus de Serbie, se réclament de groupes révolutionnaires favorables à l'unité des Slaves du Sud autour de la Serbie ; la nouvelle fait sensation en Europe, mais sa portée réelle dépend de la réaction des offensés, les dirigeants de Vienne. Ceux-ci sont divisés sur la nature de la riposte : les militaires (le général Conrad von Hotzendorff, qui dirige l'état-major) sont décidés à en finir avec le trublion serbe ; des diplomates (le comte Léopold Berchthold, ministre des Affaires étrangères) veulent utiliser l'occasion pour obliger la Serbie à un recul diplomatique définitif ; des politiques (notamment le comte Stefan Tisza, Premier ministre hongrois) pensent seulement à profiter des circonstances pour consolider et compléter le système d'alliances antiserbes entre l'empire et les autres États balkaniques. En fait, l'ampleur de la contre-attaque dépend du soutien de l'allié allemand.

Or, à Berlin, les positions sont claires et indiquées officiellement dès le 5 juillet : Guillaume II, les militaires (le général Molkte, chef d'état-major), les diplomates (le comte Jagow, ministre des Affaires étrangères) poussent hardiment leurs alliés à utiliser au maximum cette opportunité. Selon eux, l'Autriche n'a que trop tardé à agir contre la Serbie, y compris par l'usage des armes ; en tout cas, l'Allemagne se tient prête à soutenir à fond l'allié austro-hongrois. En outre, l'affaire devrait rester circonscrite entre Vienne et Belgrade : l'indéniable responsabilité serbe dans l'attentat devrait interdire aux Occidentaux de prendre position pour cette « mauvaise cause » ; quant à la Russie, elle devra ronger son frein, si l'Allemagne lui fait savoir le soutien complet qu'elle apporte à Vienne. En somme, par une action décidée, rapide, on peut limiter les risques et obtenir un franc succès. Ainsi réconfortés, les Autrichiens se décident à l'action.

LA GUERRE AUSTRO-SERBE

Le 17 juillet, un ultimatum est mis au point par les dirigeants de Vienne ; il sera adressé à Belgrade le 23 juillet seulement, car il vaut mieux attendre pour agir que Poincaré et René Viviani, le président du Conseil français, justement en visite officielle à Saint-Pétersbourg, aient quitté la Russie (le ministère français, physiquement divisé, aura plus de mal à réagir devant une opération menée à grand train). En effet, les calculs des responsables allemands, qui poussent leurs alliés à l'intransigeance, reposent encore sur la tactique du « risque limité » : en agissant fort et vite, on placera les Puissances devant le fait accompli, ce qui évitera les possibilités d'intervention ; on conservera un caractère limité à la guerre austro-serbe, car on ne doute pas d'une réponse serbe négative à un ultimatum, dont les termes, fort durs, équivaudraient, en cas d'acceptation, à un véritable protectorat autrichien sur la Serbie. De fait, le 25 juillet, au terme des 48 heures de délai laissé aux Serbes, ceux-ci, tout en acceptant une grande partie des exigences, refusent de laisser des enquêteurs autrichiens opérer sur leur sol; aussi, malgré l'offre par les Serbes d'une médiation des grandes puissances dans le conflit, Vienne rompt les relations diplomatiques avec Belgrade.

Les gouvernements français, russe, britannique, offrent alors des solutions de compromis pour éviter de laisser écraser les Serbes, sans toutefois encore manifester leur volonté de défendre ceux-ci par tous les moyens; mais Berlin et Vienne, qui misent toujours, pour limiter les risques, sur une action soudaine, écartent ces propositions. Le 28 juillet au matin, Vienne déclare la guerre à Belgrade, le 29 l'armée autrichienne bombarde Belgrade. Berlin et Vienne marchent de concert, les deux rôles étant bien délimités. À Berlin en effet, le chancelier Bethmann-Hollweg (qui s'est rallié dès le 5 juillet à la tactique suivie) et Jagow multiplient les mises en garde vis-à-vis de la Russie, pour éviter que celle-ci n'agisse; par des déclarations mesurées faites aux Britanniques et aux Français, le chancelier allemand espère freiner les éventuelles réactions de Londres; il veut éviter au maximum l'intervention anglaise. Grey paraît effectivement embarrassé : d'un côté, comme tous les fonctionnaires du Foreign Office, il est de plus en plus inquiet, mais, de l'autre, il doit tenir compte d'un cabinet et d'un Parlement en majorité disposés à la conciliation, la «cause serbe» n'étant guère populaire après l'attentat. Aussi Grey s'efforce-t-il surtout de jouer un rôle de médiateur, espérant par là même freiner les réactions des activistes des deux camps; ce faisant, il encourage involontairement l'optimisme de Bethmann-Hollweg qui table sur la passivité britannique.

LES DÉCISIONS RUSSES

Cependant, le bombardement de Belgrade a un effet contraire aux espérances des dirigeants austro-allemands : dans l'après-midi du 29, à Saint-Pétersbourg, les partisans d'un soutien ferme à la Serbie, c'est-à-dire les militaires, Sazonov et bon nombre de ministres, font décider par le tsar une mobilisation partielle des troupes russes le long de la frontière avec l'Autriche. Dès lors, le conflit s'élargit au-delà du schéma prévu par Berlin ; désormais, ou bien l'Allemagne négocie avec la Russie, mais ce sera forcément pour freiner les ambitions de son allié, ou bien elle réplique par la menace militaire pour faire reculer la résolution russe. Bethmann-Hollweg hésite et repousse sa décision définitive jusqu'au 31 à midi. Pendant ce temps, à Saint-Pétersbourg, le ton monte encore : en avançant des raisons techniques, les militaires finissent par obtenir du tsar un ordre de mobilisation générale le 30 dans l'après-midi. Le chancelier allemand, qui croit toujours possible la neutralité britannique, franchit alors le pas, tout en cherchant à rejeter sur la Russie la responsabilité de la réaction allemande ; l'armée allemande commence à préparer sa mobilisation (état de danger de guerre), le gouvernement français est interpellé sur son attitude en cas de conflit germano-russe, et, surtout, un ultimatum est adressé à la Russie pour qu'elle cesse sa mobilisation générale. Ainsi, aucun recul n'est possible pour les gouvernements allemand et russe : le 1er août, l'Allemagne, n'ayant obtenu aucune réponse russe, déclare la guerre à la Russie. On ne peut plus éviter une guerre dans toute l'Europe de l'Est.

LA GUERRE GÉNÉRALE EN EUROPE

On l'aura également à l'ouest. L'état-major allemand, qui a fondé toute sa stratégie sur une guerre conduite d'abord à l'ouest, avec invasion de la Belgique (plan Schlieffen), réclame et obtient l'application des plans prévus. Comme la France a fait savoir qu'elle « consulterait ses intérêts » tout en mobilisant (1er août) mais sans s'engager plus avant, c'est encore une fois l'Allemagne qui prend la décision : le 2 août, un ultimatum est adressé à la Belgique pour obtenir le libre passage des troupes allemandes, tandis que celles-ci pénètrent au Luxembourg ; le 3 août, la guerre est déclarée à la France. Jusque-là, les calculs allemands s'accomplissent conformément aux prévisions : mais, justement le 3 août, la Grande-Bretagne bascule dans la guerre. Londres adresse un ultimatum à Berlin pour demander le retrait des forces allemandes de la Belgique, où elles ont pénétré le 3 au matin, ce qui avait entraîné le roi Albert à demander l'aide française et anglaise ; en cas de réponse allemande négative, la Grande-Bretagne déclarera la guerre à l'Allemagne le 4 août à midi. Le gouvernement allemand ne répond pas.

Ainsi, le cabinet anglais avait fini par prendre parti ; en fait, Grey, après avoir multiplié en vain les offres de médiation, puis avoir refusé, le 1er août, d'assurer à la France une garantie militaire en cas de conflit, était persuadé qu'il ne pourrait éviter l'intervention de son pays, mais il devait obtenir le ralliement à ses vues d'une grande partie du cabinet libéral. Le 2 août, après une interminable réunion du cabinet, il avait fini par obtenir l'autorisation de garantir militairement les côtes nord-ouest de la France en cas d'invasion allemande, ce qui constituait, en fait, un engagement d'intervention. Simplement, l'invasion de la Belgique, le lendemain, consolidait et justifiait une décision déjà prise, comme le vote facile des crédits de guerre par les Communes le 3 août le confirmait.

Cette invasion de la Belgique justifiait également la neutralité de l'Italie, puisque celle-ci était tenue de soutenir ses alliés de la Triplice, seulement en cas d'attaque de celles-ci par une tierce puissance. Régularisant la situation, le 6 août, l'Autriche-Hongrie à son tour déclarait la guerre aux nations en guerre avec l'Allemagne. Pour la première fois depuis les guerres napoléoniennes, presque toute l'Europe se trouvait plongée d'un seul coup dans une guerre générale.

Causes directes et causes profondes

En faisant un récit aussi succinct que possible de cette quinzaine de jours, qui voit l'Europe courir de la paix vers la guerre, nous avons cherché à éviter de retomber dans la sempiternelle question des responsabilités ; pourtant, cette courte période, que les historiens de tous pays ont scruté à la loupe, détail par détail, ne laissant échapper aucune note diplomatique, ni aucun carnet privé du petit groupe des décideurs, mérite mieux qu'une simple analyse événementielle. Si le déroulement de la crise importe, par ce qu'il révèle des actions personnelles des responsables, il est évident que les causes des choix accomplis en cette période décisive doivent encore davantage retenir l'attention. Or cette étude des causalités va nous permettre non seulement de mieux comprendre la crise, mais encore de tirer des conclusions générales sur les relations internationales envisagées dans cet ouvrage.

DÉCISIONS ET DÉCIDEURS

On peut, tout d'abord, retenir que deux choix délibérés dominent dans l'engrenage des décisions. Le premier, chronologiquement, relève des responsables allemands : dès le début, ils choisissent non seulement un soutien total à l'Autriche-Hongrie, y compris par une aide militaire, mais ils sont décidés à exploiter à fond l'occasion offerte ; *leur rôle comme moteur essentiel dans la crise est indubitable* : pourquoi cette attitude si résolue et si tranchante ? Le second temps fort se situe évidemment lorsque les autorités russes, non sans d'ultimes hésitations, font passer l'Europe d'un conflit localisé à un conflit étendu ; certes, il s'agit là d'une réponse aux initiatives des Empires centraux, mais l'emploi rapide de « l'ultima ratio » témoigne d'une volonté certaine. Pourquoi ? Il convient d'ajouter que les alliés de ces deux puissances, l'Autriche-Hongrie d'un côté, la France de l'autre, sans être passifs, donnent plutôt l'impression de « suivre » les initiatives ; pourquoi ce « suivisme » ?

Pour tenter de répondre à ces questions, il faut évidemment scruter les groupes qui, à Berlin comme à Saint-Pétersbourg, sont chargés de prendre les décisions ; l'évolution de la crise est si rapide que toute action se décide presque sur-le-champ, ce qui a pour effet de restreindre partout le nombre possible des décideurs. Ces groupes sont formés des chefs d'État et des ministres, des hauts fonctionnaires civils et militaires, dans les ministères des Affaires étrangères, de la Guerre, de la Marine, des diplomates en poste dans les capitales concernées ; les parlements restent en dehors de la décision. Les opinions publiques sont surprises, dépassées par la vitesse des événements, tout en étant, depuis plusieurs années, préparées à l'idée d'un possible conflit se terminant par une guerre ; au moment décisif, malgré les efforts tenaces de quelques leaders, dont Jaurès jusqu'à son assassinat le 31 juillet 1914, les foules demeurent plutôt passives, résignées à faire calmement leur devoir, contrairement aux légendes postérieures des départs en fanfare. Il est vrai que tout le monde est persuadé d'une guerre courte. En tout cas, la liberté d'agir est à peu près complète pour les responsables. Dans ces conditions, le caractère, la carrière, les idées, l'entourage d'un petit nombre de gens deviennent des objets privilégiés de la recherche.

L'historiographie allemande, après celle d'autres pays, admet aujourd'hui que les cercles dirigeants allemands ont assumé les risques de la guerre européenne, parce qu'ils étaient persuadés du caractère quasi inévitable de l'affrontement armé avec la France et la Russie et parce qu'ils jugeaient l'année 1914 comme un moment favorable dans le rapport des forces militaires entre les deux blocs (le réarmement russe donnerait la supériorité aux adversaires vers 1917) ; en outre, la crainte de voir l'allié austro-hongrois, miné de l'intérieur par les problèmes nationaux, s'enfoncer dans la décadence les pousse à agir vite ; l'annotation de Guillaume II sur un rapport de l'ambassadeur allemand à Vienne, « Maintenant ou jamais », correspond bien à cet état d'esprit. Cependant, ces conceptions ne datent pas de l'été 1914 : la conviction de l'encerclement de l'Allemagne par les constructions diplomatiques et militaires de la Triple Entente est plus ancienne ; elle a abouti, vers 1912-1913, à l'idée de la guerre préventive qui, en devançant l'achèvement du réarmement adverse, permettrait à l'Allemagne de réaliser son destin en Europe et hors Europe. Les responsables allemands n'en sont pas tous venus à cette solution au même moment, et on peut noter que la résolution des chefs militaires a souvent précédé celle des civils ; toutefois, au printemps 1914, l'idée d'une courte guerre préventive, à décider au moment opportun, est partagée par les responsables, y compris par le chancelier Bethmann-Hollweg.

Du côté russe, les convictions sont moins fermes, du moins jusqu'à la fin du printemps 1914. Comme on l'a déjà noté, les difficultés intérieures politiques et sociales (plus d'un million de grévistes pendant le premier semestre de 1914) renforcent la conviction pacifiste de certains responsables, tel le Premier ministre Kokovtzov qui a remplacé Stolypine ; l'expansion extérieure ne doit pas prévaloir sur le développement interne. Au contraire, des militaires, des hommes politiques, des intellectuels, pensent que l'expansion indéniable de la Russie nécessite une politique extérieure active, qui donnera des fins et des moyens à la Russie rénovée. Cette tendance marque des points pendant l'hiver 1913-1914 : en janvier 1914, Sazonov s'y rallie, en février, Kokovtzov est remercié par Nicolas II, qui suit désormais les vues de ce groupe ; on espère pouvoir disposer de deux ans encore pour achever la préparation militaire, mais ce parti germanophobe, devenu majoritaire, est persuadé que la guerre est inévitable avec l'Allemagne, ne serait-ce que pour régler le problème ottoman. C'est donc d'une décision réfléchie que procède le choix de soutenir à fond la Serbie.

En Allemagne comme en Russie, les décideurs sont résolus. Les responsables des États alliés sont plus indécis parce que plus divisés. On a déjà signalé les divisions en Autriche-Hongrie. À Vienne et à Budapest, les préoccupations intérieures sont suffisantes pour inciter un grand nombre d'hommes politiques à la modération en politique extérieure ; les vues des Hongrois et des Autrichiens sont sensiblement différentes, tant leurs intérêts divergent ; le problème vital est plutôt celui du futur statut de l'empire : faut-il davantage de centralisme autrichien ou davantage de fédéralisme avec une troisième composante tchèque ? Sans l'active pression allemande, les civils auraient sans doute retenu l'ardeur des militaires, qui rêvent, depuis longtemps, de régler la question serbe par la force ; une guerre limitée à la Serbie, forcément brève, était mieux acceptable, car la menace d'un vaste royaume serbe unifiant les Slaves du Sud justifiait une attitude résolue. Au fond, l'enjeu était vraiment important pour l'avenir de l'empire de François-Joseph ; il hantait les esprits depuis plusieurs années, mais il n'était peut-être en définitive qu'un élément dans un problème beaucoup plus vaste, celui de la composition organique de l'empire. Fallait-il régler celui-ci par une guerre extérieure ? Certains politiques en doutaient.

Parmi les dirigeants français, les divisions et les incertitudes sont encore plus marquées. D'un côté, on trouve le groupe des hauts fonctionnaires du Quai d'Orsay et du ministère de la Guerre (état-major compris), qui ont adopté les vues de Delcassé, puis celles de Poincaré : il faut se préparer à la guerre contre l'Allemagne, tant sur le plan militaire que sur le plan diplomatique ; cela signifie de maintenir à *tout prix* nos alliances, notamment avec la Russie ; les manifestations des pangermanistes en Allemagne, la renaissance de l'agitation en Alsace-Lorraine, confirment bien la montée du péril allemand. Au contraire, dans l'ensemble, les hommes politiques au pouvoir sont plus réservés quant au choix des moyens pour endiguer la menace allemande ; les élections d'avril 1914, dont les débats avaient porté sur la loi de trois ans et sur l'impôt sur le revenu, avaient finalement donné une faible majorité aux députés favorables au maintien de la loi militaire en vigueur, tandis que la poussée socialiste semblait montrer un regain de la gauche et du pacifisme (mais pas de l'antimilitarisme). Dans un pareil contexte, les ministres, groupés autour d'un président du Conseil assez médiocre, Viviani, et même Poincaré, le président de la République, devaient se montrer circonspects ; la résolution et l'allant, si marqués en 1912-1913, semblaient plutôt en perte de vitesse parmi la gent politique. Cependant, parmi les « techniciens », militaires ou diplomates, la tendance dominante était plutôt à la fermeté, à l'assurance ; finalement, au moment décisif, l'attitude d'un Maurice Paléologue, ambassadeur en Russie, oubliant de transmettre en temps opportun l'annonce de la mobilisation russe, ce qui évitait toute réaction immédiate de Paris devant ce geste, n'était-elle pas déterminante quand l'indécision prévalait au sommet ? La crise de l'été 1914 survenait en tout cas alors que la politique extérieure de la France allait peut-être se trouver infléchie sinon quant aux buts, du moins quant aux moyens. On s'expliquerait alors la relative « passivité » des autorités françaises pendant la crise.

Dans une certaine mesure, la situation est comparable en Grande-Bretagne. On y retrouve l'opposition entre les vues de plus en plus décidées des hauts fonctionnaires civils et militaires et l'indécision des dirigeants libéraux. Là, le problème électoral ne joue pas directement (les élections ont eu lieu en 1910), mais, au sein du parti au pouvoir, et, au sein même du cabinet, l'harmonie ne règne pas quant à la stratégie diplomatique. Grey, qui jouit d'une grande liberté d'action en ce domaine, apparaît comme porté à s'engager aux côtés de la France, mais, au moment difficile, alors que, formellement, des questions marginales pour les intérêts britanniques sont posées, peut-il forcer la main de ses collègues, comme le souhaitent ses conseillers et les chefs militaires ? Ce faisant, ne risque-t-il pas un éclatement du parti et une grande instabilité politique ? Or la Grande-Bretagne est, au même moment, menacée par une véritable guerre civile en Irlande, à propos de l'application du *Home Rule*. La situation intérieure impose donc une très grande prudence ; on a vu les conséquences de cette retenue sur la tactique allemande.

En somme, en 1914, les situations intérieures avaient pesé sur les attitudes des décideurs, notamment sur celles des responsables politiques, poussant les uns (Allemands et Russes) vers la recherche d'une décision, laissant les autres fort partagés. Une conclusion incontestable se dégage ici : *l'interférence entre politique extérieure et situation intérieure conditionne les prises de décision pendant la crise de l'été 1914*. En outre, le poids de la technicité avait pu prévaloir ou influencer les « décideurs » ; presque partout, les militaires n'avaient pas donné de conseils de prudence, tandis que les diplomates en arrivaient volontiers à laisser aller les choses vers leur terme, c'est-à-dire vers le fonctionnement automatique des alliances. Impatience des uns, incertitude des autres, impuissance des troisièmes ? Fondamentalement, tous avaient l'impression d'arriver au terme d'une longue attente ; après les schémas théoriques, on entrait enfin dans la réalité.

Quelle est donc cette réalité ? C'est celle d'une Europe morcelée, cassée en nations distinctes. L'Europe, bouleversée par la naissance des États-nations et par la croissance du capitalisme au cours du XIXᵉ siècle, achève de se constituer en se désagrégeant à nouveau ; plusieurs poussées convergentes ou contradictoires expliquent ces inévitables chocs.

Tout d'abord, les dernières nationalités européennes encore soumises à une tutelle de type «colonial» dans l'Empire ottoman parviennent à se libérer avec l'aide des jeunes États, eux-mêmes libérés trente ou cinquante ans plus tôt ; pourquoi ne pourrait-on alors parler de *l'achèvement de la décolonisation en Europe* ? Mais décolonisation politique ne signifie pas obligatoirement indépendance économique, comme on en verra bien des exemples postérieurs en Afrique ou en Asie. Pour ces nouveaux venus, l'entrée dans la clientèle d'un pays plus puissant économiquement est chose commune ; mais qui, parmi les puissants en Europe, peut «protéger» et «développer» ces pays ? Ceux qui, par proximité géographique ou par fraternité ethnique, paraissent s'imposer, l'Autriche-Hongrie et la Russie, ont-ils un pouvoir économique et financier suffisant ? On peut en douter. Alors, deux super-puissances sont en mesure de suppléer à des alliés déficients : l'Allemagne et la France ont effectivement cherché à user de leurs moyens, industriel quant à la première, financier quant à la seconde, pour s'imposer dans ce Sud-Est européen ; en un premier temps, des accords franco-allemands ont pu se réaliser pour l'exploitation en commun de cette région, mais bientôt, là comme ailleurs, les antagonismes ont pris le pas sur les ententes.

Au milieu du XIXᵉ siècle, la supériorité économique et financière de la Grande-Bretagne lui avait permis de rejeter protectionnisme et colonisation ; mais, ensuite, le protectionnisme avait paru la meilleure garantie du développement économique aux autres puissances montantes ; *le développement du capitalisme se ferait donc dans le cadre de la nation*. Ce protectionnisme avait eu également tendance à s'appliquer aux colonies, même si celles-ci devaient leur existence à d'autres causes. En bref, du *Free Trade* des années 1860, on en arrivait, vers 1895, aux empires coloniaux, puis aux impérialismes, puisque la sujétion politique ou administrative n'était plus tenue comme obligatoire par certains et pour certains. Toutes les grandes puissances économiques tendaient alors à se constituer des zones réservées hors d'Europe, admettant le partage des affaires, par le principe dit de la «porte ouverte», seulement dans quelques cas délicats (*cf.* en Chine); le partage des terres se réalisait, tant bien que mal, par des accords de troc dans les continents non européens.

Mais, lorsque l'Allemagne, qui se jugeait mal lotie pour les colonies, fut poussée par les besoins et les résultats de son expansion à tenter de dominer l'économie européenne, une évidence apparut clairement : *aucun partage de l'Europe en zones d'influence n'était possible*. Un Mitteleuropa sous l'hégémonie allemande, même accompagné d'un partage des affaires, était impensable pour les deux puissances occidentales; en cherchant à imposer les négociations à la première par un brutal développement de sa flotte de guerre, et en cherchant à user des difficultés entre la France et son allié russe pour faire entrer la seconde dans son orbite, l'Allemagne poussait les deux anciens rivaux coloniaux à s'entendre. Peu à peu, un bloc se réalisait contre la «menace» allemande. En vérité, dans la période de forte croissance économique des années 1905-1914 (qui n'est pas mise en cause par les «ralentissements» ou «crises», notamment en 1913), aucune grande puissance économique ne peut admettre de laisser l'Europe continentale sous une domination unique au moment où elle-même se sent renforcée, rajeunie : n'oublions pas que l'Europe reste encore le cœur du système économique mondial. La constitution de quelques cartels internationaux, les ententes internationales entre les banques, montrent les directions futures du capitalisme, vers les oligopoles et vers un marché mondial; pour l'heure, la stature des principales firmes demeure au niveau national. La conjoncture économique, qui mène vers la concentration à l'échelle européenne, s'oppose encore aux structures économiques qui, en Europe, demeurent établies à l'échelon national.

L'État-nation et son reflet idéologique, le nationalisme, sont en effet singulièrement vivants au début du XXᵉ siècle. Non seulement de nouvelles nations se constituent ou s'achèvent dans l'Europe du Sud-Est, non seulement dans les empires multinationaux les « minorités » réclament leur autonomie ou leur indépendance, mais encore, au sein des « vieux » pays, l'ensemble des activités politiques, culturelles, sociales, s'organise autour de la nation. On a vu le poids des nationalismes dans toute la période 1870-1914 ; même lorsqu'ils ne sont pas utilisés ou manipulés par des groupes politiques, ils imprègnent les mentalités, puisque, partout, de l'école à la caserne, dans la presse quotidienne, dans le sport, on en subit l'influence ; la vie politique dans chaque État s'organise autour d'un centre national, les particularismes régionaux ayant de moins en moins d'importance ; la vie religieuse n'obéit-elle pas également à ce « cadre » national, malgré l'expansion internationale des croyances. Aussi, dans un tel contexte, les tenants d'un certain internationalisme, que ce soit celui des milieux socialistes regroupés derrière la IIᵉ Internationale, ou celui des idéalistes pacifistes, justement alarmés par la montée des périls, ou celui même de certains hommes d'affaires enclins à partager les affaires, sont-ils minoritaires, en avance sur leur temps. Au moment décisif, en juillet 1914, partout en Europe, ils seront parfaitement impuissants pour arrêter la menace guerrière, non parce qu'il y a eu trahison des cadres ou des clercs, mais parce que l'État-nation est toujours une réalité et l'Internationale des ouvriers, des hommes ou du capital, encore un mythe.

Or parmi ces États-nations européens, une sorte de nouveau classement est en train de se produire, compte tenu des récentes modifications démographiques, économiques, sociales et politiques ; l'Allemagne et la Russie sont deux puissances montantes, tandis que les autres paraissent relativement stagnantes ou en perte de puissance. Est-ce un hasard si les deux puissances en expansion sont les plus résolues à en découdre ? Leurs dirigeants estiment, dans la première surtout, que leur place ne correspond plus à leur réelle puissance ; la guerre était-elle le meilleur moyen de parvenir à leurs fins ? Peu de gens prévoyaient la nature véritable de la guerre au XXe siècle.

Un dernier mot de conclusion : pour comprendre les origines de la guerre de 1914, rechercher une explication moniste, qui privilégierait un facteur parmi d'autres (cause économique, cause politique, cause « sentimentale » ou « morale », etc.), revient à dissocier artificiellement un morceau de la réalité ; celle-ci se présente comme un complexe, où se mêlent étroitement les conditions politiques internes et externes, les transformations et les structures économiques, les mentalités collectives, sans oublier le rôle des hommes. Ce sont plutôt les mouvements de chacun de ces secteurs qu'il convient d'analyser pour en dégager les convergences. Les relations internationales contemporaines ne sont-elles pas composées par un ensemble relationnel où l'on retrouve les relations politiques, les relations économiques, les relations culturelles ?

Vers 1870-1880 les diplomates agissaient, en pensant, de manière classique, aux forces politiques et militaires et aux données stratégiques en Europe ; le temps des impérialismes fait entrer l'économie mondiale et les mentalités collectives dans les calculs des dirigeants. Toutefois, malgré cet élargissement des perspectives, c'est encore *le destin de l'Europe* qui, finalement, prédominait en 1914.

ORIENTATION BIBLIOGRAPHIQUE

La sélection des ouvrages retenus dans une immense bibliographie répond à quelques objectifs simples : elle vise à aider
les étudiants dans leurs recherches en signalant soit des
ouvrages fondamentaux, soit des travaux particuliers récents
illustrant des aspects spécifiques de l'histoire des relations
internationales. La plupart de ces livres contiennent eux-
mêmes des bibliographies qui permettent d'aller plus loin dans
la recherche. Par souci de concision, aucun article de revue n'a
été retenu ; seuls des livres publiés dans les langues de l'Europe
occidentale sont cités.

En outre, on n'a pas retenu les histoires générales « nationales » (par pays) qui souvent éclairent les relations extérieures
de tel ou tel pays et qui, comme telles, sont fort utiles. En
langue française, les revues les plus utiles dans ce domaine sont
la *Revue d'histoire moderne et contemporaine*, la *Revue d'histoire diplomatique* et surtout *Relations internationales*, revue
fondée en 1974 et qui a publié en décembre 1994 une table vicé-
simale couvrant les 76 premiers numéros publiés.

L'accès aux sources d'archives ne pose pratiquement plus de
problèmes dans les États ; la publication de nombreux *Documents diplomatiques* par ces États procure des sources nombreuses ; toutefois, certaines publications anciennes ont été
faites à des fins politiques (responsabilités dans les origines du
premier conflit mondial) et demandent à être maniées avec
précautions.

OUVRAGES GÉNÉRAUX

Méthodologie

R. Aron, *Paix et guerre entre les nations*, Paris, 1962, 8ᵉ éd., 1984.

J.-B. Duroselle, *Tout Empire périra*, Paris, 1981.

P. Renouvin, J.-B. Duroselle, *Introduction à l'histoire des relations internationales*, Paris, 1964, nouvelle éd., 1992.

Synthèses

B. Bond, *War and Society in Europe 1870-1970*, Londres, 1984.

J. Droz, *Histoire diplomatique de 1648 à 1919*, Paris, 1972 (3ᵉ éd.).

J.-B. Duroselle, *L'Europe de 1815 à nos jours, vie politique et relations internationales*, Paris, 1946, 5ᵉ éd., 1992.

P. M. Kennedy, *Strategy and Diplomacy 1870-1945*, Londres, 1983 ; *The Rise and Fall of the Great Powers*, New York, 1988.

P. Milza, *Les Relations internationales de 1871 à 1914*, Paris, 1990.

W. Mommsen, *Grossmachtstellung und Weltpolitik 1870-1914. Die Aussenpolitik des deutschen Reiches*, Francfort, 1993.

Y.-G. Paillard, *Expansion occidentale et dépendance mondiale*, Paris, 1994.

P. Renouvin, *Histoire des relations internationales*, t. VI, *Le XIXᵉ siècle 1871-1914. L'apogée de l'Europe*, Paris, 1955, nouvelle éd., Paris, 1994, vol. III.

J. P. Taylor, *The Struggle for Mastery in Europe 1848-1914*, Oxford, 1971 (2ᵉ éd.).

Les histoires de l'Europe récemment publiées permettent aussi une première approche commode : J.-C. Asselain, P. Delfaud, P. et S. Guillaume, J.-P. Kintz, F. Mougel, *Précis d'histoire européenne XIX-XXᵉ siècles*, Paris, 1993.

S. Bernstein, P. Milza, *Histoire de l'Europe contemporaine. Le XIXᵉ siècle. De 1815 à 1919*, Paris, 1992.

J.-B. Duroselle, *L'Europe : histoire de ses peuples*, Paris, 1990.

CHAPITRE PREMIER

Le monde diplomatique

Les Affaires étrangères et le corps diplomatique français, t. II, *1870-1970*, Paris, 1984. (P. Enjalran, Baillou dir.)

Les Archives du ministère des Relations extérieures depuis les origines, 2 vol., t. I, *Histoire*, P. ENJALRAN, Paris, 1985.

R. BULLEN, *The Foreign Office 1782-1982*, Frederick, Maryland, 1984.

P. G. EDWARDS, *Prime Minister and Diplomats. The Making of Australian Foreign Policy 1901-1949*, Melbourne, 1983.

J. HILLINKER, *Le Ministère des Affaires étrangères du Canada*, vol. I, *Les années de formation, 1909-1946*, Laval, 1990.

A. PALMER, *The Chancelleries of Europe*, Londres, 1983.

Z. S. STEINER, *The Times Survey of Foreign Ministries of the World*, Londres, 1982.

K. SCHWABE, *Das diplomatische Korps 1871-1945*, Boppard am Rhein, 1985.

M. KORINMAN, *Quand l'Allemagne pensait le monde. Grandeur et décadence d'une géopolitique*, Paris, 1990.

Le monde militaire

A. CORVISIER, G. PEDRONCINI, *Histoire militaire de la France*, t. III, *De 1871 à 1914*, Paris, 1992.

W. DEIST, *The German Military in the Age of Total War*, Leamington Spa, 1985.

J. DOISE, M. VAISSE, *Diplomatie et outil militaire 1871-1991*, Paris, 1987.

M. KITCHEN, *The German Officer Corps 1890-1914*, Oxford, 1968.

G. KRUMEICH, *Armaments and Politics in France on the Eve of the First World War*, Leamington, 1985.

G. RITTER, *Staatskunst und Kriegshandwerk*, 4 vol., Munich, 1964-1970.

CHAPITRE II

Économie en général

J.-C. ASSELAIN, *Histoire économique de la révolution industrielle à la Première Guerre mondiale*, Paris, 1985.

P. BAIROCH, *Commerce extérieur et développement économique de l'Europe au XIXe siècle,* Paris, 1976.

J. BOUVIER, *Initiation au vocabulaire et aux mécanismes économiques contemporains*, Paris, 1977.

R. CAMERON et V. BOVYKIN, *International Banking 1870-1914*, Oxford, 1991.

Y. CASSIS, *Finance and Financiers in European History*, Cambridge, 1991.

P. LÉON, *Histoire économique et sociale du monde*, t. IV, *La domination du capitalisme 1840-1914*, Paris, 1978.

A. MILWARD et S. B. SAUL, *The Development of the Economies of Continental Europe*, Londres, 1977.

R. POIDEVIN, *Finances et relations internationales 1887-1914*, Paris, 1970.

Sur l'économie britannique et les relations extérieures

D. H. ALDCROFT, *The Development of British Industry and Foreign Competition*, Londres, 1968.

P. J. CAIN, *Economics Foundations of British Overseas Expansion 1815-1914*, Londres, 1980.

D. L. COTTRELL, *British Overseas Investment in the 19th Century*, Londres, 1975.

D. K. FIELDHOUSE, *Economics and Empire 1830-1914*, Londres, 1973.

D. C. PLATT, *Finance, Trade and Politics in British Foreign Policy 1815-1914*, Oxford, 1968.

S. B. SAUL, *Studies in British Overseas Trade 1870-1914*, Liverpool, 1960.

Sur le cas français

H. BONIN, *L'Argent en France depuis 1880, banquiers, financiers, épargnants*, Paris, 1989; *Suez, du canal à la finance, 1858-1987*, Paris, 1987. *Histoire économique de la France depuis 1880*, Paris, 1988.

A. BRODER, *L'Économie française au XIXe siècle*, Paris, 1993.

E. BUSSIÈRE, *Paribas, l'Europe et le monde*, Paris 1992.

F. BRAUDEL et E. LABROUSSE, *Histoire économique et sociale de la France*, vol. 4, 1, *Les années 1880-1914*, Paris, 1979.

F. CARON, *Histoire économique de la France XIXe-XXe siècles*, Paris, 1981.

M. Lévy-LEBOYER (dir.), *La Position internationale de la France, aspects économiques et financiers XIXe-XXe siècles*, Paris, 1977.

C. A. MICHALET, *Les Placements des épargnants français de 1815 à nos jours*, Paris, 1968.

On ne peut citer les nombreuses études régionales ou nationales portant sur d'autre cas. À signaler, comme première introduction, sur l'Allemagne, N. PIÉTRI, *Évolution économique de l'Allemagne du milieu du XIXe siècle à 1914*, Paris,

1982 ; sur la Russie, A. ROWLEY, *Évolution économique de la Russie du milieu du XIXe siècle à 1914*, Paris, 1982 ; sur les États-Unis, même collection, par Y. H. NOUAILHAT ; sur l'Europe centrale, I. BEREND, G. RANKI, *The European Periphery and Industrialization 1780-1914*, Cambridge, 1982, B. MICHEL, *Banques et Banquiers en Autriche au début du XXe siècle*, Paris 1976 ; sur l'Italie et la Belgique, M. DUMOULIN, *Les Relations économiques italo-belges 1861-1914*, Bruxelles, 1990.

Certaines histoires d'entreprises peuvent apporter d'utiles éclairages. Ainsi Y. GONJO, *Banque coloniale ou Banque d'affaires, la Banque de l'Indochine sous la IIIe République*, Paris, 1993 ; M. MEULEAU, *Des pionniers en Extrême-Orient. Histoire de la Banque de l'Indochine 1875-1975*, Paris, 1991.

CHAPITRE III

Des travaux récents ont largement renouvelé l'étude des mentalités collectives, tout comme l'histoire culturelle ; toutefois, ces travaux sont souvent menés à l'échelle nationale. On valorise ici les ouvrages qui ont une portée internationale ou régionale, tout en faisant une place particulière au cas français.

Ouvrages généraux

Opinion publique et politique extérieure en Europe 1870-1915, Rome, 1981, P. LEVILLAIN, B. VIGEZZI (dir.).

Les Internationales et le problème de la guerre, Rome, 1987.

P. GERBOD, *L'Europe culturelle et religieuse de 1815 à nos jours*, Paris, 1977.

V. GROSSI, *Le Pacifisme européen 1889-1914*, Bruxelles, 1994.

J. DROZ, *Histoire générale du socialisme*, t. II, *De 1815 à 1918*, Paris, 1974.

J. MAITRON, *Dictionnaire biographique du mouvement ouvrier français*, complété par des dictionnaires de même type pour Allemagne, Autriche, Chine, Grande-Bretagne, Japon, 6 vol. sur la période 1870-1914, Paris, 1950.

S. MILNER, *The Dilemmas of Internationalisim. French Syndicalism and the International Movement 1900-1914*, New York, 1990.

F. VAN HOLTOON, M. VAN DER LINDEN, *Internationalism in the Labour Movement 1830-1940*, Amsterdam, 1988.

S. WOLIKOW, M. CORDILLOT, *Prolétaires de tous les pays, unissez-vous ! Les difficiles chemins de l'internationalisme (1848-1956)*, Dijon, 1993.

Le cas français

C. R. AGERON, *France coloniale ou parti colonial*, Paris, 1978.

P. ALBERTINI, *L'École en France XIXe-XXe siècles. De la maternelle à l'université*, Paris, 1992.

P. ARNAUD, J. CAMY, *Les Athlètes de la République. Gymnastique, sport et idéologie républicaine 1870-1914*, Paris, 1987.

BELLANGER, GODECHOT, GUIRAL, TERROU, *Histoire générale de la presse française*, t. III, *1871-1940*, Paris, 1972.

S. BERSTEIN, O. RUDELLE, *Le Modèle républicain*, Paris, 1992.

C. CHARLE, *Naissance des intellectuels*, Paris, 1990.

G. CHOLVY, Y. M. HILAIRE, *Histoire religieuse de la France contemporaine*, t. II, Paris 1992.

J.-B. DUROSELLE, *La France de la Belle Époque*, Paris, 2e éd., 1992.

R. GIRARDET, *Le Nationalisme français 1871-1914*, Paris, 1983.

Y. LEQUIN, *Histoire des Français XIXe-XXe siècles*, vol. 1, Paris, 1983.

F. MAYEUR, *De la Révolution à l'école républicaine. Histoire générale de l'enseignement et de l'éducation en France*, Paris, 1981.

G. NOIRIEL, *Population, immigration et identité nationale en France, XIXe-XXe siècles*, Paris, 1993.

M. OZOUF, *L'École, l'Église et la République 1871-1914*, Paris, 1982.

P. ORY, J.-F. SIRINELLI, *Les Intellectuels en France de l'affaire Dreyfus à nos jours*, Paris, 1986.

T. ZELDIN, *Histoire des passions françaises. Orgueil et intelligence*, Paris, 1978.

Repères nationaux

F. BEDARIDA, *L'Ère victorienne*, Paris, 1991, 3e éd. ; *La Société anglaise du milieu du XIXe à nos jours*, Paris, 1991.

B. BENNASSAR, *Histoire des Espagnols, XVIIe-XXe siècles*, Paris, 1985.

G. CASTELLAN, *Dieu garde la Pologne. Histoire du catholicisme polonais 1795-1980*, Paris, 1981.

B. MICHEL, *La Mémoire de Prague*, Paris, 1986.

M. MOLNAR, A. RESZLER, *Le Génie de l'Autriche-Hongrie, État, société, culture*, Genève, 1989.

K. MORGAN, *Histoire de la Grande-Bretagne*, Paris, 1985.

S. MARANDON, *L'Image de la France dans l'Angleterre victorienne*, Paris, 1967.

P. MILZA, *Voyage en Ritalie*, Paris, 1993.

J. PORTES, *Une fascination réticente, les États-Unis dans l'opinion française 1870-1914*, Nancy, 1990.

R. ROUGE (dir.), *Les Immigrations européennes aux États-Unis*, Paris, 1987.

A. ROPERT, *La Misère et la gloire. Histoire culturelle du monde russe de l'an mil à nos jours*, Paris, 1992. (Importante bibliographie.)

B. SCHROEDER, A. RASMUSSEN, *Les Fastes du progrès. Le guide des Expositions universelles 1851-1992*, Paris, 1992.

B. VIGEZZI, *Politica estera e opinione pubblica in Italia dall'unita ai giorni nostri*, Milan, 1991.

CHAPITRES IV À VI - PÉRIODE 1870-1890

Depuis quelques décennies, la recherche historique a incontestablement délaissé cette période dans le domaine de l'histoire des relations internationales, à quelques exceptions près. D'où le faible nombre de travaux récents, notamment en langue française.

C. BLOCH, *Les Relations entre la France et la Grande-Bretagne de 1871 à 1878*, Paris, 1955.

J. BECKER, A. HILLGRUBER, *Die deutsche Frage im 19. und 20. Jahrhundert*, Augsburg, 1983.

E. ENGELBERT, *Bismarck, Urpreusse und Reichgründer, das Reich in der Mitte Europas*, Berlin, 1990, 1991, 2 vol.

H. DEININGER, *Frankreich-Russland-Deutschland, 1871-1891*, Munich, 1983.

D. GEYER, *Russian Imperialism. The Interaction of Domestic and Foreign Policy*, Bonn, 1987.

C. de GRUNWALD, *Le Tsar Alexandre II et son temps*, Paris, 1965.

P. GUILLEN, *L'Expansion 1881-1898. Histoire de la politique extérieure de la France*, Paris, 1984.

K. HILDEBRAND, *Deutsche Aussenpolitik 1871-1918*, Munich, 1989.

A. HILLGRUBER, *Bismarcks Aussenpolitik*, Friburg im Breisgau, 1981, 2e éd.

G. HUNINGEN, *Nik. Pav. Ignatiev und die russische Balkanpolitik 1875-1878*, Göttingen, 1968.

B. JELAVITCH, *The Ottoman Empire, the Great Powers and the Straits Question*, Bloomington, 1973.

G. KENNAN, *The Decline of Bismarck's European Order. Franco-Russian Relations 1875-1890*, Princeton, 1979.

E. KOFOS, *Greece and the Eastern Crisis, 1875-1878*, Thessalonique, 1975.

P. LEVILLAIN, R. RIEMENSCHNEIDER, *La Guerre de 1870-1871 et ses conséquences*, Bonn, 1990.

C. J. LOWE, *The Reluctant Imperialists. British Foreign Policy 1878-1902*, Londres, 1967.

W. N. MEDLICOTT, *The Congress of Berlin and After*, Londres, 1969; *Bismarck, Gladstone and the Concert of Europe*, New York, 1969, 2e éd.

R. MORI, *La politica estera di Francesco Crispi, 1887-1891*, Rome, 1974.

B. NOLDE, *Les Origines du système diplomatique de l'avant-guerre, l'Alliance franco-russe*, Paris, 1936.

R. POIDEVIN, J. BARIETY, *Les Relations franco-allemandes 1815-1975*, Paris, 1977.

E. SERRA, *La questione tunisina da Crispi a Di Rudini ed il colpo di timone alla politica estera dell Italia*, Milan, 1967.

M. STURMER, *Das ruhelose Reich Deutschland 1866-1918*, Berlin, 1983.

H. U. WEHLER, *Das deutsche Kaiserreich 1871-1918*, Göttingen, 1988, 6e éd.

La question de la conquête coloniale et de l'impérialisme a été beaucoup plus abordée; on en retrouvera la bibliographie plus loin. Les histoires nationales ou celles de l'Europe comportent souvent des développements sur les relations internationales.

La question de l'impérialisme

La bibliographie sur l'impérialisme est considérable, mais il faut distinguer les ouvrages qui évoquent globalement le phénomène de ceux, qui, en fait, traitent de telle ou telle forme d'impérialisme, national ou régional. On se borne ici à indiquer des livres qui, pourvus de bibliographies détaillées ou œuvres de synthèse, peuvent servir d'introduction pour des recherches plus poussées.

P. BRAILLARD, P. de SENARCLENS, *L'Impérialisme*, Paris, 1980.

J. BOUVIER, R. GIRAULT, J. THOBIE, *L'Impérialisme à la française 1914-1960* (voir la première partie, réflexion méthodologique sur le problème de l'impérialisme), Paris, 1986.

J. THOBIE, *La France impériale 1880-1914*, Paris, 1982.

P. J. CAIN, A. G. HOPKINS, *British Imperialism. Innovation and Expansion 1688-1914*, Londres, 1993.

R. ROBINSON, J. GALLAGHER, *Africa and the Victorians. The*

Official Mind of Imperialism, Londres, 1961. À compléter par
J. GALLAGHER, *The Decline, Fall and Revival of the British
Empire*, Cambridge, 1982 et par D. K. FIELDHOUSE, *Economics and Empire*, Londres, 1973. Bonne synthèse sur la
controverse entre historiens britanniques dans W. R. LOUIS
(dir.), *Imperialism : the Robinson-Gallagher Controversy*,
New York, 1976.

B. PORTER, *The Lion's Share. A short History of British Imperialism, 1850-1983*, Londres, 1984.

D. GRANGE, *L'Italie et la Méditerranée 1896-1911*, Rome, 1994,
2 vol. (Bibliographie exhaustive sur l'exemple italien.)

P. GUILLAUME, *Le Monde colonial XIXᵉ-XVᵉ siècles*, Paris, 1974.

M. KORINMAN, *Continents perdus. Les précurseurs de la géopolitique allemande*, Paris, 1991.

W. J. MOMMSEN, *Imperialismustheorien. Ein Überblick über die
neueren Imperialismusinterpretationen*, Gottingen, 1987. 2ᵉ éd.
MOMMSEN et J. OSTERHAMMEL, *Imperialism and After. Conti-
nuities and discontinuities*, Londres, 1986.

H. STOECKER, *Drang nach Afrika. Die koloniale Expansionpo-
litik und Herrschaft des deutschen Imperialismus in Afrika*,
Berlin, 1991, 2ᵉ éd.

H. U. WEHLER, *Bismarck und der Imperialismus*, Munich, 1976.

H. L. WESSELING, *Expansion and Reaction. Essays on European
Expansion and Reactions in Asia and Africa*, Leiden, 1978.

On trouvera dans Y. G. PAILLARD, *Expansion occidentale et
dépendance mondiale* (déjà cité) une abondante bibliographie
générale, et pour le cas français se reporter à deux histoires de
la colonisation française récente : J. MEYER, J. TARRADE,
A. REY-GOLDZEIGUER, J. THOBIE, *Histoire de la France coloniale, des origines à 1914*, Paris, 1991 (on peut y ajouter le bilan
colonial en 1914 écrit par J. THOBIE dans le second volume de
cette histoire qui couvre la période 1914-1990).

D. BOUCHE, *Histoire de la colonisation française*, t. II, *Flux et
reflux 1815-1962*, Paris, 1991.

D. LEJEUNE, *Les Sociétés de géographie en France et l'expansion coloniale au XIXᵉ siècle*, Paris, 1993.

J. MARSEILLE, *Empire colonial et capitalisme français, histoire
d'un divorce*, Paris, 1984 (important pour la méthode).

CHAPITRES VII À XI - PÉRIODE 1890-1914

La problématique «Nation et nationalisme» est abordée
dans toutes les histoires «nationales» des différents États euro-

péens de l'époque. On se borne ici à signaler les livres spécifiquement attachés à la période, tout en soulignant que le livre récent de E. J. HOBSBAWM, *Nations et nationalisme depuis 1780. Programme, mythe et réalité*, Paris, 1992, a récemment renouvelé la problématique d'ensemble.

W. MOMMSEN, *Max Weber et la politique allemande 1890-1920*, Paris, 1985.

J.-P. RIOUX, *Nationalisme et conservatisme : la Ligue de la patrie française*, Paris, 1977.

Z. STERNHELL, *Maurice Barrès et le nationalisme français*, Paris, 1972.

Le mouvement des nationalités est traité dans les histoires des pays ou régions marquées par ce problème à la fin du XIXe siècle. On peut y ajouter des ouvrages plus généraux comme :

G. BEAUPRETRE (dir.), *L'Europe centrale. Réalité, mythe, enjeu, XVIII-XXe siècles*, Varsovie, 1991.

G. CASTELLAN, *Histoire des peuples de l'Europe centrale des origines à nos jours*, Paris, 1994.

G. HAUPT, M. LOWY, C. WEILL, *Les Marxistes et la question nationale*, Paris, 1974.

J. ROVAN, G. KREBS (dir.), *Identités nationales et conscience européenne*, Asnières, 1992.

P. SMITH (dir.), *Ethnic Groups in International Relations*.

J. J. TOMIAK (dir.), *Schooling Educational Policy and Ethnic Identity,* in : *Comparative Studies on Governments and non-dominant Ethnic Groups in Europe. 1850-1940,* Dartmouth, 1991.

P. VISNY, *Neo-Slavism and the Czechs 1898-1914*, Cambridge, 1977.

Autour de l'alliance franco-russe

F. X. COQUIN, C. GERVAIS-FRANCELLE, *1905. La première révolution russe,* Paris, 1986.

R. GIRAULT, *Emprunts russes et investissements français en Russie 1887-1914*, Paris, 1973.

C. de GRUNWALD, *Les Alliances franco-russes*, Paris, 1965.

P. JAKOBS, *Das Werden des französisch-russischen Zweibundes 1890-1894*, Wiesbaden, 1968.

J. KAYSER, *De Kronstadt à Khrouchtchev. Voyages franco-russes, 1891-1960*, Paris, 1962.

G. F. KENNAN, *The Fateful Alliance. France, Russia and the Coming of the First World War*, New York, 1984.

J. McKay, *Pionners for Profit. Foreign Entrepreneurship and Russian Industrialization 1885-1913*, Chicago, 1970.

Allemagne, France, Grande-Bretagne

J.-C. Allain, *Agadir 1911 : une crise impérialiste en Europe pour la conquête du Maroc*, Paris, 1976.

C. Andrew, *Théophile Delcassé and the Making of the Entente Cordiale 1898-1905*, Londres, 1968.

G. Barraclough, *From Agadir of Armageddon. Anatomy of a Crisis*, Londres, 1982.

V. R. Berghahn, *Der Tirpitz Plan : Genesis und Verfall einer innenpolitik Krisenstrategie*, Düsseldorf, 1971.

J. Droz, *Les Causes de la Première Guerre mondiale, essai d'historiographie*, Paris, 1973.

J. Dülffer, *Regeln gegen den Krieg? Die Haager Friedenskonferenzen von 1899 und 1907 in der internationalen Politik*, Berlin, 1981.

F. Fischer, *Les Buts de guerre de l'Allemagne impériale*, Paris, 1970; *Krieg der Illusionen*, Düsseldorf, 1968.

J. Gooch, *The Plans of War; The General Staff and British Military Strategy 1907-1946*.

P. Guillen, *L'Allemagne et le Maroc 1870-1905*, Paris, 1967; *Finances et Diplomatie. Les emprunts marocains de 1902 à 1904*, Paris, 1972.

F. H. Hinsley, *The Foreign Policy of Sir Edward Grey*, Cambridge, 1977.

J. Joll, *The Unspoken Assumptions*, Londres, 1968.

P. Kennedy, *The Rise of Anglo-German Antagonism 1860-1914*, Londres, 1980.

I. K. Lambi, *The Navy and German Power Politics 1862-1914*, Londres, 1984.

R. Marx, *La Grande-Bretagne et le monde au xxe siècle*, Paris, 1976.

P. Milza, R. Poidevin, *La Puissance française à la Belle Époque. Mythe ou réalité?*, Paris, 1992.

A. J. Morriss, *Radicalism against War 1906-1914*, Londres, 1972.

R. Poidevin, *Les Relations économiques et financières entre la France et l'Allemagne de 1898 à 1914*, Paris, 1969; *L'Allemagne et le monde au xxe siècle*, Paris, 1983.

Z. Steiner, *Britain and the Origins of the First World War*, Londres, 1977.

K. D. Wernecke, *Der Wille zur Weltgeltung. Aussenpolitik und*

Öffentlichkeit am Vorabend des ersten Weltkrieges, Düsseldorf, 1970.

*Ouvrages en langue française introductifs
à d'autres aspects internationaux*

M. T. Bitsch, *La Belgique entre la France et l'Allemagne 1905-1914*, Paris, 1994.

G. Castellan, *Histoire des Balkans du XIVᵉ au XXᵉ siècle*, Paris, 1991.

F. Fejtö, *Requiem pour un Empire défunt. Histoire de la destruction de l'Autriche-Hongrie*, Paris, 1990.

J. Kurgan-Van Hentenrijk, *Léopold II et les groupes financiers belges en Chine : la politique royale et ses prolongements 1895-1914*, Bruxelles, 1972.

D. Lejeune, *Les Causes de la Première Guerre mondiale*, Paris, 1992.

L. Manigat, *Évolution et Révolutions : l'Amérique latine 1889-1929*, Paris, 1972.

P. Milza, *Français et Italiens à la fin du XIXᵉ siècle : aux origines du rapprochement franco-italien de 1900-1902*, Rome, 1981.

Paysans et Nations d'Europe centrale et balkanique, Paris, 1985.

Y. H. Nouailhat, *L'Amérique puissance mondiale 1897-1929*, Nancy, 1987. *France et États-Unis 1914-1917* (1ʳᵉ partie), Paris, 1979.

V. Peska, A. Mares, *Thomas Garrigue Mazaryk. Européen et humaniste*, Paris, 1991.

R. Poidevin, *Les Origines de la Première Guerre mondiale* (documents), Paris, 1975.

P. Renouvin, *La Question d'Extrême-Orient*, Paris, 1946.

J. Stengers, *Congo. Mythes et réalités, cent ans d'histoire*, Paris, Louvain, 1989.

J. Thobie, *Intérêts et impérialisme français dans l'Empire ottoman 1895-1914*, Paris, 1977.

N. Wang, *L'Asie orientale du milieu du XIXᵉ siècle à nos jours*, Paris, 1993.

J. Willequet, *Le Congo belge et la Weltpolitik*, Bruxelles, 1962.

INDEX

---

1. Voir aussi nationalisme dans les entrées des Grands États.

TABLE DES CARTES ET DES TABLEAUX

TABLE

TROISIÈME PARTIE
Au temps des impérialismes

Petite Bibliothèque Payot

Impression réalisée sur CAMERON par

BUSSIÈRE CAMEDAN IMPRIMERIES

GROUPE CPI

à Saint-Amand-Montrond (Cher)
pour le compte des Éditions Payot & Rivages
en septembre 2004

N° d'impression : 043861/1.
Dépôt légal : septembre 2004.
Imprimé en France